화엄경청량소
# 華嚴經清凉䟽

# 화엄경청량소

# 제31권

## 제9 서다원림법회 ③

[제39 입법계품 ⑥ - ⑨]

청량징관 저

석반산 역주

담앤북스

## 일러두기

1. 본 화엄경소초의 번역에 사용된 원본은 봉은사에 소장된 목판 80권 『화엄경소초회본』이다.

2. 교정본은 민국(民國) 31년(1942) 대만의 화엄소초편인회(華嚴疏鈔編印會)에서 합본으로 교간(校刊)한 『화엄경소초 10권』을 사용하였다. 그리고 원본현토는 화엄학 연구소의 원조각성 강백의 현토본을 참고하였다.

3. 대장경 속에 경전과 합본으로 수록된 것은 없고, 다만 大正大藏經 권35에 『화엄경소 60권』이 있으며 권36에 『화엄경수소연의초(華嚴經隨疏演義鈔) 90권』이 있지만 경의 본문과의 손쉬운 대조를 위해 회본(會本)을 기본으로 하였으며, 일일이 찾아서 대장경과 대조하지는 못하였다.

4. 교재본이라 한 것은 민족사에서 1997년에 발간한 『현토과목 화엄경』(전 4권)을 지칭하며, 원문 인용은 이 본을 기본으로 하였다.

5. 본 『청량소』 전권에서는 소(疏)의 전문을 해석하였고, 초문(鈔文)은 너무 번다하고 중복되는 부분을 필자가 임의로 생략하였다.

6. 본문의 이해를 돕기 위하여 도표로 작성한 것은 전강 스승이신 봉선사 능엄학림의 월운강백께 허락을 얻어 『화엄경과도(華嚴經科圖)』를 준용(準用)한 것이다.

7. 목차(目次)는 『화엄경소초』의 과목을 사용하였고 『화엄경과도』를 준용하였다. 과목에 이어지는 ( ) 안에는 간편한 대조를 위하여 목판본의 페이지를 표시하였다. 예) 一. 一) (一) 1 1) (1) 가. 가) (가) ㄱ. ㄱ) (ㄱ) a. a) (a) ㊀ ① ㊉ ㉠ ⓐ ㋐ ㈎ Ⓐ ㅡ ㅣ 가 ㄱ a A ㅏ ● ❶ 가 ㄱ a A ㅡ ㅣ 가 ㄱ a A

8. 목차는 되도록 현대적 번역어로 제목을 삼으려 하였고, 제목에 이어 표기된 아라비아 숫자는 문단의 개수이다.

9. 경과 소문(疏文)은 조금 띄워서 차별화하였고 소문(疏文) 앞에는 ■ 표시를, 초문(鈔文) 앞에는 ● 로 표시하여 번역문을 수록하였다. ❖ 표시는 역자의 견해를 밝힌 부분이다.

10. 경구(經句)의 번역문은 한글대장경과 민족사 간(刊) 『화엄경 전10권』을 참고하였고, 소(疏) 문장의 번역은 직역을 원칙으로 하였고, 인용문은 주로 한글대장경의 번역을 따르고자 노력하였다.

11. 본 청량소 번역에 참고한 주요 도서는 다음과 같다.

    (1) 한글대장경 『화엄경1, 2, 3』 『보살본업경』 『대승입능가경』 『대반열반경』 『보살영락경』; 동국역경원 刊

    (2) 한글대장경 『성유식론』 『십지경론』 『아비달마잡집론』 『유가사지론』 『대지도론』 『섭대승론』 『섭대승론석』 『대승기신론소별기』 『현양성교론』 『신화엄경론』; 동국역경원 刊

    (3) 『대정신수대장경』; 大正一切經刊行會 刊

(4) 현토과목『화엄경』; 민족사 刊

(5) 『망월대사전』; 세계성전간행협회 刊,『불교학대사전』; 홍법원 刊,『중국불교인명사전』; 明復 編,『인도불교고유명사사전』; 法藏館 刊

(6) 『신완역 주역』; 명문당 刊,『장자』; 신원문화사 刊,『노자도덕경』; 교림 刊,『논어』; 전통문화연구회 編

12. 주)의 교정본 양식

(1) 소초회본; 대만교정본[華嚴疏鈔編印會]

(2) 宋元明淸南續金纂本 등; 소초회본의 출전 소개 양식

# 『화엄경청량소』 제31권 차례

大方廣佛華嚴經疏鈔 제65권 龍字卷上
제39. 법계에 증득해 들어가는 품[入法界品] ⑥

차) 제11. 자행동녀 선지식 6. ·····································20
ㄱ. 선지식의 가르침에 의지하여 나아가 구하다 ·················21
ㄴ. 만나서 공경을 표하고 법문을 묻다 ···························24
ㄷ. 법계를 바로 보이다 2. ········································26
ㄱ) 관찰하여 몸소 증득하게 하다 ·······························26
ㄴ) 말씀으로 발심함을 밝히다 2. ·······························27
(ㄱ) 법문의 명칭과 원인을 밝히다 ·····························27
(ㄴ) 법의 체성과 작용을 밝히다 ·······························31
ㄹ. 자신은 겸양하고 뛰어난 분을 추천하다 ·····················39
ㅁ. 다음 선지식을 지시하다 ·······································40
ㅂ. 덕을 연모하여 예배하고 물러가다 ···························40
(3) 십행 지위에 의탁한 열 분 선지식 10. ·······················43
가) 제12. 선견비구 선지식 6. ·····································44
(가) 가르침에 의지하여 나아가 구하다 2. ·······················44
ㄱ. 앞 선지식의 가르침을 기억하다 ·····························44
ㄴ. 다음 선지식에 나아가 구하다 ·······························50
(나) 만나서 공경을 표하고 법문을 묻다 3. ······················50
ㄱ. 선지식을 뵙다 50            ㄴ. 공경을 표하다 58
ㄷ. 법문을 묻다 58
(다) 바로 법계를 보이다 2. ·······································59

ㄱ. 인연을 의지하여 법계를 얻다 ·······································59
ㄴ. 법계의 업과 작용을 밝히다 ·······································61
(라) 자신은 겸양하고 뛰어난 분을 추천하다 ·····················64
(마) 다음 선지식을 지시하다 ·····································66
(바) 덕을 연모하여 예배하고 물러가다 ·······························66
나) 제13. 자재주동자 선지식 6. ·······································68
ㄱ. 가르침에 의지하여 나아가 구하다 ·······························68
ㄴ. 만나서 공경을 표하고 법문을 묻다 ·······························70
ㄷ. 바로 법계를 보이다 ·····································70
ㄹ. 자신은 겸양하고 뛰어난 분을 추천하다 ·······························79
ㅁ. 다음 선지식을 지시하다 ·····································80
ㅂ. 덕을 연모하여 예배하고 물러가다 ·······························80
다) 제14. 구족우바이 선지식 6. ·······································82
ㄱ. 선지식의 가르침에 의지하여 나아가 구하다 ·····················82
ㄴ. 만나서 공경을 표하고 법문을 묻다 ·······························85
ㄷ. 바로 법계를 보이다 2. ·····································88
ㄱ) 법문의 명칭과 체성 ·····································89
ㄴ) 그 업과 작용을 밝히다 3. ·······································90

a. 중생에게 이익 주다 91     b. 이승에게 이익 주다 92

c. 보살에게 이익 주다 94

ㄹ. 자신은 겸양하고 뛰어난 분을 추천하다 ·······················103
ㅁ. 다음 선지식을 지시하다 ·····································104
ㅂ. 덕을 연모하여 예배하고 물러가다 ·······························104
라) 제15. 명지거사 선지식 6. ·······································104
ㄱ. 선지식의 가르침에 의지하여 나아가 구하다 ·····················105
ㄴ. 만나서 공경을 표하고 법문을 묻다 ·······························108

ㄷ. 선재동자를 칭찬하고 법을 설해 주다 3. ························· 111
ㄱ) 발심이 뛰어남을 칭찬하다 ································· 111
ㄴ) 자신이 교화할 대상을 보이다 ······························ 111
ㄷ) 바로 법계를 보이다 ········································ 113
ㄹ. 자신은 겸양하고 뛰어난 분을 추천하다 ···················· 118
ㅁ. 다음 선지식을 지시하다 ····································· 119
ㅂ. 덕을 연모하여 예배하고 물러가다 ·························· 119


**大方廣佛華嚴經疏鈔 제66권 龍字卷下**

**제39. 법계에 증득해 들어가는 품[入法界品] ⑦**

마) 제16. 법보계장자 선지식 6. ······························ 122
(가) 가르침에 의지하여 나아가 구하다 ······················· 122
(나) 만나서 공경을 표하고 법문을 묻다 ······················ 123
(다) 자신의 법계를 설해 주다 4. ······························ 124
ㄱ. 손을 잡고 서로 이끌다 ···································· 124
ㄴ. 그 머물 곳을 보이다 ······································· 124
ㄷ. 바로 법계를 증득하다 3. ·································· 125
(ㄱ) 십지를 표하다 129　　(ㄴ) 십행을 표하다 133
(ㄷ) 총상으로는 지위를 표하지 않는다 134
ㄹ. 인연에 대해 질문하고 대답하다 ··························· 135
(라) 자신은 겸양하고 뛰어난 분을 추천하다 ················· 137
(마) 다음 선지식을 지시하다 ··································· 138
(바) 덕을 연모하여 예배하고 물러가다 ······················· 138

바) 제17. 보안장자 선지식 6. ·················································139
　ㄱ. 선지식의 가르침에 의지하여 나아가 구하다 ···················140
　ㄴ. 만나서 공경을 표하고 법문을 묻다 ·······························150
　ㄷ. 선재동자를 칭찬하고 법을 설해 주다 2. ·······················152
　　(ㄱ) 아래로 중생을 교화하다 ·············································152
　　(ㄴ) 위로 부처님께 공양 올리다 ········································158
　ㄹ. 자신은 겸양하고 뛰어난 분을 추천하다 ·······················160
　ㅁ. 다음 선지식을 지시하다 ···············································161
　ㅂ. 덕을 연모하여 예배하고 물러가다 ································161
사) 제18. 무염족왕 선지식 6. ···············································162
　ㄱ. 가르침에 의지하여 나아가 구하다 ································163
　ㄴ. 만나서 공경을 표하고 법문을 묻다 2. ···························166
　　ㄱ) 선지식을 만나 뵙다 4. ···············································166
　　　(ㄱ) 뛰어난 의보와 정보를 보다 ····································166
　　　(ㄴ) 그 역으로 교화함을 보다 ·······································168
　　　(ㄷ) 깨닫지 못하여 의심이 일어나다 ·····························168
　　　(ㄹ) 하늘이 깨우쳐 말해 주다 ·······································169
　　ㄴ) 공경히 법을 묻다 ······················································173
　ㄷ. 자신의 법계를 설해 주다 ·············································174
　ㄹ. 자신은 겸양하고 뛰어난 분을 추천하다 ·······················178
　ㅁ. 다음 선지식을 지시하다 ···············································179
　ㅂ. 덕을 연모하여 예배하고 물러가다 ································179
아) 제19. 대광왕 선지식 6. ···················································180
　(가) 선지식의 가르침에 의지하여 나아가 구하다 ···············180
　(나) 만나서 공경을 표하고 법문을 묻다 3. ·························183
　　ㄱ. 선지식을 뵙다 183　　　ㄴ. 공경함을 표하다 191

차례　11

ㄷ. 법문을 묻다 191
(다) 자신의 법계를 바로 보이다 192
(라) 자신은 겸양하고 뛰어난 분을 추천하다 201
(마) 다음 선지식을 지시하다 203
(바) 덕을 연모하여 예배하고 물러가다 203
자) 제20. 부동우바이 선지식 6. 204
ㄱ. 선지식의 가르침에 의지하여 나아가 구하다 2. 205
ㄱ) 선지식의 가르침에 의지하다 205
ㄴ) 다음 선지식에 나아가 구하다 209
ㄴ. 만나서 공경을 표하고 법문을 묻다 210
ㄷ. 선재동자를 칭찬하고 법문을 설해 주다 2. 214
a) 법을 얻게 된 인연 220
b) 법문의 업과 작용을 밝히다 229
ㄹ. 자신은 겸양하고 뛰어난 분을 추천하다 231
ㅁ. 다음 선지식을 지시하다 233
ㅂ. 덕을 연모하여 예배하고 물러가다 233


**大方廣佛華嚴經疏鈔 제67권 師字卷上**
**제39. 법계에 증득해 들어가는 품[入法界品] ⑧**

차) 제21. 변행외도 선지식 6. 236
(가) 선지식의 가르침에 의지하여 나아가 구하다 236
(나) 만나서 공경을 표하고 법문을 묻다 237
(다) 선재동자를 칭찬하고 법문을 설해 주다 2. 238
ㄱ. 선재동자의 발심을 칭찬하다 239

ㄴ. 바로 법계를 설해 주다 ················································· 239
(라) 자신은 겸양하고 뛰어난 분을 추천하다 ······················ 244
(마) 다음 선지식을 지시하다 ············································· 245
(바) 덕을 연모하여 예배하고 물러가다 ······························ 245
(4) 십회향 지위의 열 분 선지식 10. ····································· 246
가) 제22. 청련화장자 선지식 6. ········································· 247
(가) 선지식의 가르침에 의지하여 나아가 구하다 ················ 247
(나) 만나서 공경을 표하고 법문을 묻다 ····························· 249
(다) 선재동자를 칭찬하고 법문을 설해 주다 2. ··················· 250
ㄱ) 얻은 법문을 총합하여 표방하다 ································· 250
ㄴ) 업과 작용을 개별로 밝히다 4. ···································· 252
a. 향기의 체성이 다름을 알다 ········································ 252
b. 향기의 부류를 잡아 다름을 밝히다 ···························· 252
c. 힘과 작용이 다름을 알다 ··········································· 252
d. 근본과 지말을 자세히 궁구하다 ································· 252
(라) 자신은 겸양하고 뛰어난 분을 추천하다 ······················ 262
(마) 다음 선지식을 지시하다 ············································· 263
(바) 덕을 연모하여 예배하고 물러가다 ······························ 263
나) 제23. 바시라뱃사공 선지식 6. ····································· 264
ㄱ. 선지식의 가르침에 의지하여 나아가 구하다 ················· 265
ㄴ. 만나서 공경을 표하고 법문을 묻다 ······························ 269
ㄷ. 선재동자를 칭찬하고 법문을 설해 주다 2. ···················· 270
ㄱ) 선재동자를 칭찬하며 질문하다 ··································· 270
ㄴ) 법문을 설해 주다 2. ··················································· 272
(ㄱ) 법문의 명칭과 체성을 표방하다 ································ 272
(ㄴ) 업과 작용을 밝히다 2. ············································· 272

a. 육지에서 중생을 교화하다 ····················································· 272
b. 바다에서 중생을 교화하다 ····················································· 273
ㄹ. 자신은 겸양하고 뛰어난 분을 추천하다 ································ 281
ㅁ. 다음 선지식을 지시하다 ······················································· 282
ㅂ. 덕을 연모하여 예배하고 물러가다 ········································ 282
다) 제24. 무상승장자 선지식 6. ················································ 283
(가) 가르침에 의지하여 나아가 구하다 ······································ 283
(나) 만나서 공경을 표하고 법문을 묻다 ···································· 285
(다) 선재동자를 칭찬하고 법문을 설해 주다 2. ························ 288
ㄱ. 법문의 명칭과 체성 ······························································ 288
ㄴ. 해탈법의 업과 작용을 밝히다 ·············································· 288
(라) 자신은 겸양하고 뛰어난 분을 추천하다 ····························· 292
(마) 다음 선지식을 지시하다 ····················································· 293
(바) 덕을 연모하여 예배하고 물러가다 ······································ 293
라) 제25. 사자빈신비구니 선지식 6. ········································· 294
ㄱ. 선지식의 가르침에 의지하여 나아가 구하다 ······················· 296
ㄴ. 만나서 공경을 표하고 법문을 묻다 2. ································· 297
(ㄱ) 선지식의 의보를 보다 ························································· 297
(ㄴ) 선지식의 정보를 뵙다 ························································· 303
ㄷ. 자신의 법계를 설해 주다 ····················································· 319
ㄹ. 자신은 겸양하고 뛰어난 분을 추천하다 ······························ 324
ㅁ. 다음 선지식을 지시하다 ······················································· 325
ㅂ. 덕을 연모하여 예배하고 물러가다 ······································· 325

## 大方廣佛華嚴經疏鈔 제68권 師字卷中
## 제39. 법계에 증득해 들어가는 품[入法界品] ⑨

　마) 제26. 바수밀다녀 선지식 6. ································328
　　ㄱ. 선지식의 가르침에 의지하여 나아가 구하다 ···········329
　　ㄴ. 만나서 공경을 표하고 법문을 묻다 ······················334
　　ㄷ. 자신의 법계를 설해 주다 3. ································337
　　　ㄱ) 명칭과 체성을 표방하다 ·································338
　　　ㄴ) 업과 작용을 밝히다 ·······································338
　　　ㄷ) 법을 얻게 된 원인 ········································340
　　ㄹ. 자신은 겸양하고 뛰어난 분을 추천하다 ················342
　　ㅁ. 다음 선지식을 지시하다 ····································342
　　ㅂ. 덕을 연모하여 예배하고 물러가다 ······················343
　바) 제27. 비슬지라거사 선지식 6. ·······························343
　(가) 선지식의 가르침에 의지하여 나아가 구하다 ············343
　(나) 만나서 공경을 표하고 법문을 묻다 ······················343
　(다) 법계를 바로 설해 주다 ·······································345
　(라) 자신은 겸양하고 뛰어난 분을 추천하다 ·················353
　(마) 다음 선지식을 지시하다 ·····································354
　(바) 덕을 연모하여 예배하고 물러가다 ·······················356
　사) 제28. 관자재보살 선지식 5. ·································356
　(가) 경문에 앞서서 의미를 말하다 ······························357
　(나) 경문을 따라 바로 해석하다 2. ····························364
　　ㄱ. 선지식의 가르침에 의지하여 나아가 구하다 ··········365
　　ㄴ. 만나서 공경을 표하고 법문을 묻다 ······················365
　(다) 선재동자를 칭찬하고 법문을 설해 주다 2. ············369

(ㄱ) 보문을 잡아 해석하다 ································ 371
(ㄴ) 대비를 잡아 해석하다 ································ 375
(라) 자신은 겸양하고 뛰어난 분을 추천하다 ················ 380
(마) 다음 선지식을 지시하다 2. ························· 381
ㄱ. 다음 선지식이 회중에 들어오다 ····················· 381
ㄴ. 관자재보살이 지시하다 ···························· 382
아) 제29. 정취보살 선지식 6. ··························· 383
(가) 선지식의 가르침에 의지하여 나아가 구하다 ············ 384
(나) 만나서 공경을 표하고 법문을 묻다 ···················· 384
(다) 자신의 법계를 설해 주다 2. ························· 385
ㄱ. 명칭과 체성을 표방하다 ··························· 385
ㄴ. 업과 작용을 밝히다 ······························ 385
(라) 자신은 겸양하고 뛰어난 분을 추천하다 ················ 389
(마) 다음 선지식을 지시하다 ··························· 390
(바) 덕을 연모하여 예배하고 물러가다 ···················· 390
자) 제30. 대천신 선지식 6. ···························· 391
ㄱ. 선지식의 가르침에 의지하여 나아가 구하다 ·········· 391
ㄴ. 만나서 공경을 표하고 법문을 묻다 ················· 391
ㄷ. 자신의 법계를 설해 주다 2. ······················· 393
ㄱ) 법을 설해 주는 방편 ···························· 393
ㄴ) 얻은 법계를 바로 설해 주다 ····················· 395
ㄹ. 자신은 겸양하고 뛰어난 분을 추천하다 ·············· 398
ㅁ. 다음 선지식을 지시하다 ·························· 399
ㅂ. 덕을 연모하여 예배하고 물러가다 ·················· 399
차) 제31. 안주지신 선지식 6. ·························· 400
ㄱ. 가르침에 의지하여 나아가 구하다 ·················· 400

ㄴ. 만나서 공경을 표하고 법문을 묻다·····················401
ㄷ. 자신의 법계를 보이다 4. ·····························405
ㄱ) 법의 체성과 명칭, 작용을 표방하다 ···············405
ㄴ) 업과 작용을 개별로 밝히다 ·························405
ㄷ) 법을 깨달은 시기와 처소 ····························407
ㄹ) 순숙해짐을 총합 결론하다 ····························407
ㄹ. 자신은 겸양하고 뛰어난 분을 추천하다 ···············408
ㅁ. 다음 선지식을 지시하다 ·································408
ㅂ. 덕을 연모하여 예배하고 물러가다 ·····················408
(5) 십지 지위의 열 분 선지식 10. ·······················410
가) 제32. 바산바연저주야신 선지식 6. ···············411
(가) 선지식의 가르침에 의지하여 나아가 구하다 ·······411
(나) 만나서 공경을 표하고 법문을 묻다 ···············414
(다) 선재동자를 칭찬하고 법문을 설해 주다 3. ·······419
ㄱ) 명칭과 체성을 표방하다 ·····························419
ㄴ) 업과 작용을 밝히다 9. ·································420
(a) 바다에 빠진 중생을 구제하다·····················422
(b) 육지에 사는 중생을 〃 ·····························424
(c) 구해도 얻지 못하는 중생을 〃 ·····················424
(d) 국토에 애착하는 중생을 〃 ························426
(e) 고향 마을을 탐착하는 중생을 〃 ·················426
(f) 캄캄한 밤길 가는 중생을 〃 ·······················427
(g) 번뇌에 물든 중생을 〃 ·····························427
(h) 여덟 가지 고통에 빠진 중생을 〃 ···············430
(i) 나쁜 소견 가진 중생을 구제하다···············430
ㄷ) 법을 깨달은 역사를 밝히다 2. ·······················439

a. 발심한 시절을 대답하다 ······················································440
b. 법을 깨달은 역사를 대답하다··············································443
(라) 자신은 겸양하고 뛰어난 분을 추천하다 ··························447
(마) 다음 선지식을 지시하다··················································448
(바) 덕을 연모하여 예배하고 물러가다 2.·······························449
  ㄱ. 덕을 찬탄하다 449         ㄴ. 예배하고 물러가다 453

大方廣佛華嚴經 제65권

大方廣佛華嚴經疏鈔 제65권 龍字卷上

# 제39 入法界品 ⑥

제39. 법계에 증득해 들어가는 품[入法界品] ⑥

제11. 자행(慈行)동녀 선지식과 제12. 선견(善見)비구를 만나는데 삼안국(三眼國)에서 한창 나이에 용모가 아름답고 단정한 선견비구를 만나는데, "나는 무수한 항하사 부처님 계신 곳에서 범행을 닦고 일념 가운데서 말할 수 없고 말할 수 없는 부처님 세계 중생들의 차별을 다 안다"고 하였으며, 제14. 해주성(海住城)의 구족(具足)우바이는 '나의 작은 그릇에 담긴 음식에서 중생들의 향기를 맡거나 음식을 먹으면 항마성도(降魔成道)하나니, 향기 나는 밥[香飯]은 성불로 이르게 하는 까닭에 불자들의 시주나 공양물도 성불에 이르게 하는 가득한 정성과 공덕, 발원이 가득해야 한다'는 뜻이다. 經云,

"착한 남자여, 나는 <보살의 다하지 않는 복덕장 해탈문>을 얻었으므로, 이렇게 작은 그릇에서도 중생들의 갖가지 욕망을 따라서 가지가지 맛좋은 음식을 내어 모두 배부르게 하나니…. 가령 시방세계의 모든 중생들이라도 그들의 욕망을 따라 모두 배부르게 하여도, 그 음식은 끝나지도 않고 적어지지도 않느니라."

大方廣佛華嚴經 제65권
大方廣佛華嚴經疏鈔 제65권 龍字卷上

# 제39. 법계에 증득해 들어가는 품[入法界品] ⑥

차) 제11. 자행동녀 선지식[慈行童女] 2.
- 제10. 관정주(灌頂住)에 의탁한 선지식

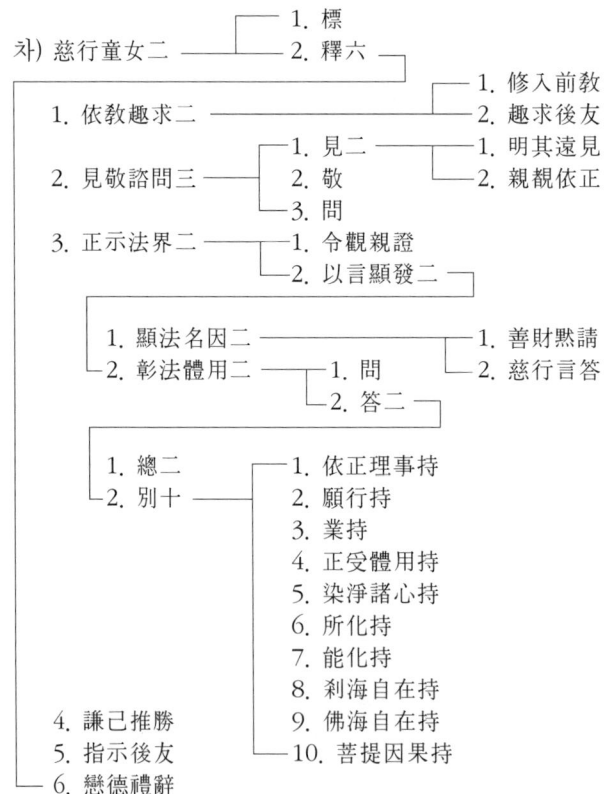

(가) 표방하다[標] (第十 1下3)


[疏] 第十, 慈行童女는 寄灌頂住라
- 차) 제11. 자행동녀는 제10. 관정주(灌頂住)에 의탁한 선지식이다.


[鈔] 寄灌頂住者는 從前觀空하여 得無生心이 最爲上首니 諸佛法水를 灌其頂故니라
- '관정주에 의탁한다'는 것은 앞의 공을 관찰함으로부터 생사 없는 마음이 가장 우두머리가 됨이요, 모든 부처님 '법의 물[法水]'이 그 이마에 뿌려지는 까닭이다.


(나) 해석하다[釋] 6.

ㄱ. 선지식의 가르침에 의지하여 나아가 구하다[依敎趣求] 2.

ㄱ) 앞 선지식의 가르침을 닦고 들어가다[修入前敎] (文六 1下5)


爾時에 善財童子가 於善知識所에 起最極尊重心하고 生廣大淸淨解하여 常念大乘하며 專求佛智하여 願見諸佛하며 觀法境界하되 無障礙智가 常現在前하여 決定了知諸法實際와 常住際와 一切三世諸刹那際와 如虛空際와 無二際와 一切法無分別際와 一切義無障礙際와 一切劫無失壞際와 一切如來無際之際하여 於一切佛에 心無分別하며 破衆想網하며 離諸執着하며 不取諸佛衆會道場하며 亦不取佛淸淨國土하며 知諸衆生이 皆無有我하며

知一切聲이 悉皆如響하며 知一切色이 悉皆如影하나니라
그때 선재동자는 선지식에게 (1) 가장 존중하는 마음을 내며, 광대하고 청정한 이해를 내어, (2) 항상 대승을 생각하고 부처 지혜를 일심으로 구하며, (3) 부처님 뵈옵기를 원하고 법의 경계를 관찰하며, 걸림이 없는 지혜가 항상 앞에 나타나서, (4) 모든 법의 참된 경계와, 항상 머물러 있는 경계와, 모든 세 세상과 찰나의 경계와, 허공과 같은 경계와, 둘이 없는 경계와, 모든 법의 분별이 없는 경계와, 모든 이치의 걸림이 없는 경계와, 모든 겁의 무너지지 않는 경계와, 모든 여래의 경계가 없는 경계를 결정하게 알며, (5) 모든 부처에게 분별하는 마음이 없고, (6) 모든 생각의 그물을 깨뜨려 집착이 없으며, (7) 부처님들의 대중이 모인 도량도 취하지 않고, (8) 부처님의 청정한 국토도 취하지 않으며, (9) 중생들은 모두 <나>가 없음을 알고, (10) 모든 소리는 다 메아리 같음을 알고, (11) 모든 빛은 다 그림자와 같은 줄 알았다.

[疏] 文六은 同前이니 初, 依敎趣求라 中에 二니 先, 修入前敎라 於中에 初二句는 重友解生이요 次二句는 念乘思佛이요 次, 觀法下는 智證實際니 初句는 能觀智요 現決定下는 所證窮極이라 後, 於一切佛下는 離障自在니라

■ 경문이 여섯인 것은 앞과 같나니 ㄱ. 선지식의 가르침에 의지하여 나아가 구함이다. 그중에 둘이니 ㄱ) 앞 선지식의 가르침을 닦고 들어감이다. 그중에 (ㄱ) 처음 두 구절[(1) 起最極尊重心 ~ (2) 常念大乘 專求

佛智]은 교법[乘]을 기억하고 부처님을 생각함이요, (ㄴ) 觀法 아래 (아홉 구절)은 지혜로 실제를 증득함이니 a. 첫 구절[(3) 觀法境界-]은 관찰하는 주체인 지혜로 나타냄이요, b. 決定 아래[(4) 決定了知諸法實際-]는 증득할 대상을 끝까지 궁구함이다. c. 뒤 구절의 於一切佛 아래 (일곱 구절)[(5) 於一切佛 心無分別-]은 장애를 여읨에 자재함이다.

ㄴ) 다음 선지식에 나아가 구하다[趣求後友] (二漸 2上2)

漸次南行하여 至師子奮迅城하여 周徧推求慈行童女러니 聞此童女가 是師子幢王女라 五百童女로 以爲侍從하여 住毘盧遮那藏殿하사 於龍勝栴檀足이요 金線網・天衣座上에 而說妙法하고
점점 남쪽으로 가다가 사자분신성에 이르러 여러 곳으로 다니면서 자행동녀를 찾았다. 이 동녀는 사자당왕의 딸로서 5백 동녀가 시종이 되고 비로자나장 궁전에 있으며 용승전단이 발이 되고, 금실그물을 두르고 하늘 옷을 깐 자리에 앉아 묘한 법을 연설한다는 말을 들었다.

[疏] 二, 漸次下는 趣求後友라 於中에 初, 至處요 次, 聞名이니 五百으로 爲侍者는 以一期位滿하야 總攝五位의 十十法門으로 互相涉入之法하여 而相應故니라
■ ㄴ) 漸次 아래는 다음 선지식에 나아가 구함이다. 그중에 (ㄱ) 첫 구절은 이를 곳이요, (ㄴ) 다음 구절은 명칭을 들음이다. '5백 동녀가 시종이 되는 것'은 한 시기의 지위가 만족해서 다섯 지위[삼현의 셋과 십지와

등묘각의 열 가지와 열 가지의 법문으로 서로 번갈아 건너 들어가는 법을 총합하여 포섭해서 서로 응하는 까닭이다.

ㄴ. 만나서 공경을 표하고 법문을 묻다[見敬諮問] 3.

ㄱ) 선지식을 뵙다[見] 2.
(ㄱ) 멀리서 본 것을 밝히다[明其遠見] (第二 2下5)
(ㄴ) 의보와 정보를 가까이서 보다[親覿依正] (後善)

善財가 聞已에 詣王宮門하여 求見彼女라가 見無量衆이 來入宮中하고 善財가 問言하되 諸人은 今者에 何所往詣오 咸報之言하되 我等은 欲詣慈行童女하여 聽受妙法이로라 善財童子가 卽作是念하되 此王宮門이 旣無限礙인댄 我亦應入이라하고 善財가 入已에 見毘盧遮那藏殿이 玻瓈爲地하며 瑠璃爲柱하며 金剛爲壁하며 閻浮檀金으로 以爲垣牆하며 百千光明으로 而爲牕牖하며 阿僧祇摩尼寶로 而莊校之하며 寶藏摩尼鏡으로 周币莊嚴하며 以世間最上摩尼寶로 而爲莊飾하며 無數寶網으로 羅覆其上하며 百千金鈴이 出妙音聲이라 有如是等不可思議衆寶嚴飾이어든 其慈行童女가 皮膚金色이며 眼紺紫色이며 髮紺靑色이라 以梵音聲으로 而演說法하나니라

이 말을 듣고 선재동자는 왕궁에 나아가 자행동녀를 찾는데, 한량없는 사람들이 궁중으로 들어가는 것을 보고, 선재동자는 "당신들은 어디로 가느냐?"고 물으니, 그 사람들은 "우

리는 자행동녀에게 가서 묘한 법을 들으려 한다"고 대답하였다. 선재동자는 생각하기를 '이 왕궁의 문은 제한이 없으니 나도 들어가리라' 하고 들어가서 비로자나장 궁전을 보았다. 파리로 땅이 되고 유리로 기둥을 만들고 금강으로 벽이 되었으며, 염부단금으로 담을 쌓았고, 백천 광명은 창호가 되고 아승지 마니보배로 꾸미었으며, 보장마니 거울로 장엄하고 세상에 제일가는 마니보배로 장식하였는데, 수없는 보배 그물이 위에 덮였으며, 백천의 황금 풍경에서는 아름다운 소리가 나와서, 이렇게 부사의한 보배로 훌륭하게 꾸몄으며, 자행동녀는 살갗이 금빛이요, 눈은 자주 빛이고 머리카락은 검푸르며, 범천의 음성으로 법을 연설하고 있었다.

[疏] 第二, 善財聞已下는 見敬咨問이라 中에 亦三이니 初, 見이라 中에 先, 明遠見이니 表得門未證故요 後, 善財入已下는 親覲依正等이라
- ㄴ. 善財聞已 아래는 만나서 공경을 표하고 법문을 물음이다. 그중에 또한 셋이니 ㄱ) 선지식을 뵈옴이니 그중에 (ㄱ) 먼저 멀리서 본 것을 밝혀서 얻은 문을 증득하지 못함을 표한 연고요, (ㄴ) 善財入已 아래는 의보와 정보를 가까이서 보는 등이다.

ㄴ) 공경을 표하다[敬] (二敬 3上2)
ㄷ) 질문하다[問] (三問)

善財가 見已에 頂禮其足하며 遶無數帀하고 合掌前住하여 作如是言하되 聖者여 我已先發阿耨多羅三藐三菩提

心하니 而未知菩薩이 云何學菩薩行이며 云何修菩薩道리잇고 我聞聖者는 善能誘誨라하니 願爲我說하소서
선재는 앞에 나아가 발에 엎드려 절하고 수없이 돌고 합장하고 서서 말하였다. "거룩하신 이여, 저는 이미 아뇩다라삼먁삼보디심을 내었사오나, 보살이 어떻게 보살의 행을 배우며 어떻게 보살의 도를 닦는지를 알지 못하나이다. 듣자온즉 거룩한 이께서 잘 가르치신다 하오니 바라건대 말씀하여 주소서."

[疏] 二, 敬이요 三, 問을 並可知니라
■ ㄴ) 공경을 표함이요, ㄷ) 질문함이니 경문과 함께하면 알 수 있으리라.

ㄷ. 법계를 바로 보이다[正示法界] 2.

ㄱ) 관찰하여 몸소 증득하게 하다[令觀親證] (第三 3下2)

時에 慈行童女가 告善財言하시되 善男子여 汝應觀我宮殿莊嚴이어다 善財가 頂禮하고 周徧觀察하여 見一一壁中과 一一柱中과 一一鏡中과 一一相中과 一一形中과 一一摩尼寶中과 一一莊嚴具中과 一一金鈴中과 一一寶樹中과 一一寶形像中과 一一寶瓔珞中에 悉見法界一切如來가 從初發心으로 修菩薩行하사 成滿大願하고 具足功德하며 成等正覺하고 轉妙法輪하며 乃至示現入於涅槃이라 如是影像이 靡不皆現함이 如淨水中에 普見虛空

日月星宿의 所有衆像하니 如此가 皆是慈行童女의 過去
世中善根之力이러라

그때 자행동녀가 선재에게 말하기를 "착한 남자여, 그대는
나의 궁전에 장엄한 것을 보라" 하였다. 선재동자는 엎드려
절하고 두루 살펴보았다. 낱낱 벽과 낱낱 기둥과 낱낱 거울,
낱낱 모양, 낱낱 형상, 낱낱 마니보배, 낱낱 장엄거리, 낱낱
황금 풍경, 낱낱 보배 나무와 낱낱 보배 형상, 낱낱 보배 영
락에 온 법계의 여러 여래께서 처음 마음을 내고 보살의 행
을 닦고 큰 서원을 만족하고 공덕을 갖추고 정등각을 이루
는 일과, 묘한 법륜을 굴리다가 열반에 드시는 일이 영상처
럼 나타나니, 마치 깨끗한 물속에 일월성신과 모든 물상이
비치는 듯하였다. 이런 것이 모두 자행동녀가 지난 세상에
심은 착한 뿌리의 힘이었다.

[疏] 第三, 時慈行童女下는 正示法界라 中에 二니 一, 令觀親證이니 並
依中에 見正하여 小大念劫이 皆無礙等이라 十住位終일새 故約報顯
이니라

■ ㄷ. 時慈行童女 아래는 법계를 바로 보임이다. 그중에 둘이니 ㄱ)
관찰하여 몸소 증득하게 함은 아울러 의보 중에서 정보를 봄이요, 작
고 크며 찰나와 겁에서 모두 걸림 없는 등이니, 십주(十住)의 지위가
끝난 연고로 보답을 잡아서 밝힌 내용이다.

ㄴ) 말씀으로 발심함을 밝히다[以言顯發] 2.
(ㄱ) 법문의 명칭과 원인을 밝히다[顯法名因] 2.

a. 선재동자가 묵연히 청법하다[善財黙請] (二爾 3下10)
b. 자행동녀가 말로 대답하다[慈行言答] (後童)

爾時에 善財童子가 憶念所見諸佛之相하고 合掌瞻仰慈行童女러니 爾時에 童女가 告善財言하시되 善男子여 此是般若波羅蜜普莊嚴門이니 我於三十六恒河沙佛所에 求得此法할새 彼諸如來가 各以異門으로 令我入此般若波羅蜜普莊嚴門하사 一佛所演을 餘不重說하시니라

이때 선재동자는 궁전의 장엄에서 본 부처님들의 여러 가지 모양을 생각하면서 합장하고 자행동녀를 쳐다보았다. 자행동녀는 선재에게 말하였다. "착한 남자여, 이것은 반야바라밀다의 두루 장엄하는 문이니, 내가 36항하사의 부처님 계신 데서 이 법을 얻었는데, 저 여래들이 각각 다른 문으로써 나로 하여금 이 반야바라밀다로 두루 장엄하는 문에 들어가게 하였으며, 한 부처님이 말씀한 것은 다른 부처님이 다시 말하지 아니하였느니라."

[疏] 二, 爾時善財下는 以言顯發이라 於中에 二니 先, 顯法名因이요 後, 彰法勝用이라 前中에 初, 善財黙請이요 後, 童女言答이라 答中에 初, 示名이니 名般若普莊嚴者는 有二義하니 一, 由般若가 照一切法에 依中에 有正하고 一中有多일새 故所得依는 無所不現이라 般若中에 云, 了色이 是般若하면 一切法趣色이라하니 即其義矣니라 二, 由能證般若가 已具諸度莊嚴일새 故로 所證과 所成이 亦莊嚴無盡이니 次下에 顯因云호대 彼諸如來가 各以異門으로 令我入此가 即其義也니

라 總攝三十六恒沙之別하여 歸於普門이면 則一嚴이 一切嚴이니 故名普嚴이라 言三十六恒沙者는 住位旣滿하면 則六度之中에 一一具六일새 故爲三十六이요 皆恒沙性德이 本覺中來일새 故云佛所求得이니라

■ ㄴ) 爾時善財 아래는 말씀으로 발심함을 밝힘이다. 그중에 둘이니 (ㄱ) 법의 명칭과 원인을 밝힘이요, (ㄴ) 법의 뛰어난 체성과 작용을 밝힘이다. (ㄱ) 중에 a. 선재동자가 묵연히 청법함이요, b. 자행동녀가 말로 대답함이다. b. 대답함 중에 a) 명칭을 보임이니 반야바라밀은 두 가지 뜻이 있으니 (1) 반야로 말미암아 온갖 법을 비추나니 의보 중에 정보를 본다. 하나 중에 여럿이 있는 연고로 얻을 대상인 의보는 나타나지 않는 곳이 없다.『대품반야경』중에 이르되, "형색이 반야임을 요달하면, 온갖 법에 나아간 형색이다"라 한 것은 곧 그 뜻이다. (2) 증득하는 주체인 반야로 말미암아 이미 모든 바라밀을 갖추어 장엄한 연고로 증득할 대상과 성취할 대상도 또한 그지없는 장엄이다. b) 아래에 인행을 밝혀서 말하되, "저 모든 여래가 각기 다른 문이니 나로 하여금 여기에 들어가게 한다" 함이 곧 그 뜻이다. 36항하 모래 같은 별상을 총합하여 포섭하여 넓은 문으로 되돌아가면 하나를 장엄하면 모두를 장엄하는 연고로 '널리 장엄함'이라 이름한다. '36항하의 모래'라 말한 것은 머무는 지위가 이미 만족하면 육바라밀 중에 낱낱이 여섯을 갖춘 연고로 36이 되었다. 모두 항하 모래 같은 성품의 덕이 본래 깨달음 중에서 온 연고로 '부처님이 구하여 얻은 것'이라고 하였다.

[鈔] 般若中에 云了色是般若等者는 卽大品經意니 具歷諸法이라 且初에

歷五蘊에 云, 了色是般若하면 一切法趣色이라 色尙不可得이어니 云
何當有趣非趣리요 如是具歷諸法에 皆然이니라 若般若意인대 似當
諸法之性이 不異色性일새 故皆趣色이요 色不可得은 當法<sup>1)</sup>性空이라
旣無所趣어니 安有能趣리요 若智者意인대 一切法趣色은 是假觀이요
色尙不可得은 是空觀이요 云何當有趣非趣는 卽中道觀이라 今疏에
用意는 但要初句라 以取色性이 爲諸法依니 以性普收일새 故皆趣色
이라 則一色中에 具一切法이 是事事無礙之意니 故로 隨一法하여 皆
收法界라 故得依果의 一一境中에 具諸莊嚴이라 則莊嚴은 屬果니 以
果로 名因하여 名普莊嚴이라 第二意는 卽因自莊嚴이니라 言三十六
下는 但約表義라 若約事釋인대 如休捨處니라

● '반야 중에 이르되, 형색이 반야임을 요달하면 반야는 온갖 법이 색에 나아간다'라 한 것은 『대품반야경』(제15권 知識品 제52)의 주장이요, 모든 법을 갖추어 지나감이니 우선 처음은 오온을 거쳐서 이르되, "형색이 반야임을 요달하면 온갖 법은 형색으로 나아가지만 색도 오히려 얻을 수 없으니, 어찌 나아가고 나아가지 않음이 있겠는가?"라 하였으니 이렇게 모든 법을 갖추어 거쳐감도 모두 그러하다. 저『반야경』의 주장에는 모든 법의 체성에 해당함과 같고 색의 성품과 다르지 않은 연고로 모두 형색에 나아감이니, 형색으로 얻을 수 없다. 법성이 공함에 해당하나니 이미 나아갈 대상이 없나니 어찌 나아가는 주체가 있으리오. 지자(智者)대사의 주장이라면 온갖 법에 나아간 형색은 가관(假觀)이요, 형색도 오히려 얻을 수 없음은 공관(空觀)이요, 어찌 나아가고 나아가지 않음이 있겠는가는 중도관(中道觀)이니, 지금 소가가 사용한 주장이다. 단지 첫

---

1) 法은 甲南續金本作相이라 하다.

구절만 중요하고 형색의 성품을 취하여 모든 법의 의지처가 됨으로 체성으로 널리 거두는 연고로 모두 형색에 나아가고, 한 형색 중에 온갖 법을 갖추나니 이것을 '현상과 현상이 걸림 없는 주장[事事無礙之意]'이므로 한 가지 법을 따르고 모두 법계를 거두는 연고로 의보의 결과가 하나를 얻고 한 경계 중에 모든 장엄을 갖춘다면 장엄이 과덕에 속하고 과덕으로 인행이라 이름한 것은 '널리 장엄함[普莊嚴]'이라 부르나니, 둘째 의미는 곧 인행이 자체로 장엄함이다. 言三十六 아래는 단지 표한 뜻을 잡은 해석일 뿐이다. 만일 현상을 잡아 해석한다면 제8번째 휴사(休捨)우바이 처소와 같다.

(ㄴ) 법의 체성과 작용을 밝히다[彰法體用] 2.
a. 질문하다[問] (二善 5上6)

善財白言하되 聖者여 此般若波羅蜜普莊嚴門이 境界云何니잇고 童女答言하시되 善男子여 我入此般若波羅蜜普莊嚴門하여 隨順趣向하며 思惟觀察하며 憶持分別時에 得普門陀羅尼하여 百萬阿僧祇陀羅尼門이 皆悉現前하니라

선재동자가 여쭈었다. "거룩하신 이여, 이 반야바라밀다로 두루 장엄하는 문의 경계는 어떠하나이까?" 동녀는 대답하였다. "착한 남자여, 내가 이 반야바라밀다로 두루 장엄하는 문에 들어가서 따라 나아가면서 생각하고 관찰하고 기억하고 분별할 적에 넓은 문 다라니를 얻으니, 백만 아승지 다라니문이 앞에 나타났느니라.

[疏] 二, 善財白言下는 顯法勝用이니 先, 問이요 後, 答이라
- (ㄴ) 善財白言 아래는 법의 뛰어난 체성과 작용을 밝힘이니 a. 질문함이요, b. 대답함이다.

b. 대답하다[答] 2.

a) 총상으로 대답하다[總] 2.
(a) 닦고 익혀서 계합하고 증득하다[明修習] (答中 5上6)
(b) 얻은 바 업과 작용을 밝히다[明所得] (後得)

[疏] 答中에 先, 總이요 後, 所謂下는 別이라 總中에 初, 明修習契證相應이요 後, 得普門下는 總明所得業用이라 陀羅尼는 以智로 爲體니 由得般若普嚴故로 能總持萬法이라 一持에 一切持니 故로 云普門이라 以圓融十住일새 亦同十地에 所得無量百千阿僧祇陀羅尼門이니라 又彼는 總이요 此는 別이니 但擧一持하고 餘三昧等은 略而不說이니라
- b. 대답함 중에 a) 총상으로 대답함이요, b) 所謂 아래는 별상으로 밝힘이다. a) 총상 중에 (a) 닦고 익혀서 계합하고 증득하여 서로 응함을 밝힘이다. (b) 得普門 아래는 얻은 바 업과 작용을 밝힘이다. 다라니는 지혜로 체성을 삼고 반야로 널리 장엄함으로 인해 능히 만 가지 법을 총합하여 지닌다. 하나를 지니면 모두를 지니게 되므로 넓은 문이라 하였다. 십주(十住)를 원융함도 또한 십지(十地)에서 얻은 바 한량없는 백천 가지 아승지 다라니문과 같다. 또한 저것은 총상이고 이것은 별상이니 단지 한 다라니만 거론하였으니, 나머지 삼매 등은 생략하고 말하지 않았다.

[鈔] 又彼總此別者는 謂地經之中에는 但云, 無量百千阿僧祇陀羅尼門이나 解脫門²)과 三昧門도 亦然이라하니라 設有列者라도 但列其十하여 今有一百一十八門總持일새 故云別也니라

● '또한 저것은 총상이고 이것은 별상'이란 이른바 『십지경』중에 단지 말하되, "한량없이 백천 가지 아승지 다라니문과 해탈문과 삼매문도 또한 마찬가지이다"라고 하였다. 설사 나열한 것이 있다면 단지 그 열 가지만 나열함이요, 지금은 118문의 다라니가 있는 연고로 별상이라 하였다.

b) 37문은 별상으로 밝히다[別] 10.

(a) 여덟 문은 의보와 정보, 이치와 현상을 총합하여 아는 다라니
 [依正理事持] (二別 8上6)
(b) 아홉 문은 원행을 밝히는 다라니[願行持] (二福)
(c) 아홉 문은 업을 밝히는 다라니[業持] (三業)
(d) 여섯 문은 삼매의 체성과 작용을 밝히는 다라니[正受體用持](四三)
(e) 다섯 문은 모든 마음을 물들이거나 정화하는 다라니[染淨諸心持]
(五心)

所謂佛刹陀羅尼門과 佛陀羅尼門과 法陀羅尼門과 衆生陀羅尼門과 過去陀羅尼門과 未來陀羅尼門과 現在陀羅尼門과 常住際陀羅尼門과 福德陀羅尼門과 福德助道具陀羅尼門과 智慧陀羅尼門과 智慧助道具陀羅尼門과 諸

---

2) 門은 甲南續金本無, 原本에 있다 하다.

願陀羅尼門과 分別諸願陀羅尼門과 集諸行陀羅尼門과 淸淨行陀羅尼門과 圓滿行陀羅尼門과 業陀羅尼門과 業不失壞陀羅尼門과 業流住陀羅尼門과 業所作陀羅尼門과 捨離惡業陀羅尼門과 修習正業陀羅尼門과 業自在陀羅尼門과 善行陀羅尼門과 持善行陀羅尼門과 三昧陀羅尼門과 隨順三昧陀羅尼門과 觀察三昧陀羅尼門과 三昧境界陀羅尼門과 從三昧起陀羅尼門과 神通陀羅尼門과 心海陀羅尼門과 種種心陀羅尼門과 直心陀羅尼門과 照心稠林陀羅尼門과 調心淸淨陀羅尼門과

이른바 (1) 부처 세계 다라니문·부처 다라니문·법 다라니문·중생 다라니문·과거 다라니문·미래 다라니문·현재 다라니문·항상 머무는 경계 다라니문이며, 복덕 다라니문·복덕으로 도를 돕는 거리 다라니문·지혜 다라니문·지혜로 도를 돕는 거리 다라니문·여러 소원 다라니문·여러 소원을 분별하는 다라니문·모든 행을 모으는 다라니문·행을 청정케 하는 다라니문·행을 원만하게 하는 다라니문이며, (18) 업 다라니문·업이 없어지지 않는 다라니문·업이 흐르는 다라니문·업으로 짓는 다라니문·나쁜 업 버리는 다라니문·바른 업 닦는 다라니문·업이 자재한 다라니문·착한 행 다라니문·착한 행 유지하는 다라니문이며, 삼매 다라니문·삼매를 따르는 다라니문·삼매를 관찰하는 다라니문·삼매의 경계 다라니문·삼매에서 일어나는 다라니문·신통한 다라니문이며, (33) 마음 바다 다라니문·갖가지 마음 다라니문·곧은 마음 다라니문·

마음 숲을 비추는 다라니문 · (37) 마음을 조복하여 청정케
하는 다라니문이며,

[疏] 二, 別顯中에 有百一十八門을 略分十位니 初八은 總知依正理事
持요 二, 福德下의 九門은 明願行持요 三, 業下의 九門은 明業持요
四, 三昧下의 六門은 明正受體用持요 五, 心海下의 五門은 染淨諸
心持요

- b) 별상으로 밝힘 중에 118문이 있다. 간략히 열 가지 지위로 나눈 다면 (a) 여덟 문은 의보와 정보, 이치와 현상을 총합하여 아는 다라 니요, (b) 福德 아래의 아홉 문은 원행을 밝히는 다라니요, (c) 業 아래 아홉 문은 업을 밝히는 다라니요, (d) 三昧 아래 여섯 문은 삼매의 체성과 작용을 밝히는 다라니요, (e) 心海 아래 다섯 문은 모든 마음을 물들이거나 정화하는 다라니요,

(f) 열 문은 교화할 대상을 아는 다라니[所化持] (六知 8上9)
(g) 17문은 교화하는 주체와 교화할 대상을 아는 다라니[能化持] (七普)
(h) 17문은 국토 바다가 자재함을 분명히 아는 다라니[刹海自在持]

(八世)

(i) 25문은 부처님 바다가 자재함을 아는 다라니[佛海自在持] (九見)
(j) 12문은 보리의 인행과 과덕을 밝히는 다라니[菩提因果持] (十菩)

知衆生所從生陀羅尼門과 知衆生煩惱行陀羅尼門과 知
煩惱習氣陀羅尼門과 知煩惱方便陀羅尼門과 知衆生解
陀羅尼門과 知衆生行陀羅尼門과 知衆生行不同陀羅尼

門과 知衆生性陀羅尼門과 知衆生欲陀羅尼門과 知衆生想陀羅尼門과 普見十方陀羅尼門과 說法陀羅尼門과 大悲陀羅尼門과 大慈陀羅尼門과 寂靜陀羅尼門과 言語道陀羅尼門과 方便非方便陀羅尼門과 隨順陀羅尼門과 差別陀羅尼門과 普入陀羅尼門과 無礙際陀羅尼門과 普徧陀羅尼門과 佛法陀羅尼門과 菩薩法陀羅尼門과 聲聞法陀羅尼門과 獨覺法陀羅尼門과 世間法陀羅尼門과 世界成陀羅尼門과 世界壞陀羅尼門과 世界住陀羅尼門과 淨世界陀羅尼門과 垢世界陀羅尼門과 於垢世界에 現淨陀羅尼門과 於淨世界에 現垢陀羅尼門과 純垢世界陀羅尼門과 純淨世界陀羅尼門과 平坦世界陀羅尼門과 不平坦世界陀羅尼門과 覆世界陀羅尼門과 因陀羅網世界陀羅尼門과 世界轉陀羅尼門과 知依想住陀羅尼門과 細入麤陀羅尼門과 麤入細陀羅尼門과

見諸佛陀羅尼門과 分別佛身陀羅尼門과 佛光明莊嚴網陀羅尼門과 佛圓滿音陀羅尼門과 佛法輪陀羅尼門과 成就佛法輪陀羅尼門과 差別佛法輪陀羅尼門과 無差別佛法輪陀羅尼門과 解釋佛法輪陀羅尼門과 轉佛法輪陀羅尼門과 能作佛事陀羅尼門과 分別佛衆會陀羅尼門과 入佛衆會海陀羅尼門과 普照佛力陀羅尼門과 諸佛三昧陀羅尼門과 諸佛三昧自在用陀羅尼門과 諸佛所住陀羅尼門과 諸佛所持陀羅尼門과 諸佛變化陀羅尼門과 佛知衆生心行陀羅尼門과 諸佛神通變現陀羅尼門과 住兜率天宮하여 乃至示現入于涅槃陀羅尼門과 利益無量衆生陀

羅尼門과 入甚深法陀羅尼門과 入微妙法陀羅尼門과 菩
提心陀羅尼門과 起菩提心陀羅尼門과 助菩提心陀羅尼
門과 諸願陀羅尼門과 諸行陀羅尼門과 神通陀羅尼門과
出離陀羅尼門과 總持清淨陀羅尼門과 智輪清淨陀羅尼
門과 智慧清淨陀羅尼門과 菩提無量陀羅尼門과 自心清
淨陀羅尼門이니라

(38) 중생의 나는 데를 아는 다라니문·중생의 번뇌 행을 아는 다라니문·중생의 번뇌 습기를 아는 다라니문·번뇌의 방편을 아는 다라니문·중생의 지혜를 아는 다라니문·중생의 행을 아는 다라니문·중생의 행이 같지 않음을 아는 다라니문·중생의 성품을 아는 다라니문과 중생의 욕망을 아는 다라니문·중생의 생각을 아는 다라니문이며,

(48) 시방을 두루 보는 다라니문·법을 말하는 다라니문·크게 가엾이 여기는 다라니문·크게 인자한 다라니문·고요한 다라니문·말하는 길 다라니문·방편과 방편 아닌 다라니문·따라 주는 다라니문·차별한 다라니문·널리 들어가는 다라니문·걸림 없는 경계 다라니문·널리 두루하는 다라니문·부처의 법 다라니문·보살의 법 다라니문·성문의 법 다라니문·독각의 법 다라니문·세간의 법 다라니문이며, 세계가 이뤄지는 다라니문·세계가 무너지는 다라니문·세계가 머무는 다라니문·깨끗한 세계 다라니문·더러운 세계 다라니문·더러운 세계에 깨끗한 세계를 나타내는 다라니문·깨끗한 세계에 더러운 세계를 나타내는 다라니문·순전히 더러운 세계 다라니문·순전히 깨끗

한 세계 다라니문・평탄한 세계 다라니문・평탄하지 못한 세계 다라니문・엎어진 세계 다라니문・인드라 그물 세계 다라니문・세계가 구르는 다라니문・생각을 의지해서 머무름을 아는 다라니문・작은 것이 큰 데 들어가는 다라니문・큰 것이 작은 데 들어가는 다라니문이며,

(82) 부처님들을 보는 다라니문・부처님 몸을 분별하는 다라니문・부처의 광명으로 장엄하는 다라니문・부처의 원만한 음성 다라니문・부처의 법륜 다라니문・부처의 법륜을 성취하는 다라니문・차별한 부처의 법륜 다라니문・차별 없는 부처의 법륜 다라니문・부처의 법륜을 해석하는 다라니문・부처의 법륜을 굴리는 다라니문・불사를 짓는 다라니문・부처의 대중 모임을 분별하는 다라니문・부처의 대중이 모임에 들어가는 다라니문이며, 부처의 힘을 두루 비추는 다라니문・(96) 부처님들의 삼매 다라니문・부처님들의 삼매가 자재한 작용의 다라니문・부처님들 머무시는 다라니문・부처님의 지니는 다라니문・부처님의 변화하는 다라니문・(101) 부처님이 중생의 마음과 행을 아는 다라니문・부처의 신통으로 변해 나타나는 다라니문・도솔천궁에 머무시며 내지 열반에 듦을 보이시는 다라니문・한량없는 중생을 이익하는 다라니문・매우 깊은 법에 들어가는 다라니문과 미묘한 법에 들어가는 다라니문이며,

(107) 보리심 다라니문・보리심 일으키는 다라니문・보리심을 도와주는 다라니문・모든 서원 다라니문・모든 행 다라니문・신통 다라니문・벗어나는 다라니문・다 지님이

청정한 다라니문·지혜 바퀴 청정한 다라니문·지혜가 청정한 다라니문·보리가 한량없는 다라니문·(118) 제 마음이 청정한 다라니문이니라.

[疏] 六, 知衆生下의 十門은 知所化持요 七, 普見十方下의 十七門은 知能化持요 八, 世界成下의 十七門은 明知刹海自在持라 於中에 言世界轉者는 晉經에 云, 廻轉世界라하니라 九, 見諸佛下의 二十五門은 知佛海自在持요 十, 菩提心下의 十二門은 明菩提因果持니 自心淸淨이 卽性淨菩提니 總攝諸門은 不出於此니라

■ (f) 知衆生 아래 열 문은 교화할 대상을 아는 다라니요, (g) 普見十方 아래 17문은 교화하는 주체와 대상을 아는 다라니요, (h) 世界成 아래 17문은 국토 바다가 자재함을 분명히 아는 다라니이다. 그 중에 (78) '세계가 구른다'고 말한 것은 진경에 이르되, "세계를 되돌려 구른다"고 한 부분이요, (i) 見諸佛 아래 25문은 부처님 바다가 자재함을 아는 다라니요, (j) 菩提心 아래 12문은 보리의 인행과 과덕을 밝히는 다라니이니, 자기 마음이 청정함은 곧 성품이 청정한 보리를 뜻하므로 모든 문이 여기에서 벗어나지 않음을 총합하여 포섭한다는 뜻이다.

ㄹ. 자신은 겸양하고 뛰어난 분을 추천하다[謙己推勝] (第四 9上3)

善男子여 我唯知此般若波羅蜜普莊嚴門이어니와 如諸菩薩摩訶薩은 其心廣大하야 等虛空界하며 入於法界하야 福德成滿하며 住出世法하야 遠世間行하며 智眼無翳

하여 普觀法界하며 慧心廣大하여 猶如虛空하며 一切境界를 悉皆明見하며 獲無礙地大光明藏하며 善能分別一切法義하며 行於世行하되 不染世法하며 能益於世하되 非世所壞라 普作一切世間依止하며 普知一切衆生心行하며 隨其所應하여 而爲說法하며 於一切時에 恒得自在하나니 而我云何能知能說彼功德行이리오

착한 남자여, 나는 다만 이 '반야바라밀다의 두루 장엄하는 해탈문'을 알거니와, 저 보살마하살의 마음이 광대하기 허공과 같고, 법계에 들어가 복덕이 만족하며, 출세간법에 머물러 세간의 행을 멀리하며, 지혜 눈이 걸림이 없어 법계를 두루 관찰하며, 지혜 마음이 광대하여 허공과 같으며, 모든 경계를 다 분명히 보며, 걸림 없는 지위의 큰 광명장을 얻어서 온갖 법과 뜻을 잘 분별하며, 세간의 행을 행하여도 세간법에 물들지 않으며, 능히 세상을 이익하고, 세간에서 파괴한 것이 아니며, 모든 세상의 의지가 되고 모든 중생의 마음을 두루 알며, 그들에게 알맞게 법을 말하여 온갖 시기에 항상 자유자재함이야 내가 어떻게 알며 그 공덕의 행을 말하겠는가?

[疏] 第四, 謙己推勝을 可知니라
■ ㄹ. 자신은 겸양하고 뛰어난 분을 추천함은 알 수 있으리라.

ㅁ. 다음 선지식을 지시하다[指示後友] (第五 9上6)
ㅂ. 덕을 연모하여 예배하고 물러가다[戀德禮辭] (經/時善)

善男子여 於此南方에 有一國土하니 名爲三眼이요 彼有
比丘하니 名曰善見이니 汝詣彼問하되 菩薩이 云何學菩
薩行이며 修菩薩道리잇고하라

時에 善財童子가 頂禮其足하며 遶無數帀하고 戀慕瞻仰
하여 辭退而行하니라

착한 남자여, 여기서 남쪽에 한 나라가 있으니 이름이 삼안
이요, 거기 비구가 있으니 이름이 선견이니라. 그대는 저에
게 가서 '보살이 어떻게 보살의 행을 배우며 보살의 도를 닦
느냐?'고 물으라."

그때 선재동자는 그의 발에 절하고 수없이 돌고 사모하여
우러러보면서 하직하고 떠났다.

[疏] 第五, 指示後友라 國名이 三眼者는 施爲行首요 復開導自他가 如目
導餘根일새 故名爲眼이라 財施無著이 成於慧眼이요 無畏之施가 成
於慈眼이요 法施가 開於法眼일새 故復云三이니 用上三眼하여 見無
不善이니라 又施行內成하고 勝報外現에 見者가 皆善故라 出住之行
故로 以出家로 表之니라 又行本이 令物로 得出離故니라 上明十住는
竟하다

■ ㅁ. 다음 선지식을 지시함이다. 나라 이름이 '세 가지 눈[三眼]'인 것은
보시가 행법의 우두머리이니 다시 나와 남을 열어 인도함이 마치 눈
이 다른 감관을 인도함과 같으므로 '눈'이라 이름한 것이요, 재물 보
시는 집착이 없으면 '혜안'을 이루고, 무외시는 '자비로운 눈'을 이루
고, 법 보시는 '법의 눈'을 열게 되므로 다시 셋이라 하였으니, 위의 세
눈을 써서 보는 것에 좋지 않음이 없다. 또한 보시하는 수행은 안으

로 이루고 뛰어난 보답은 밖으로 드러나므로 보는 이가 모두 착한 연고며, 십주의 행을 시작한 까닭이다. 출가로서 그 뜻을 표하며, 또한 '수행의 근본[行本]'은 중생으로 하여금 벗어남을 얻게 하는 까닭이다. 여기까지 (2) 십주위(十住位)의 선지식을 밝힌 부분은 마친다.

(3) 십행 지위에 의탁한 열 분 선지식[寄十行位] 2.

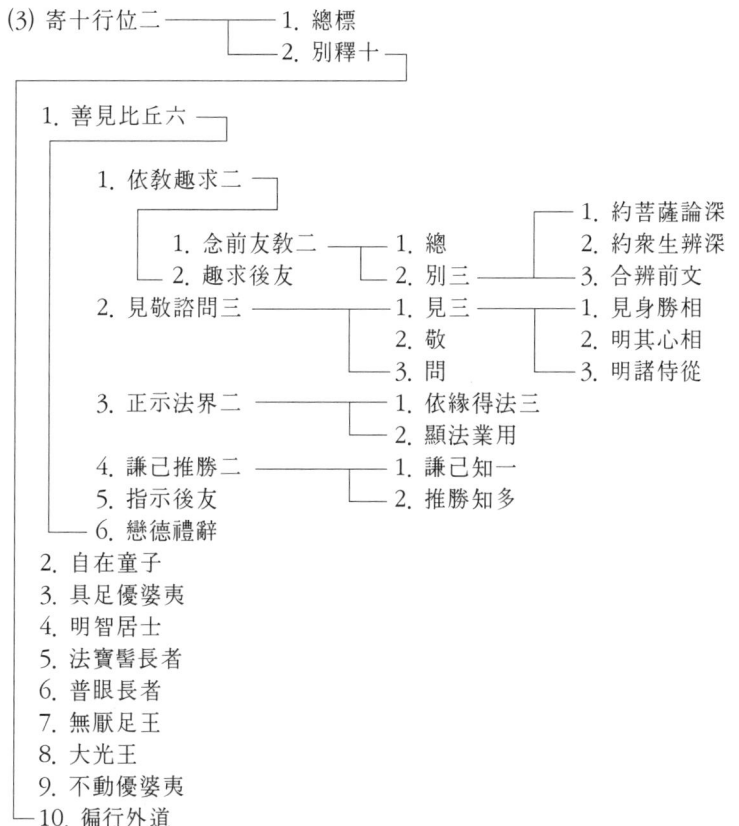

가. 총합하여 표방하다[總標] (大文 10上1)

[疏] 大文第三, 善見已下의 有十善友는 寄十行位니 位各一人이라 初, 善見比丘는 寄歡喜行이라
- 큰 문단으로 (3) 善見 아래는 십행 지위에 의탁한 열 분 선지식이니 지위에 각기 한 분씩이다. 가) 선견비구는 제1. 환희행에 의탁한 선

지식이다.

[鈔] 寄歡喜行者는 施悅[3]自他일새 故名歡喜니라
- 환희행에 의탁함이란 보시하여 나와 남을 기쁘게 하는 연고로 환희한다고 이름한 것이다.

나. 개별로 해석하다[別釋] 10.
가) 제12. 선견비구 선지식[善見比丘] 6.
- 제1. 환희행(歡喜行)에 의탁한 선지식

(가) 가르침에 의지하여 나아가 구하다[依敎趣求] 2.
ㄱ. 앞 선지식의 가르침을 기억하다[念前友敎] 2.
ㄱ) 총상으로 밝히다[總] (文亦 10上4)

爾時에 善財童子가 思惟菩薩所住行甚深하며 思惟菩薩所證法甚深하며 思惟菩薩所入處甚深하며 思惟衆生微細智甚深하며 思惟世間依想住甚深하며 思惟衆生所作行甚深하며 思惟衆生心流注甚深하며 思惟衆生如光影甚深하며 思惟衆生名號甚深하며 思惟衆生言說甚深하며 思惟莊嚴法界甚深하며 思惟種植業行甚深하며 思惟業莊飾世間甚深하고

이때 선재동자는 (1) 보살의 머물러 있는 행이 깊음을 생각하고, (2) 보살의 증득한 법이 깊음을 생각하고, (3) 보살의

---
3) 悅은 甲南續金本作隨라 하다.

들어간 곳이 깊음을 생각하고, (4) 중생의 미세한 지혜가 깊음을 생각하고, (5) 세간의 생각을 의지하여 있음이 깊음을 생각하고, (6) 중생의 짓는 행이 깊음을 생각하고, (7) 중생의 마음 흐름이 깊음을 생각하고, (8) 중생의 그림자 같음이 깊음을 생각하고, (9) 중생의 이름이 깊음을 생각하고, (10) 중생의 말이 깊음을 생각하고, (11) 장엄한 법계가 깊음을 생각하고, (12) 가지가지로 심은 업과 행이 깊음을 생각하고, (13) 업으로 장식한 세간이 깊음을 생각하면서

[疏] 文亦具六하니 初, 依敎趣求라 中에 亦二니 先, 念前友敎라 中에 有十三句하니 初, 總이요 餘, 別이라

■ 경문도 또한 여섯 과목을 갖추었다. (가) 가르침에 의지하여 나아가 구함이다. 그중에도 또한 둘이니 ㄱ. 앞 선지식의 가르침을 기억함 중에 13구절이 있으니 ㄱ) 총상으로 밝힘이요, ㄴ) 별상으로 밝힘이다.

ㄴ) 별상으로 밝히다[別] 3.
(ㄱ) 보살을 잡아 깊음을 논하다[約菩薩論深] (別分 10上5)
(ㄴ) 중생을 잡아 깊음을 밝히다[約衆生辨深] (次有)

[疏] 別分爲三하니 初二는 約菩薩論深이니 一, 所證法界니 卽事而眞故요 二, 入菩薩地智니 唯證相應故라 次有七句는 約衆生辨深이니 一, 報類難知故요 二, 妄想爲因이니 卽無性故 三, 染分行業은 唯佛知故요 四, 感異熟識이니 若種若現이 恒轉如流하여 不可知故요 五,

所變影像이니 若內若外가 緣無性故요 六, 名無得物之功이나 而不 失所名之物故요 七, 文字言說이 皆解脫故라

■ ㄴ) 별상으로 밝힘을 셋으로 나누리니 (ㄱ) 처음 두 구절[(2) 思惟菩薩 所證法甚深, (3) 思惟一入處甚深]은 보살을 잡아 깊음을 논함이니 (1) 증 득할 법계는 현상에 합치하여 진실한 연고요, (2) 보살지의 지혜에 들어가면 오직 증득하여 상응한 연고다. (ㄴ) 일곱 구절[(4) 思惟衆生 微細智甚深 ~ (10) 思惟衆生言說]이 있으니 중생을 잡아 깊음을 밝힘이니 (1) 보답한 부류는 알기 어려운 연고요, (2) 망상으로 원인을 삼나니 곧 성품이 없는 연고다. (3) 염오분에서 수행하는 업이니 오직 부처 님만이 아는 연고요, (4) 이숙식을 감득하면 종자와 현행이 항상 구 르는 것이 폭류와 같아서 알 수 없는 연고요, (5) 변하는 영상이 안 과 밖에서 체성 없음과 인연한 연고요, (6) 이름으로 물건을 얻는 공 은 없지만 그러나 이름 지은 대상의 물건을 잃지 않는 연고요, (7) 문 자와 말씀으로 모두 해탈한 까닭이다.

[鈔] 初二, 約菩薩者는 理智一對니라 一, 報類難知者는 如廻向品說이라 二, 妄想爲因이니 卽無性者는 妄想爲因은 釋依想住요 卽無性言은 釋於甚深이라 故로 楞伽에 云, 前聖所知를 轉相傳授가 妄想無性이 니 斯爲自覺聖智之境일새 故로 甚深也라하니라 三, 染分行業等者는 以約衆生故니 如一孔雀毛하여 一切種因相等이니라 四, 感異熟識者 는 行相深細故니 經에 云, 阿陀那識이 甚深細等이라하니라 亦如楞伽 에 上中下修가 照見自心의 生滅流注니라 又經에 云, 諸識이 有二種 生하니 謂流注生과 相生이니라 有二種住하니 謂流注住와 相住니라 有 二種滅하니 謂流注滅과 及相滅이라하니라 古에 同釋云호대 流注는 是

八識相續이라 然이나 相有三種은 已如前引이요

今此는 卽刹那流注니 與上照見自心의 生滅流注로 義相符也라 若常照之하여 見其無性하면 卽自覺聖智故니라 五, 所變影像等者는 相分은 卽是影像이라 第八이 緣三種境하니 境은 卽相分이라 謂種子와 根身은 卽內境也요 器世間은 卽外境也라 變現心所等은 皆是內也오 色爲二所現影이니 亦通內外라 外는 卽五塵이요 內는 卽五根等이니라 六, 名無得物之功은 已見上文하니라 七, 文字言說이 皆解脫故者는 卽淨名中에 天女가 折[4]身子니 已如前引이니라

- (ㄱ) '처음 두 구절은 보살을 잡은 것'이란 이치와 지혜가 한 대구이다. (1) '보답한 부류는 알기 어렵다'는 것은 제25. 십회향품에 설한 내용과 같다. (2) '망상으로 원인을 삼나니 곧 성품이 없는 까닭'이란 망상으로 원인이 되고 생각에 의지하여 머무름을 해석하였으니 곧 체성 없다는 말로 매우 깊음을 해석한 연고로 『능가경』에 이르되, "과거의 성인이 알고 있는 전상(轉相)을 '망상이어서 성품이 없다'고 전해 주었다"라 하였으니 이것을 '성인의 지혜를 스스로 깨달은 경계[5]'라 한 연고로 매우 깊은 것이다. (3) '염오분에서 수행하는 업' 등이란 중생을 잡은 까닭이니 마치 하나의 공작새의 터럭이 온갖 종자의 원인의 모양 등과 같음이요, (4) '이숙식을 감득함'이란 행상이 깊고 미세한 까닭이니 경문에 이르되, "아타나식은 매우 깊고 미세하다"는 등이라 말하였고, 또한 『능가경』에서 "상・중・하근기가 수행함과 같

---

4) 折은 金本作析이라 하나 誤植이며, 또 아래의 已는 甲南續金本作亦이라 하다.
5) 自覺聖智 : "과거의 성인이 알고 있는 전상(轉相)을 '망상이어서 성품이 없다'고 전해 주었다. 보살마하살이 홀로 고요한 곳에 있으면서 스스로 깨달아 관찰하고, 다른 가르침을 연유하지 않고 망상의 견해를 여의면, 위로 위로 승진하여 여래지(如來地)로 들어간다. 이를 자각성지의 모습이라고 이름한다[前聖所知인 轉相傳授하여 妄想無性이니 菩薩摩訶薩이 獨一靜處에 自覺觀察호대 不由於他하며 離見妄想하고 上上昇進하여 入如來地하니 是名自覺聖智相이라]." (『4권 능가경』제2권)

아서 자기 마음이 생멸하여 흘러 들어감을 비추어 본다"고 하였고, 또 경문에 이르되, "모든 식에는 두 가지의 생김이 있으니, 흘러 들어가 생김[流注生]과 형상이 생김[相生]이고, 두 가지의 머무름이 있으니, 흘러 들어가 머무름[流注住]과 형상으로 머무름[相住]이며, 두 가지의 없어짐이 있으니, 흘러 들어가 없어짐[流注滅]과 형상이 없어짐[相滅]이다"라고 하였다. 고덕들이 동일하게 해석하여 말하되, "흘러 들어감은 제8식이 상속함이다. 그러나 모양에 세 종류가 있으니 이미 앞에서 인용한 내용과 같다.

지금 여기는 곧 '찰나간에 흘러 들어감[刹那流注]'이니 위의 자심(自心)의 '생기고 없어짐으로 흘러 들어감[生滅流注]'을 비추어 봄과 뜻이 서로 부합한다. 만일 항상 비추어서 그 체성 없음을 본다면 곧 성인의 지혜를 스스로 깨달은 까닭이다. (5) 변화할 대상인 영상 등이란 모양의 부분[相分]은 곧 영상이다. 제8식이 세 가지 경계를 반연하나니 경계는 곧 모양의 부분이다. 이른바 종자와 육근의 몸은 곧 내적인 경계요, 기세간은 곧 외적인 경계이다. 변현하는 심소(心所) 등은 모두 내적인 경계이고, 형색은 (내적과 외적인) 둘이 나타날 대상의 그림자이니 또한 안과 밖과 통한다. 외적인 경계는 곧 오진(五塵) 경계요, 내적인 경계는 오근(五根) 등이다. (6) '이름은 없고 물건을 얻을 공'은 이미 위의 경문에서 보았다. (7) '문자와 언설을 모두 해탈한 까닭'이란 곧 『유마경』(관중생품) 중에서 '천녀가 사리불을 꺾음'[6]은 이미 앞에서 인용한 내용과 같다.

---

6) '천녀가 사리불을 꺾음'은 관중생품 제7에 나오는 '천녀의 꽃'이란 내용이다. 내용을 요약하면, "천녀가 하늘 꽃을 여러 보살들과 비구들에게 뿌리니 꽃이 보살들에게 이르러서는 곧바로 떨어지는데, 큰비구들에게 이르러서는 딱 붙어서 떨어지지 않는다. 보살은 집착이 없으므로 꽃이 떨어지지만 비구들은 떨어지지 않는다. 곧 집착심이 남아있기 때문이다."

(ㄷ) 앞의 경문을 합하여 밝히다[合辨前文] (後三 10下3)

[疏] 後三句는 合辨前文이니 一, 染淨二分이 皆嚴法界호대 而無嚴故요 二, 上二分業이 不相知故요 三, 各自莊飾染淨世間하여 果報無失하여 卽同眞故라 總上二分이 皆是般若波羅蜜普莊嚴故로 所以思之니라

- (ㄷ) 세 구절[(11) 思惟莊嚴 ~ (13) 思惟業莊飾-]은 앞의 경문과 합하여 밝힘이니 (1) 염오와 청정의 두 부분이 모두 법계를 장엄하되 장엄이 없는 연고요, (2) 위의 두 부분의 업은 서로 알지 못하는 연고요, (3) 각기 스스로 장식하여 세간을 물들이거나 정화하나니 과보에 잘못이 없음은 곧 진여와 같은 까닭이다. 위의 두 부분을 총합하면 모두 반야바라밀로 널리 장엄한 연고니 그러므로 생각해 보라.

[鈔] 皆嚴法界而無嚴者는 故로 金剛에 云, 莊嚴佛國土가 卽非莊嚴이요 是名莊嚴이라하니라 謂雖復莊嚴이나 無能嚴心하면 則稱實理하여 事理無礙니 方眞嚴也라 餘二는 可知니라 言總上二分下는 結法所屬이니라

- '모두 법계를 장엄하되 장엄이 없는 연고'란 『금강경』에 이르되, "불국토를 장엄함은 곧 장엄이 아니요, 그 이름이 장엄이다"라고 하였다. 이른바 비록 다시 장엄하였지만 능히 마음을 장엄하지 못하면 실법 이치와 칭합하나니, 현상과 이치가 걸림 없어야만 비로소 진실한 장엄인 것이다. 나머지 두 구절은 알 수 있으리라. 總上二分 아래는 법에 소속됨을 결론함이다.

ㄴ. 다음 선지식에 나아가 구하다[趣求後友] (二趣 11上2)

漸次遊行하여 至三眼國하여 於城邑聚落과 村隣市肆와 川原山谷의 一切諸處에 周徧求覓善見比丘라가
점점 남쪽으로 가서 삼안국에 이르러서는 도성과 마을과 골목과 저자와 내와 평원과 산골짜기 등을 두루 다니며 선견비구를 찾다가

[疏] 二, 趣求後友라 於[7]市肆等處處求者는 顯隨緣造修가 無不在故니라
- ㄴ. 다음 선지식에 나아가 구함이다. 시장의 집 등에 '곳곳에서 구한다'는 것은 인연 따라 나아가 수행함이 있지 않는 곳이 없음을 밝힌 까닭이다.

(나) 만나서 공경을 표하고 법문을 묻다[見敬諮問] 3.

ㄱ. 선지식을 뵙다[見] 3.
ㄱ) 몸의 뛰어난 모습을 보다[見身勝相] (第二 12下1)

見在林中하여 經行往返하니 壯年美貌가 端正可喜며 其髮紺青하여 右旋不亂하며 頂有肉髻하고 皮膚金色이며 頸文三道요 額廣平正하며 眼目脩廣이 如青蓮華하며 脣口丹潔이 如頻婆果하며 胸標卍字하고 七處平滿하며 其臂纖長하고 其指網縵하며 手足掌中에 有金剛輪하며 其

---

7) 於는 甲南續金本作中, 源原本作於라 하다.

身殊妙가 如淨居天하며 上下端直이 如尼拘陀樹하며 諸相隨好가 悉皆圓滿하여 如雪山王의 種種嚴飾하며 目視不瞬하고 圓光一尋이니라

숲속에서 거닐며 갔다 왔다 함을 보았다. (1) 한창 나이에 용모가 아름답고 단정하여 보기에 반가우며, (2) 검푸른 머리카락이 오른쪽으로 돌아 어지럽지 아니하고, (3) 정수리에는 살 상투가 있고, (4) 피부가 금빛이요, (5) 목에는 세 줄 무늬가 있고, (6) 이마는 넓고 번듯하며, (7) 눈은 길고도 넓어 청련화 같고, (8) 입술은 붉고 깨끗하여 빔바 나무 열매 같으며, (9) 가슴에는 만(卍) 자가 있고 일곱 군데가 평평하며, (10) 팔은 가늘고도 길고 손가락에는 그물막이 있으며, (11) 손바닥과 발바닥에는 금강 같은 바퀴 금이 있고, (12) 몸은 유난히 아름다워 정거천인 같고, 위와 아래가 곧고 단정하여 니구타 나무 같으며, (13) 거룩한 모습과 잘생긴 모양이 모두 원만하여 설산과 같아 가지가지로 꾸미었고, (14) 눈은 깜빡이지 않고 둥근 광명이 한 길이었다.

[疏] 第二, 見在林中下는 見敬咨問이라 中에 先, 見이요 次, 敬이요 後, 問이라 見中에 三이니 先, 見身勝相이라 見在林者는 行之初故라 同佛相者는 如說修行하여 順佛果故라 於中에 七處平滿者는 兩手와 兩足과 兩肩과 及項이라 言其身殊妙가 如淨居天者는 準晉經하면 即師子上身相矣라 上下端直이 如尼拘陀樹者는 準晉經云하면 其身圓滿이 如尼俱陀樹라하니 此則但是一相이라 言諸相隨好者는 上에 但列十四일새 故로 總結之라 目視不瞬하고 圓光一尋은 復是二相이니 都列十

六耳라 餘는 至瞿波處하여 釋이니라

■ (나) 見在林中 아래는 만나서 공경하고 법문을 물음이다. ㄱ. 선지식을 뵈옴이요, ㄴ. 공경을 표함이요, ㄷ. 질문함이다. ㄱ. 선지식을 뵈옴에 셋이니 ㄱ) 몸의 뛰어난 상호를 봄에서 '몸이 숲속에 있다'는 것은 행함의 처음인 연고며, '부처님의 모습과 같음'은 설함과 같이 수행하여 부처님 과덕을 따르는 연고로 그중에 '일곱 처소[七處]에서 평등하고 만족함'이란 두 손과 두 발, 두 어깨와 목이다. '그 몸이 유난히 아름다워 정거천인과 같다'고 말한 것은 진경에 준함이니 곧 사자 위의 몸의 모양이다. 위와 아래가 단정하고 정직해서 '니구타나무와 같다'는 것은 진경(晉經)에 준하여 말하되, "그 몸이 원만하여 니구타나무와 같다"라 하였으니 이것은 단지 한 모습일 뿐이요, '모든 상호가 따르는 모습'이라 말한 것은 위는 단지 14가지만 나열한 것이다. 나머지는 41번째 구파(瞿波) 선지식 처소에 이르러 해석하겠다.

[鈔] 此則但是一相者는 以晉經은 合其身殊妙하여 屬後尼拘陀故라 今經은 二相이나 彼但成一이라 然이나 如尼拘陀者는 其枝橫布가 與上聳相稱하여 非如建木이 一向直聳이며 非如傍覆가 一向婆娑일새 故로 云, 上下端直이 若順樹相이니라 圓滿最妙는 此明不長不短이니 如人橫尋이 與身相稱이니 七尺之人이 尋亦七尺인 此爲福相이니라

● '이것은 단지 한 모습일 뿐'이란 진경에 '그 몸이 유난히 아름다움'과 합하나니, 뒤의 니구타 나무에 속한 연고다. 본경의 두 모습은 저기에서 단지 하나만 이룬다는 뜻이다. 그러나 '니구타와 같다'는 것은 그 가지가 가로로 퍼지고 위로 솟아서 서로 칭합한 것은 세운 나무와 같지 않고, 한결같이 바로 치솟은 것은 옆으로 덮음과 같지 않고

한결같이 『바사론(婆娑論)』과 같은 연고로 이르되, "위와 아래가 단정하고 곧다"고 하였다. 만일 나무 모습이 원만하고 가장 아름다움을 따르면 이것은 길지도 않고 짧지도 않은 것이 마치 사람이 가로로 찾으며 몸과 서로 칭합하여 7척(尺)인 사람이니 한 길[尋]이 또한 7척이니 이것으로 복된 모습을 삼는다.

ㄴ) 그 마음의 양상을 보다[明其心相] (二智 13上10)

智慧廣博이 猶如大海하며 於諸境界에 心無所動하며 若沈若擧와 若智非智의 動轉戲論이 一切皆息하며 得佛所行平等境界하며 大悲敎化一切衆生하여 心無暫捨하며 爲欲利樂一切衆生하며 爲欲開示如來法眼하며 爲踐如來所行之道하여 不遲不速으로 審諦經行이니라

(15) 지혜는 넓어 큰 바다와 같아 여러 경계에 마음이 흔들리지 않으며, (16) 잠기듯 일어나는 듯, 지혜도 같고 지혜 아님도 같으며, (17) 움직임과 희롱거리 언론이 모두 쉬었고, (18) 부처님이 행하던 평등한 경계를 얻었으며, (19) 크게 가엾이 여김으로 중생들을 교화하여 잠깐도 버리지 않으며, (20) 일체중생을 이익하기 위하며 여래의 법 눈을 열어 보이기 위하며, (21) 여래의 행하던 길을 밟기 위하여 느리지도 빠르지도 않게 자세히 살피며 지나가는 것이다.

[疏] 二, 智慧下는 明其心相이라 卽止觀雙運이니 止過則沈하고 智過則擧니 不沈不擧하면 則正受現前이요 不智不愚하면 則雙契中道라 起

念止觀이 皆成動轉이요 雙非再遣도 未離戱論이니 雖止觀雙運이나 而無心寂照하면 則一切皆息이니라 爲踐如來所行之道는 隨所履道가 卽是法門이니라

■ ㄴ) 智慧 아래는 그 마음의 양상을 밝힘이니 (ㄱ) 곧 사마타와 위빠사나를 함께 움직이나니, 사마타가 지나치면 혼침하고 지혜가 지나치면 도거한다. 혼침하지도 도거하지도 않으면 삼매가 앞에 나타난다. (ㄴ) 지혜롭지도 어리석지도 않으면 중도에 동시에 계합한다. (ㄷ) 생각으로 사마타와 위빠사나를 일으킴이 모두 동요와 바뀜을 이룬다. (ㄹ) 거듭하여 보내고 함께 부정하면 아직 희론을 여의지 못하나니, 비록 사마타와 위빠사나를 함께 운용하더라도 무심(無心)으로 고요히 비추면 모두가 다 쉬어서 여래가 행하신 도를 밟게 될 것이니, 밟을 도를 따르는 것이 곧 법문이다.

[鈔] 明其心相者는 然世之相도 亦有三類하니 一, 色相이요 二, 聲相이요 三, 心相이니 心相最勝이라 然可修成이나 含弘仁惠[8]가 是勝相也라 今此는 正明菩薩의 心相이라 言卽止觀雙運者는 經初二句가 標示止觀이라 初, 智慧爲觀이요 後, 於諸境下는 卽止라 從止過下는 釋若沈若擧의 已下經文이라 然이나 沈擧가 略有二種하니 一, 昏沈掉擧라 此相은 卽麤니 今[9]所不論이요 二, 細沈擧니 卽如疏辨이니라 若靜無遺照하며 動不離寂하면 則是雙行이요 不沈不擧니 故로 云正受現前이라하니라 然이나 經의 一切皆息은 總該上四어늘 而疏釋之는 四對別顯하니 上釋第一의 若沈若擧는 竟하다

● ㄴ) '그 마음의 양상을 본다'는 것은 그런데 세간의 모습이 또한 세

---

8) 惠는 續金本作慧라 하다.
9) 今은 南續金本作亦이라 하다.

종류가 있으니 (1) 형색의 모습 (2) 음성의 모습 (3) 마음의 모습이다. 마음 모습이 가장 훌륭하면 그렇게 수행으로 성취할 수 있어서 널리 인자하고 은혜로움을 포함한 것이 훌륭한 모습이다. 지금 여기서 바로 보살의 마음 모습을 바로 설명하였다. (ㄱ) '곧 사마타와 위빠사나를 함께 움직인다'고 말한 것은 경문의 처음 두 구절은 사마타와 위빠사나를 표방해 보임이니 (1) 지혜로 위빠사나를 삼고, (2) 於諸境 아래는 사마타와 합치함이다. 止過부터 아래는 若沈若擧 아래 경문을 해석한 내용이다. 그러나 혼침과 도거가 간략히 두 종류가 있으니 (1) 혼침과 도거이니 이 모습은 거침이니 지금 논하지 않은 내용이요, (2) 미세한 혼침과 도거이니 곧 소에서 밝힌 바와 같다. 만일 고요하게 비춤을 남기지 않고, 동요가 고요함을 여의지 않으면 곧 함께 행함이다. 혼침하지도 도거하지도 않는 연고로 말하되, "삼매가 앞에 나타난다"라 하였으니 그러나 모두를 거쳐서 다 쉬나니 총합하여 위의 넷을 포섭하지만 소가가 해석하지 않았다. 네 가지 대구를 개별로 밝혔으니 위는 첫째, 혼침과 도거를 해석함은 마친다.

二, 不智不愚하면 則雙契中道者는 卽取下皆息이니 該此를 名不智不愚라 若智는 牒前觀也오 非智牒前止也라 今由皆息하여 則止觀兩亡이요 爲眞止觀하여 方契中道니라 三, 起念下는 釋動轉皆息이라 若有止觀하면 卽爲動轉이어니와 今에 由兩亡하여 故無動轉이니라 四, 雙非已下는 釋戱論字라 言雙非者는 非止非觀이니 斯則第四戱論謗也니 再遣者는 又亡雙非니 謂非非止觀等이 由迹不忘[10]이 如楔出楔일새 故並戱論이어늘 今에 由皆息하여 戱論自亡이라 上但遮過요

---

10) 忘은 甲南續金本作亡이라 하다.

從得佛下는 顯其成德[11]이니 故로 疏에 云, 雖止觀雙運이나 而無心寂照等이라 雙運은 卽爲雙照요 無心은 卽爲雙遮니 遮照同時하여 互融平等이 卽是如如平等之境이니라

- (ㄴ) '지혜롭지도 어리석지도 않으면 중도에 동시에 계합함'이란 아래 모두 쉼을 취한 해석이다. 이것을 포함하여 지혜롭지도 어리석지도 않음이라 말함은 지혜와 같나니 앞의 위빠사나를 따온 부분이요, 지혜롭지 않음은 앞의 사마타를 따온 부분이다. 지금은 모두 쉬는 것을 말미암으면 사마타와 위빠사나가 둘 다 없음은 진실한 사마타와 위빠사나가 되어야 비로소 중도에 계합한다. (ㄷ) 起念 아래는 동요와 바뀜을 모두 쉼에 대해 해석함이요, 만일 사마타와 위빠사나가 있으면 동요하고 바뀜이 된다. 지금은 둘 다 없음으로 말미암아 동요와 바뀜이 없다. (ㄹ) 雙非 아래는 희론(戲論)이란 글자를 해석한 내용이니, '함께 부정한다'고 말한 것은 사마타가 아니고 위빠사나가 아님이니 이것은 넷째, 희론으로 비방함이니 거듭 보낸 내용이다. 또한 동시에 부정함도 없나니 이른바 사마타와 위빠사나가 아님도 아닌 등이다. 자취를 잊지 않음으로 말미암은 것이 문설주에서 문설주가 나옴과 같은 연고로 함께 희론이 되고, 지금은 모두 쉼을 말미암은 것은 희론도 자연히 없음이니 위는 단지 허물을 차단함뿐이요, 得佛부터 아래는 그 이룬 덕을 밝힘이다. 그러므로 소에서 이르되, "비록 사마타와 위빠사나를 함께 운용하더라도 무심하게 고요히 비춘다"는 등으로 말하였으니 함께 운용함[雙運]은 곧 동시에 비춤이요, 무심(無心)은 곧 동시에 차단함이다. 차단하고 비춤이 동시이고 번갈아 융섭하여 평등함이 곧 여여(如如)하고 평등한 경계인 것이다.

---

11) 德은 甲南續金本作得이라 하다.

ㄷ) 모든 시봉하고 따름을 밝히다[明諸侍從] (三無 15上2)

無量天龍夜叉乾闥婆阿修羅迦樓羅緊那羅摩睺羅伽와 釋梵護世와 人與非人이 前後圍遶하며 主方之神이 隨方廻轉하여 引導其前하며 足行諸神이 持寶蓮華하여 以承其足하며 無盡光神이 舒光破暗하며 閻浮幢林神이 雨衆雜華하며 不動藏地神이 現諸寶藏하며 普光明虛空神이 莊嚴虛空하며 成就德海神이 雨摩尼寶하며 無垢藏須彌山神이 頭頂禮敬하여 曲躬合掌하며 無礙力風神이 雨妙香華하며 春和主夜神이 莊嚴其身하여 擧體投地하며 常覺主晝神이 執普照諸方摩尼幢하고 住在虛空하여 放大光明하니라

(22) 한량없는 하늘·용·야차·건달바·아수라·가루라·긴나라·마후라가·제석·범천왕·사천왕·사람·사람 아닌 이들이 앞뒤에 호위하였고, (23) 방위 맡은 신이 방위를 따라 돌아다니면서 앞을 인도하여 발로 다니는 신은 보배 연꽃을 들고 발을 받들고, (24) 그지없는 광명 신장은 빛을 내어 어둠을 깨뜨리며, (25) 염부당 숲 맡은 이는 여러 가지 꽃을 내리고, (26) 부동장 땅 맡은 신은 보배광을 나타내며, (27) 두루 빛난 허공 맡은 신은 허공을 장엄하고, (28) 성취덕 바다 맡은 신은 마니보배를 비 내리며, (29) 때 없는 광 수미산신은 엎드려 예배하고 허리 굽혀 합장하며, (30) 걸림 없는 힘 바람 맡은 신은 묘한 향과 꽃을 내리고, (31) 춘화 밤 맡은 신은 몸을 장엄하고 온몸을 땅에 엎드리

며, (32) 항상 깨달은 낯 맑은 신은 여러 방위를 두루 비추는 마니 당기를 들고 허공에 있으면서 큰 광명을 놓았다.

[疏] 三, 無量下는 明諸侍從이니 不無表法이나 恐繁不說하노라
- ㄷ) 無量 아래는 모든 시봉하고 따름을 밝힘이다. 법을 표하지 않음이 없음은 번거로울까 두려워서 말하지 않은 것이다.

ㄴ. 공경을 표하다[敬] (經/時善 15上3)
ㄷ. 법문을 묻다[問] (經/白言)

時에 善財童子가 詣比丘所하여 頂禮其足하며 曲躬合掌하고 白言하되 聖者여 我已先發阿耨多羅三藐三菩提心하여 求菩薩行하노니 我聞聖者는 善能開示諸菩薩道라 하니 願爲我說하소서 菩薩이 云何學菩薩行이며 云何修菩薩道리잇고
이때 선재동자는 비구에게 나아가 엎드려 발에 절하고 허리 굽혀 합장하고 말하였다. "거룩하신 이여, 저는 이미 아뇩다라삼약삼보리심을 내었삽고, 보살의 행을 구하나이다. 듣자온즉 거룩하신 이께서 보살의 도를 잘 열어 보이신다 하오니, 바라건대 보살이 어떻게 보살의 행을 배우며, 어떻게 보살의 도를 닦는지를 나에게 말씀하여 주소서."

[疏] 敬問은 可知니라
- ㄴ. 공경을 표함과 ㄷ. 법문을 물음은 알 수 있으리라.

(다) 바로 법계를 보이다[正示法界] 2.

ㄱ. 인연을 의지하여 법계를 얻다[依緣得法] 3.
ㄱ) 총합하여 순서를 정하다[總序] (第三 15下9)
ㄴ) 닦고 증득하다[修證] (次或)
ㄷ) 이익을 이루다[成益] (後聽)

善見이 答言하시되 善男子여 我年이 旣少하며 出家又近이라 我此生中에 於三十八恒河沙佛所에 淨修梵行하되 或有佛所엔 一日一夜에 淨修梵行하며 或有佛所엔 七日七夜에 淨修梵行하며 或有佛所엔 半月一月과 一歲百歲와 萬歲億歲와 那由他歲와 乃至不可說不可說歲와 或一小劫과 或半大劫과 或一大劫과 或百大劫과 乃至不可說不可說大劫에 聽聞妙法하고 受行其教하며 莊嚴諸願하여 入所證處하며 淨修諸行하여 滿足六種波羅蜜海하며 亦見彼佛의 成道說法이 各各差別하되 無有雜亂과 住持遺教와 乃至滅盡하며 亦知彼佛의 本所興願이 以三昧願力으로 嚴淨一切諸佛國土하며 以入一切行三昧力으로 淨修一切諸菩薩行하며 以普賢乘出離力으로 清淨一切佛波羅蜜하라

선견비구는 대답하였다. "착한 남자여, (1) 나는 나이도 젊었고 출가한 지도 오래지 않거니와 (2) 이생에서 38항하의 모래 수 부처님 처소에서 범행을 깨끗이 닦았으니, (3) 어떤 부처님 처소에서는 하루 낮·하룻밤 동안 범행을 닦았고,

(4) 어떤 부처님 처소에서는 칠일·칠야 동안 범행을 닦았으며, (5) 어떤 부처님 처소에서는 반 달·한 달·일 년·백 년·만 년·억 년·나유타 년·내지 말할 수 없이 말할 수 없는 해·한 소겁·반 대겁·한 대겁·백 대겁·내지 말할 수 없이 말할 수 없는 대겁을 지냈노라. (6) 그동안에 묘한 법을 듣고 그 가르침을 받들어 행하며 모든 서원을 장엄하고 증득할 곳에 들어가 모든 행을 닦아서 여섯 가지 바라밀다를 만족하였으며, (7) 또 그 부처님들이 성도하고 법을 말하심이 각각 차별하여 어지럽지 아니하며, 남기신 교를 호지하여 열반하는 데까지 이름을 보았으며, (8) 또 저 부처님의 본래 세운 서원과 삼매의 원력으로 모든 부처님의 국토를 깨끗이 장엄하며, 일체행 삼매에 들어간 힘으로 모든 보살의 행을 깨끗이 닦으며, (9) 보현의 법으로 뛰어나는 힘으로써 여러 부처의 바라밀다를 청정히 하심을 알았느니라.

[疏] 第三, 善見答下는 正示法界라 中에 二니 初, 示依緣得法이요 後, 又善男子下는 顯法業用이라 今初에 分三이니 初, 總序라 初入行位일새 故云年少요 創離十住之家일새 名爲出家又近이니라 言我此生者는 略有二義하니 一, 念劫圓融故니 如毘目處에 說이니라 二, 顯入解行生이요 非見聞生故라 供三十八恒沙者는 過前位故니라 次, 或有下는 明所修時分이요 後, 聽聞下는 所作成益이라 於中에 初, 自修願智行이요 次, 見果用이요 後, 知佛修因이니라

■ (다) 善見答 아래는 바로 법계를 보임이다. 그중에 둘이니 ㄱ. 인연

을 의지하여 법계를 얻음이요, ㄴ. 又善男子 아래는 법계의 업과 작용을 밝힘이다. 지금은 ㄱ.을 셋으로 나누리니 ㄱ) 총합하여 순서를 정함이니, 처음 십행(十行)의 지위에 들어간 연고로 나이가 어린 것이요, 처음 십주(十住)의 가문을 떠난 것을 이름하여 '출가에 더욱 가까움'이라 하였다. '내가 여기에 태어남'이라 말한 것은 간략히 두 가지 뜻이 있으니 (1) 찰나와 겁에 원융한 연고니 저 비목구사선인 처소에서 설한 내용과 같으며, (2) 이해와 행함에 들어가 태어남을 밝힘은 보고 듣고 태어남이 아닌 까닭이며, '38항하 모래 같은 부처님께 공양 올리는 것'은 앞의 지위를 초과한 까닭이다. ㄴ) 或有 아래는 닦고 증득한 시분을 밝힘이요, ㄷ) 聽聞 아래는 지은 바 이익을 성취함이다. 그중에 (ㄱ) 스스로 '원력과 지혜의 행[願智行]'을 닦음이요, (ㄴ) 과덕의 작용을 봄이요, (ㄷ) 부처님이 수행했던 인행을 아는 내용이다.

ㄴ. 법계의 업과 작용을 밝히다[顯法業用] (二顯 17上4)

又善男子여 我經行時에 一念中에 一切十方이 皆悉現前하니 智慧淸淨故며 一念中에 一切世界가 皆悉現前하니 經過不可說不可說世界故며 一念中에 不可說不可說佛刹이 皆悉嚴淨하니 成就大願力故며 一念中에 不可說不可說衆生差別行이 皆悉現前하니 滿足十力智故며 一念中에 不可說不可說諸佛淸淨身이 皆悉現前하니 成就普賢行願力故며 一念中에 恭敬供養不可說不可說佛刹微塵數如來하니 成就柔軟心供養如來願力故며 一念中

에 領受不可說不可說如來法하니 得證阿僧祇差別法하
여 住持法輪陀羅尼力故며 一念中에 不可說不可說菩薩
行海가 皆悉現前하니 得能淨一切行如因陀羅網願力故
며 一念中에 不可說不可說諸三昧海가 皆悉現前하니 得
於一三昧門에 入一切三昧門하여 皆令淸淨願力故며 一
念中에 不可說不可說諸根海가 皆悉現前하니 得了知諸
根際하여 於一根中에 見一切根願力故며 一念中에 不可
說不可說佛刹微塵數時가 皆悉現前하니 得於一切時에
轉法輪하여 衆生界盡하되 法輪無盡願力故며 一念中에
不可說不可說一切三世海가 皆悉現前하니 得了知一切
世界中一切三世分位智光明願力故니라

또 착한 남자여, (1) 내가 거닐 적에 잠깐 동안에 모든 시방
이 다 앞에 나타났으니 지혜가 청정한 연고라. (2) 잠깐 동
안에 모든 세계가 앞에 나타났으니 말할 수 없이 말할 수 없
는 세계를 경과하는 연고라. (3) 잠깐 동안에 말할 수 없이
말할 수 없는 부처의 세계가 깨끗이 장엄하였으니 큰 서원
을 성취한 연고라. (4) 잠깐 동안에 말할 수 없이 말할 수 없
는 중생의 차별한 행이 앞에 나타났으니, 열 가지 힘의 지혜
를 만족한 연고라. (5) 잠깐 동안에 말할 수 없이 말할 수 없
는 부처님들의 청정한 몸이 앞에 나타났으니 보현의 행과
원을 성취한 연고라. (6) 잠깐 동안에 말할 수 없이 말할 수
없는 세계의 티끌 수 여래께 공경하고 공양하였으니 부드
러운 마음으로 여래께 공양하려는 서원을 성취한 연고라.
(7) 잠깐 동안에 말할 수 없이 말할 수 없는 여래의 법을 받

나니, 아승지의 차별한 법을 증득하여 법륜을 유지하는 다라니의 힘을 얻은 연고라. (8) 잠깐 동안에 말할 수 없이 말할 수 없는 보살의 수행 바다가 앞에 나타나나니, 모든 행을 깨끗이 하여 인드라 그물과 같은 서원의 힘을 얻은 연고라. (9) 잠깐 동안에 말할 수 없이 말할 수 없는 삼매 바다가 앞에 나타나나니, 한 삼매문으로 모든 삼매문에 들어가서 서원의 힘을 청정케 하는 연고라. (10) 잠깐 동안에 말할 수 없이 말할 수 없는 여러 근성 바다가 앞에 나타나나니, 모든 근성의 경계를 알고 한 근성에서 여러 근성을 보는 서원의 힘을 얻은 연고라. (11) 잠깐 동안에 말할 수 없이 말할 수 없는 세계의 티끌 수 시간이 앞에 나타나나니, 모든 시간에 법륜을 굴리는 데 중생계는 다하여도 법륜은 다함이 없는 원력을 얻은 연고라. (12) 잠깐 동안에 말할 수 없이 말할 수 없는 모든 세 세상 바다가 앞에 나타나나니, 모든 세계에서 모든 세 세상의 나뉘는 지위를 분명히 아는 지혜 광명과 원력을 얻은 연고라.

[疏] 二, 顯法業用이라 中에 有十二句하니 各先, 辨業用이요 後, 出所由라 然이나 不出願智行이니 如文思之니라 總云一念者는 以得無依無念智故로 無法不現이니라

- ㄴ. 법계의 업과 작용을 밝힘이다. 12구절이 있으니 각기 ㄱ) 업과 작용을 밝힘이요, ㄴ) 이유를 내보임이다. 그러나 원력과 지혜의 행을 벗어나지 않음은 경문과 같이 생각하라. 총합하여 '한 생각'이라 말한 것은 의지처 없고 기억함 없는 지혜를 얻은 연고로 법을 나타내

지 못함이 없다.

(라) 자신은 겸양하고 뛰어난 분을 추천하다[謙己推勝] 2.

ㄱ. 자신은 하나만 안다고 겸양하다[謙己知一] (第四 17下8)
ㄴ. 뛰어난 분은 많은 것을 안다고 추천하다[推勝知多] (後如)

善男子여 我唯知此菩薩隨順燈解脫門이어니와 如諸菩薩摩訶薩은 如金剛燈하여 於如來家에 眞正受生하여 具足成就不死命根하며 常然智燈하여 無有盡滅하며 其身堅固하여 不可沮壞하며 現於如幻色相之身하되 如緣起法無量差別하며 隨衆生心하여 各各示現하되 形貌色相이 世無倫匹하며 毒刃火災의 所不能害며 如金剛山하여 無能壞者하며 降伏一切諸魔外道하며 其身妙好가 如眞金山하여 於天人中에 最爲殊特하며 名稱廣大하여 靡不聞知하며 觀諸世間하여 咸對目前하며 演深法藏하여 如海無盡하며 放大光明하여 普照十方하여 若有見者면 必破一切障礙大山하며 必拔一切不善根本하며 必令種植廣大善根하나니 如是之人은 難可得見이며 難可出世니 而我云何能知能說彼功德行이리오

착한 남자여, 나는 다만 이 '보살이 따라 주는 등불의 해탈문'을 알거니와, 저 보살마하살들이 (1) 금강등과 같아서 여래의 가문에 진정하게 태어나서 죽지 않는 목숨을 성취하면 지혜의 등불을 항상 켜서 꺼진 적이 없으며, (2) 몸이 견

고하여 파괴할 수 없고, 환술과 같은 육신을 나타냄이 마치 인연으로 생기는 법이 한량없이 차별한 것 같거든, (3) 중생의 마음을 따라 제각기 형상과 모습을 나타내어 세상에 짝할 이 없으며, (4) 독한 칼이나 화재로도 해할 수 없음이 금강산과 같아서 파괴할 수 없으며, (5) 모든 마와 외도를 항복받고, 몸이 훌륭하기는 황금 산과 같아서 인간 천상에 가장 제일이며, (6) 소문이 멀리 퍼져서 듣지 못한 이가 없고 세간을 보되 눈앞에 대한 듯하며, (7) 깊은 법장을 연설함이 바다가 다하지 않는 것 같고, (8) 큰 광명을 놓아 시방에 두루 비치니, (9) 만일 보는 이가 있으면 모든 장애의 산을 헐고 모든 착하지 못한 근본을 뽑아 버리고 광대한 착한 뿌리를 심으리니, (10) 이런 사람은 보기도 어렵고 세상에 나기도 어렵거늘, 내가 어떻게 알며 그 공덕의 행을 말하겠는가?

[疏] 第四, 謙己推勝이라 中에 謙己結前이라 名隨順燈者는 用無念之眞智하여 順法順機하여 無不照故라 後, 如諸下는 推勝이라 中에 初句爲總이요 亦別顯家族勝이라 上에 但云燈照하니 未必常일새 故今推之하여 明金剛智燈이라 親證眞如가 爲眞正生이니 則常照矣라 不同解行生也니라 二, 報命勝이니 由所證常故로 卽金剛義니라 三, 內智勝이니 如於所證하여 無盡滅故라 卽是燈義니라 四, 報體勝이니 法性成身하여 相不遷故라 亦金剛義니라 五, 現於下는 明業用勝이니 卽對上隨順義한대 以是卽體之用故로 皆不可壞라 餘는 並可知니라 指示後友는 次文에 當說하리라

■ (라) 자신은 겸양하고 뛰어난 분을 추천함 중에 ㄱ. 자신을 (하나만 안다고) 겸양함은 앞을 결론함이다. '따라 주는 등불'이라 말한 것은 기억함 없는 진실한 지혜를 사용한다는 뜻이다. 법에 수순하고 근기에 수순하여 비추지 않음이 없기 때문이다. ㄴ. 如諸 아래는 뛰어난 분을 (많은 것을 안다고) 추천함이다. 그중에 ㄱ) 첫 구절은 총상이니 또한 '가문과 족성이 뛰어남[家族勝]'을 개별로 밝힘이다. 위에서 단지 등불이라 말하고 비춤이 아직 반드시 항상하지 않은 연고로 지금 추천한 것이다. 금강 같은 지혜의 등불을 밝히면 몸소 진여를 증득하여 진정한 태어남이 되면 항상 비추는 것이니, 이해와 행으로 태어남과는 같지 않다. ㄴ) '보답받은 목숨이 뛰어남[報命勝]'이니 증득할 대상이 항상함으로 말미암은 연고로 금강과 합치한 뜻이요, ㄷ) '내적인 지혜가 뛰어남[內智勝]'이니 마치 증득할 대상이 끝나서 없어짐이 없는 연고니 바로 등불의 뜻이요, ㄹ) '보답의 체성이 뛰어남[報體勝]'이니 법의 성품이 몸을 이루어서 모습이 옮겨지지 않는 연고니 또한 금강의 뜻이다. ㅁ) 現於 아래는 '업과 작용이 뛰어남[業用勝]'을 밝힘이니 위의 수순하는 뜻을 상대하나니 이것이 체성과 합치한 작용인 연고로 모두 파괴할 수 없다. 나머지는 함께하면 알 수 있으리라. (마) 다음 선지식을 지시함은 다음 소문에 설명하리라.

(마) 다음 선지식을 지시하다[指示後友] (經/善男 18上7)
(바) 덕을 연모하여 예배하고 물러가다[戀德禮辭] (經/時善)

善男子여 於此南方에 有一國土하니 名曰名聞이요 於河渚中에 有一童子하니 名自在主니 汝詣彼問하되 菩薩이

云何學菩薩行이며 修菩薩道리잇고하라
時에 善財童子가 爲欲究竟菩薩勇猛淸淨之行하며 欲得菩薩大力光明하며 欲修菩薩無勝無盡諸功德行하며 欲滿菩薩堅固大願하며 欲成菩薩廣大深心하며 欲持菩薩無量勝行하며 於菩薩法에 心無厭足하며 願入一切菩薩功德하며 欲常攝御一切衆生하며 欲超生死稠林曠野하여 於善知識에 常樂見聞하고 承事供養하되 無有厭倦하여 頂禮其足하며 遶無量帀하며 慇懃瞻仰하고 辭退而去하니라

착한 남자여, 여기서 남쪽으로 가면 한 나라가 있으니 이름은 명문이요, 물가에 한 동자가 있으니 이름은 자재주라 그대는 그에게 가서 '보살이 어떻게 보살의 행을 배우며, 보살의 도를 닦느냐?'고 물으라."

그때 선재동자는 (1) 보살의 용맹하고 청정한 행을 끝마치려 하며, (2) 보살의 큰 힘과 광명을 얻으려 하며, (3) 보살의 이길 이 없고 다함이 없는 공덕의 행을 닦으려 하며, (4) 보살의 견고한 큰 원을 만족하려 하며, (5) 보살의 넓고 크고 깊은 마음을 이루려 하며, (6) 보살의 한량없이 훌륭한 행을 가지려 하며, (7) 보살의 법에 싫어하는 생각이 없고 모든 보살의 공덕에 들어가려 하며, (8) 모든 중생을 거두어 제어하려 하며, (9) 생사의 숲과 벌판에서 초월하려 하며, (10) 선지식을 항상 뵈옵고 듣잡고 섬기고 공양하는 데 게으른 생각이 없어서, 그의 발에 절하고 한량없이 돌고 은근하게 앙모하면서 하직하고 물러갔다.

나) 제13. 자재주동자 선지식[自在主童子] 2.
- 제2. 요익행(饒益行)에 의탁한 선지식

(가) 표방하다[標] (第二 19上2)
(나) 해석하다[釋] 6.
ㄱ. 가르침에 의지하여 나아가 구하다[依教趣求] (初依)

爾時에 善財童子가 受善見比丘教已하고 憶念誦持하며 思惟修習하며 明了決定하여 於彼法門에 而得悟入하여 天龍夜叉乾闥婆衆이 前後圍遶하고 向名聞國하여 周徧求覓自在主童子러니 時에 有天龍乾闥婆等이 於虛空中에 告善財言하되 善男子여 今此童子가 在河渚上이라하나라

이때 선재동자는 선견비구의 가르침을 받고 기억하고 외며 생각하고 익혀서 분명하게 결정하였으며 그 법문에 깨달아 들어가고, 하늘·용·야차·건달바·무리들에게 앞뒤로 들러싸여 명문국으로 향하면서 자재주동자를 두루 찾았다. 이때 하늘·용·건달바들이 공중에서 선재에게 말하기를 "착한 남자여, 이 동자는 지금 물가에 있느니라"라고 하였다.

[疏] 第二, 自在主는 寄饒益行이라 初, 依教趣求라 國曰名聞者는 能持淨戒한 現世果故라 河渚上者는 若持淨戒하면 生死愛河가 不漂溺故며 又無量福河가 常流注故라 童子自在主者는 三業無非하고 六

根離過일새 故得自在니 則戒爲主矣라 戒淨無染일새 故云童子니라
- 나) 자재주동자는 제2. 요익행(饒益行)에 의탁한 선지식이다. ㄱ. 선지식의 가르침에 의지하여 나아가 구함이다. 나라를 명문(名聞)이라 말한 것은 청정하게 계를 잘 지켜서 얻은 현세(現世)의 결과인 까닭이다. '물가에 있다'는 것은 만일 정계(淨戒)를 지키면 생사의 애욕의 강이 떠돌고 빠지지 않는 연고다. 또한 한량없는 복의 강이 항상 흘러 들어가는 연고요, 동자 이름이 '자재한 주인'인 것은 삼업에 잘못이 없고, 육근이 허물을 떠난 연고로 자재함을 얻으면 계법으로 '주인'이 되었고, 계행이 청정해서 물듦이 없는 연고로 '동자'라고 말한다.

[鈔] 寄饒益行者는 三聚淨戒가 能益自他일새 故云饒益이니라 能持淨戒하야는 現世果故者는 戒經에 云, 明人能護戒하면 能得三種樂하나니 名譽와 及利養과 死得生天上故라하니라 福河常流注者는 不持戒者는 可犯之境에 皆有犯分이어니와 由持戒故로 於無盡境에 皆發勝福故니라

- '요익행에 의탁한다'는 것은 삼취정계가 능히 자신과 다른 이를 요익하게 하므로 요익(饒益)이라 하였다. '청정한 계를 지켜서 얻은 현세의 결과인 까닭'이란 계경(戒經, 사분율)에 이르되, "밝은 사람은 계법을 잘 지켜서 능히 세 종류의 즐거움을 얻었으니 (1) 명예와 (2) 이양과 (3) 죽어서 천상에 태어남이다"라고 한 까닭이다. '복의 강이 항상 흘러 들어가는' 것에서 계를 지키지 않는 이는 범할 수 있는 경계가 모두 범한 부분이 있으며, 계를 지킴으로 말미암아 그지없는 경계에 모두 뛰어난 복을 내는 까닭이다.

ㄴ. 만나서 공경을 표하고 법문을 묻다[見敬諮問] (第二 19下7)

爾時에 善財가 卽詣其所하여 見此童子하니 十千童子의 所共圍遶으로 聚沙爲戲어늘 善財가 見已하고 頂禮其足하며 遶無量帀하며 合掌恭敬하고 却住一面하여 白言하되 聖者여 我已先發阿耨多羅三藐三菩提心하니 而未知菩薩이 云何學菩薩行이며 云何修菩薩道리잇고 願爲解說하소서

그때 선재동자는 그곳에 나아가 이 동자를 보니 10천 동자에게 둘러싸여 모래를 모아 장난하고 있었다. 선재는 그 발에 절하고 한량없이 돌고 합장하고 공경하면서 한 곁에 서서 말하였다. "거룩하신 이여, 저는 이미 아뇩다라삼먁삼보리심을 내었사오나, 보살이 어떻게 보살의 행을 배우며, 보살의 도를 닦는지를 알지 못하오니 원컨대 말씀하여 주소서."

[疏] 第二, 爾時善財下는 見敬咨問이라 中에 見聚沙者는 恒沙功德이 由戒積集故니라

■ ㄴ. 爾時善財 아래는 만나서 공경을 표하고 법문을 물음이다. 그중에 '모래를 모아 장난함'은 항하 모래 같은 공덕을 계로 인해 쌓고 모으는 까닭이다.

ㄷ. 바로 법계를 보이다[正示法界] 2.

ㄱ) 법문의 체성을 거론하다[擧法門體] (第三 20上1)
ㄴ) 그 업과 작용을 밝히다[明其業用] 3.
(ㄱ) 총합하여 밝히다[總明] (二明)
(ㄴ) 오명(五明)을 섞어서 밝히다[雜辨] (次亦)

自在主가 言하시되 善男子여 我昔曾於文殊師利童子所에 修學書數算印等法하여 即得悟入一切工巧神通智法門하라 善男子여 我因此法門故로 得知世間書數算印界處等法하며 亦能療治風癇消瘦鬼魅所着한 如是所有一切諸病하며 亦能造立城邑聚落과 園林臺觀과 宮殿屋宅의 種種諸處하며 亦善調鍊種種仙藥하며 亦善營理田農商賈의 一切諸業하여 取捨進退에 咸得其所하며 又善別知衆生身相의 作善作惡에 當生善趣하고 當生惡趣와 此人은 應得聲聞乘道와 此人은 應得緣覺乘道와 此人은 應入一切智地하여 如是等事를 皆悉能知하며 亦令衆生으로 學習此法하여 增長決定하여 究竟淸淨케하라

자재주동자가 말하였다. "착한 남자여, 나는 (1) 옛날에 문수사리동자에게서 글씨와 수학, 산수, 결인 따위의 법을 배워서 온갖 공교한 신통과 지혜의 법문에 들어갔노라. 착한 남자여, (2) 나는 이 법문을 인하여 세간의 글씨·수학·산수·결인·18계·12처 등의 법을 알았으며, (3) 또 풍병·간질·조갈·헛것 들리는 모든 병을 치료하며, (4) 또 성시·마을·동산·누각·궁전·가옥들을 세우

기도 하고, 갖가지 약을 만들기도 하고, (5) 전장 · 농사 · 장사하는 직업을 경영하기도 하며, 짓고 버리고 나아가고 물러나는 일에 모두 적당하게 하였으며, (6) 또 중생들의 모습을 잘 분별하여, 선을 짓고 악을 지어 착한 갈래에 태어나고 나쁜 길에 태어날 것을 알며, (7) 이 사람은 성문의 법을 얻고 이 사람은 연각의 도를 얻고 이 사람은 온갖 지혜에 들어가는 일들을 다 잘 알고, (8) 중생들에게 이런 법을 배우도록 하며, 증장하고 결정하여 끝까지 청정케 하였노라.

[疏] 第三, 自在主言下는 正示法界라 於中에 二니 初, 擧法門名體이요 二, 善男子我因下는 明業用이라 今初에 文殊所學者는 有智하여 能護戒故라 書者는 能詮이니 止作을 分明故요 數者는 表四重十重과 乃至三千威儀와 八萬細行故라 算者는 一一之因이 感幾何果故요 印者는 持犯善惡이 感果決定故요 等者는 等餘醫方이니 成五明故라 上明所學하고 下辨所悟라 工巧神通이 皆智所爲故며 亦表修戒하여 發定慧故니라

二, 明業用中에 三이니 初, 總明이요 次, 亦能療下는 雜辨諸明이요

ㄷ. 自在主言 아래는 바로 법계를 보임이다. 그중에 둘이니 ㄱ) 법문의 체성을 거론함이요, ㄴ) 善男子我因 아래는 그 업과 작용을 밝힘이다. 지금은 ㄱ)에 '문수보살에게 배운 것'이란 지혜가 있으며 능히 계를 잘 지킨 연고요, 글이란 말하는 주체이니 그치고 지음이 분명한 연고요, 숫자는 네 가지 중계(重戒)와 열 가지 중계를 표하고 나아가 3천 가지 위의(威儀)와 8만 가지 미세한 행동인 까닭이다. '헤아림'이

란 낱낱의 원인이 얼마만큼의 결과를 감득한 연고요, 결인(結印)은 선과 악을 지키고 범함이니 감득한 결과가 결정된 연고요, '따위'는 나머지 의사의 처방과 같이 다섯 가지 밝음[五明]을 이룬 까닭이다. 위에서 배울 것을 밝혔고 아래에서는 깨달을 경계를 밝혔으니 공교함과 신통함은 모두 지혜의 역할인 연고며, 또한 계를 수행하여 선정과 지혜를 내는 것을 표하는 까닭이다.

ㄴ) 업과 작용을 밝힘 중에 셋이니 (ㄱ) 총합하여 밝힘이요, (ㄴ) 亦能療 아래는 모든 밝음[五明]을 섞어서 밝힘이요,

[鈔] 有智能護戒者는 文殊는 主智故라 此言도 亦是 戒經에 云, 當觀如是處하여 有智勤護戒니 戒淨有智慧하면 便得第一道라하니라 釋曰, 上二句는 以智爲因이요 下二句는 是智之果니라 四重十重者는 四重은 通二乘의 別解脫戒요 十重已下는 大乘이요 四重은 通이나 亦唯大라 故로 彌勒受戒羯磨에 但受四하고 不可過하니 謂十重之中에 最後四戒는 謂慳과 貪瞋讚毀와 及謗三寶故니라 成五明者는 五明은 在下의 業中이라 上之諸名體12)는 但是聲明中義니 並如五地요 今當略釋이니라

● '지혜가 있으며 능히 계를 잘 지킨다'는 것은 문수는 지혜를 주도하는 연고며, 여기서 말한 또한 계경(戒經)이란 이르되, "마땅히 이런 곳을 관찰하면 지혜가 있으면서 부지런히 계를 지킴이요, 계행이 청정하면서 지혜가 있으면 문득 가장 뛰어난 도를 얻는다네"라 하였다. 해석하자면 위의 두 구절은 지혜로 원인을 삼은 것이요, 아래 두 구절은 지혜의 결과이다. '네 가지 중계와 열 가지 중계'에서 네 가지 중계는 이승의 별해탈계(別解脫戒)와 통하고, 十重 아래는 대승계(大乘

---

12) 體는 南續金本作然이라 하다.

戒)이니 네 가지 중계는 전체가 오직 대승에만 해당되므로 미륵보살이 계를 받고 갈마(羯磨)하였으니, 단지 네 가지 어쩔 수 없는 과실만 받나니, 이른바 십중대계(十重大戒) 중에 가장 마지막 네 가지 계이다. 말하자면 (1) 자찬훼타계(自讚毀他戒) (2) 간석가훼계(慳惜加毀戒) (3) 진심불수회계(瞋心不受悔戒) (4) 방삼보계(謗三寶戒)인 까닭이다. '오명(五明)을 이룸'에서 오명(五明)은 아래 업 중에 있고, 위의 모든 이름과 체성은 단지 성명(聲明) 중의 뜻이다. 아울러 제5. 난승지의 내용과 같지만 지금 당연히 간략히 해석하였다.

(ㄷ) 산수법을 알다[知算] 2.
a. 산수로 세는 주체를 밝히다[辨能算數] (三善 22上8)
b. 저 산과 물을 헤아리다[算彼山水] (後善)

善男子여 我亦能知菩薩算法하노니 所謂一百洛叉가 爲一俱胝며 俱胝俱胝가 爲一阿庾多며 阿庾多阿庾多가 爲一那由他며 那由他那由他가 爲一頻婆羅며 頻婆羅頻婆羅가 爲一矜羯羅며 廣說乃至優鉢羅優鉢羅가 爲一波頭摩며 波頭摩波頭摩가 爲一僧祇며 僧祇僧祇가 爲一趣며 趣趣가 爲一喩며 喩喩가 爲一無數며 無數無數가 爲一無數轉이며 無數轉無數轉이 爲一無量이며 無量無量이 爲一無量轉이며 無量轉無量轉이 爲一無邊이며 無邊無邊이 爲一無邊轉이며 無邊轉無邊轉이 爲一無等이며 無等無等이 爲一無等轉이며 無等轉無等轉이 爲一不可數며 不可數不可數가 爲一不可數轉이며 不可數轉不可數

轉이 爲一不可稱이며 不可稱不可稱이 爲一不可稱轉이
며 不可稱轉不可稱轉이 爲一不可思며 不可思不可思가
爲一不可思轉이며 不可思轉不可思轉이 爲一不可量이
며 不可量不可量이 爲一不可量轉이며 不可量轉不可量
轉이 爲一不可說이며 不可說不可說이 爲一不可說轉이
며 不可說轉不可說轉이 爲一不可說不可說이며 此又不
可說不可說이 爲一不可說不可說轉이니라

善男子여 我以此菩薩算法으로 算無量由旬의 廣大沙聚
하여 悉知其內에 顆粒多少하며 亦能算知東方所有一切
世界의 種種差別과 次第安住하고 南西北方과 四維上下
도 亦復如是하며 亦能算知十方所有一切世界의 廣狹大
小와 及以名字하여 其中所有一切劫名과 一切佛名과 一
切法名과 一切衆生名과 一切業名과 一切菩薩名과 一
切諦名을 皆悉了知하노라

착한 남자여, 나는 또 보살의 계산하는 법을 알았으니 (1)
일백 락차가 한 구지요, 구지씩 구지가 한 아유타요, 아유타
씩 아유타가 한 나유타요, 나유타씩 나유타가 한 빈바라요,
(5) 빈바라씩 빈바라가 한 긍갈라요, 널리 말하여 내지 우발
파라씩 우발파라가 한 파두마요, 파두마씩 파두마가 한 아
승지요, 아승지씩 아승지가 한 취(趣)요, 취씩 취가 한 비유
요, 비유씩 비유가 한 무수니라. (11) 무수씩 무수가 한 무
수 곱이요, 무수 곱씩 무수 곱이 한 한량없음이요, 한량없음
씩 한량없음이 한 한량없음 곱이요, 한량없음 곱씩 한량없
음 곱이 한 그지없음이요, 그지없음씩 그지없음이 한 그지

없음 곱이요, 그지없음 곱씩 그지없음 곱이 한 같을 이 없음이요, (16) 같을 이 없음씩 같을 이 없음이 한 같을 이 없음 곱이요, 같을 이 없음 곱씩 같을 이 없음 곱이 한 셀 수 없음 이니라. (18) 셀 수 없음씩 셀 수 없음이 한 셀 수 없음 곱이요, 셀 수 없음 곱씩 셀 수 없음 곱이 한 일컬을 수 없음이요, 일컬을 수 없음씩 일컬을 수 없음이 한 일컬을 수 없음 곱이요, (21) 일컬을 수 없음 곱씩 일컬을 수 없음 곱이 한 생각할 수 없음이요, 생각할 수 없음씩 생각할 수 없음이 한 생각할 수 없음 곱이요, 생각할 수 없음 곱씩 생각할 수 없음 곱이 한 헤아릴 수 없음이요, 헤아릴 수 없음씩 헤아릴 수 없음이 한 헤아릴 수 없음 곱이요, 헤아릴 수 없음 곱씩 헤아릴 수 없음 곱이 한 말할 수 없음이니라. (26) 말할 수 없음씩 말할 수 없음이 한 말할 수 없음 곱이요, 말할 수 없음 곱씩 말할 수 없음 곱이 한 말할 수 없이 말할 수 없음이요, (28) 이것을 또 말할 수 없이 말할 수 없음이 한 말할 수 없이 말할 수 없음 곱이니라.

착한 남자여, 나는 이 보살의 산수하는 법으로 한량없는 유순의 광대한 모래 더미를 계산하여 그 안에 있는 알맹이 수효를 다 알고, 또 동방에 있는 모든 세계의 가지가지 차별과 차례로 머물러 있음을 계산하여 알며, 남방·서방·북방과 네 간방과 상방·하방도 그와 같이 알고 시방에 있는 모든 세계의 넓고 좁고 크고 작은 것과 이름과, 그 가운데 있는 모든 겁의 이름·모든 부처님 이름·모든 법의 이름·모든 중생의 이름·모든 업의 이름·모든 보살의 이름·모든 진리의 이름을 다 분명히 아노라.

[疏] 三, 善男子下는 廣顯知算이라 於中에 初는 辨能算之數이요 後, 善男子我以此下는 算彼所算이라 餘三段은 可知니라

■ (ㄷ) 善男子 아래는 산수법 아는 것을 자세히 밝힘이다. 그중에 a. 산수로 세는 주체를 밝힘이요, b. 善男子我以此 아래는 저 산과 물을 헤아림이다. 나머지 세 문단은 알 수 있으리라.

[鈔] 二明業用中에 三이니 初, 總明者는 此之總文이 亦卽聲明이요 書는 卽聲明中法이니 施設建立名句文身等故라 其數算印은 卽聲明中의 數오 施設建立은 通治取與中의 生疑障이라 其界處等法은 卽是因明이라 故로 新經에 云, 種種智論[13]이라하나니 是論體니 卽言論諍論 等이니라

雜辨諸明者는 卽餘三明이니 一, 卽醫方明이라 於中에 風癇과 消瘦[14]은 是病相이요 鬼魅所著도 亦是病相이요 亦是病因이니 因鬼等 病故라 其能療治는 卽是除斷이라 能字도 亦是斷已不生이라 二, 亦 能造立下는 卽工巧明이라 瑜伽十五에 有十二工巧나 今略有五하니 一, 營造工業이요 二, 亦善調練種種仙藥者는 卽和合工業이요 三, 善營理田農은 卽營農工業이요 四, 商賈는 卽商賈工業이요 其一切 諸業은 卽該諸文의 所不說者라 更有七不說하니 謂音樂과 書算과 成熟과 防邪[15]와 事王과 變化와 呪術이니라 五, 又善別知衆生의 身 相은 卽占相工業이요 三, 作善作惡下는 卽是內明이라 然이나 瑜伽에

---

13) 論下에 南續金本有名字라 하다.
14) 癇은 甲南續金本作病이라 하다.
15) 防邪는 原續金本作方所, 南本作防利皆誤; 準瑜伽及行願品疏改正이라 하다. 하지만 유가사지론 제15권에는 防邪라 하다. 防邪는 女工의 뜻이다. (역자 주)

有四施設建立하니 一, 事요 二, 理16)요 三, 攝聖敎요 四, 聖17)所應知라 今文에는 唯明於理라 於中에 有二하니 一, 知六趣因果요 二, 此人下는 知三乘因果라 從知是等下는 總結이요 兼於餘三이니 謂令其習學하여 決定究竟은 卽攝聖敎라 聖敎所知는 應辨事理니 事卽三藏18)故라 下의 知算은 亦聲明攝이니라

● ㄴ) 업과 작용을 밝힘 중에 셋이니 (ㄱ) 총합하여 밝힘은 여기의 총상 문장이요, 또한 바로 '음성의 학문[聲明]'이요, 글은 곧 성명 중에 법을 시설하여 세운 명칭과 구절과 문자와 문장 등인 까닭이다. 그 수를 헤아림과 결인은 곧 성명 중에 숫자로 시설하여 세운 통틀어 가짐과 중간에 생김[生]에 대해 의심하는 장애를 다스리는 내용이다. 그 18계(界)와 12처(處) 등의 법은 곧 논리의 학문[因明]이므로 새로 번역한 경문에는 이르되, "갖가지 지혜로 논함이 논의 체성이니 곧 언론과 쟁론 등이다"라고 하였다.

(ㄴ) '모든 밝음[五明]을 섞어서 밝힘'이란 곧 나머지 세 가지 밝음이다. (1) 의술의 학문[醫方明]이니, 그중에 풍병이나 간질, 소갈증에 병든 형상이요, 귀신에 집힘도 또한 병든 형상이며, 병든 원인이기도 하나니, 귀신 등으로 인한 병인 까닭이다. 그 능히 치료함은 곧 제하고 끊음이요, 능(能)이란 글자도 또한 끊고 난 후 생기지 않음을 뜻한다. (2) 亦能造立 아래는 곧 '공예와 미술에 관한 학문[工巧明]'이다.『유가사지론』제15권에 12가지 공교함이 있는데 지금은 생략하여 다섯 가지만 있다. ① 건축과 토목공업이요, ② 또한 갖가지 선약(仙藥)을 조제하고 연단함이니 곧 화해시키는 공업이요, ③ 밭농사를 잘 경영

---

16) 理는 瑜伽及行願品疏作想이라 하다.
17) 聖은 南金本無, 瑜伽及行願品疏作聖敎라 하다.
18) 事는 甲續金本無, 案上十二字는 行願品疏作及聖敎所應知 幷事建立 事建立者 是三藏故라 하다.

함은 농업과 어업이요, ④ 장사업은 장사하는 공업이니, 그 온갖 여러 공업은 곧 모든 경문에 말하지 않은 것을 포함하는 내용이니 다시 일곱 가지를 말하지 않은 것이 있다. 이른바 (1) 음악 (2) 서적과 산수법과 (3) 음식 만드는 공업[成熟工業]과 (4) 바아나의 공업[防邪(=女工)工業]과 (5) 왕을 섬기는 공업[事王工業]과 (6) 신통변화와 (7) 주문과 방술하는 공업[呪術工業]이다.

⑤ 또 중생들의 모습을 잘 분별하여 아는 것은 곧 점치고 관상하는 공업[占相工業]이요, (3) 作善作惡 아래는 바로 '내전의 학문[內明]'이다. 그러나 『유가사지론』에 네 가지 시설하여 건립함이 있으니 (1) 현상을 시설하여 건립함이요, (2) 이치로 시설하여 건립함이요, (3) 성인 교법을 포섭함이요, (4) 성인이 응하여 알 대상이다. 지금 본경의 경문에는 오로지 이치를 밝힌 내용이다. 그중에 둘이 있으니 첫째, 여섯 갈래의 원인과 결과를 아는 것이요, 둘째, 此人 아래는 삼승의 원인과 결과를 아는 것이다. 知是等부터 아래는 나머지 셋을 겸함을 총결함이다. 이른바 그로 하여금 익히고 배워서 구경까지 결정케 함은 곧 성인 교법을 포섭함이니, 성인교법으로 알 대상은 응당히 현상과 이치로 밝힌다. 현상으로는 곧 삼장(三藏)이므로 아래에 산수를 아는 것도 또한 '음성의 학문[聲明]'에 포섭된다.

ㄹ. 자신은 겸양하고 뛰어난 분을 추천하다[謙己推勝] (經/善男 23上8)

善男子여 我唯知此一切工巧大神通智光明法門이어니와 如諸菩薩摩訶薩은 能知一切諸衆生數하며 能知一切諸法品類數하며 能知一切諸法差別數하며 能知一

切三世數하며 能知一切衆生名數하며 能知一切諸法名數하며 能知一切諸如來數하며 能知一切諸佛名數하며 能知一切諸菩薩數하며 能知一切菩薩名數하나니 而我何能說其功德이며 示其所行이며 顯其境界며 讚其勝力이며 辯其樂欲이며 宣其助道며 彰其大願이며 歎其妙行이며 闡其諸度며 演其淸淨이며 發其殊勝智慧光明이리오

착한 남자여, 나는 다만 이 온갖 공교한 큰 신통과 지혜의 광명 법문만을 알거니와, 저 보살마하살이 (1) 모든 중생의 수효를 알며, (2) 모든 법의 종류와 수효도 알고, (3) 모든 법의 차례한 수효도 알고, (4) 모든 세 세상 수효를 알고, (5) 모든 중생의 이름을 알고, (6) 모든 법의 이름과 수를 알고, (7) 모든 여래의 수를 알고, (8) 모든 여래의 이름의 수를 알고, (9) 모든 보살의 수를 알고, (10) 모든 보살의 이름의 수를 아는 것이야, 내가 어떻게 ① 그 공덕을 말하며 ② 그 수행을 보이며 ③ 그 경계를 드러내며 ④ 그 훌륭한 힘을 말하며, ⑤ 그 좋아함을 말하며 ⑥ 그 도를 돕는 것을 말하며 ⑦ 그 큰 원을 나타내며 ⑧ 그 묘한 행을 찬탄하며 ⑨ 그 바라밀다를 열어 보이며 ⑩ 그 청정함을 연설하며 ⑪ 그 훌륭한 지혜의 광명을 드러내겠는가?

ㅁ. 다음 선지식을 지시하다[指示後友] (經/善男 23下6)

ㅂ. 덕을 연모하여 예배하고 물러가다[戀德禮辭] (經/時善)

善男子여 於此南方에 有一大城하니 名曰海住요 有優婆
夷하니 名爲具足이니 汝詣彼問하되 菩薩이 云何學菩薩
行이며 修菩薩道리잇고하라

時에 善財童子가 聞是語已에 擧身毛竪하여 歡喜踊躍하
여 獲得希有信樂寶心하며 成就廣大利衆生心하며 悉能
明見一切諸佛出興次第하며 悉能通達甚深智慧淸淨法
輪하며 於一切趣에 皆隨現身하며 了知三世平等境界하
며 出生無盡功德大海하며 放大智慧自在光明하며 開三
有城所有關鑰하여 頂禮其足하며 遶無量帀하며 慇懃瞻
仰하고 辭退而去하니라

착한 남자여, 여기서 남쪽에 큰 성이 있으니 이름이 해주요, 거기 우바이가 있으니 이름이 구족이니라. 그대는 그이에게 가서 '보살이 어떻게 보살의 행을 배우며, 보살의 도를 닦는가?' 하고 물으라."

이때 선재동자는 이 말을 듣고 (1) 온몸에 털이 곤두서며 기쁘게 뛰놀아 희유하게 믿고 좋아하는 마음을 얻었고, (2) 널리 중생을 이익하게 하려는 마음을 성취하였으며, (3) 모든 부처님이 세상에 나시는 차례를 분명히 보고, (4) 깊은 지혜와 청정한 법륜을 다 통달하였으며, (5) 모든 길에 몸을 나타내고 (6) 세 세상이 평등한 경계를 잘 알며, (7) 다하지 않은 공덕의 바다를 내고 (8) 큰 지혜의 자재한 광명을 놓으며 (9) 세 세계의 성에 잠긴 쇠통을 열고는, 그의 발에 엎드려 절하고 한량없이 돌고 은근하게 앙모하면서 하직하고 물러갔다.

다) 제14. 구족우바이 선지식[具足優婆夷] 2.
- 제3. 무위역행(無違逆行)에 의탁한 선지식

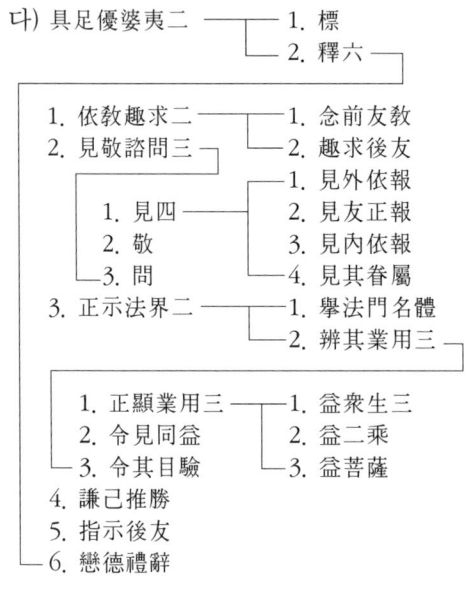

(가) 표방하다[標] (第三 24下 4)
(나) 해석하다[釋] 6.

ㄱ. 선지식의 가르침에 의지하여 나아가 구하다[依敎趣求] 2.

ㄱ) 앞 선지식의 가르침을 기억하다[念前友敎] (城名)
ㄴ) 다음 선지식에 나아가 구하다[趣求後友] (文中)

爾時에 善財童子가 觀察思惟善知識敎가 猶如巨海하여

受大雲雨하되 無有厭足하고 作是念言하되 善知識教는 猶如春日하여 生長一切善法根苗하며 善知識教는 猶如滿月하여 凡所照及에 皆使清凉하며 善知識教는 如夏雪山하여 能除一切諸獸熱渴하며 善知識教는 如芳池日하여 能開一切善心蓮華하며 善知識教는 如大寶洲하여 種種法寶로 充滿其心하며 善知識教는 如閻浮樹하여 積集一切福智華果하며 善知識教는 如大龍王하여 於虛空中에 遊戲自在하며 善知識教는 如須彌山하여 無量善法三十三天이 於中止住하며 善知識教는 猶如帝釋하여 眾會圍遶를 無能暎蔽하고 能伏異道修羅軍眾이라하여 如是思惟하고 漸次遊行하여 至海住城하여 處處尋覓此優婆夷러니 時彼眾人이 咸告之言하되 善男子여 此優婆夷가 在此城中所住宅內라하니라

이때 선재동자는 (1) 선지식의 가르침이 큰 바다와 같아서 큰 비를 받아들여도 싫어함이 없음을 관찰하고 이렇게 생각하였다. '(2) 선지식의 가르침은 봄 날씨와 같아서 모든 착한 법의 싹을 자라게 하며, (3) 선지식의 가르침은 보름달과 같아서 비치는 곳마다 서늘하게 하며, (4) 선지식의 가르침은 여름의 설산과 같아서 모든 짐승의 갈증을 제하며, (5) 선지식의 가르침은 연못에 비치는 해와 같아서 모든 착한 마음의 연꽃을 피게 하며, (6) 선지식의 가르침은 큰 보배의 섬과 같아서 가지가지 법의 보배로 그 마음을 충만하게 하며, (7) 선지식의 가르침은 염부 나무와 같아서 모든 복과 지혜의 꽃과 열매를 모으며, (8) 선지식의 가르

침은 큰 용왕과 같아서 허공에서 자재하게 유희하며, (9) 선지식의 가르침은 수미산과 같아서 한량없는 선한 법의 33천이 그 가운데 머무르며, (10) 선지식의 가르침은 제석과 같아서 모든 대중이 둘러 호위하여 가릴 이가 없고 능히 외도의 아수라 군중을 항복받는다'고 이렇게 생각하면서, 점점 나아가서 바다에 머무르는 성에 이르러 곳곳으로 다니며 이 우바이를 찾았다. 그때 여러 사람이 말하기를 "착한 남자여, 그 우바이는 지금 이 성중에 있는 그의 집에 있느니라"라고 하였다.

❖ 具足우바이, 善見비구, 慈行동녀, 自在主동자가 선지식 만나는 모습 변상도. 특히 구족우바이는 작은 그릇에 香飯을 담아 성불에 이르게 하는 공양을 올리는 모습 변상도(제65권)

[疏] 第三, 具足優婆夷는 寄無違逆行이라 城名海住者는 近海而住故니 安住於忍함이 如海包含故라 友名具足者는 一器之中에 無不具故라 忍器가 徧容一切德故며 忍辱柔和일새 故寄女人이라 文中에 初, 依教趣求를 可知니라

- 다) 구족우바이는 제3. 무위역행(無違逆行)에 의탁한 선지식이다. 성의 이름이 해주(海住)인 것은 바다 가까이 머물기 때문이며, 법인에 안주함이 마치 바다에 포함된 까닭이다. 선우 이름이 구족(具足)인 것은 하나의 그릇 중에 갖추지 않음이 없는 연고며, 법의 그릇에 온갖 덕을 두루 포용하는 연고며, 인욕하고 부드럽고 화합하는 연고로 여인에 의탁하였다. 경문 중에 ㄱ. 가르침에 의지하여 나아가 구함은 알 수 있으리라.

[鈔] 寄無違逆行은 忍順物理를 名無違逆이라

- 무위역행(無違逆行)에 의탁함은 사물과 이치를 참고 따르는 것을 '위배하거나 거스름 없다[無違逆]'고 이름한 것이다.

ㄴ. 만나서 공경을 표하고 법문을 묻다[見敬諮問] 3.

ㄱ) 선지식을 뵙다[見] 4.
(ㄱ) 바깥 의보를 보다[見外依報] (第二 25下6)
(ㄴ) 선지식의 정보를 보다[見友正報] (二見)
(ㄷ) 내부의 의보를 보다[見內依報] (三於)
(ㄹ) 그 권속을 만나다[見其眷屬] (四復)

善財가 聞己하고 卽詣其門하여 合掌而立한대 其宅이 廣博하여 種種莊嚴하며 衆寶垣牆이 周帀圍遶하며 四面에 皆有寶莊嚴門이라 善財가 入己에 見優婆夷가 處於寶座하니 盛年好色이 端正可喜요 素服垂髮에 身無瓔珞이요 其身色相과 威德光明이 除佛菩薩하고 餘無能及이며 於其宅內에 敷十億座하되 超出人天一切所有하여 皆是菩薩業力成就며 宅中에 無有衣服飮食과 及餘一切資生之物하고 但於其前에 置一小器하며 復有一萬童女가 圍遶에 威儀色相이 如天婇女하고 妙寶嚴具로 莊飾其身하고 言音美妙하여 聞者喜悅이라 常在左右하여 親近瞻仰하고 思惟觀察하며 曲躬低首하며 應其敎命하며 彼諸童女가 身出妙香하여 普熏一切에 若有衆生이 遇斯香者는 皆不退轉하여 無怒害心하고 無怨結心하며 無慳嫉心하고 無諂誑心하며 無險曲心하고 無憎愛心하며 無瞋恚心하고 無下劣心하며 無高慢心하고 生平等心하며 起大慈心하고 發利益心하며 住律儀心하고 離貪求心하며 聞其音者는 歡喜踊躍하며 見其身者는 悉離貪染이러라

선재는 그 말을 듣고 그 문 밖에 나아가 합장하고 섰다. 그 집은 매우 넓은데 가지가지로 장엄하였고, 보배로 쌓은 담이 둘리었고 사면에는 보배로 장엄한 문이 있었다. 선재가 들어가니 (1) 그 우바이가 보배 자리에 앉았는데, (2) 젊은 나이에 살결이 아름답고 단정하며, (3) 소복단장에 머리카락이 드리웠고, (4) 몸에는 영락이 있으며 거룩한 모습에는 위덕과 광명이 있어 불보살을 제하고는 미칠 이가 없으며,

(5) 그 집 안에는 10억의 자리를 깔았는데 천상·인간에 뛰어났으니 모두 보살의 업으로 이루어진 것이다. (6) 집 안에는 의복이나 음식이나 살림살이 도구는 없고, 앞에는 조그만 그릇 하나를 놓았다. (7) 또 1만의 동녀가 둘러 모셨으니 위의와 몸매가 천상의 채녀들과 같고, 묘한 보배 장엄거리로 몸을 단장하였으며, (8) 음성이 아름다워 듣는 이가 기뻐하는 이들이 좌우에 모시고 있으면서 앙모하고 생각하고 허리를 굽히며 머리를 숙이고 시중을 들고 있었다. (9) 그 동녀들의 몸에서는 묘한 향기가 나서 모든 곳에 풍기니, 중생들이 이 향기를 맡기만 하면 물러나지 아니하여, 성내는 마음도 없고 원수가 맺히지도 않으며, 간탐하는 마음·아첨하는 마음·구부러진 마음·미워하고 사랑하는 마음·성내는 마음·못난 마음·교만한 마음이 없고, (10) 평등한 마음을 내고 자비한 마음을 일으키고 이익하게 하는 마음을 내며, (11) 계율을 지니는 마음에 머물러 탐하는 마음이 없으매, (12) 그 소리를 들은 이는 기뻐하고 그 모습을 보는 이는 탐욕이 없어지는 것이다.

[疏] 第二, 善財聞已下는 見敬咨問이라 初, 見中에 四니 一, 見外依報요 二, 見友正報니 端正可喜者는 忍之報故요 素服等者는 忍華飾故라 三, 於其宅下는 見內依報요 四, 復有下는 明其眷屬이니 萬行이 皆順忍故라

■ ㄴ. 善財聞已 아래는 만나서 공경을 표하고 법문을 물음이다. ㄱ) 선지식을 뵈옴 중에 넷이다. (ㄱ) 바깥으로 의보를 봄이요, (ㄴ) 선

지식의 정보를 뵈옴이다. '단정하여 기뻐할 만하다'는 것은 인내한 보답인 까닭이며, '흰 옷' 등은 인욕의 꽃으로 장식한 까닭이다. (ㄷ) 於其宅 아래는 내부의 의보를 봄이요, (ㄹ) 復有 아래는 그 권속을 만남이니, 만 가지 행법에 모두 수순하고 인욕하는 까닭이다.

ㄴ) 공경을 표하다[敬] (二 敬 26上4)
ㄷ) 법문을 묻다[問] (三 問)

爾時에 善財가 旣見具足優婆夷已하고 頂禮其足하며 恭敬圍遶하며 合掌而立하여 白言하되 聖者여 我已先發阿耨多羅三藐三菩提心하니 而未知菩薩이 云何學菩薩行이며 云何修菩薩道리잇고 我聞聖者는 善能誘誨라하니 願爲我說하소서

그때 선재동자는 구족 우바이를 보고 그 발에 절하고 공경하여 두루 돌고 합장하고 서서 말하였다. "거룩하신 이여, 저는 이미 아뇩다라삼약삼보디심을 내었사오나, 보살이 어떻게 보살의 행을 배우며 어떻게 보살의 도를 닦는지를 알지 못하나이다. 내가 듣자온 즉 거룩하신 이께서 잘 가르치신다 하오니 바라옵건대 말씀하여 주소서."

[疏] 二, 敬이요 三, 問을 並可知니라
■   ㄴ) 공경을 표함이요, ㄷ) 법문을 물음은 (경문과) 함께하면 알 수 있으리라.

ㄷ. 바로 법계를 보이다[正示法界] 2.

ㄱ) 법문의 명칭과 체성[擧法門名體] (第三 26下8)

彼卽告言하시되 善男子여 我得菩薩無盡福德藏解脫門하여 能於如是一小器中에 隨諸衆生의 種種欲樂하여 出生種種美味飲食하여 悉令充滿하며 假使百衆生과 千衆生과 百千衆生과 億衆生과 百億衆生과 千億衆生과 百千億那由他衆生과 乃至不可說不可說衆生과 假使閻浮提微塵數衆生과 一四天下微塵數衆生과 小千世界와 中千世界와 大千世界와 乃至不可說不可說佛刹微塵數衆生과 假使十方世界一切衆生이라도 隨其欲樂하여 悉令充滿하되 而其飲食은 無有窮盡하고 亦不減少하니 如飲食하여 如是種種上味와 種種牀座와 種種衣服과 種種臥具와 種種車乘과 種種華와 種種鬘과 種種香과 種種塗香과 種種燒香과 種種末香과 種種珍寶와 種種瓔珞과 種種幢과 種種幡과 種種蓋와 種種上妙資生之具로 隨意所樂하여 悉令充足이로라

구족우바이는 말하였다. "착한 남자여, 나는 <보살의 다하지 않는 복덕장 해탈문>을 얻었으므로, 이렇게 작은 그릇에서도 중생들의 갖가지 욕망을 따라서 가지가지 맛좋은 음식을 내어 모두 배부르게 하나니, 가령 백 중생·천 중생·백천 중생·억 중생·백억 중생·천억 중생·백천억 나유타 중생과 내지 말할 수 없이 말할 수 없는 중생이거나, 가령 염부제 티끌 수 중생·한 사천하 티끌 수 중생이거나, 소천세계·중천세계·대천세계·내지 말할 수 없이 말할 수

없는 세계의 티끌 수 중생이거나, 가령 시방세계의 모든 중생들이라도 그들의 욕망을 따라 모두 배부르게 하여도, 그 음식은 끝나지도 않고 적어지지도 않느니라. 음식이 그러한 것처럼 갖가지 좋은 맛 · 갖가지 자리 · 갖가지 의복 · 갖가지 이부자리 · 갖가지 수레 · 갖가지 꽃 · 갖가지 화만 · 갖가지 향 · 갖가지 바르는 향 · 갖가지 사르는 향 · 갖가지 가루 향 · 갖가지 보배 · 갖가지 영락 · 갖가지 당기 · 갖가지 번기 · 갖가지 일산 · 갖가지 매우 좋은 살림살이 기구들도 좋아하는 대로 모두 만족하게 하느니라.

[疏] 第三, 彼卽下는 正示法界라 於中에 二니 初, 擧法門名體라 器中에 出物은 興福無盡故며 稱法界福之所招故니라 後, 能於如是下는 辨業用이라 中에 三이니 初, 正顯業用이요 次, 令見同益이요 三, 使其目驗이라 前中에 三이니 初, 益衆生이요 次, 益二乘이요 後, 益菩薩이라

ㄷ. 彼卽 아래는 바로 법계를 보임이다. 그중에 둘이니 ㄱ) 법문의 명칭과 체성을 거론함이다. 그릇 중에서 물건을 내어 일으킨 복이 그지 없는 연고며, 법계와 걸맞은 복으로 초래한 것이기 때문이다. ㄴ) 能於如是 아래는 업과 작용을 밝힘 중에 셋이니 (ㄱ) 업과 작용을 바로 밝힘이요, (ㄴ) 하여금 같은 이익을 보게 함이요, (ㄷ) 그로 하여금 눈으로 보게 함이다. (ㄱ) 중에도 셋이니 a. 중생에게 이익 줌이요, b. 이승에게 이익 줌이요, c. 보살에게 이익 줌이다.

ㄴ) 그 업과 작용을 밝히다[辨其業用] 3.
(ㄱ) 업과 작용을 바로 밝히다[正顯業用] 3.

a. 중생에게 이익 주다[益衆生] 3.
a) 총합하여 설명하다[總明] (今初 27上2)
b) 개별로 설명하다[別明] (次出)
c) 나머지와 유례하다[例餘] (後如)


[疏] 今初에 亦三이니 初, 總明이니 以是稱性之具일새 卽一小器가 融同法界하여 無盡緣起故로 用無不應하고 應無不益이나 而其法界는 體無增減이니라 又表忍必自卑故로 小요 法忍이 同如하여 一味爲一이요 內空外假가 爲器요 忍能包含無外故로 隨出無盡이니라 次, 出生下는 別明出味요 後, 如飮食下는 擧一例餘니라

- 지금 a.에도 또한 셋이니 a) 총합하여 설명함이니, 성품과 칭합한 도구는 곧 한 작은 그릇이 법계와 융섭하여 같아서 그지없이 연기하는 까닭이다. 작용하여 응하지 못함이 없고, 응하여 이익 주지 못함이 없지만 그 법계의 체성은 늘고 줄어듦이 없다. 또한 인욕을 표함이 반드시 스스로 낮추는 연고로 작은 것이요, 법인이 진여와 같이 한 맛인 것을 하나로 삼았다. 안을 비우고 밖을 빌린 것을 '그릇'이라 하고 인욕하여 능히 바깥 없음을 포함하는 연고로 따라 나옴이 그지없다. b) 出生 아래는 나온 맛을 개별로 설명함이요, c) 如飮食 아래는 하나를 거론하여 나머지와 유례함이다.


[鈔] 又表忍必自卑下는 上은 直約善友依報釋이요 此下는 約表位釋이라 忍必謙卑니 卑而不可逾[19]일새 故로 小而大容이라 上通三[20]忍이니

---
19) 周易 謙卦에 云, 象曰謙亨은 天道가 下濟而光明하고 地道는 卑而上行이라 天道는 虧盈而益謙하며 地道는 變盈而流謙하며 鬼神은 害盈而福謙하며 人道는 惡盈而好謙이라 謙은 尊而光하고 卑而不可踰니 君子之終也니라[象에서 말했다. "겸손하며 적극적으로 나서야 하는 것은 天道가 아래에서 일을 이루어 광명하고 地道가 낮으면서 위에서 행하기 때문이다. 天道는 오만한 자를 일그러뜨리고 겸손한 자를 도와주며, 地道는 오만한 자

法忍은 同如니 卽諦察法忍이니라 內空外假者는 埏埴하여 以爲器에 當其無하여 有器之用이라 卽假能用하고 卽空能大하여 無有不成於空故라 故로 因外假而內有所用이라 故로 老子에 云, 有之以爲利요 無之以爲用이라하니라 無空不成於假일새 故空能多容이요 此二無二가 中道器也니라

- 又表忍必自卑 아래에서 위는 바로 ① 선지식의 의보를 잡아 해석함이요, 이 아래는 ② 표한 지위를 잡아서 해석함이다. 법인은 반드시 겸손하여 낮춤이니 낮추더라도 그를 넘을 수 없으므로 작으면서 큰 것을 용납한다. 위는 세 법인과 통하나니 법인은 진여와 같나니 곧 체찰법인(諦察法忍)이다. '안을 비우고 밖을 빌린 것'은 진흙을 반죽[埏埴]하여 그릇을 만들고 그 그릇의 쓰임 없음에 해당함은 작용하는 주체를 빌린 것이요, 공하여 키우는 주체와 합치하나니 공을 이루지 못함이 없는 까닭이다. 그러므로 밖으로 빌림을 인하여 안으로 쓸 데가 있으니, 그러므로 『노자(老子)』에 이르되, "그러므로 있음이 이로움이 되는 것은 없음이 쓰임새가 되는 까닭이다"라고 하였으니 빈 것이 없이는 가법(假法)을 이루지 못하는 연고로 공(空)은 능히 많이 용납할 수 있나니, 이런 둘이 둘이 없음을 '중도의 그릇[中道器]'이 된 것이다.

b. 이승에게 이익 주다[益二乘] (二又 28上7)

又善男子여 假使東方一世界中에 聲聞獨覺이라도 食我

---

를 변모시키고 겸손한 자에게로 흘러가며, 鬼神은 오만한 자에게 해를 주고 겸손한 자에게 복을 주며, 人道는 오만한 자를 싫어하고 겸손한 자를 좋아한다. 겸손한 자는 높아지면 빛이 나고 낮아지더라도 그를 넘어갈 수 없다. 군자라야 마칠 수 있다."]
20) 三은 南續金本作二라 하다. 埏 반죽할 연. 埴 찰흙 식.

食已에 皆證聲聞辟支佛果하여 住最後身하며 如一世界中하여 如是百世界와 千世界와 百千世界와 億世界와 百億世界와 千億世界와 百千億世界와 百千億那由他世界와 閻浮提微塵數世界와 一四天下微塵數世界와 小千國土微塵數世界와 中千國土微塵數世界와 三千大千國土微塵數世界와 乃至不可說不可說佛刹微塵數世界中에 所有一切聲聞獨覺이라도 食我食已에 皆證聲聞辟支佛果하여 住最後身하나니 如於東方하여 南西北方과 四維上下도 亦復如是하니라

또 착한 남자여, 가령 동방의 한 세계에 있는 성문이나 독각이 나의 음식을 먹으면 모두 성문이나 벽지불과를 얻어 맨 나중 몸에 머무느니라. 한 세계가 그런 것처럼 백 세계 · 천 세계 · 백천 세계 · 억 세계 · 백억 세계 · 천억 세계 · 백천억 세계 · 백천억 나유타 세계와 염부제 티끌 수 세계 · 한 사천하 티끌 수 세계 · 소천 국토 티끌 수 세계 · 중천 국토 티끌 수 세계 · 삼천대천국토 티끌 수 세계, 내지 말할 수 없이 말할 수 없는 세계의 티끌 수 세계에 있는 모든 성문과 연각이 내 음식을 먹으면 모두 성문이나 벽지불과를 얻어 맨 나중 몸에 머무느니라. 동방이 그런 것과 같이 남방 · 서방 · 북방과 네 간방과 상방 · 하방도 그와 같으니라."

[疏] 二, 又善男子假使下는 明益二乘이니 二乘은 雖不立忍名이나 亦忍盡無生理하야사 方成果故니라

■ b. 又善男子假使 아래는 이승에게 이익 줌을 밝힘이다. 이승은 비록

법인의 명칭을 세우지 못한 것도 또한 법인이 모두 생사 없는 이치라
야 비로소 결과를 이루는 까닭이다.

[鈔] 二乘雖然不立忍名은 義如玄中이니라
- 이승은 비록 그렇게 법인의 명칭을 세우지 못함은 뜻이 『현담』중에
있는 내용과 같다.

c. 보살에게 이익 주다[益菩薩] (三又 28上10)

又善男子여 東方一世界와 乃至不可說不可說佛刹微塵
數世界中에 所有一生所繫菩薩이 食我食已에 皆菩提樹
下에 坐於道場하여 降伏魔軍하고 成阿耨多羅三藐三菩
提하나니 如東方하여 南西北方과 四維上下도 亦復如是
하나니라
또 착한 남자여, 동방의 한 세계나, 내지 말할 수 없이 말할
수 없는 세계의 티끌 수 세계에 있는 일생보처 보살이 나의
음식을 먹으면 모두 보리수 아래서 도량에 앉아 마군을 항복
받고 아뇩다라삼먁삼보디를 이루나니, 동방과 같이 남방·
서방·북방과 네 간방과 상방·하방도 그와 같으니라."

[疏] 三, 又善男子東方下는 益菩薩이니 約事컨대 如受於乳糜요 約法컨대
謂餐上品寂滅之忍하여 得菩提故라 淨名의 香積이 與此大同이니라
- c. 又善男子東方 아래는 보살에게 이익 줌이다. 현상을 잡으면 유미
죽(乳糜粥)을 받음과 같고, 법을 잡으면 이른바 반찬은 상품인 적멸

인(寂滅忍)이니 보리를 얻은 연고요, 『유마경』의 향적불품(香積佛品)은 이것과 크게는 같다.

[鈔] 約事컨대 如受乳糜者는 卽世尊이 初成道할새 受二牧牛女의 所有乳糜하나니 亦如前引이니라 約法컨대 餐上品寂滅忍者는 上品은 屬佛故니 如十忍品하니라 淨名香積이 與此大同者는 謂受食已에 得聖果等故라 然이나 淨名에 有二處文하니 一, 香積品中에 取飯來竟에 維摩詰이 語舍利弗等諸大聲聞하시되 仁者여 可食如來甘露味飯이니 大悲所熏을 無以限意로 食之하여 使不消也라하니라 生公이 釋云호대 以其向念일새 故敎食也라 亦欲因은 以明食之爲理요 泥洹은 是甘露之法이라 而食此食者는 必以得之니 故로 飯中에 有甘露味焉이니라 大悲所熏者는 使人得悟케함이 爲外熏義어니 豈曰食能大悲力焉이리요 然則飯之爲氣가 大悲熏也라 無以限意者는 飯出大悲가 卽無限矣라 而限言少者는 則不消也라하니라 釋曰, 此乃以悲로 熏食하여 得涅槃果니 以果名因하여 爲甘露味언정 未言食卽表於涅槃이라 若卽食爲涅槃之理인대 義則善成矣니라

● '현상을 잡으면 유미(乳糜)죽을 받음과 같다'는 것은 곧 세존이 처음 도를 이룰 적에 소먹이는 두 여인이 가진 유미죽을 받음도 또한 앞에서 인용한 바와 같고, '법을 잡으면 이른바 반찬은 상품인 적멸인(寂滅忍)이란 것'에서 상품은 부처님에 소속하는 연고니 제29. 십인품과 같고, '유마경의 향적불품(香積佛品)은 이것과 크게는 같다'는 것은 이른바 밥을 받고 나서 성인의 과덕 따위를 얻는 까닭이요, 그러나 『유마경』에 두 곳의 경문이 있으니 (1) 향적불품 중에 밥을 가져서 오는 것을 마치고, 유마힐거사가 사리불 등 모든 큰 성문들에게 말씀하되

"인자들이여, 식사하십시오. 여래의 감로 맛의 밥은 큰 자비로 향기를 피운 것입니다. 제한하는 생각으로 먹어서 소화를 못 시키지 않도록 하십시오"라고 하였다. 도생(道生)법사가 해석하되, "그 앞의 생각 때문이므로 밥을 먹게 한 것이다. 또한 욕심의 원인은 밥을 밝힘으로 이치를 삼았고, 열반[泥洹]은 바로 감로의 법이지만 이 밥을 먹는 이는 반드시 얻게 될 것이므로 밥 가운데 감로의 맛이 있는 것이다. '대비로 훈습한 것'은 사람을 시켜 깨닫게 함이 바깥에서 훈습한 뜻이 됨이니 어찌 밥의 능력이라 말하겠는가? 대비의 능력인 것이다. 그렇다면 밥을 먹어서 기운을 삼아 대비로 훈습한 것이다. '제한하는 생각이 없다'는 것은 밥에서 대비가 나왔으니 곧 제한함이 없다는 뜻이다. 그러나 '제한함이 적다'고 말한 것은 소화하지 못함의 뜻이다. 해석하자면 이것은 비로소 대비로 밥을 훈습하여 열반의 과덕을 얻고, 과덕으로 원인을 이름함으로 감로의 맛을 삼고, 밥이라 말하지 않음은 곧 열반을 표하고, 만일 먹으면 열반의 이치가 되고 뜻은 잘 이룬다는 것이다.

二, 菩薩行品이니 因淨名과 文殊가 禮覲世尊하여 阿難이 怪問호대 今所聞香은 昔所未有라 是爲何香이닛고 佛言하사대 是彼菩薩의 毛孔之香이니라 身子가 亦言호대 我等毛孔에도 亦出是香이니라 問其從來하사대 云, 食是香飯이니라 阿難이 問淨名云, 是香氣가 住當久如닛고 維摩詰言하사대 至此飯消니라 曰, 此飯이 久如當消닛고 曰, 此飯勢力이 至於七日하야사 然後乃消니라 又阿難이여 若聲聞人이 未入正位코 食此飯者는 得入正位하야사 然後乃消오 已入正位하면 得心解脫이오 若未發大乘之意하면 至發意하야사 乃消오 已發意에는 得無

生忍이요 已得無生忍에는 至一生補處하여 皆有食此飯者는 然後乃 消라 譬如有藥하니 名曰上味라 其有服者는 身의 諸毒이 滅然後乃 消라 此飯如是하여 滅除一切諸煩惱毒하는 然後乃消라하야늘 彼疏에 廣釋相竟하니라

● (2) 보살행품은 유마거사와 문수보살을 인하여 세존을 예배하고 뵙는데 아난이 괴이하게 여겨 묻되 "(세존이시여,) 지금 맡은 향기는 옛날부터 있지 않던 것입니다. 이것은 무슨 향기입니까?" 부처님이 말씀하였다. "이것은 저 보살들의 모공에서 나는 향기니라." 사리불도 (아난에게) 말하였다. "우리의 모공에도 또한 이러한 향기가 납니다." 그 향기가 나온 곳을 물어 말하되 "밥은 향기 나는 밥입니다." 아난이 유마힐에게 물어 말하되, "이 향기가 얼마나 오래 머무릅니까?" 유마힐이 말하였다. "이 밥이 소화될 때까지입니다." "이 밥은 얼마나 있어야 소화가 됩니까?" "(1) 이 밥의 힘은 7일이 지난 뒤에 소화됩니다. 또한 아난이여, (2) 만약 성문인이 아직 바른 지위에 들어가지 못하고 밥을 먹은 사람이라면 바른 지위에 들어간 후에 소화됩니다. (3) 이미 바른 지위에 들어간 사람으로서 이 밥을 먹은 사람이라면 마음이 해탈을 얻은 후에 소화됩니다. (4) 만약 아직 대승의 뜻을 드러내지 못하고 이 밥을 먹은 사람이라면 대승의 뜻을 드러내게 되면 소화될 것입니다. (5) 이미 무생법인을 얻고 나서 이 밥을 먹은 사람이라면 일생보처(一生補處)에 이른 후에 소화가 될 것입니다. 비유하자면 마치 약이 있는데 이름이 상미(上味)입니다. 그것을 먹은 사람은 몸의 모든 독기가 소멸한 뒤에 소화되는 것과 같이 이 밥도 이와 같아서 일체 모든 번뇌의 독기를 소멸한 뒤에 소화됩니다"라고 하였다. 저 소문에서 양상을 자세히 해석함은 마친다.

問云호대 香飯은 是色法이어늘 云何斷惑고 遠公이 釋云호대 由大悲香飯의 不思議力일새 所以能斷이라 如輪王에 有一寶牀이어든 聖王居上에 即能離欲하여 逮得四禪하고 玉女雖見이나 如覩佛像하여 不生欲心이어든 況佛菩薩의 所受境界아 如華手經에 說, 菩薩에 有一照法性冠하니 著此冠時에 一切諸法이 悉現在心하고 諸事도 亦爾라하야늘 楷公[21]이 云, 雖有此釋이나 道理不然이라 豈有色法이 性能斷惑이리요 但以香飯이 資發觀智하여 能斷煩惱언정 非是食體가 即能斷惑이라하니라 釋曰, 此諸古德意가 並未愜當이라 且約勝緣하여 以解香飯하고 不知香飯이 以表法門이라 是以로 生公은 稍近於理니 故로 云, 七日消者는 不過七日이라 一生補處는 即七日之內에 必有所得矣라 然이나 一食之悟도 亦不得有二階進也라 今止一生補處者는 顯佛無因得也라 無生菩薩과 及正位之人이 豈得假外라야 方得進哉아 而今云爾者는 以明此飯이 爲宣理之極이니 備有其義焉이라하니라 釋曰, 此以有表理意也라 然淨名中의 食은 意通理와 智와 大悲오 甘露味飯은 即三德涅槃이라 涅槃經中에 亦以涅槃으로 將喩甘露하고 其飯香氣는 即表大悲니 從體起用하여 熏衆生故라 今此寄位일새 故表於忍이니 忍通五忍하여 無法不攝이라 能忍是智요 所忍是理오 廣說利他는 大悲熏也라 然이나 淨名에 云, 得忍則消라하시니 亦該五忍之意를 不爲此釋하면 殊爲淺近이니라

- 묻기를, "향기 나는 밥[香飯]은 색법인데 어떻게 미혹을 끊겠는가?" 혜원법사가 해석하되, "대비로 인하여 향기 나는 밥의 부사의한 능력이니 이런 까닭에 능히 전륜왕과 같이 한 보배 평상을 끊는 것이니 성왕이 평상 위에 머무르면 곧 능히 욕심을 여읠 것이다. 사선천의 선정을

---

21) 公은 甲南續金本作師釋이라 하다.

얻고 옥녀(玉女)가 비록 보는 것에 미치더라도 마치 부처님 형상을 보는 것이 욕심을 일으키지 않는다. 하물며 부처와 보살이 받은 경계가 저 『화수경(華手經)』22)에 설한 내용과 같겠는가? 보살이 한 번 법성의 모자를 비추고 이 모자를 쓸 때에 온갖 모든 법이 모두 마음에 있음을 나타냈는데 모든 현상도 마찬가지이다. 해(楷)법사가 이르되, "비록 이런 해석이 있지만 도리는 그렇지 않다. 어찌 색법으로 능히 성품의 미혹을 끊겠는가? 단지 향기 나는 밥으로 관하는 지혜가 나기를 돕기만 하나니, 능히 번뇌를 끊는 것이 밥의 체성을 아는 것은 곧 능히 미혹을 끊는 것이다"라 하였다. 해석하자면 이런 모든 고덕들의 주장이 아울러 합당한 것은 아니다. 우선 뛰어난 인연을 잡음으로 향기 밥을 알고 향기 밥으로 법문 표함을 알지 못했으니 이런 연고로 도생(道生)법사가 조금 이치에 근접한 것이다. 그러므로 말하되, '7일 뒤에 소화된다'는 것은 7일도 지나지 않고 일생보처 보살은 7일 안에 반드시 얻은 바가 있다는 뜻이다. 그러나 밥 한 그릇 먹으며 깨달음도 또한 두 계단 나아감을 얻지 않은 것이다. 지금에 일생보처에 그친 것은 부처님은 원인 없이 얻음을 밝힌 내용이다. 무생(無生)보살과 바른 지위의 사람은 어찌 바깥을 빌려서 비로소 나아감을 얻겠는가? 그러나 지금 그렇다고 말한 것은 이 향기 밥을 설명함이니 이치가 지극함을 선양하기 위함이니 그 뜻이 갖추어 있다는 것이다. 해석하자면 여기에 표한 이치와 주장이 있기 때문이다. 그러나 『유마경』의 밥은 의미로는 여리지(如理智)의 대비를 해명한 내용이다. 감로 맛의 밥

---

22) 華手經은 후진(後秦)시대에 구마라집(鳩摩羅什, Kumrajva)이 406년에 장안(長安)에서 번역하였다. 별칭으로 『섭복덕경』・『섭선근경』・『섭제복덕경(攝諸福德經)』・『섭제선근경(攝諸善根經)』・『화수경(華首經)』이라고도 한다. 시방의 여러 불세계에서 각각 한 명의 보살이 손에 연꽃을 들고 부처님의 처소를 찾아와 부처님께 연꽃을 바치고, 부처님께서는 사리불 등에게 보살의 행법(行法)과 불퇴전(不退轉)에 대하여 설한다. 모두 10권 35품으로 구성되어 있다.

은 곧 세 가지 덕의 열반이다. 『열반경』중에 또한 열반은 장차 감로(甘露)에 비유하고 그 밥의 향기는 곧 대비를 표한 것이다. 체성에서부터 작용을 시작함이니 중생을 훈습한 까닭이다. 지금 여기는 지위에 의탁한 연고로 법인을 표한 것이요, 법인은 다섯 가지 인[五忍]과 통하나니 무생인(無生忍)은 포섭하지 않나니 법인의 주체는 지혜이고 법인의 대상은 이치이니 이타행(利他行)을 자세히 말하였으니 대비로 훈습한 때문이다. 그러나 『유마경』에 이르되, "법인을 얻고 나면 소화됨도 또한 다섯 가지 인의 뜻을 포섭한 내용이다. 이렇게 해석하지 않은 것은 깊고 얕은 차이 때문이다.

(ㄴ) 하여금 같은 이익을 보게 하다[令見同益] (二善 31下3)

善男子여 汝見我此十千童女眷屬已不아 答言, 已見이니이다 優婆夷言하시되 善男子여 此十千童女로 而爲上首하여 如是眷屬百萬阿僧祗가 皆悉與我로 同行이며 同願이며 同善根이며 同出離道며 同淸淨解며 同淸淨念이며 同淸淨趣며 同無量覺이며 同得諸根이며 同廣大心이며 同所行境이며 同理며 同義며 同明了法이며 同淨色相이며 同無量力이며 同最精進이며 同正法音이며 同隨類音이며 同淸淨第一音이며 同讚無量淸淨功德이며 同淸淨業이며 同淸淨報며 同大慈周普하여 救護一切며 同大悲周普하여 成熟衆生이며 同淸淨身業이 隨緣集起하여 令見者欣悅이며 同淸淨口業이 隨世語言하여 宣布法化며 同往詣一切諸佛衆會道場이며 同往詣一切佛刹하여

供養諸佛이며 同能現見一切法門이며 同住菩薩淸淨行地니라 善男子여 是十千童女가 能於此器에 取上飮食하여 一刹那頃에 徧至十方하여 供養一切後身菩薩과 聲聞獨覺하며 乃至徧及諸餓鬼趣하여 皆令充足이니라 善男子여 此十千女가 以我此器로 能於天中에 充足天食하며 乃至人中에 充足人食이니라

"착한 남자여, 그대는 나의 이 10천 동녀들을 보는가?" "보나이다." 우바이는 말하였다. "착한 남자여, 이 10천 동녀가 우두머리가 되는 것처럼, 이런 아승지 권속들이 모두 나와 더불어 (1) 행이 같고 원이 같고 착한 뿌리가 같고, 벗어나는 길이 같고 청정한 이해가 같고 청정한 생각이 같고 청정한 길이 같고, 한량없는 깨달음이 같고 모든 감관 얻음이 같고 광대한 마음이 같고 (11) 행하는 경계가 같고, 이치가 같고 뜻이 같고 분명히 아는 법이 같고 청정한 색상이 같고, 한량없는 힘이 같고, 끝까지 정진함이 같고 바른 법의 음성이 같고 종류를 따르는 음성이 같고 청정하고 제일가는 음성이 같으니라. (21) 한량없이 청정한 공덕을 찬탄함이 같고 청정한 업이 같고, 청정한 과보가 같고, 크게 인자함이 두루하여 모든 것을 구호함이 같고 크게 가엾이 여김이 두루하여 중생들을 성숙함이 같고, 청정한 몸의 업이 연을 따라 모은 것이 보는 이를 기쁘게 함이 같고, 청정한 입의 업으로 세상의 말을 따라서 법으로 교화함이 같고, 모든 부처님의 대중이 모인 도량에 나아감이 같고, 모든 부처님 세계에 가서 부처님들께 공양함이 같고, 모든 법문을 나타내어

보임이 같고 (31) 보살의 청정한 행에 머무름이 같으니라. 착한 남자여, 이 10천 동녀들은 이 그릇에 좋은 음식을 담아 가지고 한 찰나 동안에 시방에 두루 가서 모든 나중 몸을 받은 보살과 성문과 독각들에게 공양하며, 내지 여러 아귀들에까지 배를 채우게 하느니라. 착한 남자여, 이 10천 동녀들은 나의 이 그릇을 가지고 천상에 가면 하늘들을 만족하게 먹이고 인간에 가면 사람들을 만족하게 먹이느니라.

[疏] 二, 善男子汝見下는 令見同益이라
- (ㄴ) 善男子汝見 아래는 하여금 같은 이익을 보게 함이요,

(ㄷ) 그로 하여금 보고 경험하게 하다[令其目驗] (三且 31下3)

善男子여 且待須臾하라 汝當自見하리라 說是語時에 善財가 則見無量衆生이 從四門入하니 皆優婆夷의 本願所請이라 旣來集已에 敷座令坐하고 隨其所須하여 給施飮食하여 悉使充足하니라
착한 남자여, 잠깐만 기다리면 그대가 스스로 보리라." 이렇게 말할 적에 선재가 한량없는 중생이 네 문으로 들어옴을 보니 모두 이 우바이의 본래 소원으로 청한 것이라. 모여 오는 대로 자리를 펴고 앉게 하고, 그들이 달라는 대로 음식을 주어 배부르게 하니라.

[疏] 三, 且待下는 令其目驗이라 及後三段은 文並이면 可知니라

- ■ (ㄷ) 且待 아래는 그로 하여금 보고 경험하게 함이다. 뒤의 세 문단은 경문과 함께하면 알 수 있으리라.

ㄹ. 자신은 겸양하고 뛰어난 분을 추천하다[謙己推勝] (經/告善 31下5)

告善財言하시되 善男子여 我唯知此無盡福德藏解脫門이어니와 如諸菩薩摩訶薩은 一切功德이 猶如大海하여 甚深無盡하며 猶如虛空하여 廣大無際하며 如如意珠하여 滿衆生願하며 如大聚落하며 所求皆得하며 如須彌山하여 普集衆寶하며 猶如奧藏하여 常貯法財하며 猶如明燈하여 破諸黑暗하며 猶如高蓋하여 普蔭群生하나니 而我云何能知能說彼功德行이리오

그리고 선재동자에게 말하였다. "착한 남자여, 나는 다만 이 <다하지 않는 복덕장 해탈문>을 알거니와, 저 보살마하살들의 모든 공덕은 (1) 큰 바다와 같아서 깊이가 한이 없고, (2) 허공과 같아서 광대하기 가이없으며, (3) 여의주와 같아서 중생의 소원을 만족하게 하고, (4) 큰 마을과 같아서 구하는 대로 얻게 되며, (5) 수미산과 같아서 모든 보배가 두루 모이었고, (6) 깊은 고방과 같아서 법의 재물을 항상 쌓아 두며, (7) 밝은 등불과 같아서 어두움을 깨뜨리고, (8) 높은 일산과 같아서 여러 중생을 가리어 주는 일이야 내가 어떻게 알며 그의 공덕을 어떻게 말하겠는가?

ㅁ. 다음 선지식을 지시하다[指示後友] (經/善男 32上1)
ㅂ. 덕을 연모하여 예배하고 물러가다[戀德禮辭] (經/時善)

善男子여 南方에 有城하니 名曰大興이요 彼有居士하니
名曰明智니 汝詣彼問하되 菩薩이 云何學菩薩行이며 修
菩薩道리잇고하라
時에 善財童子가 頂禮其足하며 遶無量帀하며 瞻仰無厭
하고 辭退而去하니라
착한 남자여, 남쪽에 성이 있으니 이름이 대흥이요, 거기 거
사가 있으니 이름이 명지라. 그대는 그에게 가서 '보살이 어
떻게 보살의 행을 배우며 보살의 도를 닦느냐?'고 물어라."
그때 선재동자는 그의 발에 절하고 한량없이 돌고 앙모하
여 싫어할 줄 모르며 하직하고 떠났다.

라) 제15. 명지거사 선지식[明智居士] 2.
- 제4. 무굴요행(無屈撓行)에 의탁한 선지식

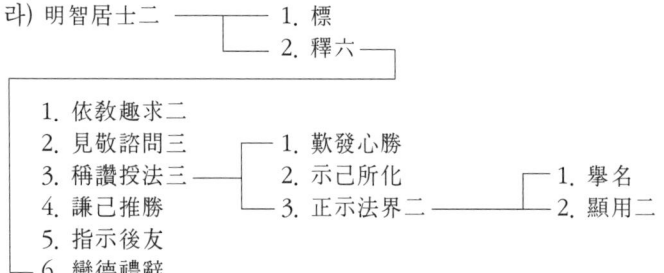

(가) 표방하다[標] (第四 32下8)
(나) 해석하다[釋] 6.

ㄱ. 선지식의 가르침에 의지하여 나아가 구하다[依敎趣求] 2.
ㄱ) 앞 선지식의 닦고 다스림에 의지하다[依前修治] (初依)

❖ 明智거사 선지식 참방하는 모습 변상도(제65권)

爾時에 善財童子가 得無盡莊嚴福德藏解脫光明已에 思惟彼福德大海하며 觀察彼福德虛空하며 趣彼福德聚하며 登彼福德山하며 攝彼福德藏하며 入彼福德淵하며 遊彼福德池하며 淨彼福德輪하며 見彼福德藏하며 入彼福

德門하며 行彼福德道하며 修彼福德種하고

이때 선재동자는 다함이 없이 장엄한 복덕장 해탈의 광명을 얻고, 저 복덕의 큰 바다를 생각하고, 복덕의 허공을 관찰하고, 복덕의 마을에 나아가고, 복덕의 산에 오르고, 복덕의 광을 불들고, 복덕의 못에 들어가고, 복덕의 연못에 노닐고, 복덕의 바퀴를 깨끗이 하고, 복덕의 장을 보고, 복덕의 문에 들어가고, 복덕의 길에 다니고, 복덕의 종자를 닦으면서

[疏] 第四, 明智居士는 寄無屈撓行이라

■ 라) 명지(明智)거사는 제4. 무굴요행에 의탁한 선지식이다.

[鈔] 寄無屈撓行者는 勤無怠退故니라

● 제4. 무굴요행에 의탁함은 부지런하고 게으르고 물러남 없는 까닭이다.

ㄴ) 다음 선지식에 나아가 구하다[趣求後友] (後漸 32下10)

漸次而行하여 至大興城하여 周徧推求明智長者할새 於善知識 心生渴仰하며 以善知識으로 熏習其心하며 於善知識에 志欲堅固하며 方便求見諸善知識하여 心不退轉하며 願得承事諸善知識하여 心無懈倦하며 知由依止善知識故로 能滿衆善하며 知由依止善知識故로 能生衆福하며 知由依止善知識故로 能長衆行하며 知由依止善知識故로 不由他敎하고 自能承事一切善友하여 如是思惟

時에 長其善根하며 淨其深心하며 增其根性하며 益其德本하며 加其大願하며 廣其大悲하며 近一切智하며 具普賢道하며 照明一切諸佛正法하며 增長如來十力光明하니라

점점 걸어서 대흥성에 이르러 명지거사를 두루 찾았다. (1) 선지식에게 갈앙하는 마음을 내고, (2) 선지식으로 마음을 닦고, (3) 선지식에게 뜻이 견고하여지고, (4) 방편으로 선지식을 구하는 마음이 물러나지 않고, (5) 선지식을 섬기려는 마음이 게으르지 아니하였으며, (6) 선지식을 의지하므로 모든 착한 일이 원만해지고, (7) 선지식을 의지하므로 모든 복이 생기고, (8) 선지식을 의지하므로 모든 행이 증장하고, (9) 선지식을 의지하므로 다른 이의 가르침을 받지 않고도 (10) 모든 선지식을 섬기게 되는 줄을 알았다. 이렇게 생각할 때에 착한 뿌리가 자라고 깊은 마음을 깨끗이 하고 근기와 성품을 늘게 하고 덕의 근본을 더하게 하고 큰 소원이 많아지고 큰 자비가 넓어지며, 온갖 지혜에 가깝고 보현의 도를 갖추며, 모든 부처님의 바른 법을 밝게 비추고 여래의 열 가지 힘과 광명이 증장하였다.

[疏] 初, 依敎趣求라 中에 初, 依前修治요 後, 漸次下는 趣求後友라 城名大興者는 起大精進故요 友名明智者는 進足必假니 智目導故니라

■ ㄱ. 선지식의 가르침에 의지하여 나아가 구함 중에 ㄱ) 앞 선지식의 닦고 다스림에 의지함이요, ㄴ) 漸次 아래는 다음 선지식에 나아가 구함이다. 성의 이름이 대흥(大興)인 것은 큰 정진을 일으킨 연고요,

선지식 이름이 명지(明智)인 것은 정진이 만족하면 반드시 빌리는 것이니 지혜 눈으로 인도하는 까닭이다.

ㄴ. 만나서 공경을 표하고 법문을 묻다[見敬諮問] 3.

ㄱ) 선지식을 뵙다[見] (第二 34上4)
ㄴ) 공경을 표하다[敬] (經/爾時)

爾時에 善財가 見彼居士가 在其城內市四衢道七寶臺上하여 處無數寶莊嚴之座하니 其座妙好하여 淸淨摩尼로 以爲其身하고 金剛帝靑으로 以爲其足하며 寶繩交絡하고 五百妙寶로 而爲校飾하며 敷天寶衣하고 建天幢旛하며 張大寶網하고 施大寶帳하며 閻浮檀金으로 以爲其蓋하고 毘瑠璃寶로 以爲其竿하여 令人執持하여 以覆其上하며 鵝王羽翮의 淸淨嚴潔로 以爲其扇하며 熏衆妙香하고 雨衆天華하며 左右常奏五百樂音하되 其音美妙가 過於天樂하여 衆生聞者가 無不悅豫하며 十千眷屬이 前後圍遶하되 色相端嚴하여 人所喜見이며 天莊嚴具로 以爲嚴飾하여 於天人中에 最勝無比하며 悉已成就菩薩志欲하여 皆與居士로 同昔善根이라 侍立瞻對하여 承其敎命이어늘 爾時에 善財가 頂禮其足하며 遶無量帀하며 合掌而立하여

이때 선재동자는 그 거사가 그 성 내의 네 길거리 칠보대 위에서 (1) 무수한 보배로 장엄한 자리에 앉은 것을 보았다.

(2) 그 자리가 훌륭하여 청정한 마니보배로 자체가 되고 (3) 금강 제청 보배로 다리가 되었으며, (4) 보배 노끈으로 두루 얽었고 (5) 5백 가지 보배로 장식하였는데, (6) 하늘 보배 옷을 깔고 (7) 하늘 당기와 번기를 세우고 (8) 큰 보배 그물을 덮고 (9) 보배 휘장을 쳤으며, (10) 염부단금으로 일산을 만드니, (11) 비유리 보배로 일산 대가 되어 사람들이 그 위에 받고 있었다. (12) 청정한 거위의 깃으로 부채가 되었으며, (13) 여러 묘한 향을 풍기고 (14) 여러 하늘 꽃을 내리며, (15) 좌우에서는 5백 가지 음악을 연주하니 그 소리가 아름답기 하늘 풍류보다 지나가서 듣는 중생들이 모두 기뻐하며, (16) 10천 권속이 앞뒤에 들러섰는데, (17) 모습이 단정하여 사람들이 보기를 좋아하며, (18) 하늘의 장엄으로 훌륭하게 꾸몄으니, (19) 하늘 사람 가운데 가장 수승하여 비길 데 없으며, (20) 보살의 뜻을 이미 성취하였고, (21) 명지거사로 더불어 옛날의 착한 뿌리가 같은 이들이라, 시위하고 서서 명령을 받고 있었다. 그때 선재동자는 그의 발에 엎드려 절하고 한량없이 돌고 합장하고 서서

[疏] 第二, 爾時善財下는 見敬咨問이라 中에 先, 見이니 於市四衢者는 表處喧不撓하며 無不通故라 敬과 問은 可知니라

■ ㄴ. 爾時善財 아래는 만나서 공경을 표하고 법문을 물음이다. 그중에 ㄱ) 선지식을 뵈옴이니, '시장의 네 길거리'는 시끄러운 곳에 살면서 어지럽지 않음을 표하여 통하지 않음이 없는 까닭이다. ㄴ) 공경을 표함과 ㄷ) 법문을 물음은 알 수 있으리라.

ㄷ) 법문을 묻다[問] (經/白言 33下3)

白言하되 聖者여 我爲利益一切衆生故며 爲令一切衆生으로 出諸苦難故며 爲令一切衆生으로 究竟安樂故며 爲令一切衆生으로 出生死海故며 爲令一切衆生으로 住法寶洲故며 爲令一切衆生으로 枯竭愛河故며 爲令一切衆生으로 起大慈悲故며 爲令一切衆生으로 捨離欲愛故며 爲令一切衆生으로 渴仰佛智故며 爲令一切衆生으로 出生死曠野故며 爲令一切衆生으로 樂諸佛功德故며 爲令一切衆生으로 出三界城故며 爲令一切衆生으로 入一切智城故로 發阿耨多羅三藐三菩提心하니 而未知菩薩이 云何學菩薩行이며 云何修菩薩道하여 能爲一切衆生하여 作依止處리잇고

여쭈었다. "거룩하신 이여, 저는 (1) 모든 중생을 이익하게 하려고, (2) 모든 중생을 괴로움에서 벗어나게 하려고, (3) 모든 중생을 끝까지 안락하게 하려고, (4) 모든 중생을 생사의 바다에서 뛰쳐나오게 하려고, (5) 모든 중생을 법의 보배 섬에 머물게 하려고, (6) 모든 중생의 사랑의 물결을 말리게 하려고, (7) 모든 중생들이 큰 자비심을 일으키게 하려고, (8) 모든 중생이 애욕을 버리게 하려고, (9) 모든 중생이 부처 지혜를 앙모하게 하려고, (10) 모든 중생이 생사의 거친 벌판에서 벗어나게 하려고, (11) 모든 중생이 부처의 공덕을 좋아하게 하려고, (12) 모든 중생들이 세 세계의 성에서 나오게 하려고, (13) 모든 중생을 온갖 지혜의 성에 들어가

게 하려고, 아눗다라삼약삼보디심을 내었사오니, 보살이 어
떻게 보살의 행을 배우며, 어떻게 보살의 도를 닦으며, 모든
중생의 의지할 곳이 되올지 알지 못하나이다."

ㄷ. 선재동자를 칭찬하고 법을 설해 주다[稱讚授法] 3.

ㄱ) 발심이 뛰어남을 칭찬하다[歎發心勝] (第三 34下9)
ㄴ) 자신이 교화할 대상을 보이다[示己所化] (二善)

長者가 告言하시되 善哉善哉라 善男子여 汝乃能發阿耨
多羅三藐三菩提心이로다 善男子여 發阿耨多羅三藐三
菩提心한 是人難得이니 若能發心하면 是人은 則能求菩
薩行하여 值遇善知識하되 恒無厭足하며 親近善知識하
되 恒無勞倦하며 供養善知識하되 恒不疲懈하며 給侍善
知識하되 不生憂慼하며 求覓善知識하되 終不退轉하며
愛念善知識하되 終不放捨하며 承事善知識하되 無暫休
息하며 瞻仰善知識하되 無時憩止하며 行善知識教하며
未曾怠惰하며 稟善知識心하되 無有誤失이니라
善男子여 汝見我此眾會人不아 善財가 答言하되 唯然已
見이니이다 居士가 言하시되 善男子여 我已令其發阿耨
多羅三藐三菩提心하여 生如來家하여 增長白法하며 安
住無量諸婆羅蜜하여 學佛十力하며 離世間種하고 住如
來種하고 棄生死輪하며 轉正法輪하며 滅三惡趣하고 住
正法趣하며 如諸菩薩하여 悉能救護一切眾生하노라

거사는 말하였다. "착하고 착하다. 착한 남자여, 그대가 능히 아뇩다라삼먁삼보디심을 내었도다. 착한 남자여, 아뇩다라삼먁삼보디심을 내는 것은 그 사람을 만나기 어려우니라. 만일 이 마음을 내면, (1) 그 사람은 능히 보살의 행을 구하리니, (2) 선지식을 만나는 데 싫어함이 없을 것이며, (3) 선지식을 친근하는 데 게으름이 없을 것이며, (4) 선지식을 공양하는 데 고달프지 않을 것이며, (5) 선지식을 시중하는 데 근심을 내지 않을 것이며, (6) 선지식을 찾는 데 물러나지 않을 것이며, (7) 선지식을 생각하여 버리지 않을 것이며, (8) 선지식을 섬기어 쉬지 않을 것이며, (9) 선지식을 앙모하여 그칠 때가 없을 것이며, (10) 선지식의 가르침을 행하여 게으르지 않을 것이며, (11) 선지식의 마음을 받자와 그르침이 없을 것이니라.

착한 남자여, 그대는 나의 이 대중을 보는가?" 선재는 대답하였다. "예, 보나이다." 거사는 말하였다. "착한 남자여, 나는 그들로 하여금 ① 아뇩다라삼먁삼보디심을 내게 하였더니 ② 여래의 가문에 나서 흰 법을 증장하고 ③ 한량없는 바라밀다에 편안히 있으며, ④ 부처의 열 가지 힘을 배워 세간의 종자를 여의었으며, ⑤ 여래의 종성에 머물러 생사의 윤회를 버리고, ⑥ 바른 법륜을 굴리어 세 나쁜 길을 없애며, ⑦ 바른 법에 머물러 보살들과 같이 모든 중생을 구원하느니라.

[疏] 第三, 長者告下는 稱讚授法이라 中에 三이니 初, 歎發心勝能이요 二,

善男子汝見下는 示己所化하는 發心眷屬이 生如來家者는 同四住中生也니라

- ㄷ. 長者告 아래는 선재동자를 칭찬하고 법을 설해 줌이다. 그중에 셋이니 ㄱ) 발심이 뛰어남을 칭찬함이요, ㄴ) 善男子汝見 아래는 자신이 교화할 대상을 보임이다. '발심한 권속이 여래의 집안에 태어난다'는 것은 제4. 생귀주(生貴住)에 태어남과 같다.

[鈔] 同四住中生者는 四住에 生聖敎家니 以三賢十聖이 大類相似일새 故前, 同四住요 後, 同四地니라

- '제4. 생귀주에 태어남과 같다'는 것은 제4. 생귀주에서 '성인 교법의 집[聖敎家]'에 태어남이니 삼현(三賢)과 십지(十地) 성인이 큰 부류로는 비슷하므로 앞은 제4. 생귀주와 같고, 뒤는 제4. 염혜지(焰慧地)와 같다는 뜻이다.

ㄷ) 바로 법계를 보이다[正示法界] 2.

(ㄱ) 명칭을 거론하다[擧名] (三善 36上4)
(ㄴ) 업과 작용을 밝히다[顯業用] 2.
a. 간략히 거론하다[略擧] (後凡)

善男子여 我得隨意出生福德藏解脫門하여 凡有所須에 悉滿其願하니 所謂衣服瓔珞과 象馬車乘과 華香幢蓋와 飮食湯藥과 房舍屋宅과 牀座燈炬와 奴婢牛羊과 及諸侍使라 如是一切資生之物을 諸有所須에 悉令充滿하며

乃至爲說眞實妙法이로라

착한 남자여, 나는 <마음대로 복덕이 나오는 광의 해탈문>을 얻었으므로 무릇 필요한 것은 다 소원대로 되나니, 이른바 의복·영락·코끼리·말·수레·꽃·향·당기·일산·음식·탕약·방·집·평상·등불·하인·소·양과, 시중꾼들의 모든 살림살이에 필요한 물건이 찾는 대로 만족하며, 내지 진실한 법문까지 연설하느니라."

[疏] 三, 善男子我得下는 正示法界라 於中에 二니 先, 擧名이라 財法無盡을 蘊在虛空하여 隨意給施일새 故名隨意出生福德藏이라 亦表見空無不備故니라 後, 凡有下는 顯業用이라 於中에 二니 一, 略擧요

■ ㄷ) 善男子我得 아래는 바로 법계를 보임이다. 그중에 둘이니 (ㄱ) 명칭을 거론함이니 재물과 법이 끝이 없고 오온이 허공에 있으며 생각을 따라 공급하여 베푸는 연고로 '생각을 따름[隨意]'이라 이름하고, '복덕이 나오는 창고'도 또한 공(空)에 갖추지 않음이 없음을 보는 것을 표한 까닭이다. (ㄴ) 凡有 아래는 업과 작용을 밝힘이다. 그중에 둘이니 a. 간략히 거론함이요,

b. 증험을 나타내다[現驗] 2.

a) 모인 대중을 보다[見集衆] (二善 36上7)
b) 재물과 법을 보시하다[施財法] 2.
(a) 재물 보시[施財] (後爾)
(b) 법 보시[施法] (後然)

善男子여 且待須臾하라 汝當自見하리라 說是語時에 無量衆生이 從種種方所와 種種世界와 種種國土와 種種城邑하야 形類各別하고 愛欲不同하여 皆以菩薩往昔願力으로 其數無邊이 俱來集會하여 各隨所欲하여 而有求請이어늘

爾時에 居士가 知衆普集하시고 須臾繫念하여 仰視虛空에 如其所須하여 悉從空下하여 一切衆會가 普皆滿足한 然後에 復爲說種種法하시니 所謂爲得美食而充足者하사 與說種種集福德行과 離貧窮行과 知諸法行과 成就法喜禪悅食行과 修習具足諸相好行과 增長成就難屈伏行과 善能了達無上食行과 成就無盡大威德力降魔冤行하며 爲得好飮而充足者하사 與其說法하여 令於生死에 捨離愛着하고 入佛法味하며 爲得種種諸上味者하사 與其說法하여 皆令獲得諸佛如來上味之相하며 爲得車乘而充足者하사 與其宣說種種法門하여 皆令得載摩訶衍乘하며 爲得衣服而充足者하사 與其說法하여 令得淸淨慚愧之衣와 乃至如來淸淨妙色하여 如是一切를 靡不周贍한 然後에 悉爲如應說法하시니 旣聞法已에 還歸本處하니라

"착한 남자여, 잠깐만 기다리라. 그대가 마땅히 보게 되리라." 이렇게 말할 적에 한량없는 중생이 갖가지 방위·갖가지 세계·갖가지 국토·갖가지 도시로부터 오는데, 종류가 각각 다르고 욕망이 같지 않지마는, 보살의 과거의 서원으로 그지없는 중생들이 모두 와서 제각기 자기의 욕망대로 청구한다.

그때 거사는 여러 중생이 모인 줄을 알고 잠깐 생각하면서 허공을 우러러보니, 그들의 요구하는 것들이 허공에서 내려와서 모든 대중의 뜻을 만족하게 하였다. 그리고 다시 가지가지 법을 연설하니 이른바 아름다운 음식을 얻어 만족한 이에게는 (1) 가지가지 복덕을 모으는 행과, 빈궁을 여의는 행과, 모든 법을 아는 행과, '법으로 기쁘고 선정으로 즐거운 음식'을 성취하는 행과, 모든 거룩한 모습을 닦아 구족하는 행과, (6) 굴복하기 어려움을 증장하여 성취하는 행과, 위없는 음식을 잘 통달하는 행과, 다함이 없는 큰 위엄과 덕의 힘을 성취하여 마와 원수를 항복받는 행이요, 좋은 마실 것을 얻어 만족한 이에게는 법을 말하여 나고 죽는 데서 애착을 버리고 부처의 법 맛에 들어가게 하며, (10) 가지가지 좋은 맛을 얻은 이에게는 법을 말하여 부처님 여래의 맛좋은 모양을 얻게 하고, (11) 수레를 얻어 만족한 이에게는 가지가지 법문을 말하여 마하연 수레를 타게 하며, (12) 의복을 얻어 만족한 이에게는 법을 말하여 청정한 부끄러움의 옷과 내지 여래의 청정한 모습을 얻게 하였으며, 이와 같이 모든 것을 만족하게 한 뒤에 마땅한 대로 법을 연설하니, 법문을 듣고는 본고장으로 돌아갔다.

[疏] 二, 善男子且待下는 擧事現驗이라 於中에 先, 見衆集이요 後, 爾時居士下는 廣施財法이라 先은 施財요 後, 然後下는 施法이라 於施一食에 令成八行이니 初二는 約施요 餘六은 約食이라 食有五果하니 一, 得知諸法이니 卽是慧命이요 二, 得喜悅이니 卽常安樂이요 三, 具相

好니 卽是常色이요 四와 六은 卽常力이요 五, 卽常辯이라 言上味相者는 牙有甘露泉故라 餘可準思니라

- b. 善男子且待 아래는 일을 거론하며 증험을 나타냄이다. 그중에 a) 모인 대중을 봄이요, b) 爾時居士 아래는 재물과 법을 보시함이니 (a) 재물 보시요, (b) 然後 아래는 법 보시이다. 첫째와 둘째 구절[① 種種集福德行, ② 離貧窮行]은 보시를 잡은 해석이요, 나머지 여섯 구절 [③ 知諸法行, ④ 成就法喜禪悅食行, ⑤ 修習具足諸相好行, ⑥ 增長成就難屈伏行, ⑦ 善能了達無上食行, ⑧ 成就無盡大威德力降魔冤行]은 음식을 잡은 해석이다. 음식은 다섯 가지 결과가 있으니 (1) 모든 법을 아는 것은 곧 지혜의 목숨이요, (2) 기쁨과 즐거움을 얻음은 곧 항상 안락함이요, (3) 형상과 몸매를 갖춤은 곧 일상의 색법이요, (4) 여섯째 구절인 굴복하기 어려움을 증장하여 성취하는 행은 일상의 힘이요, (5) 항상한 변재이다. '뛰어난 맛의 모양'이라 말한 것은 어금니에는 감로의 샘이 있는 까닭이니 나머지는 준하여 생각할 수 있다.

[鈔] 食有五果者는 卽涅槃第二에 如來가 告純陀云하사대 我今施汝常命色力과 安과 無礙辯이니 由施於食하여 益命하며 益色하며 益力하며 益安하며 益辯才故라하니라 近得此五는 猶是無常이나 終得常五라 並如廻向品中에 已釋하니 今此具配니라

- '음식은 다섯 가지 결과가 있다'는 것은 곧 『열반경』제2권(수명품)의 내용이니, 여래가 순타(純陀)에게 고하여 말씀하되, "내가 지금 너에게도 수명과 미모와 힘, 안락, 걸림 없는 변재를 베풀어 주겠다"라고 하였다. 음식의 이익과 생명의 이익, 형색의 이익, 힘을 얻은 이익, 안락한 이익을 보시하는 변재로 말미암은 까닭이다. 가깝게 이런 다섯

가지를 얻음은 오히려 무상함이요, 마침내 항상한 다섯 가지를 얻었으니 아울러 제25. 십회향품 중에 이미 해석하였으니 지금 여기는 갖추어 배대하였다.

ㄹ. 자신은 겸양하고 뛰어난 분을 추천하다[謙己推勝] (第四 37上8)

爾時에 居士가 爲善財童子하사 示現菩薩不可思議解脫境界已하시고 告言하시되 善男子여 我唯知此隨意出生福德藏解脫門이어니와 如諸菩薩摩訶薩은 成就寶手하여 徧覆一切十方國土하여 以自在力으로 普雨一切資生之具하나니 所謂雨種種色寶와 種種色瓔珞과 種種色寶冠과 種種色衣服과 種種色音樂과 種種色華와 種種色香과 種種色末香과 種種色燒香과 種種色寶蓋와 種種色幢幡하여 徧滿一切眾生住處와 及諸如來眾會道場하여 或以成熟一切眾生하며 或以供養一切諸佛하나니 而我云何能知能說彼諸功德自在神力이리오

그때 거사는 선재동자에게 보살의 부사의한 해탈의 경계를 보이고 말하였다. "착한 남자여, 나는 다만 이 <뜻대로 복덕을 내는 광 해탈문>을 알거니와, 저 보살마하살들이 보배 손을 성취하여 모든 시방의 극토를 두루 덮고, 자유자재한 힘으로 모든 살림살이 도구를 비 내리나니, 이른바 가지각색 보배·가지각색 영락·가지각색 보배 관·가지각색 의복·가지각색 음악·가지각색 꽃·가지각색 향·가지각색 가루 향·가지각색 사르는 향·가지각색 보배 일산·

가지각색 당기 번기를 비 내려, 모든 중생의 있는 곳과 여래의 대중이 모인 도량에 가득하여, 모든 중생을 성숙하기도 하고 모든 부처님께 공양하기도 하는 것이야, 내가 어떻게 알며 그 공덕과 자재한 신통의 힘을 말하겠는가?

[疏] 第四, 爾時居士下는 謙己推勝을 可知니라
- ㄹ. 爾時居士 아래는 자신은 겸양하고 뛰어난 분을 추천함이니 알 수 있으리라.

ㅁ. 다음 선지식을 지시하다[指示後友] (第五 37上8)
ㅂ. 덕을 연모하여 예배하고 물러가다[戀德禮辭] (經/時善)

善男子여 於此南方에 有一大城하니 名師子宮이요 彼有長者하니 名法寶髻니 汝可往問하되 菩薩이 云何學菩薩行이며 修菩薩道리잇고하라
時에 善財童子가 歡喜踊躍하며 恭敬尊重하여 如弟子禮하여 作如是念하되 由此居士가 護念於我하여 令我得見一切智道하며 不斷愛念善知識見하며 不壞尊重善知識心하며 常能隨順善知識敎하며 決定深信善知識語하며 恒發深心하여 事善知識이라하여 頂禮其足하며 遶無量帀하며 殷勤瞻仰하고 辭退而去하니라

착한 남자여, 여기서 남쪽에 큰 성이 있으니 이름은 사자궁이요, 거기 장자가 있으니 이름이 법보계니라. 그대는 그에게 가서 '보살이 어떻게 보살의 행을 배우며 보살의 도를 닦

느냐?'고 물어라."

이때 선재동자는 환희하여 뛰놀면서 공경하고 존중하며 제자의 예를 극진히 하고 이렇게 생각하였다. '이 거사가 나를 생각하시므로 내가 온갖 지혜의 길을 보게 되었으니, 선지식을 사랑하는 소견을 끊지 아니하고, 선지식을 존중하는 마음을 무너뜨리지 않고, 선지식의 가르침을 항상 따르고, 선지식의 말씀을 결정하게 믿고, 선지식을 섬기는 마음을 항상 내리라'라고 하면서, 그의 발에 엎드려 절하고 한량없이 돌고 은근하게 앙모하면서 하직하고 떠났다.

[疏] 第五, 善男子下는 指示後友라 城名師子宮者는 禪定無亂이 如彼深宮이니 處之則所說決定이요 作用無畏니 故以爲名이라 友名法寶髻者는 綰攝諸亂하여 居心頂故라 定含明智일새 可以寶名하여 以喩顯法하여 名法寶髻니라

■ ㅁ. 善男子 아래는 다음 선지식을 지시함이다. 성(城)의 이름이 사자의 궁전인 것은 선정으로 혼란이 없는 것이 저 깊은 궁전에 사는 것과 같으면 말한 바가 결정하고 작용함에 두려움 없으므로 이름한 것이다. 선지식의 명칭이 '법의 보배 상투[法寶髻]'인 것은 모든 혼란을 관섭하여 마음의 꼭대기에 머무는 까닭이다. 선정에 밝은 지혜를 포함한 것을 가히 보배 명칭으로 삼아서 비유로 법을 밝혔으므로 법의 보배 상투라 이름한 것이다.

[龍字卷上 終]

大方廣佛華嚴經 제66권

大方廣佛華嚴經疏鈔 제66권 龍字卷下

# 제39 入法界品 ⑦

제39. 법계에 증득해 들어가는 품[入法界品] ⑦

제16. 법보계장자 선지식은 선재동자에게 향 제조법을 가르쳐 주고, 10층 8문의 집에서 갖가지로 보시하고 법문을 연설하고 [대형쇼핑몰포교], 제18. 무염족왕 선지식은 나쁜 사람으로 화하여 여러 죄악을 짓고 갖가지 고통을 받는 것이니 교화하기 어려운 중생을 조복시키려고 일부러 역행(逆行)보살의 실천을 통해 강강중생(强剛衆生)을 구제하는 방편을 베푸는 선지식이다. [역행포교] 經云,

"점점 남쪽으로 가면서 나라를 지나고 마을과 도시를 지나서 다라당성(多羅幢城)에 이르렀다. 무염족왕이 있는 데를 물었더니 사람들은 이렇게 대답하였다. '그 왕은 지금 정전에서 사자좌에 앉아 법으로 교화하여 중생들을 조복하는데, 다스릴 이는 다스리고 거두어 줄 이는 거두어 주며, 죄 있는 이는 벌주고, 소송을 판결하며, 외롭고 나약한 이는 어루만져 주어서, 모두 살생·훔치는 일·잘못된 음행을 아주 끊게 하고, 거짓말·이간하는 말·욕설·비단 말을 못하게 하며, 또 탐욕과 성내는 일과 잘못된 소견을 여의게 합니다.'…'착한 남자여, 어떻게 생각하는가. 내가 만일 참으로 악한 업을 짓는다면, 이런 과보와 이런 육신과 이런 권속과 이런 부귀와 이런 자유자재함을 어떻게 얻었겠는가.'"

大方廣佛華嚴經 제66권

大方廣佛華嚴經疏鈔 제66권 龍字卷下

## 제39. 법계에 증득해 들어가는 품[入法界品] ⑦

마) 제16. 법보계장자 선지식[法寶髻長者] 6.
 - 제5. 무치란행(無癡亂行)에 의탁한 선지식

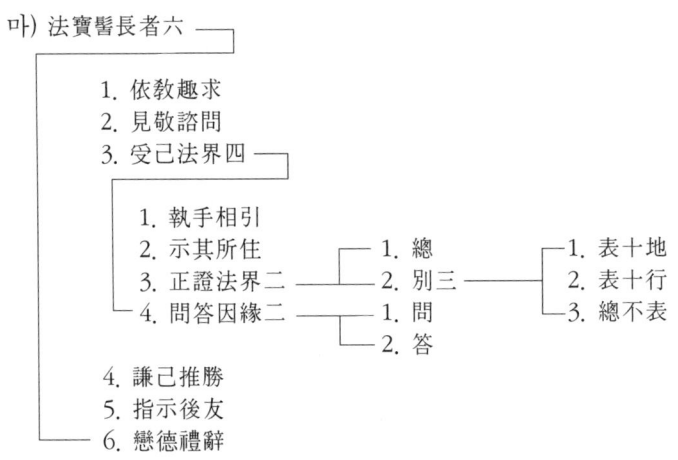

(가) 가르침에 의지하여 나아가 구하다[依敎趣求] (第五 1上10)

爾時에 善財童子가 於明智居士所에 聞此解脫已하고 遊彼福德海하며 治彼福德田하며 仰彼福德山하며 趣彼福德津하며 開彼福德藏하며 觀彼福德法하며 淨彼福德輪하며 味彼福德聚하며 生彼福德力하며 增彼福德勢하고

漸次而行하니라 向師子城하여 周徧推求寶髻長者라가
이때 선재동자는 명지거사에게 이 해탈문을 듣고, 저 복덕 바다에 헤엄치고, 복덕 밭을 다스리고, 복덕 산을 쳐다보고, 복덕나루에 나아가고, 복덕 광을 열고, 복덕의 법을 보고, 복덕의 바퀴를 깨끗이 하고, 복덕 덩이를 맛보고, 복덕의 힘을 내고, 복덕의 세력을 늘리면서, 점점 남방으로 가서 사자궁성을 향하여 법보계장자를 두루 찾았다.

[疏] 第五, 法寶髻는 寄無癡亂行이라 六中에 初文은 可知니라
■ 마) 법보계장자는 제5. 무치란행(無癡亂行)에 의탁한 선지식이다. 여섯 (과목) 중에 (가) 가르침에 의지하여 나아가 구함의 경문은 알 수 있으리라.

[鈔] 寄於無癡亂行者는 以慧資定하여 靜無遺照하고 動不離寂일새 名無癡亂이니라
● '제5 無癡亂行에 의탁함'이란 지혜로 선정을 도우면 고요하여 남은 비춤이 없고, 동요함이 고요함을 여의지 않은 것을 '어리석음과 산란이 없음'이라 이름한다.

(나) 만나서 공경을 표하고 법문을 묻다[見敬諮問] (第二 1下7)

見此長者가 在於市中하고 遽卽往詣하여 頂禮其足하고 遶無數帀하고 合掌而立하여 白言하되 聖者여 我已先發阿耨多羅三藐三菩提心하니 而未知菩薩이 云何學菩薩

行이며 云何修菩薩道리잇고 善哉聖者여 願爲我說諸菩
薩道하소서 我乘此道하여 趣一切智하리이다

그 장자가 시장 가운데 있음을 보고, 곧 나아가 발에 엎드려
절하고 수없이 돌고 합장하고 서서 말하였다. "거룩하신 이
여, 저는 이미 아눗다라삼약삼보디심을 내었사오나, 보살
이 어떻게 보살의 행을 배우며 어떻게 보살의 도를 닦는지
를 알지 못하나이다. 거룩하신 이여, 저에게 보살의 도를 말
씀하여 주소서. 저는 그 도를 의지하여 온갖 지혜에 나아가
려 하나이다."

[疏] 第二, 見此長者下는 見敬諮問이라 市中見者는 表處鬧忘懷하여 亂
中에 常定故니라

■ (나) 見此長者 아래는 만나서 공경을 표하고 법문을 물음이다. '시
장에서 만난 것'은 시끄러운 속에 처하면서도 생각을 잊나니 어지러
움 속에서도 항상 삼매에 드는 까닭이다.

(다) 자신의 법계를 설해 주다[授己法界] 4.

ㄱ. 손을 잡고 서로 이끌다[執手相引] (第三 2上1)
ㄴ. 그 머물 곳을 보이다[示其所住] (二作)

爾時에 長者가 執善財手하고 將詣所居하사 示其舍宅하
시고 作如是言하시되 善男子여 且觀我家하라

이때 장자가 선재의 손을 잡고 거처하는 데로 가서 그 집을

보이면서 "착한 남자여, 내 집을 보라"고 말하였다.

[疏] 第三, 爾時長者下는 授己法界라 於中에 四니 一, 執手將引은 卽授法方便이니 顯加行智가 歸正證故라 二, 作如是下는 示其所住니 卽正授法界요 三, 爾時善財見其下는 正證法界요 四, 爾時善財見是下는 問答因緣이니 卽後得智라 初二는 可知니라

■ (다) 爾時長者 아래는 자신의 법계를 설해 줌이다. 그중에 넷이니 (1) '손을 잡고 장차 이끈 것'은 곧 법의 방편을 줌이니, 가행의 지혜로 돌아가 바로 증득함을 밝힌 까닭이다. (2) 作如是 아래는 그 머무는 곳을 보임이니 곧 법계를 바로 설해 줌이다. (3) 爾時善財見其 아래는 바로 법계를 증득함이요, (4) 爾時善財見是 아래는 질문과 대답한 인연은 곧 후득지(後得智)이니 처음 두 구절은 알 수 있으리라.

ㄷ. 바로 법계를 증득하다[正證法界] 2.
ㄱ) 총상으로 밝히다[總] (三中 2下1)

爾時에 善財가 見其舍宅하니 淸淨光明의 眞金所成이며 白銀爲牆하고 玻瓈爲殿하며 紺瑠璃寶로 以爲樓閣하며 硨磲妙寶로 而作其柱하며 百千種寶로 周徧莊嚴하며 赤珠摩尼로 爲師子座하며 摩尼爲帳하고 眞珠爲網하여 彌覆其上하며 瑪瑙寶池에 香水盈滿하며 無量寶樹가 周徧行列하며 其宅廣博하여 十層八門이러라

그때 선재는 그 집을 보니, (1) 청정하고 광명이 찬란하여 진금으로 되었는데, (2) 은으로 담을 쌓고 (3) 파리로 전각

이 되고 (4) 연보라색 유리 보배로 누각이 되고 (5) 자거로 기둥이 되었으며, (6) 백천 가지 보배로 두루 장엄하고 (7) 적진주 보배로 사자좌를 만들었는데, (8) 마니로 휘장이 되었고 (9) 진주로 그물을 만들어 위에 덮었으며, (10) 마니로 된 못에는 향수가 넘치고 (11) 한량없는 보배 나무가 행렬을 지어 둘러 있으니 그 집이 굉장히 넓어서 열 층으로 여덟 문이 있었다.

[疏] 三中에 二니 先, 總이요 後, 善財入已下는 別이라 今初에 十層八門者는 如八角塔形이라 層門은 各有三義하니 層은 別中23)의 解요 門三義者는 一, 通約所修之道인대 以八正爲門이니 八正은 通入於諸位故요 二, 約所依之道인대 卽以八識爲門이니 於眼根中에 入正定故라 根若能入하면 境則可知니라 三, 約敎顯理컨대 卽四句入法이니 敎理는 各四일새 故有八門이라 謂若失意하야 有空俱泯하면 便成四謗이언정 得意通入하면 並稱爲門이라 尋敎得解하면 卽敎四門이요 於理得解하면 卽理四門이니라

■ ㄷ. 바로 법계를 증득함 중에 둘이니 ㄱ) 총상으로 밝힘이요, ㄴ) 善財入已 아래는 별상으로 밝힘이다. 지금은 ㄱ)이니 '10층에 여덟 문'이란 팔각(八角)으로 된 탑(塔) 형상과 같다. 층계의 문은 각기 세 가지 뜻이 있으니, 층계는 별상 중에 아는 것이요, 문의 세 가지 뜻은 (1) 닦을 대상인 길을 통틀어 잡아서 팔정도(八正道)로 문을 삼았으니, 팔정도는 모든 지위에 통하여 들어가는 까닭이다. (2) 의지할 대상인 도(道)를 잡으면 제8식으로 문을 삼나니 안근(眼根) 중에서 바른

---

23) 中은 金本作申誤, 源原南續本作中; 案下別中 釋層三義 故云別中解라 하다.

선정에 들어가는 연고요, 감관은 들어가는 주체와 같고 경계는 알 수 있으리라. (3) 교법을 잡아 이치를 밝힘은 곧 네 구절로 법에 들어가나니 교리가 각기 넷이므로 여덟 문이 있다. 이른바 만일 생각을 잃으면 유(有)와 공(空)을 모두 없애면 문득 네 가지 비방을 이루나니, 뜻을 얻고 통틀어 들어감도 아울러 문(門)이라 칭한다. 교법을 찾아 이해함은 곧 교법의 네 문이며, 이치로 이해하면 이치의 네 문이다.

[鈔] 尋教得解等者는 但約詮旨하여 以爲二種四門이라 亦約敎하여 爲信行이요 約理하여 爲法行이라 若準新經하면 言面各二門일새 故有八門이라 則亦可卽就四門의 存泯不同하여 以爲八耳라 如一有門에 見心妙有하여 而入法界하면 則是有門이요 若取於有하면 卽拂有相일새 名非有門이라 此有中에 有二矣니라 二, 空者는 知法空寂하면 卽是空門이요 以空으로 爲空門하면 便權說非空門이요 三, 若謂妄惑은 本空하고 眞智不空이라하면 卽亦有亦空門이요 謂有二體하면 斯門亦權이니 故說妄因眞立일새 妄無妄源이요 眞對妄宣일새 眞非眞矣라 則雙存兩亡이니 則爲亦有亦非有며 亦無亦非無門이니라 四, 若謂欲言其有나 無相無名이요 欲言其無나 聖以之靈일새 爲非有非無門이요 若滯雙非하면 未逃戲論일새 故復拂之라 此雙非門은 爲但是遮며 爲有所表하니 但遮하면 同無요 有表하면 同有하여 還成有無라 故此雙非는 言思亦絶이니 名非非有非非無門이라 故로 有八門이니 得意爲門이요 失意에 此八도 亦非門矣니라

● '교법을 찾아 이해함' 등은 단지 말할 종지를 잡아서 두 종류의 네 문을 삼았으니 또한 교법을 잡아서 신행(信行)을 삼고, 이치를 잡아서 법행(法行)을 삼는다. 만일 새로 번역한 경문에 준하면 사면에 각기

두 문을 말하는 연고로 여덟 문이 있으며, 또한 바로 네 문에 입각하여 두고 없앰이 같지 않으므로 여덟이 되었을 뿐이다. 마치 (1) 있는 문[有門]이니 마음은 묘하게 있지만 법계에 들어감을 보면 바로 있는 문이요, 만일 있음을 취하면 곧 있음을 털어 내는 모양을 이름하여 '있지 않은 문[非有門]'이라 하니, 이 있는 문[有門] 중에 둘이 있다. (2) 공한 문이니 법이 공적함이 곧 공문(空門)임을 알고, 공으로 공문을 삼고 나서 문득 방편으로 공이 아닌 문[非空門]을 설함이요, (3) 만일 망심으로 미혹함이 본래 공하고, 진실한 지혜가 공하지 않음은 곧 '있기도 하고 공하기도 한 문[亦有亦空門]'이다. 말하자면 두 가지 체성이 있으니 이 문도 역시 방편인 연고로 망심(妄心)은 진여로 인해 성립한다고 말함이요, 망심은 망심의 근원이 없고 진여는 망심을 상대하여 베풀면 진여는 진여가 아니니 동시에 두거나 둘 다 없으면 있기도 하고 있지 않기도 함을 삼으면 '없기도 하고 없지 않기도 한 문[亦無亦非無門]'이다. (4) 만일 그 있다고 말하려고 하면 형상도 없고 이름도 없으며, 그 없다고 말하려 하면 성인이 신령함으로 가는 것도 '있는 것도 아니요, 없는 것도 아닌[非有非無門]'이 됨이요, 만일 동시에 아님에 지체하고 희론(戱論)으로 도망가지 않는 연고로 다시 털어 냄이다. 이런 동시에 아닌 문은 단지 차단함이요, 표한 바가 있음이 된다. 단지 동시에 없음을 차단하고 함께 있음을 표함이 있어서 도리어 유와 무를 이룬 연고로 동시에 아님이요, 말과 생각이 또한 끊어지면 '있지 않음도 아니고 없지 않음도 아닌 문[非非有非非無門]'이라 이름하는 연고로 여덟 문이 있다. 생각을 얻으면 문이 되고 생각을 잃으면 이런 여덟 가지도 또한 문이 아닌 것이다.

ㄴ) 별상으로 밝히다[別] 3.

(ㄱ) 십지를 표하다[表十地] 3.
a. 총상 해석[總] (別中 4下8)
b. 별상으로 15문을 밝히다[別] (所謂)

善財가 入已에 次第觀察하여 見最下層에 施諸飮食하며 見第二層에 施諸寶衣하며 見第三層에 布施一切寶莊嚴具하며 見第四層에 施諸婇女와 幷及一切上妙珍寶하며 見第五層에 乃至五地菩薩이 雲集하여 演說諸法하사 利益世間하여 成就一切陀羅尼門과 諸三昧印과 諸三昧行과 智慧光明하며 見第六層에 有諸菩薩이 皆已成就甚深智慧하여 於諸法性에 明了通達하여 成就廣大總持三昧無障礙門하사 所行無礙하여 不住二法하고 在不可說妙莊嚴道場中하여 而共集會하여 分別顯示般若波羅蜜門하시니 所謂寂靜藏般若波羅蜜門과 善分別諸衆生智般若波羅蜜門과 不可動轉般若波羅蜜門과 離欲光明般若波羅蜜門과 不可降伏藏般若波羅蜜門과 照衆生輪般若波羅蜜門과 海藏般若波羅蜜門과 普眼捨得般若波羅蜜門과 入無盡藏般若波羅蜜門과 一切方便海般若波羅蜜門과 入一切世間海般若波羅蜜門과 無礙辯才般若波羅蜜門과 隨順衆生般若波羅蜜門과 無礙光明般若波羅蜜門과 常觀宿緣하여 而布法雲般若波羅蜜門이라
선재동자가 들어가서 차례로 살펴보았다. 맨 아래층에서는

음식을 보시하고, 2층에서는 보배 옷을 보시하고, 3층에서는 모든 보배 장엄거리를 보시하고, 4층에서는 여러 채녀와 모든 훌륭한 보물을 보시하고, 5층에서는 제5지 보살이 구름처럼 모여서 법을 연설하여 세간을 이익하며 모든 다라니문과 삼매의 결인과 삼매의 행과 지혜의 광명을 성취하였다. 6층에서는 모든 보살이 매우 깊은 지혜를 이루어 법의 성품을 분명히 통달하였고, 광대한 다라니와 삼매의 걸림 없는 문을 성취하여 다니는 데 걸림이 없고, 두 가지 법에 머물지 아니하며 말할 수 없이 묘하게 장엄한 도량에 있으면서, 여럿이 모인 데서 반야바라밀다문을 분별하여 보였으니, 이른바 ① 고요한 광 반야바라밀다문 · ② 중생들의 지혜를 잘 분별하는 반야바라밀다문 · ③ 흔들 수 없는 반야바라밀다문 · ④ 욕심을 여읜 광명 반야바라밀다문 · ⑤ 항복할 수 없는 광 반야바라밀다문 · ⑥ 중생을 비추는 바퀴 반야바라밀다문 · ⑦ 바다 광 반야바라밀다문 · ⑧ 넓은 눈으로 버려서 얻는 반야바라밀다문 · ⑨ 무진장에 들어가는 반야바라밀다문 · ⑩ 모든 방편 바다 반야바라밀다문 · ⑪ 모든 세간 바다에 들어가는 반야바라밀다문 · ⑫ 걸림 없는 변재 반야바라밀다문 · ⑬ 중생을 따라 주는 반야바라밀다문 · ⑭ 걸림 없는 광명 반야바라밀다문 · ⑮ 과거의 인연을 항상 살피며 법 구름을 펴는 반야바라밀다문들이라.

[疏] 別中에 十層三者는 一, 表十地니 一, 施食은 顯初地行檀이요 二地는

持戒니 以慚愧로 爲衣服이요 三地는 忍行이니 以爲嚴具요 四地는 道品이 爲內眷屬이니 精進可珍이요 五地는 文顯이요 六地는 般若現前故라 文中에 三이니 初, 總이요 次, 所謂下는 別顯十五門이니 一, 照體卽寂하여 而無不包요 二, 卽寂之照가 無機不鑒이요 三, 外緣不轉이요 四, 內照無求요 五, 惑境不摧요 六, 徧摧諸惑이요 七, 包含勝德而甚深이요 八, 普見法界而無礙요 九, 一卽無盡이요 十, 巧化無邊이요 十一, 內證世間이요 十二, 外演勝辯이요 十三, 曲隨物欲이요 十四, 事理交羅요 十五, 觀緣授法이니라

■ ㄴ) 별상으로 밝힘 중에 10층의 셋이란 (ㄱ) 십지를 표함이다. (1) 음식을 보시함이니 초지(初地)에 단나바라밀을 행함이요, 제2. 이구지는 지계니 부끄러워함으로 의복을 삼고, 제3. 발광지는 인욕을 행함으로 장엄 도구를 삼고, 제4. 염해지는 도를 돕는 품이니 내부 권속을 삼아서 정진함이 진귀하다. 제5. 난승지는 경문에 드러남이요, 제6. 현전지는 반야가 앞에 나타나는 까닭이다. 경문 중에 셋이니 a. 총상 해석이요, b. 所謂 아래는 별상으로 15문을 밝힘이다. (1) 체성을 비춤은 고요함과 합치하지만 포함되지 않음이 없고, (2) 고요함과 합치한 비춤으로 살피지 못하는 근기가 없으며, (3) 바깥 인연이 구르지 않음이요, (4) 안으로 비추어 구할 것이 없음이요, (5) 미혹한 경계를 꺾지 않음이요, (6) 모든 미혹을 두루 꺾음이요, (7) 뛰어난 공덕을 포함하여 더욱 깊어짐이요, (8) 법계를 널리 보는 데 걸림이 없음이요, (9) 한결같이 그지없음과 합치함이요, (10) 교묘하게 끝없이 교화함이요, (11) 안으로 세간법을 증득함이요, (12) 밖으로 뛰어난 변재로 연설함이요, (13) 자세하게 중생의 욕구를 따름이요, (14) 현상과 이치를 교차하여 나열함이요, (15) 인연을 관찰하고 법문을 설해 줌이다.

c. 총합하여 결론하다[總結] (後說 5上6)

說如是等百萬阿僧祇般若波羅蜜門하며 見第七層에 有 諸菩薩이 得如響忍하여 以方便智로 分別觀察하여 而得 出離하여 悉能聞持諸佛正法하며 見第八層에 無量菩薩 이 共集其中하되 皆得神通하여 無有退墮하여 能以一音 으로 徧十方刹하고 其身이 普現一切道場하여 盡於法界 하여 靡不周徧하여 普入佛境하고 普見佛身하여 普於一 切佛衆會中에 而爲上首하여 演說於法하며 見第九層에 一生所繫諸菩薩衆이 於中集會하며 見第十層에 一切如 來가 充滿其中하사 從初發心으로 修菩薩行하사 超出生 死하여 成滿大願과 及神通力하사 淨佛國土하고 道場衆 會에 轉正法輪하사 調伏衆生하여 如是一切를 悉使明見 하니라

이러한 백만 아승지 반야바라밀다문을 말하였다. 7층에서 는 보살들이 메아리 같은 지혜를 얻고 방편과 지혜로 분별 하며 관찰하여 벗어남을 얻어서 다 능히 모든 부처님의 바 른 법을 들어 가지었다. 8층에서는 한량없는 보살이 그 안 에 모였는데 다 신통을 얻고 물러나지 아니하며, 능히 한 음 성으로 시방세계에 두루하고 몸이 모든 도량에 나타나 온 법계에 두루하지 않은 곳이 없으며, 부처의 경계에 두루 들 어가서 부처님 몸을 보며, 모든 부처님의 대중 가운데서 우 두머리가 되어 법을 연설하였다. 9층에서는 일생보처 보살 들이 거기 모이었다. 10층에서는 모든 여래가 가득하게 있

는데, 처음 발심한 때로부터 보살의 행을 닦으며 생사를 초월하여 큰 서원과 신통을 이루고 부처님의 국토와 도량에 모인 대중을 청정케 하며, 바른 법륜을 굴리어 중생을 조복하였다. 이런 여러 가지를 모두 분명히 보게 하였다.

[疏] 後, 說如是下는 總結이라 七地가 有殊勝行하여 知種種敎法일새 故云 得如響忍이니라 八層之中에 含於二位하니 一, 八地에 無功用之神通이 三[24]種世間에 自在요 二, 卽九地의 法師로 一音能演이니라 九層이 亦二位니 十地와 等覺이 俱可爲一生故니라 十層은 卽如來地니라

■ c. 說如是 아래는 총합하여 결론함이다. 제7. 원행지에 뛰어난 행으로 갖가지 교법을 아는 것이 있는 연고로 말하되, "메아리 같은 인을 얻는다"고 하였으며, 8층 중에는 두 지위를 포함하나니 (1) 제8. 부동지의 공용이 없는 신통과 세 가지 세간에 자재함이요, (2) 제9. 선혜지의 법사는 한 음성으로 잘 연설하였으니 9층도 또한 두 지위이다. (1) 제10. 법운지와 (2) 등각(等覺)은 모두 일생(一生)에 되는 것이 가능한 연고요, 10층은 곧 여래지(如來地)를 뜻한다.

(ㄴ) 십행을 표하다[表十行] (二表 5下1)

[疏] 二, 表十行이니 以十行은 卽十度故라 前七은 文顯이요 八은 大願으로 所成인 神通等故요 九는 一生所繫가 力最上故니라 十은 唯至如來하여 智方滿故라 此卽當位가 自攝諸位요 向攝十地는 卽攝後諸位일새 故以十層으로 雙表二義니 還如海幢이 當位에 攝盡十位纔竟하고 說

---

24) 三은 源甲南續金本作二誤, 原及探玄記作三이라 하다.

成佛故라 前은 寄第六位攝이요 此는 寄第五位攝이며 前은 約正報攝
이요 此는 約依報攝者는 皆顯位勝前故니라

- (ㄴ) 십행을 표함이다. 십행은 곧 십바라밀인 연고로 앞의 일곱 가지
는 경문에 나타남이요, 여덟째는 큰 발원으로 이룰 바인 신통이 같은
연고요, 아홉째는 일생에 얽혀서 힘이 가장 뛰어난 까닭이다. 열 번
째는 오직 여래에게만 이른 것은 지혜가 비로소 원만해진 까닭이다.
여기서 곧 해당 지위에서 자연히 모든 지위를 포섭하고, 앞에서 십지
를 포섭함은 곧 뒤의 모든 지위를 포섭한 연고로 10층으로 두 가지
뜻을 함께 표하고, 도리어 제7. 해당(海幢)비구와 같이 해당 지위에
모두 포섭하였다. 열 가지 지위를 겨우 마치자 마자 성불함을 말하
는 까닭이다. 앞에는 여섯째 지위에 의탁하여 포섭하였고, 여기는 다
섯째 지위에 의탁하여 포섭하였으며, 앞에서는 정보를 잡아 포섭하였
고, 여기는 의보를 잡아 포섭하였으니 모두 지위가 앞보다 뛰어남을
밝힌 까닭이다.

(ㄷ) 총상으로는 지위를 표하지 않는다[總不表] (三者 5下6)

[疏] 三者는 總不表位니 但此菩薩이 以行就機하여 現居勝報하사대 漸次
增勝하여 十顯無盡이니 初四는 以物施니 後後漸難이요 次二는 集法
施니 前淺後深이요 次二는 得法이니 初陿後廣이요 後二는 現勝德이니
先因後果라 總上三義하여 因果行位等法으로 以爲長者之宅이니라

- (ㄷ) 총상으로 지위를 표하지 않음이다. 단지 이 보살이 행법으로 근
기에 입각하고 현재 뛰어난 과보에 살면서 점차로 뛰어남을 더하나
니 십(十)은 그지없음을 밝힌 것이다. a. 처음의 네 구절[(1) 見最下層

施諸飮食 (2) 見第二層 施諸寶衣 (3) 見第三層 布施一切寶莊嚴具 (4) 見第四層 施諸婇女-上妙珍寶]은 재물로 보시함이니 뒤로 갈수록 점점 어려움이요, b. 다음의 두 구절[(5) 見第五層- 演說諸法 利益世間 成就一切陀羅尼門- (6) 見第六層 有諸菩薩 皆已成就甚深智慧- 成就廣大總持三昧無障礙門- 分別顯示般若波羅蜜門]은 법 보시를 모았으니 앞은 얕고 뒤는 깊음이요, c. 다음의 두 구절[(7) 見第七層 有諸菩薩 得如響忍 以方便智 分別觀察 而得出離- (8) 見第八層 無量菩薩 共集其中 皆得神通- ]은 법을 깨달음이니 처음은 좁고 뒤는 넓음이다. d. 뒤의 두 구절[(9) 見第九層 一生所繫諸菩薩衆- (10) 見第十層 一切如來充滿其中- 淨佛國土]은 뛰어난 공덕을 나타냄이니 a) 앞은 인행이요, b) 뒤는 과덕이다. 총상에서 세 가지 뜻은 인행과 과덕의 행법 등으로 법보계장자의 집을 삼은 것이다.

ㄹ. 인연에 대해 질문하고 대답하다[問答因緣] 2.
ㄱ) 질문하다[問] (四問 6上8)
ㄴ) 대답하다[答] (經/長者)

爾時에 善財가 見是事已하고 白言하되 聖者여 何緣致此 淸淨衆會며 種何善根하여 獲如是報니잇고 長者告言하시되 善男子여 我念過去에 過佛刹微塵數劫하여 有世界하니 名圓滿莊嚴이요 佛號는 無邊光明法界普莊嚴王이라 如來應正等覺十號圓滿이시니 彼佛入城에 我奏樂音하며 幷燒一丸香하여 而以供養하고 以此功德으로 廻向三處하니 謂永離一切貧窮困苦하며 常見諸佛과 及善知識하며 恒聞正法이라 故獲斯報로라

이때 선재동자는 이런 것을 보고 여쭈었다. "거룩하신 이여, 무슨 인연으로 이렇게 청정한 대중이 모였으며, 어떤 착한 뿌리를 심어서 이런 과보를 얻었나이까?" 장자가 말하였다. "착한 남자여, 내가 생각하니, 과거 부처 세계의 티끌 수겁 전에 세계가 있었는데, 이름은 원만장엄이요, 부처님 이름은 무변광명법계보장엄왕여래·응공·정등각이라, 열 가지 명호가 원만하였느니라. 그 부처님이 성에 들어오실 적에 내가 음악을 연주하고 한 개의 향을 살라 공양하였으며, 그 공덕으로 세 곳에 회향하여, 모든 빈궁과 곤액을 영원히 여의고, 부처님과 선지식을 항상 뵈오며, 바른 법을 항상 들었으므로 이 과보를 얻었느니라.

- [疏] 四, 問答因緣이라 中에 先, 問이요 後, 答이라 廻向三處者는 謂離貧窮하여 招前四層之報하고 二三兩果는 卽後六重이라 一丸25)之微가 因願力故로 報勝이니라 又表萬行이 混融하여 發起向佛이니 則隨一行하여 無不具矣어니 何果를 不階리요
- ㄹ. 인연에 대해 질문하고 대답함이다. 그중에 ㄱ) 질문함이요, ㄴ) 대답함이다. '세 곳에 회향한다'는 것은 이른바 빈궁함을 여의고 앞의 네 층의 과보를 초래하였고, 2층과 3층의 과보는 곧 뒤의 여섯 층이다. 한 알 약의 기미가 원력으로 인한 연고로 과보가 뛰어남이요, 또한 만 가지 행법이 섞이고 융섭하고 시작하여 부처로 향한다면 한 가지 행법을 따라서 갖추지 않음이 없을 텐데 어떤 과보인들 밟지 않겠는가?

---

25) 丸은 嘉大本作九誤, 源弘甲南續金本作丸이라 하다.

(라) 자신은 겸양하고 뛰어난 분을 추천하다[謙己推勝] 3.

ㄱ. 자기는 겸양하다 (第四 6下9)
ㄴ. 뛰어난 분을 추천하다 (如諸)
ㄷ. 개별로 밝히다 (入無)

善男子여 我唯知此菩薩無量福德寶藏解脫門이어니와 如諸菩薩摩訶薩은 得不思議功德寶藏하며 入無分別如來身海하며 受無分別無上法雲하며 修無分別功德道具하며 起無分別普賢行網하며 入無分別三昧境界하며 等無分別菩薩善根하며 住無分別如來所住하며 證無分別三世平等하며 住無分別普眼境界하여 住一切劫하되 無有疲厭하나니 而我云何能知能說彼功德行이리오

착한 남자여, 나는 다만 <보살의 한량없는 복덕 보배광 해탈문>을 알거니와, 저 보살마하살들이 부사의한 공덕의 보배광을 얻고, 분별이 없는 여래의 몸 바다에 들어가서 분별 없고 가장 높은 법 구름을 받으며, 분별없는 공덕의 도구를 닦고, 분별없는 보현의 수행 그물을 일으키며, 분별없는 삼매의 경계에 들어가서, 분별없는 보살의 착한 뿌리와 평등하고, 분별없는 여래의 머무시는 데 머무르며, 분별없는 세 세상이 평등함을 증득하며, 분별없는 넓은 눈 경계에 머무르며, 모든 겁에 있으면서도 고달픔이 없는 일이야 내가 어떻게 알며 어떻게 그 공덕의 행을 말하겠는가?

[疏] 第四, 善男子下는 謙己推勝이라 謙己에 云, 菩薩等者는 世寶와 三寶가 蘊積十重之中일새 故云寶藏이라하고 常用無盡일새 是爲無量福德이라 後, 推勝中에 當法顯勝일새 故로 功德寶藏이 皆不思議가 卽是總句요 入無分別下는 別明이니 由無分別하여 而具諸法일새 故不思議니라

■ (라) 善男子 아래는 자신은 겸양하고 뛰어난 분을 추천함이다. ㄱ. 자기를 겸양하여 말하되, "여러 보살들은 세간의 보배와 세 가지 보배가 10층 가운데 쌓였으므로 '보배 광[寶藏]'이다"라고 하였으니 항상 써도 다하지 않음이 바로 한량없는 복덕이 됨이요, ㄴ. 뛰어난 분을 추천함 중에 해당 법이 뛰어남을 밝힌 연고로 공덕의 보배 광이 모두 불가사의 하나니 곧 총상 구절이다. ㄷ. 入無分別 아래는 개별로 밝힘이니 분별 없음으로 인하여 모든 법을 구족한 연고로 불가사의한 것이다.

(마) 다음 선지식을 지시하다[指示後友] (經/善男 7上4)
(바) 덕을 연모하여 예배하고 물러가다[戀德禮辭] (經/時善)

善男子여 於此南方에 有一國土하니 名曰藤根이요 其土에 有城하니 名曰普門이며 中有長者하니 名爲普眼이니 汝詣彼問하되 菩薩이 云何學菩薩行이며 修菩薩道리잇고하라 時에 善財童子가 頂禮其足하며 遶無數帀하며 殷勤瞻仰하고 辭退而去하니라
착한 남자여, 여기서 남쪽에 한 나라가 있으니 이름이 등근이요, 그 나라에 성이 있으니 이름이 보문이며, 거기 장자가 있으니 이름이 보안이니라. 그대는 그에게 가서 '보살이 어

떻게 보살의 행을 배우며 보살의 도를 닦느냐?'고 물어라."
그때 선재동자는 그의 발에 엎드려 절하고 수없이 돌고 은근하게 앙모하면서 하직하고 물러갔다.

[疏] 後二는 可知²⁶)니라
- 뒤의 (마) 다음 선지식을 지시함과 (바) 덕을 연모하여 예배하고 물러감은 알 수 있으리라.

바) 제17. 보안장자 선지식[普眼長者] 2.
- 제6. 선현행(善現行)에 의탁한 선지식

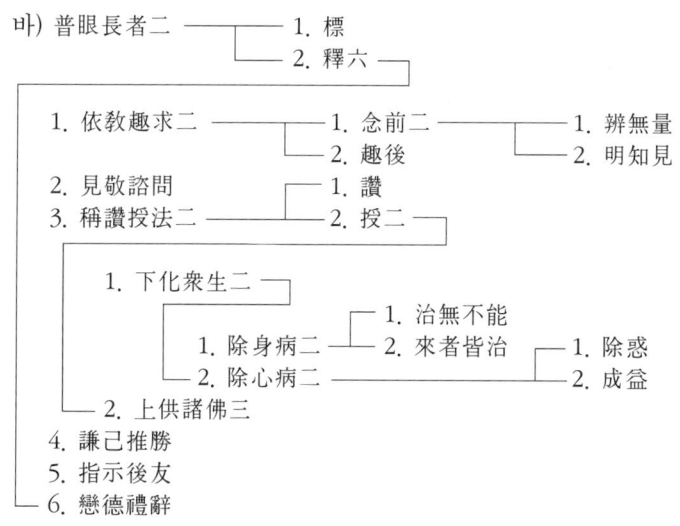

(가) 표방하다[標] (第六 7下4)

---
26) 上四字는 金本無, 續本作五示友 六戀德 並可知라 하다.

[疏] 第六, 普眼長者는 寄善現行이라
- 바) 보안장자는 제6. 선현행(善現行)에 의탁한 선지식이다.

[鈔] 寄善現行者는 慧能顯發三諦之理하여 般若現前故라
- '제6. 善現行에 의탁함'이란 지혜로 능히 세 가지 진리를 발생하여 이 치를 밝혔으니 반야가 앞에 나타나기 때문이다.

(나) 해석하다[釋] 6.
ㄱ. 선지식의 가르침에 의지하여 나아가 구하다[依敎趣求] 2.

ㄱ) 앞 선지식을 기억하다[念前] 2.
(ㄱ) 무량한 방편을 밝히다[辨無量] (國名 7下6)
(ㄴ) 무량한 지견을 밝히다[明知見] (知見)

爾時에 善財童子가 於寶髻長者所에 聞此解脫已하고 深入諸佛無量知見하며 安住菩薩無量勝行하며 了達菩薩無量方便하며 希求菩薩無量法門하며 淸淨菩薩無量信解하며 明利菩薩無量諸根하며 成就菩薩無量欲樂하며 通達菩薩無量行門하며 增長菩薩無量願力하며 建立菩薩無能勝幢하며 起菩薩智하며 照菩薩法하고

그때 선재동자는 법보계장자에게서 이 해탈문을 듣고 (1) 부처님들이 한량없이 알고 보는 데 깊이 들어가고, (2) 보살의 한량없이 훌륭한 행에 편안히 머물고, (3) 보살의 한량없는 방편을 통달하고, (4) 보살의 한량없는 법문을 구하고,

(5) 보살의 한량없이 믿고 이해함을 깨끗이 하고, (6) 보살의 한량없는 근기를 예리하게 하고, (7) 보살의 한량없는 욕망을 성취하고, (8) 보살의 한량없는 수행을 통달하고, (9) 보살의 한량없는 서원의 힘을 증장하고, (10) 보살의 이길 이 없는 당기를 세우며, (11) 보살의 지혜를 일으켜 보살의 법을 비추면서

[疏] 國名藤根者는 夫藤根이 深入於地하여 上發華苗하니 表善現行이 般若證深하여 能生後得이언정 後得이 隨物而轉일새 故로 取類於藤이라 城名普門者는 實相般若가 無所不通故라 長者名普眼者는 觀照般若로 無不見故라 第一, 依敎趣求中에 言深入諸佛無量知見者는 無量이 有二義하니 一, 多故니 卽權智境이요 二, 無分量故니 卽實慧境이라 境無量故로 智亦無量이니라

■ 나라 이름이 '등나무 뿌리'인 것은 대저 등나무 뿌리는 땅속에 깊이 들어가서 위로 꽃과 싹이 생겨나므로 선현행으로 반야를 증득함이 깊어서 능히 후득지를 생기게 하고, 후득지는 사물을 따라 구르는 연고로 등나무를 취하여 유례하였다. 성의 이름이 보문(普門)인 것은 실상반야(實相般若)는 통하지 않는 바가 없기 때문이다. 장자의 이름이 보안(普眼)인 것은 관조반야(觀照般若)로 보지 못하는 것이 없는 까닭이다. ㄱ. 선지식의 가르침에 의지하여 나아가 구함 중에 '모든 부처님의 한량없는 지견에 깊이 들어간다'고 말한 것 중의 한량없음[無量]에 두 가지 뜻이 있으니 (1) 많은 연고로 방편 지혜와 합치한 경계요, (2) 분량이 없는 까닭이니 실법 지혜와 합치한 경계이니, 경계가 한량없는 연고로 지혜도 또한 한량없는 것이다.

[疏] 知見도 亦二義니 一, 別이니 謂知는 卽是智요 見은 卽是慧니 卽照二境之智慧라 二, 通者는 謂知見二字가 俱是如來가 能證如實하사 知彼義故라 卽無障礙智니라 若爾인대 何假重言고 爲揀比知일새 所以로 言見이요 爲揀肉眼見일새 所以로 云知니 此如世親般若論에 釋悉知悉見이라 入은 謂證達이라 餘句는 易이니라

■ 지견(知見)도 역시 두 가지 뜻이니 (1) 별상이니 이른바 앎은 곧 지혜요, 봄은 곧 슬기를 말하나니, 두 경계를 비춤과 합치한 지혜요, (2) 통상이니 이른바 지견(知見) 두 글자가 모두 여래의 증득하는 주체이니, 저런 뜻을 여실하게 아는 까닭이니 곧 장애 없는 지혜이다. 만일 그렇다면 어찌하여 거듭 말함을 빌렸는가? 비지(比知)와 구분하기 위한 연고로 '본다'고 말한 것이요, 육안(肉眼)과 구분하기 위한 연고로 '안다'고 말하였으니, 이것은 마치 세친(世親) 논사의 『반야론』에서 '다 알고 다 본다'고 해석함과 같다. '들어감'은 증득하고 통달함이라 말하며, 나머지 구절은 쉽게 알 수 있으리라.

[鈔] 無量有二下는 疏中에 先, 釋無量이요 後, 知見下는 釋知見이라 於中에 亦二니 先, 別이니 依法華論이요 後, 通이니 卽般若論이라 論에 云, 如來悉知諸衆生이 便足이어늘 何故로 復說如來가 悉見是諸衆生하고 若不說如來悉見是諸衆生인가 或謂如來가 以比智知니 恐生如是心故니라 若爾인대 但言如來가 悉見是諸衆生이 便足이어늘 何故로 復說如來가 悉知是諸衆生고 若不說如來悉知是諸衆生하면 或謂如來가 以肉眼等으로 見이라하리니 爲防是故로 說知見二語니라 功德施論上卷에 云, 何故로 知見을 俱說耶아 爲開顯一切智故라 此復云何오 一切智者가 於諸境界에 朗[27]然現覺이 非如比智가 見煙知有

火하여 不能照了諸相差別이며 亦非如肉眼이 見麤近하고 細種遠處를 卽不能知하여 但隨他說하며 或如彼故라하니라 智論二十九[28]에 明十八不共法解脫無減中에 問曰, 解脫知見者는 但應言知어늘 何以復言見고 答曰, 言知言見하야사 事得牢固러라 言如繩二가 合卽爲堅이니라 復次若但說知하면 卽不攝一切慧라 如阿毘曇에 所說慧有三種하니 有知非見이며 有見非知며 有亦知亦見이라 有知非見者는 盡智와 無生智와 五識相應知오 有見非知者는 八忍과 世間正見과 五邪見이요 有亦知亦見者는 餘殘[29]諸慧라 若說知하면 謂不攝見하고 若說見하면 則不攝知니 是故로 說知見하면 則具足[30]이니라 復次從人讀誦하여 分別籌量하면 是名知요 自身得證하면 是名見이라 譬如耳聞에 事尙有疑니 是名知요 親自目觀하면 了了無疑니 是名見이라 解脫中의 知見도 亦如是差別이라하니라

● 無量有二 아래는 소문 중에 (ㄱ) 무량한 방편을 해석함이요, (ㄴ) 知見 아래는 무량한 지견을 해석함이다. 그중에 또한 둘이니 (1) 별상이니『법화론(法華論)』에 의지한 해석이요, (2) 통상이니 곧『금강반야론』[31]이다. 논에 이르되, "여래께서 이 모든 중생들을 다 아시는 것만으로도 충분한데 무엇 때문에 다시 여래는 이 모든 중생들을 다 본다고 말씀하셨는가? 만약 여래께서 이 모든 중생들을 다 본다는 말씀을 하시지 않았다면, 혹 어떤 사람들은 '여래께서 비지(比知)로써 아신 게 아닌가?' 하고 이와 같은 의심을 낼까 염려하기 때문이다. 만약 그렇다면 다만 여래께서 이 모든 중생들을 다 본다고만 하면 충분할

---

27) 上九字는 原南續金本作貴於諸境界耶 玆據論改正이라 하다.
28) 按今本하니 卷二十六이라 하다.
29) 殘은 原南續金本作師, 論作殘이라 하다.
30) 足下에 南續金本有如, 論原本作復次如라 하다.
31)『금강반야바라밀경론』은 상·중·하 3권으로 된 세친보살의 저술이다.

텐데 무엇 때문에 여래께서는 이 모든 중생들을 다 안다고 또 말씀하셨는가? 만약 여래께서 이 모든 중생들을 다 안다고 말씀하시지 않았다면, 혹 어떤 사람은 여래께서 육안(肉眼) 등으로 보는 것이라고 말할 것이므로 이러한 일을 방지하기 위한 까닭이다"라고 하였다.

'지(知)와 견(見)의 두 말을 말함'은 『공덕시보살론(功德施菩薩論)』 상권에 이르되, "무슨 연고로 지와 견을 함께 말하였는가? 온갖 지혜를 열어서 밝히기 위함이다. 이것은 또 어떠한가? 온갖 지혜는 모든 경계를 환하게 깨달음을 밝힐 적에 비지의 지혜와 같지 않고, 연기를 보면 불이 난 줄 알고 능히 모든 형상의 차별을 비추어 요달하지 못하고, 또한 육안으로 거칠고 가까운 것만 보는 것과 같지 않으며, 미세한 종자나 먼 곳은 곧 능히 보지 못하고 혹은 저와 같다"라 하였고, 『대지도론』 제29권에 18가지 함께하지 않는 법이 해탈함에 감소함이 없음을 밝힌 중에 "물어 말하되, '해탈지견에서는 다만 안다[知]는 것만 말하면 되는데 무엇 때문에 다시 본다[見]는 것을 말하는가?' 대답해 말하되, "안다고 말하고 본다고 말하면 그 일이 더욱 견고하게 된다. 비유컨대 마치 줄을 두 개를 합하여 하나로 만들면 더욱 견고한 것과 같다. 또 만일 안다고만 말하면 온갖 지혜를 포섭하지 못함은 마치 아비담(阿毘曇)에서 말한 것과 같다. 지혜에는 세 가지가 있나니, (1) 알면서도 본 것이 아닌 것[知非見]이 있고, 보았으면서도 안 것이 아닌 것[見非知]이 있으며, 알기도 하고 보기도 한 것[亦知亦見]이 있다. (2) 알면서도 본 것이 아니라 함은 진지(盡智)와 무생지(無生智)와 5식과 상응하는 앎[五識相應知]이요, '보았으면서도 안 것이 아니라 함'은 팔인(八忍)과 세간의 바른 소견[正見]과 다섯 가지 삿된 소견[五邪見]이며, '알기도 하고 보기도 한다 함'은 그 밖의 나머지 모든 지혜이다. 만일 안다고 말하면 보는 것이 포섭되지 않고, 만일 보았다고 말하면 아는 것이 포섭되지 않나니, 이 때문에 알고 보는 것을 완전히 갖추어서 말한 것이다. 또 남으로부터 읽고 외고 헤아리고 분별하는 것을 '바로 안다'고 하고, 자기 자신이 몸소 얻고 깨달은 것을 '바로 본다'고 한다. 비유컨대 마치 귀로 그 일을 들었으나 아직도 의심이 있으면 그것을 안다고 하고, 자신이 몸소 보았고 똑똑히 알면서 의심이 없으면 이것을 보았다고 하는 것과 같다. 해탈 속에서의 지견(知見)도 역시 이러한 차별이 있다"라고 하였다.

瑜伽八十六에 云, 問호대 知見이 有何差別고 答호대 照過去와 及以未來의 現見境인 此[32]慧는 名知요 照現在境인 此慧[33]는 名見이니라 又所取爲緣인 此慧는 名知요 能取爲緣인 此慧는 名見이니라 又聞思所成인 此慧는 名知요 修所成者는 此慧를 名見이니라 又能斷煩惱인 此慧는 名知요 斷煩惱已에 能證解脫은 此慧는 名見이니라 又緣自相境인 此慧는 名知요 緣共相境인 此慧는 名見이니라 又尋求諸法인 此慧는 名知요 旣尋求已에 伺察諸法인 此慧는 名見이니라 又緣無分別影像인 此慧는 名知요 緣有分別影像爲境인 此慧는 名見이니라 又有色爾燄影像이 爲緣인 此慧는 名見이요 無色爾燄影像이 爲緣인 此慧는 名知[34]라하니라 釋曰, 爾燄은 爲所緣也니라 成實論第十九의 見知品에 云,[35] 問曰, 正見과 正知가 有何差別고 答曰, 卽是一體요 無有差別이라 正見二種이니 世間과 出世間이라 世間者는 謂有罪福等이요 出世間者는 謂能通達苦[36]等諸諦라 正智도 亦爾니라 乃至問曰,

---

32) 此는 南續金本作名誤, 論原本作此라 하다.
33) 慧는 甲南續金本作總誤, 論原本作慧라 하다.
34) 上九知字는 瑜伽皆作智라 하다.
35) 案下所引見成實論卷十六 見智品第一百九十三이라 하다.

經中에 說知者와 見者는 則同漏盡이니 有何差別고 答曰, 若智로 初破惑을 名知요 入諸位已를 名爲見이며 始觀을 名知요 達了를 名見이니 有如是深淺等別이라하니라

● 『유가사지론』 제86권에 이르되, "묻는다. '지(智)와 견(見)은 어떠한 차별이 있는가?' 대답한다. '(1) 만일 과거와 미래를 비추고 현재 보이는 경계가 아닌 이 혜(慧)를 지(智)라 하고, 현재의 경계를 비추는 이 혜를 견(見)이라 한다. (2) 또 취할 바[所取]를 반연으로 하는 이 혜를 지(智)라 하고, 능히 취함[能取]을 반연으로 하는 이 혜를 견(見)이라고 한다. (3) 또 듣고 생각하여 이루는 바[聞思所成]의 이 혜를 지(智)라 하고, 닦아서 이루는 바[修所成]의 것인 이 혜를 견(見)이라 한다. (4) 또 번뇌를 끊는 이 혜를 견(見)이라 하고, 번뇌가 끊어진 뒤에 해탈을 증득하는 이 혜를 지(智)라고 한다. (5) 또 제 모양의 경계를 반연하는 이 혜를 지(智)라 하고, 공통한 모양의 경계를 반연하는 이 혜를 견(見)이라고 한다. (6) 또 임시의 시설로 말미암아 두루하게 저 안팎의 행 안에서 혹은 세워 〈나〉라고 하거나 혹은 유정·하늘·용·야차·건달바·아수라·가루라·긴나라·마후라가 등을 세우거나 혹은 군대 숲과 집이며 산 등을 세우는 이와 같은 따위의 세속의 이치행으로써 알 바 경계를 반연하는 이 혜(慧)를 지(智)라 하고, 능히 제 모양과 공통한 모양을 취하는 이 혜를 견(見)이라 한다. (7) 또 모든 법을 머트럽게 생각하는 이 혜를 지(智)라 하고, 이미 머트럽게 생각한 뒤에는 모든 법을 세밀하게 생각하는 이 혜를 견(見)이라고 한다. (8) 분별이 없는 영상[無分別影像]을 반연으로 하는 이 혜를 지(智)라 하고, 분별이 있는 영상[有分別影像]을 반연으로 하는 이 혜를

---

36) 通達苦는 南續金本作徧平, 原本作徧平等平; 玆據論改正이라 하다.

견(見)이라고 한다. (9) 또 빛깔이 있는 이염(爾焰)[37]의 영상을 반연으로 하는 이 혜를 견(見)이라 하고, 빛깔이 없는 이염의 영상을 반연으로 하는 이 혜를 지(智)라고 한다.'"라고 하였다. 해석하자면 이염(爾焰)을 인연할 대상으로 삼았으니,『성실론』제19권 견지품(見知品)에 이르되, "물어 말하되, '바른 소견과 바른 지혜와는 어떠한 차별이 있는가?' 대답하여 말하되, '이는 곧 하나의 체성이어서 차별이 없다. 바른 소견은 두 가지로서 세간과 출세간이다. 세간이라 함은 죄(罪)와 복(福) 등이 있고, 출세간이라 함은 괴로움 등의 모든 진리에 통달하는 것이다. 바른 지혜에도 역시 그렇다'라 하였고, 나아가 물어 가로되, '경전 중에서 지혜라는 것과 소견이라는 것은 샘이 다함을 얻는다고 하였다. 무슨 차별이 있는가?' 대답하여 말하되, '만일 지혜로 처음에 붙인 이름을 부수면 그것을 앎[知]이라 하고, 모든 법의 지위[法位]에 들은 다음이면 소견이라 하며, 관하기 시작한 것을 앎이라 하고, 통달하여 깨달은 것을 소견이라 한다. 이와 같은 법 등의 깊고 얕은 차별이 있다'"라고 하였다.

俱舍二十六에 通明忍智見別하니 論에 云, 前品에 初說依法忍法智[38]하고 於後에 復說正見正智하니 爲有忍非智耶아 爲有智非見耶아 頌曰, 聖慧는 忍이고 非智요 盡과 無生은 非見이요 餘는 二이고 有漏慧는 皆智며 六은 見의 性이라하니라 釋曰, 初句와 及第三句의 餘二字는 明無漏慧요 有漏已下는 明有漏慧也니라 聖慧忍非智者는 聖慧忍은 謂見道中의 八忍也라 忍은 非智性이요 決斷을 名智니 忍起之時에 與

---

37) 爾焰 : 범어 jneya, 이염(爾炎)이라고도 한다. 알아야 할 대상이니, 소지(所知)·경계(境界)·지모(智母)·지경(智境)이라 번역. 오명(五明) 등의 법이 지혜를 발생케 하는 경계가 되는 것. (불교학대사전 p.1262- )
38) 上五字는 論作諸忍諸智라 하다.

疑$^{39)}$得俱하여 未成決斷$^{40)}$일새 故不名智니라 盡無生非見者는 盡無生智는 不名爲見이니 推度을 名見이라 此之二智는 已息求心일새 非推度故로 故不名見이니라 餘二者는 餘無漏慧는 皆通智$^{41)}$見二性이니 已斷疑故며 推度性故라 有漏慧는 皆智이며 六, 見性者는 諸有漏慧는 皆智性攝이라 於中에 唯六도 亦是見性이니 謂身見等五와 及世間正見이라 如上聖慧와 及有漏慧가 皆擇法故로 並慧$^{42)}$性攝이니라 大婆沙九十五論에 云, 應具分別見과 智와 慧인 三自性差別이니 云何爲見고 答이라 眼根과 五見과 世俗正見과 學無學見이니라 問이라 何故로 眼根을 說名爲見고 答이라 由四事故니 一, 賢聖說故요 二, 世俗說故요 三, 契經說故요 四, 世現見故니라 云云하다…〈下略〉…

● 『구사론』제26권(分別智品)에 이르되, "앞의 품 처음에 모든 인(忍)과 모든 지(智)를 설명하였다. 그 후에 다시 바른 소견[正見]과 바른 지혜[正智]를 설명하였으니 '어떤 인(忍)이 지(智)가 아닌가? 어떤 지(智)가 견(見)이 아닌가?' 게송으로 말하되, "거룩한 지혜는 인(忍)이고 지(智)가 아니며, 진지(盡智)와 무생지(無生智)는 견(見)이 아니요, 그 외는 둘이고 유루혜(有漏慧)는 모두 지(智)이며 그중의 여섯만은 견(見)의 성품이네"라고 하였다. 해석하자면 첫 구절과 셋째 구절의 나머지 두 글자는 무루혜(無漏慧)를 밝힘이요, 有漏 아래는 유루혜(有漏慧)를 밝힘이다. '거룩한 지혜는 인(忍)이고 지(智)가 아님'에서 거룩한 지혜는 인이란 이른바 견도(見道) 중의 여덟 인(忍)이니, 팔인(八忍)은 지(智)의 성품이 아니니 결단함을 지(智)라 이름한다. 인을 시작할 때에 의심과

---

39) 疑는 原南續金本作非誤, 據論及暉疏改正이라 하다.
40) 斷은 甲南續金本作定斷, 原本及暉疏作斷이라 하다.
41) 智는 原南續金本作知, 論及暉疏作智라 하다.
42) 慧는 原南續金本作通, 論及暉疏作慧라 하다.

함께함을 얻는데, 결단을 이루지 못하므로 지(智)라 이름하지 못한다. 진지(盡智)와 무생지(無生智)를 견(見)이라 이름하지 않으며, 미루어 헤아림을 견(見)이라 이름하나니, 이런 두 지혜는 이미 구하는 마음을 쉬고서 미루어 헤아리지 않기 때문이다. 그러므로 견(見)이라 이름하지 않는다. 나머지 두 가지에서 그 외 무루혜(無漏慧)는 모두 지(智)와 견(見)의 두 성품에 통하나니 자기 의심과 미루어 헤아리는 성품을 끊었기 때문이다. '유루혜(有漏慧)는 모두 지(智)이며 그중의 여섯만은 견(見)의 성품이네'에서 온갖 유루혜가 모두 지(智)의 성품에 해당된다. "그중의 여섯 가지만이 또한 견(見)의 성품이다. 말하자면 다섯 가지 염오인 견[見=身見 등의 다섯]과 세속의 바른 소견까지 합해서 여섯 가지가 된다. 그와 같이 설명한 거룩한 유루혜(有漏慧)는 모두 법을 간택하므로 아울러 다 혜(慧)의 성질에 해당된다"라 하였으니 『대비바사론』 제95권에 이르되, "(묻는다.) '응하여 분별함과 견과 지혜의 세 가지 자체 성품의 차별을 갖추었다면 어떤 것을 견이라 하는가?' 대답하여 말한다. '눈의 감관 등 다섯 가지 견과 세속의 바른 소견과 유학·무학의 견이다.' 묻는다. '무엇 때문에 안근(眼根)을 견(見)이라 이름하는가?' 대답한다. '네 가지 일 때문이니 (1) 현성(賢聖)이 말한 연고요, (2) 세속에서 말하는 연고요, (3) 수다라에 설한 연고요, (4) 세상에서 현재 보기 때문이다'"라고 운운(云云)하였다.…〈아래 생략〉…

ㄴ) 다음 선지식에 나아가다[趣後] (二趣 12上2)

漸次而行하여 至藤根國하여 推問求覓彼城所在할새 雖

歷艱難이나 不憚勞苦하고 但唯正念善知識敎하여 願常
親近承事供養하며 徧策諸根하여 離衆放逸하니라
점점 나아가서 등근국에 이르러서는 그 성이 있는 데를 물
으며 찾았다. 비록 어려운 일을 당하여도 수고를 생각지 않
고 오직 선지식의 가르침을 바로 생각하면서, 항상 가까이
모시고 섬기며 공양하려고 여러 감관을 가다듬고 방일함을
여의었다.


[疏] 二, 趣後는 可知로다
■ ㄴ) 다음 선지식에 나아감은 알 수 있으리라.

ㄴ. 만나서 공경을 표하고 법문을 묻다[見敬諮問] (第二 12上7)

然後에 乃得見普門城에 百千聚落이 周帀圍遶하여 雉堞
崇峻하고 衢路寬平하며 見彼長者하고 往詣其所하며 於
前頂禮하고 合掌而立하여 白言하되 聖者여 我已先發阿
耨多羅三藐三菩提心하니 而未知菩薩이 云何學菩薩行
이며 云何修菩薩道리잇고
그러다가 보문성을 보았는데 백천 마을이 주위에 둘러 있
고 성 위의 담은 높고 도로가 넓었다. 장자가 있는 것을 보
고, 앞에 나아가 엎드려 절하고 합장하고 서서 말하였다.
"거룩하신 이여, 저는 이미 아뇩다라삼먁삼보리심을 내었
사오나, 보살이 어떻게 보살의 행을 배우며 어떻게 보살의
도를 닦는지를 알지 못하나이다."

[疏] 第二, 然後乃得下는 見敬咨問이라 中에 先, 見依正이라 百千聚落이 周帀圍繞者는 眷屬般若也라 雉堞崇峻者는 般若가 防非하여 高而無上也라 五板爲堵요 五堵爲雉이니 堞은 卽女牆이라 衢路寬平者는 般若는 諸佛常行이요 非權徑故니 蕩然無涯니라

- ㄴ. 然後乃得 아래는 만나서 공경을 표하고 법문을 물음이다. 그중에 ㄱ) 의보와 정보를 봄이요, '백천 마을이 주위에 둘러 있고'는 권속반야이다. '성 위의 담은 높고'는 반야가 잘못을 막아 주고 높아서 위가 없다는 뜻이다. 다섯 가지 널빤지가 담장이 되고, 다섯 담장은 성이 되며, 성가퀴[堞]는 곧 음지의 담장이다. '도로가 넓다'는 것은 반야는 모든 부처님이 항상 행하지만 방편이 아닌 지름길인 연고로 시원함이 끝없다는 뜻이다.

[鈔] 眷屬般若者는 然이나 般若有五하니 一, 實相般若니 卽所證理요 二, 觀照般若니 卽能證智요 三, 文字般若니 卽能詮43)敎라 古唯有三이러니 親說에 有五하여 加四44)境界般若니라 實相은 唯悟眞境이요 兼後智體어니와 今境界는 通事니 六塵之境이 皆爲境界니라 五, 眷屬般若니 卽與慧로 同時하는 諸心과 心所라 今此具五니라 城爲實相이요 長者는 爲觀照요 釋無量中에 已有境界요 今有眷屬이며 文字는 通四니라

- 권속반야란 그런데 반야에 다섯 가지가 있으니 (1) 실상반야는 곧 증득할 대상인 이치요, (2) 관조반야는 곧 증득하는 주체의 지혜요, (3) 문자반야는 곧 말하는 주체의 가르침이다. 예전에는 오직 셋만 있었지만 가깝게 말하면 다섯이 있으니 (4) 경계반야를 더하나니 실

---

43) 詮은 甲南金本作論이라 하나 誤植이다.
44) 四는 甲南續金本作第四라 하다.

상은 오직 진여 경계뿐 아니고, 겸하여 후득지의 자체를 깨닫는다. 지금 경계는 현상과 통하는데 육진의 경계는 모두 경계가 되고, (5) 권속반야는 곧 지혜와 더불어 동시에 모든 심왕과 심소이다. 지금 여기는 다섯 가지를 갖추었으니 성(城)은 실상반야, 장자는 관조반야가 된다. (ㄱ) 무량한 방편을 밝힘 중에 이미 경계가 있으니, 지금은 권속반야가 있으니 문자반야는 넷과 통한다.

ㄷ. 선재동자를 칭찬하고 법을 설해 주다[稱讚授法] 2.

ㄱ) 선재동자를 칭찬하다[讚] (第三 13上5)

長者가 告言하시되 善哉善哉라 善男子여 汝已能發阿耨多羅三藐三菩提心이로다
장자는 말하였다. "좋고 좋다. 착한 남자여, 그대가 능히 아뇩다라삼약삼보디심을 내었도다.

[疏] 第三, 長者告下는 稱讚授法이니 先, 讚이요
- ㄷ. 長者告 아래는 선재동자를 칭찬하고 법을 설해 줌이니, ㄱ) 선재동자를 칭찬함이요,

ㄴ) 법문을 설해 주다[授] 2.
(ㄱ) 아래로 중생을 교화하다[下化衆生] 2.
a. 몸의 병을 제거하다[除身病] 2.
a) 치료하지 못함이 없다[治無不能] (後善 13上5)

b) 오는 이는 모두 치료하다[來者皆治] (後善)

善男子여 我知一切衆生諸病하여 風黃痰熱과 鬼魅蠱毒과 乃至水火之所傷害인 如是一切所生諸疾을 我悉能以方便救療하노라 善男子여 十方衆生의 諸有病者가 咸來我所에 我皆療治하여 令其得差하며 復以香湯으로 沐浴其身하여 香華瓔珞과 名衣上服으로 種種莊嚴하고 施諸飮食과 及以財寶하여 悉令充足하여 無所乏短하나니라

착한 남자여, 나는 모든 중생의 여러 가지 병을 아노니, 풍병·황달병·해소·열병·귀신의 침책·방자의 독과, 물에 빠지고 불에 상한 것과 이렇게 생기는 여러 가지 병을 내가 모두 방편으로 치료하노라. 착한 남자여, 시방의 중생들로 병이 있는 이는 모두 나에게 오라. 내가 다 치료하여 쾌차케 하며, 또 향탕으로 몸을 씻기고 향과 꽃과 영락과 좋은 의복으로 잘 꾸며 주고, 음식과 재물을 보시하여 조금도 모자람이 없게 하노라.

[疏] 後, 善男子下는 授己法界라 於中에 二니 先, 能療病이니 即下化衆生이요 後, 善男子我又下는 明能合香이니 上供諸佛이라 今初에 有二하니 先, 除身病이요 後, 治心病이라 前中에 亦二니 先, 治無不能이요 後, 善男子十方下는 來者皆治니 兼與身樂이라
- ㄴ) 善男子 아래는 법문을 설해 줌이다. 그중에 둘이니 먼저 병을 능히 치료함이니 곧 (ㄱ) 아래로 중생을 교화함이요, (ㄴ) 善男子我又 아래는 합하는 주체인 향으로 위로 부처님께 공양함을 밝힘이다. 지

금은 (ㄱ)에 둘이 있으니 a. 몸의 병을 제거함이요, b. 마음의 병을 제거함이다. a. 중에 또한 둘이니 a) 치료하지 못함이 없음이요, b) 善男子十方 아래는 오는 이는 모두 치료하며 겸하여 몸의 즐거움을 준다.

b. 마음의 병을 제거하다[除心病] 2.
a) 번뇌를 없애다[除惑] (二然 14上9)
b) 이익을 성취하다[成益] (後爲)

然後에 各爲如應說法하되 爲貪欲多者하여 教不淨觀하며 瞋恚多者에 教慈悲觀하며 愚癡多者에 教其分別種種法相하며 等分行者에 爲其顯示殊勝法門하며 爲欲令其發菩提心하여 稱揚一切諸佛功德하며 爲欲令其起大悲意하여 顯示生死無量苦惱하며 爲欲令其增長功德하여 讚歎修集無量福智하며 爲欲令其發大誓願하여 稱讚調伏一切衆生하며 爲欲令其修普賢行하여 說諸菩薩이 於一切刹一切劫住에 修諸行網하며 爲欲令其具佛相好하여 稱揚讚歎檀波羅蜜하며 爲欲令其得佛淨身하여 悉能徧至一切處故로 稱揚讚歎尸波羅蜜하며 爲欲令其得佛清淨不思議身하여 稱揚讚歎忍波羅蜜하며 爲欲令其獲於如來無能勝身하여 稱揚讚歎精進波羅蜜하며 爲欲令其得於清淨無與等身하여 稱揚讚歎禪波羅蜜하며 爲欲令其顯現如來清淨法身하여 稱揚讚歎般若波羅蜜하며 爲欲令其現佛世尊清淨色身하여 稱揚讚歎方便波羅蜜

하며 爲欲令其爲諸衆生住一切劫하여 稱揚讚歎願波羅蜜하며 爲欲令其現淸淨身이 悉過一切諸佛刹土하여 稱揚讚歎力波羅蜜하며 爲欲令其現淸淨身이 隨衆生心悉使歡喜하여 稱揚讚歎智波羅蜜하며 爲欲令其獲於究竟淨妙之身하여 稱揚讚歎永離一切諸不善法이니 如是施已하고 各令還去케하노라

그런 뒤에 그들에게 각각 알맞게 법을 말하노니, (1) 탐욕이 많은 이는 부정하게 관함을 가르치고, (2) 미워하고 성내는 일이 많은 이는 자비하게 관함을 가르치고, (3) 어리석음이 많은 이는 가지가지 법의 모양을 분별하도록 가르치고, (4) 세 가지가 평등한 이는 썩 나은 법문을 가르치노라. (5) 그들로 하여금 보리심을 내게 하려고 모든 부처님의 공덕을 찬탄하며, (6) 크게 가엾이 여기는 생각을 일으키려고 나고 죽는 데 한량없는 고통을 나타내며, (7) 공덕을 늘게 하려고 한량없는 복과 지혜를 모으는 것을 찬탄하며, (8) 큰 서원을 세우게 하려고 모든 중생을 조복하는 것을 칭찬하며, (9) 보현의 행을 닦게 하려고 보살들이 모든 세계에서 온갖 겁 동안에 여러 가지 행을 닦는 것을 말하노라. (10) 그들로 하여금 부처의 거룩한 모습을 갖추게 하려고 단나바라밀다를 칭찬하며, (11) 부처의 깨끗한 몸을 얻어 온갖 곳에 이르게 하려고 시라바라밀다를 칭찬하며, (12) 부처님의 청정하고 부사의한 몸을 얻게 하려고 인욕바라밀다를 칭찬하며, (13) 여래의 이길 이 없는 몸을 얻게 하려고 정진바라밀다를 칭찬하며, (14) 청정하고 같을 이 없는 몸을 얻게 하려고 선정

바라밀다를 칭찬하며, (15) 여래의 청정한 법의 몸을 드러내려고 반야바라밀다를 칭찬하노라. (16) 그들로 하여금 세존의 깨끗한 육신을 나타내게 하려고 방편바라밀다를 칭찬하며, (17) 중생들을 위하여 모든 겁에 머물게 하려고 서원바라밀다를 칭찬하며, (18) 청정한 몸을 나타내어 모든 부처님 세계에 지나가게 하려고 힘바라밀다를 칭찬하며, (19) 청정한 몸을 나타내어 중생들의 마음을 따라 기쁘게 하려고 지혜바라밀다를 칭찬하며, (20) 끝까지 깨끗하고 묘한 몸을 얻게 하려고 모든 착하지 않은 법을 아주 떠날 것을 칭찬하노니, 이렇게 보시하여서 각각 돌아가게 하였느니라.

[疏] 二, 然後各爲下는 治心病이라 亦二니 先, 明除惑이니 義通大小라 後, 爲欲令其下는 令其成益이니 此唯大乘이라 有十六句하니 初五는 通顯大心行願이요 次十은 別明十度之因이 感十身之果라 施滿他心일새 故로 相好로 悅物이요 戒徧止惡일새 故로 淨身徧至요 忍兼忍理일새 故不思議요 進策萬行일새 故無能勝이요 禪唯一心일새 故無與等이요 般若照理일새 故顯法身이요 方便은 顯用일새 色身을 可覩오 願窮來際일새 住劫無窮이요 力不可搖일새 悉過一切요 智窮事法일새 故隨物成身이라 後一句는 總離諸惡이니 故로 究竟淨妙니라

■ b. 然後各爲 아래는 마음의 병을 제거함이다. 또한 둘이니 a) 번뇌를 없앰을 밝힘이니 뜻이 대승과 소승에 통한다. b) 爲欲令其 아래는 그로 하여금 성취케 한 이익이다. 이것은 오직 대승뿐이니 16구절이 있다. (a) 다섯 구절[⑥ 爲欲令其發菩提心 稱揚 ~ ⑩ 爲欲令其修普賢行 說諸菩薩]은 대승심으로 행원함을 통틀어 밝힘이요, (b) 다음의 열 구

절[⑪ 爲欲令其具佛相好 稱揚 ~ ⑳ 爲欲令其現淸淨身 稱揚讚歎-]은 십바라밀의 인행으로 열 가지 몸의 과덕을 감득함을 밝힘이다. ㊀ 보시하여 다른 이의 마음을 만족하는 연고로 상호로 중생을 기쁘게 하고, ㊁ 계율로 두루 악함을 그치게 하는 연고로 청정한 몸이 두루 이름이요, ㊂ 인욕은 인욕의 이치를 겸하는 연고로 불가사의함이요, ㊃ 정진으로 만 가지 행을 꾸짖는 연고로 능히 이길 수가 없음이요, ㊄ 선정은 오직 한결같은 마음뿐인 연고로 평등할 이가 없으며, ㊅ 반야는 이치를 비추는 연고로 법신을 밝힘이요, ㊆ 방편은 작용을 밝혀서 색신을 볼 수 있는 것이요, ㊇ 원력은 미래제가 다하도록 머무는 겁이 무궁함이요, ㊈ 힘은 흔들 수가 없나니 온갖 것을 초과하는 연고요, ㊉ 지혜는 현상법을 궁구하는 연고로 중생을 따라 몸을 이룬다. (c) 뒤의 한 구절[(21) 爲欲令其獲於究竟淨妙之身 稱揚-]은 모든 악함을 총합하여 여의는 연고로 끝까지 깨끗하고 묘한 것이다.

[鈔] 次十別明十度之因感十身果는 疏中에 但按文⁴⁵⁾直釋이라 此十이 亦卽菩提願等如來十身이니 一, 施度는 卽相好莊嚴身이요 二, 戒는 獲意生身이니 以徧至故요 三, 忍은 獲威勢身이요 四, 進策萬行일새 故成菩提요 五, 禪은 獲福德無等이요 六, 顯法身이요 七, 成化身이요 八, 亦成願身이요 九, 還成力持요 十, 亦成智身이라 後一은 總淨十身이니라

- (b) '다음의 열 구절은 십바라밀의 인행으로 열 가지 몸의 과덕을 감득함을 밝힘'이란 소문 중에 단지 경문만 참고하여 바로 해석함이다. 이런 열 가지도 또한 보리신과 원신(願身) 등 부처님의 열 가지 몸이

---

45) 文은 甲南續金本作現文이라 하다.

다. (1) 보시바라밀은 곧 상호로 장엄한 몸이요, (2) 지계는 의생신(意生身)을 얻나니 두루 이르는 연고요, (3) 인욕은 위세신(威勢身)을 얻음이요, (4) 정진하여 만 가지 행을 경책하는 연고로 보리신(菩提身)을 이루고, (5) 선정은 짝할 이 없는 복덕신(福德身)을 얻음이요, (6) (반야는) 법신을 드러냄이요, (7) 화신을 이룸이요, (8) 또한 원신(願身)을 이룸이요, (9) 도리어 역지신(力持身)을 이룸이요, (10) 또한 지혜의 몸을 이룰 것이요, (c) 한 구절은 열 가지 몸을 총합하여 청정케 함이다.

(ㄴ) 위로 부처님께 공양 올리다[上供諸佛] 3.
a. 향기의 체성을 알다[知其香體] (二上 15下 4)
b. 공양 올리고 서원을 일으키다[興供起願] (經/又善)
c. 큰 공양을 잘 성취하다[能成大供] (經/又善)


善男子여 我又善知和合一切諸香要法하니 所謂無等香과 辛頭波羅香과 無勝香과 覺悟香과 阿盧那跋底香과 堅黑栴檀香과 烏洛迦栴檀香과 沈水香과 不動諸根香이니 如是等香을 悉知調理和合之法이로라 又善男子여 我持此香하여 以爲供養하고 普見諸佛하여 所願皆滿하니 所謂救護一切衆生願과 嚴淨一切佛刹願과 供養一切如來願이니라

又善男子여 然此香時에 一一香中에 出無量香하여 徧至十方一切法界一切諸佛衆會道場하여 或爲香宮하고 或爲香殿하며 如是香欄楯과 香垣牆과 香却敵과 香戶牖와

香重閣과 香半月과 香蓋와 香幢과 香旛과 香帳과 香羅網과 香形像과 香莊嚴具와 香光明과 香雲雨가 處處充滿하야 以爲莊嚴하나니라

착한 남자여, 나는 또 여러 가지 향을 만드는 중요한 법을 아노니, 이른바 같을 이 없는 향·신두파아라 향·이길 이 없는 향·깨닫는 향·아로나발저 향·굳은 흑 전단향·오락가 전단향·침수 향·모든 감관 흔들리지 않는 향이니, 이런 향을 만드는 법을 다 아노라. 또 착한 남자여, 나는 이 향으로 공양하고 여러 부처님을 뵈옵고 소원이 만족하였으니, 이른바 모든 중생을 구호하는 소원·모든 부처 세계를 깨끗이 하는 소원·모든 여래께 공양하는 소원이니라.

또 착한 남자여, 이 향을 사를 적에 낱낱 향에서 한량없는 향기가 나와 시방 모든 법계와 모든 부처님 도량에 풍기니, 향의 궁궐도 되고 향의 전각도 되며, 이렇게 향 난간·향 담·향 망루·향 창호·향 누각·향 반월·향 일산·향 당기·향 번기·향 휘장·향 그물·향 형상·향 장엄거리·향 광명·향 구름 비가 곳곳에 가득하여 장엄하였느니라.

[疏] 二, 上供佛行이라 中에 三이니 初, 知香體라 辛頭者는 即信度河也라 波羅는 是岸이니 即彼河岸之香이라 阿盧那跋底니 此云赤色極이요 烏洛迦者는 西域蛇名이니 其蛇有毒하여 繞此檀樹故라 和合者는 戒定慧等이 融無礙故라 次, 興供起願이요 後, 能成大供이라 文處가 並顯이니라

■ (ㄴ) 위로 부처님께 공양 올림이니 그중에 셋이다. a. 향기의 체성을

앎이니 신두(辛頭)는 곧 신도하(信度河) 강이요, 파아라[波羅]는 언덕이니 곧 저 신도하 강의 언덕에서 나는 향은 아로나발저(阿盧那跋底)이니 지극히 빨간색이라 번역함이요, 오락가(烏洛迦)는 서역의 뱀 이름이니, 그 뱀이 독이 있고 이 박달나무[檀樹]에 둘러 있는 까닭이다. 화합함은 지계와 선정과 지혜 등이 융섭하여 무애한 연고요, b. 공양 올리고 소원을 일으킴이요, c. 큰 공양을 잘 성취함이니 경문의 해당 처소를 함께 밝혔다.

ㄹ. 자신은 겸양하고 뛰어난 분을 추천하다[謙己推勝] (第四 16上6)

善男子여 我唯知此令一切衆生普見諸佛歡喜法門이어니와 如諸菩薩摩訶薩은 如大藥王하여 若見若聞이어나 若憶念이어나 若同住어나 若隨行往이어나 若稱名號에 皆獲利益하야 無空過者하며 若有衆生이 暫得値遇면 必令消滅一切煩惱하고 入於佛法하여 離諸苦蘊하며 永息一切生死怖畏하고 到無所畏一切智處하며 摧壞一切老死大山하고 安住平等寂滅之樂하나니 而我云何能知能說彼功德行이리오

착한 남자여, 나는 다만 <모든 중생으로 하여금 부처님을 두루 보고 기뻐하는 법문>만을 알거니와, 저 보살마하살들이 큰 약왕과 같아서 보는 이·듣는 이·생각하는 이·함께 있는 이·따라다니는 이·이름을 일컫는 이들이 모두 이익을 얻어 헛되게 지내는 이가 없으며, 어떤 중생이 잠깐 만나더라도 반드시 모든 번뇌를 소멸하고 부처님 법에 들어

가 모든 괴로움을 여의며, 모든 생사에 무서움이 아주 없어지고, 두려움이 없는 온갖 지혜에 이르며, 모든 늙고 죽는 산이 무너지고 평등하고 고요한 낙에 머무는 일이야 내가 어떻게 알며 어떻게 그 공덕의 행을 말하겠는가?

[疏] 第四, 謙己推勝이라 中에 謙己知一이라 中에 謂身心病除하여 成二世樂일새 故皆歡喜오 以香普供하여 得佛十身커니 則何佛不見이리오 餘並可知니라

■ ㄹ. 자신은 겸양하고 뛰어난 분을 추천함 중에 ㄱ) 자신은 하나만 안다고 겸양함이다. 그중에 이른바 몸과 마음에 병을 제하여 두 세상의 즐거움을 이룬 연고로 모두 기뻐하는 것이다. 향으로 널리 공양 올려서 부처님의 열 가지 몸을 얻었다면 어떤 부처님을 보지 못했겠는가? 나머지는 함께하면 알 수 있으리라.

ㅁ. 다음 선지식을 지시하다[指示後友] (經/善男 16上9)
ㅂ. 덕을 연모하여 예배하고 물러가다[戀德禮辭] (經/時善)


善男子여 於此南方에 有一大城하니 名多羅幢이요 彼中有王하니 名無厭足이니 汝詣彼問하되 菩薩이 云何學菩薩行이며 修菩薩道리잇고하라
時에 善財童子가 禮普眼足하며 遶無量帀하며 殷勤瞻仰하고 辭退而去하니라
착한 남자여, 이 남쪽에 큰 성이 있으니 이름이 다라당이요, 거기 왕이 있으니 이름이 무염족이니라. 그대는 그에게 가

서 '보살이 어떻게 보살의 행을 배우며 보살의 도를 닦느
냐?'고 물으라."
그때 선재동자는 보안장자의 발에 절하고 한량없이 돌고 은
근하게 앙모하면서 하직하고 물러갔다.

사) 제18. 무염족왕 선지식[無厭足王] 2.
- 제7. 무착행(無著行)에 의탁한 선지식

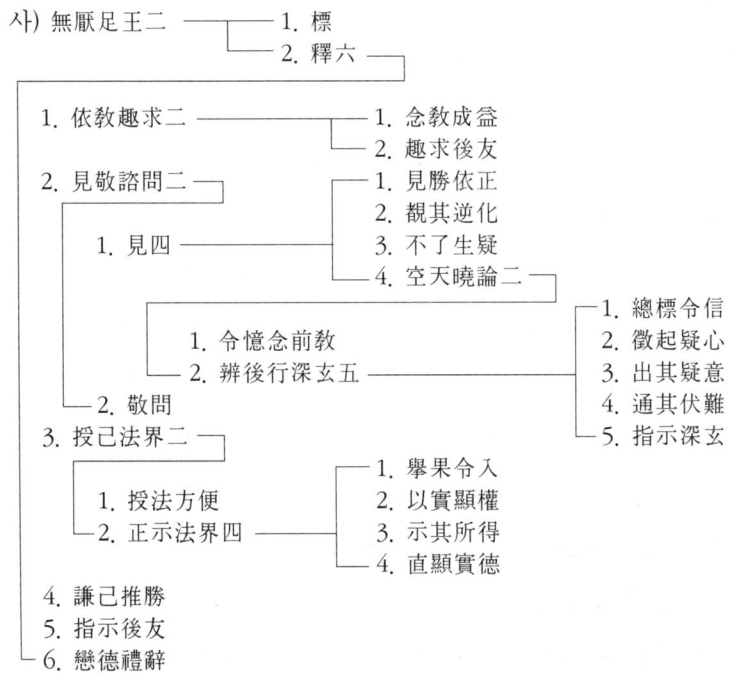

(가) 표방하다[標] (第七 17上5)
(나) 해석하다[釋] 6.

ㄱ. 가르침에 의지하여 나아가 구하다[依敎趣求] 2.
ㄱ) 가르침을 받고 성취한 이익을 기억하다[念敎成益] (第一)

爾時에 善財童子가 憶念思惟善知識敎하며 念善知識이 能攝受我하며 能守護我하며 令我於阿耨多羅三藐三菩提에 無有退轉하여 如是思惟하여 生歡喜心과 淨信心과 廣大心과 怡暢心과 踊躍心과 欣慶心과 勝妙心과 寂靜心과 莊嚴心과 無着心과 無礙心과 平等心과 自在心과 住法心과 徧往佛刹心과 見佛莊嚴心과 不捨十力心하고 그때 선재동자는 선지식의 가르침을 기억하고 생각하며, 선지식은 나를 거두어 주고 나를 보호하고, 나로 하여금 아눗다라삼약삼보디에서 물러나지 않게 하리라 생각하였다. 이렇게 생각하고서 (1) 환희한 마음 · 깨끗이 믿는 마음 · 광대한 마음 · 화창한 마음 · 뛰노는 마음 · (6) 경축하는 마음 · 묘한 마음 · 고요한 마음 · 장엄한 마음 · 집착이 없는 마음 · (11) 걸림 없는 마음 · 평등한 마음 · 자유자재한 마음 · 법에 머무는 마음 · 부처 세계에 두루 가는 마음 · 부처의 장엄을 보는 마음 · (17) 열 가지 힘을 버리지 않는 마음을 내었다.

[疏] 第七, 無厭足王은 寄無著行이라
■ 사) 무염족왕은 제7. 무착행(無著行)에 의탁한 선지식이다.

[鈔] 寄無著行者는 方便涉有나 不迷於空하고 事理無滯하여 不捨不受일

새 故 名無著이라
● '무착행(無著行)에 의탁함'이란 방편으로 유(有)를 건너고 공(空)에 미혹하지 않고 현상과 이치에 지체함이 없어서, 버리지 않고 받지도 않는 연고로 '집착 없다'고 이름하였다.

ㄴ) 나아가 다음 선지식을 구하다[趣求後友] (後漸)

漸次遊行하여 經歷國土村邑聚落하여 至多羅幢城하여 問無厭足王의 所在之處한대 諸人이 答言하되 此王이 今者에 在於正殿하여 坐師子座하사 宣布法化하여 調御衆生하시되 可治者治하고 可攝者攝하며 罰其罪惡하고 決其諍訟하고 撫其孤弱하여 皆令永斷殺盜邪婬하며 亦令禁止妄言兩舌惡口綺語하며 又使遠離貪瞋邪見이니이다 時에 善財童子가 依衆人語하여 尋卽往詣하니라

점점 남쪽으로 가면서 나라를 지나고 마을과 도시를 지나서 다라당성에 이르렀다. 무염족왕의 있는 데를 물었더니 사람들은 이렇게 대답하였다. "그 왕은 지금 정전에서 사자좌에 앉아 법으로 교화하여 중생들을 조복하는데, 다스릴 이는 다스리고 거두어 줄 이는 거두어 주며, 죄 있는 이는 벌주고, 소송을 판결하며, 외롭고 나약한 이는 어루만져 주어서, 모두 살생·훔치는 일·잘못된 음행을 아주 끊게 하고, 거짓말·이간하는 말·욕설·비단 말을 못하게 하며, 또 탐욕과 성내는 일과 잘못된 소견을 여의게 합니다." 이때 선재동자는 여러 사람의 말을 따라 찾아갔다.

[疏] 第一, 依教趣求라 中에 先, 念教成益이요 後, 漸次下는 趣求後友라 旣入其國에 必聞其政이라 言多羅者는 此云明淨이요 幢者는 建立이니 表無著行이 依般若淨明하여 立勝行故라 王名無厭足者는 如幻方便으로 化無所著일새 故無疲厭心이니라

- ㄱ. 선지식의 가르침에 의지하여 나아가 구함이다. 그중에 ㄱ) 가르침을 받고 성취한 이익을 기억함이요, ㄴ) 漸次 아래는 나아가 다음 선지식을 구함이다. 이미 그 나라에 들어가서 반드시 그 정사(政事)를 듣는다. 다라(多羅)라 말한 것은 '밝고 깨끗함'이라 번역하나니 깃대[幢]는 건립함의 뜻이므로 집착 없는 행이라 표한다. 반야가 청정하고 밝음에 의지하여 뛰어난 행을 세운 까닭이다. 왕의 이름이 '싫어하고 만족함이 없음'인 것은 허깨비 같은 방편으로 교화하면서도 집착할 대상이 없으므로 피곤하거나 싫어하는 마음이 없는 것이다.

[鈔] 先念教成益者는 有十七心하니 初, 歡喜가 爲總이요 餘十六은 別이라 一, 淨信者는 信樂聞法이요 二, 下化上求요 三, 法樂怡神이요 四, 勇求進趣요 五, 欣慶所得이요 六, 悲智雙流요 七, 不取不生이요 八, 以德嚴飾이요 九, 不着萬境이요 十, 不礙起修요 十一, 物我齊均이요 十二, 不被心使요 十三, 無住而住요 十四, 稱理普周요 十五, 見佛相嚴이요 十六, 不捨佛智니라

- ㄱ) 가르침을 받고 성취한 이익을 기억함은 17가지 마음이 있으니 (ㄱ) 환희한 마음은 총상이 되며, (ㄴ) 나머지 16가지 마음은 별상이다. (1) 깨끗이 믿음은 믿음으로 즐거이 법을 들음이요, (2) 광대한 마음은 아래로 교화하고 위로 구함이요, (3) 법의 즐거움으로 화창한 정신인 마음이요, (4) 뛰노는 마음은 용기 있게 구하고 정진해 나

아감이요, (5) 경축하는 마음은 얻은 바를 기뻐하고 축하함이요, (6) 묘한 마음은 자비와 지혜를 함께 흐름이요, (7) 고요한 마음은 취하지 않고 생기지 않음이요, (8) 장엄한 마음은 덕으로 장엄함이요, (9) 집착이 없는 마음은 시작하고 수행함에 장애되지 않음이요, (10) 걸림 없는 마음은 만 가지 경계에 집착하지 않음이요, (11) 평등한 마음은 사물과 내가 균등함이요, (12) 자유자재한 마음은 마음의 부림을 당하지 않음이요, (13) 법에 머무는 마음은 머무는 바 없이 머무름이요, (14) 부처 세계에 두루 가는 마음은 이치와 걸맞게 널리 두루함이요, (15) 부처의 장엄을 보는 마음은 부처님을 만나고 모양으로 장엄함이요, (16) 열 가지 힘을 버리지 않는 마음은 부처님 지혜를 버리지 않음의 뜻이다.

ㄴ. 만나서 공경을 표하고 법문을 묻다[見敬諮問] 2.

ㄱ) 선지식을 만나 뵙다[見] 4.
(ㄱ) 뛰어난 의보와 정보를 보다[見勝依正] (第二 19上5)

遙見彼王이 坐那羅延金剛之座하니 阿僧祇寶로 以爲其足하고 無量寶像으로 以爲莊嚴하고 金繩爲網하여 彌覆其上하며 如意摩尼로 以爲寶冠하여 莊嚴其首하며 閻浮檀香으로 以爲半月하여 莊嚴其額하며 帝青摩尼로 以爲耳璫하여 相對垂下하며 無價摩尼로 以爲瓔珞하여 莊嚴其頸하며 天妙摩尼로 以爲印釧하여 莊嚴其臂하며 閻浮檀金으로 以爲其蓋하되 衆寶間錯으로 以爲輪輻하며 大

瑠璃寶로 以爲其竿하며 光味摩尼로 以爲其臍하며 雜寶
爲鈴하여 恒出妙音하며 放大光明하여 周徧十方한 如是
寶蓋로 而覆其上이라 阿那羅王이 有大力勢하사 能伏他
衆하여 無能與敵하며 以離垢繒으로 而繫其頂하고 十千
大臣이 前後圍遶하여 共理王事하니라

그 왕이 나라연 금강좌에 앉았는데, (1) 아승지 보배로 평상 다리가 되고 한량없는 보배 형상으로 장엄하였으며, (2) 황금 실로 그물을 떠서 위에 덮었고, (3) 여의마니주로 관을 만들어 머리에 장엄하였으며, (4) 염부단금 향으로 반월을 만들어 이마에 장엄하고, (5) 제청마니로 귀걸이를 만들어 쌍으로 드리웠으며, (6) 가없는 보배로 영락을 만들어 목에 걸었고, (7) 하늘 마니로 팔찌를 만들어 팔을 단장하였다. (8) 염부단금으로 일산을 만들었으니, (9) 여러 보배를 사이사이 장식하여 살이 되고, (10) 큰 유리 보배로 대가 되고, (11) 광미 마니로 꼭지가 되었으며, (12) 여러 가지 보배로 만든 풍경에서 아름다운 소리를 내며 (13) 큰 광명을 놓아 시방에 두루한 이러한 일산을 그 위에 받았다. 그 아래 앉은 아나라왕은 큰 세력이 있어 다른 무리들을 굴복하매 능히 대적할 이가 없으며, 때 없는 비단으로 정수리에 매었고, 10천 대신이 앞뒤에 둘러 모시고 나라 일을 처리하였다.

[疏] 第二, 遙見下는 見敬咨問이라 中에 先, 見에 有四하니 一, 見勝依正이요

- ㄴ. 遙見 아래는 만나서 공경을 표하고 법문을 물음이다. 그중에

ㄱ) (선지식을) 공경히 만나 뵘에 넷이 있으니 (ㄱ) 뛰어난 의보와 정보를 뵈옴이요,

(ㄴ) 그 역으로 교화함을 보다[覿其逆化] (二其 19上6)
(ㄷ) 깨닫지 못하여 의심이 일어나다[不了生疑] (三善)

其前에 復有十萬猛卒이 形貌醜惡하고 衣服褊陋하여 執持器仗하고 攘臂瞋目에 衆生見者가 無不恐怖라 無量衆生이 犯王敎勅하되 或盜他物하며 或害他命하며 或侵他妻하며 或生邪見하며 或起瞋恨하며 或懷貪嫉하여 作如是等種種惡業하면 身被五縛하고 將詣王所하여 隨其所犯하여 以治罰之하되 或斷手足하고 或截耳鼻하며 或挑其目하고 或斬其首하며 或剝其皮하고 或解其體하며 或以湯煮하고 或以火焚하며 或驅上高山하여 推令墮落이라 有如是等無量楚毒하여 發聲號叫함이 譬如衆合大地獄中이니라

善財가 見已하고 作如是念하되 我爲利益一切衆生하여 求菩薩行하며 修菩薩道어늘 今者此王이 滅諸善法하고 作大罪業하여 逼惱衆生하며 乃至斷命하되 曾不顧懼未來惡道어니 云何於此에 而欲求法하여 發大悲心하여 救護衆生이리오

그 앞에는 십만 군졸이 있는데, 형상이 추악하고 의복이 누추하며, 무기를 손에 들고 눈을 부릅뜨고 팔을 뽐내어 보는 사람들이 모두 무서워하였다. 한량없는 중생들이 왕의 법

령을 범하는데, 남의 물건을 훔치거나 목숨을 살해하거나 유부녀를 간통하거나 삿된 소견을 내었거나 원한을 내었거나 탐욕과 질투를 품었거나 하여, 이러한 나쁜 짓을 저질렀으면 몸에 오랏줄을 지고 왕 앞에 끌려오며, 저지른 죄에 따라서 형벌을 주는 것이다. 손과 발을 끊기도 하고 귀와 코를 베기도 하고, 눈도 뽑고 머리도 자르며, 가죽을 벗기고 몸을 오리며, 끓는 물에 삼고, 타는 불에 지지며, 높은 산에 끌고 올라가서 떨어뜨리기도 하여서, 이런 고통이 한량이 없으니, 부르짖고 통곡하는 형상이 중합대지옥과 같았다.

선재동자는 이것을 보고 이렇게 생각하였다. '나는 모든 중생을 이익하게 하려고 보살의 행을 구하고 보살의 도를 닦는데, 이 왕이 선한 법은 하나도 없고 큰 죄업을 지으며, 중생을 핍박하여 생명을 빼앗으면서도 장래의 나쁜 길을 두려워하지 않으니, 어떻게 여기서 법을 구하며 대비심을 내어 중생을 구호하겠는가?'

[疏] 二, 其前復有下는 覩其逆化요 三, 善財見已下는 不了生疑요
■ (ㄴ) 其前復有 아래는 그 역행(逆行)으로 교화함을 봄이다. (ㄷ) 善財見已 아래는 깨닫지 못하여 의심이 일어남이요,

(ㄹ) 하늘이 깨우쳐 말해 주다[空天曉諭] 2.
a. 앞 선지식의 가르침을 기억하게 하다[令憶念前敎] (四作 19上7)

作是念時에 空中有天이 而告之言하되 善男子여 汝當憶

念普眼長者善知識教하라하거늘 善財가 仰視而白之曰,
我常憶念하여 初不敢忘이로라 天이 曰, 善男子여 汝莫
厭離善知識語하라 善知識者는 能引導汝하여 至無險難
安隱之處니라

이렇게 생각하는데 공중에서 어떤 하늘이 말하였다. "착한
남자여, 그대는 마땅히 보안장자 선지식의 가르친 말을 생
각하라." 선재동자는 우러러보면서 말하였다. "나는 언제
나 생각하는 것이요, 감히 잊지 아니하노라." 하늘이 말하
였다. "착한 남자여, 그대는 선지식의 말을 떠나지 말라. 선
지식은 그대를 인도하여 험난하지 않고 편안한 곳에 이르
게 하느니라.

[疏] 四, 作是念時下는 空天曉諭라 於中에 二니 先, 令憶前教眞實하여
使不生疑요

■ (ㄹ) 作是念時 아래는 하늘이 깨우쳐 말해 줌이다. 그중에 둘이니 a.
앞 선지식의 가르침을 진실로 기억하여 의심이 생겨나지 않게 함이요,


b. 뒤에는 깊고 현묘한 행함을 밝히다[辨後行深玄] 5.

a) 믿게 함을 총합하여 표방하다[總標令信] (後善 19上8)

b) 질문하여 의심을 일으키다[徵起疑心] (然善)

c) 의심한 생각을 내보이다[出其疑意] (逆行)

d) 숨은 힐난을 해명하다[通其伏難] (貪益)

e) 깊고 현묘한 가르침을 보이다[示其深玄] (言深)

善男子여 菩薩의 善巧方便智가 不可思議며 攝受衆生
智가 不可思議며 護念衆生智가 不可思議며 成熟衆生
智가 不可思議며 守護衆生智가 不可思議며 度脫衆生
智가 不可思議며 調伏衆生智가 不可思議니라

착한 남자여, (1) 보살의 교묘한 방편 지혜를 헤아릴 수 없
으며, (2) 중생을 거두어 주는 지혜를 헤아릴 수 없으며, (3)
중생을 생각하는 지혜를 헤아릴 수 없으며, (4) 중생을 성숙
하게 하는 지혜를 헤아릴 수 없으며, (5) 중생을 수호하는
지혜를 헤아릴 수 없으며, (6) 중생을 해탈케 하는 지혜를
헤아릴 수 없으며, (7) 중생을 조복하는 지혜를 헤아릴 수
없느니라."

[疏] 後, 善男子菩薩善巧下는 辨後行이 深玄하여 令其信入이라 然善財
가 雖常憶敎나 而生疑者는 逆行은 難知故라 貪益此世일새 不疑婆
須어니와 瞋癡現損일새 故勝熱과 此王에는 並生疑怪라 言深玄者는
通達非道故라 梁攝論戒學中에 明菩薩이 逆行殺等이나 生無量福하
여 得無上菩提라하니 要大菩薩이라야 方堪此事라 此有二種하니 一,
實行이요 二, 變化라 實行者는 了知前人이 必定作無間業이로되 無
別方便으로 令離此惡일새 唯可斷命하여 使其不作이니라 又知前人이
若捨命已에 必生善道니라 又菩薩이 自念호대 我行殺已에 必墮地獄
하여 爲彼受苦하리라 彼雖現受輕苦나 必得樂果라하니라 瑜伽菩薩地
戒品之中에 亦同此說이라 言變化者는 卽當此文이니 下에 王自說이
니라

■ b. 善男子菩薩善巧 아래는 뒤에는 깊고 현묘함 행함을 밝혀서 그로

하여금 믿고 들어가게 함이니 그러나 선재가 비록 항상 가르침을 기억하지만 의심이 생겨난 것은 역행(逆行)은 알기 어려운 까닭이니, 탐욕은 이 세상을 이익하는 연고로 제26. 바수밀(婆須蜜)녀를 의심하지 않지만, 성냄과 어리석음은 손해를 나타내는 연고로 제10. 승열(勝熱)바라문과 이 제18. 무염족왕(無厭足王)에 이르나니 아울러 의심스럽고 괴이함이 생겨났다. '깊고 현묘하다'고 말한 것은 도 아님을 통달한 까닭이다.『양섭론』계법을 배우는 중에 "보살이 살생 등을 역행(逆行)하되 한량없는 복이 생겨나고 위없는 보리를 얻는다"고 밝혔으니, 중요한 것은 대보살이라야 비로소 이 일을 감당한다는 것이다. 여기에 두 종류가 있으니 (1) 실제로 행함이요, (2) 변하여 교화함이다. 실제로 행함은 앞 사람이 반드시 결정코 무간업(無間業)을 지을 적에 다른 방편이 없고 하여금 이런 악을 여의게 한다면 오직 목숨을 끊을 수 있어서 그로 하여금 짓지 못하게 함을 요달하여 아는 것이요, 또한 앞 사람이 만일 목숨을 버리고 나면 반드시 선도(善道)에 태어난다. 또한 보살이 스스로 기억하되, '내가 살생을 행하고 나면 반드시 지옥에 떨어지지만 저들을 위해 괴로움을 받는다. 저가 비록 현재에 가벼운 고통을 받지만 반드시 즐거운 과보를 얻을 것이다'라고 한다.『유가사지론』보살지 계품(戒品) 중에 또한 여기서 설한 내용과 같다. '변하여 교화함'이라 말한 것은 곧 이 경문에 해당하나니 아래에 왕이 스스로 말한 내용이다.

[鈔] 後行深玄中에 疏文有五하니 一, 總標令信이요 二, 然善財下는 徵其疑心이요 三, 逆行下는 出其疑意요 四, 貪益下는 通其伏難이요 五, 言深玄下는 示其深玄이라 先, 標요 後, 證을 可知니라

● b. 뒤에는 깊고 현묘한 행함을 밝힘 중에 소문이 다섯이 있으니 a) 믿게 함을 총합하여 표방함이요, b) 然善財 아래는 질문하여 의심을 일으킴이요, c) 逆行 아래는 의심한 생각을 내보임이요, d) 貪恚 아래는 그 숨은 힐난을 해명함이요, e) 言深玄 아래는 깊고 현묘한 가르침을 보임이다. (a) 표방함이요, (b) 증명함이니 알 수 있으리라.

ㄴ) 공경히 법을 묻다[敬問] (二時 20上3)

時에 善財童子가 聞此語已하고 卽詣王所하여 頂禮其足하고 白言하되 聖者여 我已先發阿耨多羅三藐三菩提心하니 而未知菩薩이 云何學菩薩行이며 云何修菩薩道리잇고 我聞聖者는 善能敎誨라하니 願爲我說하소서

이때 선재동자는 이 말을 듣고 왕의 처소에 나아가 그 발에 엎드려 절하고 여쭈었다. "거룩하신 이여, 저는 이미 아뇩다라삼약삼보디심을 내었사오나 보살이 어떻게 보살의 행을 배우며 어떻게 보살의 도를 닦는지를 알지 못하나이다. 듣자온즉 거룩하신 이께서 잘 가르친다 하오니 바라옵건대 말씀하여 주소서."

[疏] 二, 時善財下는 敬問을 可知니라
■   ㄴ) 時善財 아래는 공경히 법을 물음이니 알 수 있으리라.

ㄷ. 자신의 법계를 설해 주다[授己法界] 2.

ㄱ) 법계를 설해 주는 방편[授法方便] (第三 20上6)
ㄴ) 바로 법계를 보이다[正示法界] 4.

(ㄱ) 결과를 거론하여 들어가게 하다[擧果令入] (二告)
(ㄴ) 실법으로 방편을 밝히다[以實顯權] (二時)

時에 阿那羅王이 理王事已에 執善財手하고 將入宮中하사 命之同坐하시고 告言하시되 善男子여 汝應觀我所住宮殿하라 善財가 如語하여 卽徧觀察하니 見其宮殿이 廣大無比하여 皆以妙寶之所合成이며 七寶爲牆하여 周帀圍遶하고 百千衆寶로 以爲樓閣하며 種種莊嚴이 悉皆妙好하고 不思議摩尼寶網으로 羅覆其上하며 十億侍女가 端正殊絶하여 威儀進止가 皆悉可觀이요 凡所施爲가 無非巧妙하여 先起後臥하여 軟意承旨러라
時에 阿那羅王이 告善財言하시되 善男子여 於意云何오 我若實作如是惡業인댄 云何而得如是果報와 如是色身과 如是眷屬과 如是富饒와 如是自在리오

이때 아나라왕은 왕의 일을 마치고 선재의 손을 잡고 궁중으로 들어가서 함께 앉아서 말하였다. "착한 남자여, 그대는 내가 있는 궁전을 보라." 선재동자는 왕의 말대로 살펴보았다. (1) 그 궁전은 넓고 크고 비길 데 없으며 모두 묘한 보배로 이루어졌는데 (2) 칠보로 담을 쌓아 주위에 둘러 있

고, (3) 백천 가지 보배로 누각이 되었는데 가지가지 장엄이 다 아름답고 훌륭하며, (4) 부사의한 마니보배로 짠 그물이 위에 덮였으며, (5) 십억 시녀들이 단정하고 아름답고 가고 오는 거동이 볼 만하며, (6) 모든 일이 교묘하여 일어나고 눕고 하는 데 공순한 마음으로 뜻을 받잡더라.

이때 아나라왕이 선재에게 말하였다. "착한 남자여, 어떻게 생각하는가? 내가 만일 참으로 악한 업을 짓는다면, 이런 과보와 이런 육신과 이런 권속과 이런 부귀와 이런 자유자재함을 어떻게 얻었겠는가?

[疏] 第三, 時阿那羅下는 授己法界라 中에 二니 初, 授法方便이니 執手同坐하여 示無間之儀는 表攝彼加行하여 令趣眞故니라 二, 告言下는 正示法界하여 令證相應이라 於中에 四니 一, 擧果令入이요 二, 時阿那羅王告善財下는 以實顯權이요

■ ㄷ. 時阿那羅 아래는 자신의 법계를 설해 줌이다. 그중에 둘이니 ㄱ) 법계를 설해 주는 방편이니, 손을 잡고 함께 앉음은 격의(隔意) 없는 거동을 보여 줌이니, 저 가행위(加行位)를 포섭하여 하여금 진여에 취향하게 함을 표하는 까닭이다. ㄴ) 告言 아래는 바로 법계를 보여서 증득하여 상응케 함이다. 그중에 넷이니 (ㄱ) 결과를 거론하여 들어가게 함이요, (ㄴ) 時阿那羅王告善財 아래는 실법으로 방편을 밝힘이다.

(ㄷ) 그 얻은 결과를 보이다[示其所得] 3.
a. 법문의 명칭[名] (三善 21上8)

b. 법문의 작용[用] (次我)

c. 법문의 이익[益] (後我)

善男子여 我得菩薩如幻解脫하니 善男子여 我此國土의 所有衆生이 多行殺盜와 乃至邪見일새 作餘方便하여 不能令其捨離惡業이니라 善男子여 我爲調伏彼衆生故로 化作惡人이 造諸罪業하고 受種種苦하여 令其一切作惡衆生으로 見是事已하고 心生惶怖하며 心生厭離하며 心生怯弱하여 斷其所作一切惡業하고 發阿耨多羅三藐三菩提意케하노라 善男子여 我以如是巧方便故로 令諸衆生으로 捨十惡業하고 住十善道하여 究竟快樂하며 究竟安隱하며 究竟住於一切智地케하노라

착한 남자여, 나는 <보살의 환술과 같은 해탈>을 얻었느니라. 착한 남자여, 나의 국토에 있는 중생들이 살생하고 훔치고, 내지 삿된 소견 가진 이가 많아서, 다른 방편으로는 그들의 나쁜 업을 버리게 할 수 없느니라. 착한 남자여, 나는 저런 중생을 조복하기 위하여, 나쁜 사람으로 화하여 여러 가지 죄악을 짓고 가지가지 고통을 받는 것이니, 저 나쁜 짓 하는 중생들이 보고서 무서운 마음을 내고 싫어하는 마음을 내고 겁나는 마음을 내어 그들이 짓던 모든 나쁜 업을 끊고 아눗다라삼약삼보디심을 내게 하려는 것이니라. 착한 남자여, 나는 이렇게 교묘한 방편으로써 중생들로 하여금 열 가지 나쁜 업을 버리고 열 가지 착한 도를 행하여 끝까지 쾌락하고 끝까지 편안하고 필경에 온갖 지혜의 지위에 머물

게 하려는 것이니라.

[疏] 三, 善男子我得下는 示其所得이라 於中에 初, 名이라 如幻者는 了生如幻일새 故以幻化幻이라 次, 我此國下는 明法門業用이요 後, 我以如是下는 明法門勝益이라

■ (ㄷ) 善男子我得 아래는 그 얻은 결과를 보임이다. 그중에 a. (법문의) 명칭을 밝힘이다. '환술과 같음'이란 태어남이 허깨비와 같음을 요달한 연고로 허깨비로 허깨비를 교화함이요, b. 我此國 아래는 법문의 업과 작용을 밝힘이요, c. 我以如是 아래는 법문의 뛰어난 이익을 밝힘이다.

(ㄹ) 실법의 공덕을 곧바로 밝히다[直顯實德] (四善 21下5)

善男子여 我身語意는 未曾惱害於一衆生이니 善男子여 如我心者인댄 寧於未來에 受無間苦언정 終不發生一念之意하여 與一蚊一蟻로 而作苦事어든 況復人耶아 人是福田이니 能生一切諸善法故니라
착한 남자여, 나의 몸이나 말이나 뜻으로 짓는 일이 지금까지 한 중생도 해친 일이 없느니라. 착한 남자여, 내 마음에는 차라리 오는 세상에 무간지옥에 들어가 고통을 받을지언정 잠깐만이라도 모기 한 마리나 개미 한 마리도 괴롭게 하려는 생각을 내지 아니하거든, 하물며 사람일까 보냐? 사람은 복 밭이라, 모든 선한 법을 능히 내는 연고이니라.

[疏] 四, 善男子我身語下는 直顯實德⁴⁶⁾이니 慈念之深이라 然諸位로 至七이 皆方便故라 休捨와 觀自在와 開敷樹華는 多約慈悲니라

- (ㄹ) 善男子我身語 아래는 실법의 공덕을 바로 밝혔으니 자비한 생각이 깊은 것이다. 그러나 모든 지위가 일곱째에 이르면 모두 방편인 까닭이니, 제8. 휴사(休捨)우바이와 제28. 관자재보살과 제38. 개부수화(開敷樹華) 선지식은 대부분 자비를 잡은 해석이다.

ㄹ. 자신은 겸양하고 뛰어난 분을 추천하다[謙己推勝] (第四 22上4)

善男子여 我唯得此如幻解脫이어니와 如諸菩薩摩訶薩은 得無生忍하여 知諸有趣가 悉皆如幻하며 菩薩諸行이 悉皆如化하며 一切世間이 悉皆如影하며 一切諸法이 悉皆如夢하여 入眞實相無礙法門하며 修行帝網一切諸行하여 以無礙智로 行於境界하며 普入一切平等三昧하여 於陀羅尼에 已得自在하나니 而我云何能知能說彼功德行이리오

착한 남자여, 나는 다만 이 <환술과 같은 해탈>을 얻었거니와, 저 보살마하살들이 생사 없는 법의 지혜를 얻고, 모든 세계가 모두 환술과 같고 보살의 행이 모두 요술과 같고, 모든 세간이 모두 그림자 같고, 모든 법이 모두 꿈과 같은 줄을 알았으며, 실상의 걸림 없는 법문에 들어가서 제석천왕의 진주 그물 같은 행을 닦으며, 걸림 없는 지혜로 경계에 행하고 모든 것이 평등한 삼매에 들어가서 다라니에 자유

---

46) 直은 金本作眞, 源原南續本作直; 德은 甲續金本作得, 源原南本作德이라 하다.

자재함을 얻는 일이야 내가 어떻게 알며 어떻게 그 공덕의 행을 말하겠는가?

[疏] 第四, 謙己推勝이라 推勝에 云, 無生忍者는 由了如幻하여 方證此忍故라 又後位中이 當此忍故니라
■ ㄹ. 자신은 겸양하고 뛰어난 분을 추천함이다. ㄴ) 뛰어난 분을 추천하면서 이르되, "생사 없는 인이 허깨비 같음을 요달함으로 인하여 비로소 이런 인을 증득하는 까닭이다"라 하였고, 또한 다음 지위 중간이 이런 인에 해당하는 까닭이다.

ㅁ. 다음 선지식을 지시하다[指示後友] (經/善男 22上6)
ㅂ. 덕을 연모하여 예배하고 물러가다[戀德禮辭] (經/時善)

善男子여 於此南方에 有城하니 名妙光이요 王名大光이니 汝詣彼問하되 菩薩이 云何學菩薩行이며 修菩薩道리잇고하라
時에 善財童子가 頂禮王足하며 遶無數市하고 辭退而去하니라
착한 남자여, 여기서 남쪽에 성이 있으니 이름은 묘광이요, 왕의 이름은 대광이니라. 그대는 그에게 가서 '보살이 어떻게 보살의 행을 배우며 보살의 도를 닦느냐?'고 물어라."
이때 선재동자는 왕의 발에 절하고 수없이 돌고 하직하고 물러갔다.

아) 제19. 대광왕 선지식[大光王] 6.
- 제8. 난득행(難得行)에 의탁한 선지식

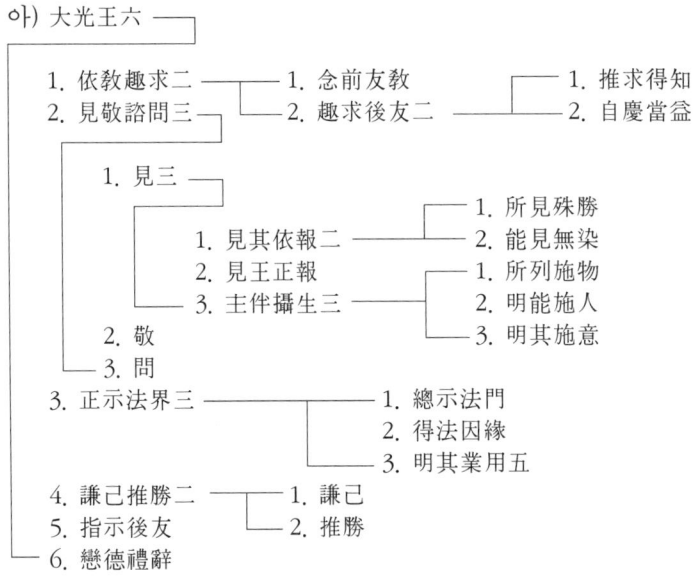

(가) 선지식의 가르침에 의지하여 나아가 구하다[依教趣求] 2.

ㄱ. 앞 선지식의 가르침을 기억하다[念前友教] (第八 22下3)

爾時에 善財童子가 一心正念彼王所得幻智法門하며 思惟彼王如幻解脫하며 觀察彼王如幻法性하며 發如幻願하며 淨如幻法하며 普於一切如幻三世에 起於種種如幻變化하여 如是思惟하고

그때 선재동자는 한결같은 마음으로 저 왕의 얻은 <환술과

같은 지혜 법문>을 생각하며, 저 왕의 <환술과 같은 해탈>
을 생각하고, 저 왕의 <환술과 같은 법의 성품>을 관찰하
며, 환술과 같은 소원을 내고 환술과 같은 법을 깨끗이 하
고, 모든 환술과 같은 세 세상에 갖가지 환술과 같은 변화를
일으키며 이렇게 생각하면서,

[疏] 第八, 大光王은 寄難得行이라 第一, 依敎趣求라 中에 先, 念前이요
- 아) 대광왕은 제8. 난득행(難得行)에 의탁한 선지식이다. (가) 선지식의 가르침에 의지하여 나아가 구함 중에 ㄱ. 앞 선지식의 가르침을 기억함이요,

[鈔] 寄難得行者는 無障礙願力이라야 乃能得故라
- 제8. 난득행에 의탁함은 원력에 장애함이 없어야만 비로소 능히 얻는 까닭이다.

ㄴ. 다음 선지식에 나아가 구하다[趣求後友] 2.
ㄱ) 추구하여 앎을 얻다[推求得知] (後漸 23上4)
ㄴ) 미래의 이익을 스스로 경하하다[自慶當益] (後時)

漸次遊行하여 或至人間城邑聚落하며 或經曠野巖谷險
難하되 無有疲懈하여 未曾休息한 然後에 乃至妙光大城
하여 而問人言하되 妙光大城이 在於何所오 人咸報言하
되 妙光城者는 今此城이 是니 是大光王之所住處니이다
時에 善財童子가 歡喜踊躍하여 作如是念하되 我善知識

이 在此城中하시니 我今必當親得奉見하여 聞諸菩薩所行之行하며 聞諸菩薩出要之門하며 聞諸菩薩所證之法하며 聞諸菩薩不思議功德하며 聞諸菩薩不思議自在하며 聞諸菩薩不思議平等하며 聞諸菩薩不思議勇猛하며 聞諸菩薩不思議境界廣大淸淨이로다

점점 남쪽으로 가서 인간의 도시와 마을에 이르기도 하고 거친 벌판과 산골짜기와 험난한 데를 지나면서도 고달픈 생각도 없고 쉬지도 아니하였다. 그러다가 어떤 성에 들어가서 "묘광성이 어디 있느냐?" 하고 물었다. 사람들은 대답하기를 "이 성이 묘광성이고, 이 성이 대광왕께서 계시는 곳이라"고 하였다.

선재동자는 기뻐서 뛰놀면서 이렇게 생각하였다. '나의 선지식이 이 성중에 있으니, 나는 (1) 이제 친히 뵈옵고 보살들의 행하는 행을 들을 것이며, (2) 보살들의 뛰어나는 중요한 문을 들을 것이며, (3) 보살들이 증득한 법을 들을 것이며, (4) 보살들의 부사의한 공덕을 들을 것이며, (5) 보살들의 부사의하게 자유자재함을 들을 것이며, (6) 보살들의 부사의한 평등을 들을 것이며, (7) 보살들의 부사의한 용맹을 들을 것이며, (8) 보살들의 부사의한 경계가 엄청나게 청정함을 들을 것이로다.'

[疏] 後, 漸次下는 趣後라 於中에 初, 推求得知라 城名妙光者는 前位悲增일새 今得無住妙慧하여 運衆生故라 王名大光者는 慈定之智가 無不該故며 廣大願中에 皆徹照故라 後, 時善財童子下는 自慶當益이라

■ ㄴ. 漸次 아래는 다음 선지식에 나아가 구함이다. 그중에 ㄱ) 추구하여 앎을 얻음이다. 성의 이름이 묘광(妙光)인 것은 앞의 지위에서 대비(大悲)가 늘어나고 지금은 머무름 없는 묘한 지혜[無住妙慧]를 얻어서 중생을 움직이는 까닭이다. 왕의 이름이 대광(大光)인 것은 자비선정의 지혜가 포섭하지 못함이 없는 연고며, 광대한 원 중에 모두 철저하게 비추는 까닭이다. ㄴ) 時善財童子 아래는 미래의 이익을 스스로 경하함이다.

(나) 만나서 공경을 표하고 법문을 묻다[見敬諮問] 3.

ㄱ. 선지식을 뵙다[見] 3.

ㄱ) 그 선지식의 의보를 보다[見其依報] 2.
(ㄱ) 볼 대상인 의보가 수승하다[所見殊勝] (第二 24下6)
(ㄴ) 보는 주체가 물듦이 없다[能見無染] (後爾)

作是念已하고 入妙光城하여 見此大城하니 以金銀瑠璃와 玻瓈眞珠와 硨磲瑪瑙의 七寶所成이며 七寶深塹이 七寶圍遶하여 八功德水가 盈滿其中하고 底布金沙하며 優鉢羅華와 波頭摩華와 拘物頭華와 芬陀利華가 徧布其上하며 寶多羅樹가 七重行列하고 七種金剛으로 以爲其垣하여 各各圍遶하니 所謂師子光明金剛垣과 無能超勝金剛垣과 不可沮壞金剛垣과 不可毁缺金剛垣과 堅固無礙金剛垣과 勝妙網藏金剛垣과 離塵淸淨金剛垣이라 悉以無數摩尼妙寶로 間錯莊嚴하고 種種衆寶로 而爲埤堄하

며 其城縱廣이 一十由旬이요 周廻八方에 面開八門하여 皆以七寶로 周徧嚴飾하고 毘瑠璃寶로 以爲其地하여 種種莊嚴이 甚可愛樂이며 其城之內에 十億衢道가 一一道間에 皆有無量萬億衆生이 於中止住하되 有無數閻浮檀金樓閣이 毘瑠璃摩尼網으로 羅覆其上하며 無數銀樓閣이 赤眞珠摩尼網으로 羅覆其上하며 無數毘瑠璃樓閣이 妙藏摩尼網으로 羅覆其上하며 無數玻瓈樓閣이 無垢藏摩尼王網으로 羅覆其上하며 無數光照世間摩尼寶樓閣이 日藏摩尼王網으로 羅覆其上하며 無數帝靑摩尼寶樓閣이 妙光摩尼王網으로 羅覆其上하며 無數衆生海摩尼王樓閣이 焰光明摩尼王網으로 羅覆其上하며 無數金剛寶樓閣이 無能勝幢摩尼王網으로 羅覆其上하며 無數黑栴檀樓閣이 天曼陀羅華網으로 羅覆其上하며 無數無等香王樓閣이 種種華網으로 羅覆其上하며 其城에 復有無數摩尼網과 無數寶鈴網과 無數天香網과 無數天華網과 無數寶形像網과 無數寶衣帳과 無數寶蓋帳과 無數寶樓閣帳과 無數寶華鬘帳之所彌覆하고 處處建立寶蓋幢旛하며 當此城中하여 有一樓閣하니 名正法藏이라 阿僧祇寶로 以爲莊嚴하고 光明赫奕이 最勝無比하여 衆生見者가 心無厭足이어든 彼大光王이 常處其中이러라

爾時에 善財童子가 於此一切珍寶妙物과 乃至男女六塵境界에 皆無愛着하고 但正思惟究竟之法하여 一心願樂見善知識하여

이렇게 생각하고 묘광성에 들어가서 성 안을 들러보았다.

(1) 금·은·유리·파리·진주·자거·마노의 칠보로 성이 되었고, (2) 칠보로 된 해자가 일곱 겹으로 둘리었는데 팔공덕수가 가득히 찼고, (3) 바닥에는 금모래가 깔리고, (4) 우발라 꽃·파두마 꽃·구물두 꽃·분타리 꽃들이 위에 덮였으며, (5) 보배 다라 나무가 일곱 겹으로 줄을 지어서 있었다. (6) 일곱 가지 금강으로 담이 되어 둘리었으니, 이른바 사자광명 금강 담·이길 이 없는 금강 담·깨뜨릴 수 없는 금강 담·무너뜨릴 수 없는 금강 담·견고하고 장애 없는 금강 담·훌륭한 그물광 금강 담·티끌 없이 청정한 금강 담이라. (7) 무수한 마니보배로 사이사이 장엄하고 가지가지 보배로 성 위의 담이 되었다. (8) 성의 가로와 세로는 십 유순이요, 둘레는 팔 면인데, (9) 면마다 여덟 문을 내었고, (10) 모두 칠보로 찬란하게 장식하였으며, (11) 비유리 보배로 땅이 되고, (12) 가지가지로 장엄하여 매우 찬란하며, (13) 성 안에는 십억의 도로가 있는데, (14) 낱낱 도로들 사이에는 한량없는 만억 중생이 살고 있으며, (15) 수없는 염부단금 누각에는 비유리 마니 그물이 위에 덮이고, (16) 수없는 은 누각에는 적진주 마니 그물이 위에 덮이고, (17) 수없는 비유리 누각에는 묘장 마니 그물이 위에 덮이고, (18) 수없는 파리 누각에는 때 없는 광 마니왕 그물이 위에 덮이었다. (19) 수없는 광명이 세간에 비추는 마니 누각에는 일장 마니왕 그물이 위에 덮이고, (20) 수없는 제청 마니 누각에는 묘광 마니왕 그물이 위에 덮이고, (21) 수없는 중생 바다 마니왕 누각에는 불꽃 광명 마니왕 그물이 위에 덮이고,

(22) 수없는 금강 보배 누각에는 이길 이 없는 당기 마니왕 그물이 위에 덮이고, (23) 수없는 흑전단 누각에는 하늘 만다라 꽃 그물이 위에 덮이고, (24) 수없는 무등향왕 누각에는 가지각색 꽃 그물이 위에 덮이었다. (25) 그 성에는 또 수없는 마니 그물 · 수없는 보배 풍경 그물 · 수없는 하늘 향 그물 · 수없는 하늘 꽃 그물 · 수없는 보배 형상 그물과, 수없는 보배 옷 휘장 · 수없는 보배 일산 휘장 · 수없는 보배 누각 휘장 · 수없는 보배 화만 휘장들이 덮였으며, (26) 간 데마다 보배 일산과 당기 · 번기를 세웠다. 이 성중에 한 누각이 있으니 이름이 정법장이라, 아승지 보배로 장엄하였는데 광명이 찬란하여 가장 훌륭하기 비길 데 없어 보는 중생들은 싫은 줄을 모르며 대광왕은 그 가운데 있었다.

그때 선재동자는 이 모든 보물이나 내지 남자 · 여자나 여섯 대상에는 조금도 애착이 없고, 다만 최고의 법을 생각하여 일심으로 선지식을 만나기만 원하면서

- [疏] 第二, 作是念已下는 見敬咨問이라 初, 見이라 中에 三이니 初, 見依報라 中에 二니 先, 所見殊勝이라 云十由旬者는 欲明圓滿이라 旣有 十億衢道하니 道各無量衆生이라 豈世間十小由旬之所能受리요 故로 此中의 事物이 皆應圓融表法이니 如理思之니라 後, 爾時善財下는 能見無染이라
- (나) 作是念已 아래는 만나서 공경을 표하고 법문을 물음이다. ㄱ. 선지식을 뵈옴 중에 셋이니, ㄱ) 의보를 봄이다. 그중에 둘이니 (ㄱ) 볼 대상인 (의보가) 수승함이다. '십 유순'이라 말한 것은 원만함을 밝

히려고 이미 십억의 도로가 있으니 도에 각기 한량없는 중생이니, 어찌 세간의 십 소유순(小由旬)의 능히 받을 대상이겠는가? 그러므로 이 가운데 사물은 모두 응당히 원융하게 법을 표하여 이치대로 생각하였다. (ㄴ) 爾時善財 아래는 보는 주체가 물듦이 없음이다.

ㄴ) 대광왕의 정보를 뵙다[見王正報] (二漸 25下1)

漸次遊行하여 見大光王이 去於所住樓閣不遠한 四衢道中에 坐如意摩尼寶蓮華藏廣大莊嚴師子之座하시니 紺瑠璃寶로 以爲其足하고 金繒爲帳하고 衆寶爲網하고 上妙天衣로 以爲茵蓐[47]이라 其王이 於上에 結跏趺坐하되 二十八種大人之相과 八十隨好로 而以嚴身하사 如眞金山하여 光色熾盛하며 如淨空日하여 威光赫奕하며 如盛滿月하여 見者淸凉하며 如梵天王이 處於梵衆하며 亦如大海하여 功德法寶가 無有邊際하며 亦如雪山하여 相好樹林으로 以爲嚴飾하며 亦如大雲하여 能震法雷하여 啓悟群品하며 亦如虛空하여 顯現種種法門星象하며 如須彌山하여 四色普現衆生心海하며 亦如寶洲하여 種種智寶가 充滿其中하니라

점점 다니다가 대광왕이 거처하는 누각에서 얼마 멀지 아니한 네 길거리에서 (1) 여의주 보배로 만든 연화장 광대장엄 사자좌에 앉아 있는 것을 보았다. (2) 연보라색 유리 보배로 사자좌의 다리를 만들고, (3) 황금 비단으로 휘장이 되

---

47) 蓐은 嘉淸綱杭鼓纂金本作褥, 合續弘大昭本作蓐이라 하다.

고, (4) 여러 보배로 그물이 되고 썩 좋은 하늘 옷을 깔았는데, (5) 그 위에 대광왕이 가부하고 앉았다. (6) 28종의 거룩한 모습과 80가지 잘생긴 모습으로 몸을 장엄하였으니 (7) 진금산과 같이 빛이 치성하고 맑은 허공에 뜬 해와 같이 광채가 찬란하며, (8) 보름달과 같이 보는 이마다 시원해 하고 범천왕이 범천 무리 가운데 있는 것 같으며, (9) 큰 바다와 같아서 공덕의 보배가 한정이 없고, (10) 설산과 같아서 잘생긴 모습의 숲으로 꾸미었으며, (11) 큰 구름과 같이 법의 우레를 진동하여 여러 무리를 깨우치고 (12) 허공과 같이 갖가지 법문의 별들을 나타내며, (13) 수미산처럼 네 가지 빛이 중생의 마음 바다에 비치고 (14) 보배 섬처럼 여러 가지 지혜 보배가 가운데 가득하였다.

[疏] 二, 漸次下는 見王正報라 處四衢道者는 以四無量으로 用四攝法하여 攝衆生故라 二十八相者는 因未滿故라

■ ㄴ) 漸次 아래는 대광왕의 정보를 뵈움이다. '네 길거리에 산다'는 것은 사무량심으로 사섭법을 사용하여 중생을 섭수하는 연고며, '28가지 거룩한 모습'이란 인행이 아직 만족하지 않은 까닭이다.

[鈔] 二十八相因未滿者는 未見經論이나 應[48]闕無見頂과 及眉間白毫와 梵音廣長舌이니 以善生等經에 校量最勝故라 謂三十相[49]이 不及毫相이요 三十一은 不及烏瑟尼沙오 總合이 不及如來胸中의 所出梵音이니 義合將二十九相하여 以校白毫오 三十中에 一은 是梵音故니 長

---

48) 應은 甲南續金本作及이라 하나 誤植이다.
49) 相은 南續金本作二相, 原本作相이라 하다.

舌無文은 義爲勝爾라 檢之니라

● '28종의 거룩한 모습은 인행이 만족하지 않은 까닭'이란 경전과 논서에 응당히 정상(頂相)을 보지 못함과 미간 백호상과 범음과 광장설상이 빠졌으니, 『선생경(善生經)』등으로 비교하여 가장 뛰어난 까닭이다. 이른바 30가지 상호가 백호상(白毫相)에 미치지 못함이요, 31번째는 오슬니사(烏瑟尼沙)에 미치지 못하며, 총합하여 여래의 가슴 중간에서 나온 범음(梵音)의 뜻이 29가지 상호를 합하여 가져옴에 미치지 못한다. 백호상과 비교하지 않으면 30가지 중의 하나가 범음인 까닭이다. 광장설상(廣長舌相)은 경문이 없어서 뜻이 뛰어남이 되나니 점검해 보라.

ㄷ) 주인과 반려가 중생을 섭수하다[主伴攝生] 3.
(ㄱ) 시주할 물건을 나열하다[所列施物] (三於 26下2)
(ㄴ) 시주하는 사람을 밝히다[明能施人] (次一)
(ㄷ) 보시한 의미를 밝히다[明其施意] (後爲)

於王座前에 有金銀瑠璃와 摩尼眞珠와 珊瑚琥珀과 珂貝璧玉과 諸珍寶聚와 衣服瓔珞과 及諸飮食이 無量無邊하여 種種充滿하며 復見無量百千萬億上妙寶車와 百千萬億諸天妓樂과 百千萬億天諸妙香과 百千萬億病緣湯藥資生之具인 如是一切가 悉皆珍好하며 無量乳牛가 蹄角金色이며 無量千億端正女人이 上妙栴檀으로 以塗其體하고 天衣瓔珞으로 種種莊嚴하여 六十四能을 靡不該練하고 世情禮則을 悉皆善解하여 隨衆生心하여 而以給施하되 城邑聚落四衢道側에 悉置一切資生之具어든

一一道傍에 皆有二十億菩薩이 以此諸物로 給施衆生하
니 爲欲普攝衆生故며 爲令衆生歡喜故며 爲令衆生踊躍
故며 爲令衆生心淨故며 爲令衆生淸凉故며 爲滅衆生煩
惱故며 爲令衆生으로 知一切義理故며 爲令衆生으로 入
一切智道故며 爲令衆生으로 捨寃敵心故며 爲令衆生으
로 離身語惡故며 爲令衆生으로 拔諸邪見故며 爲令衆生
으로 淨諸業道故러라

왕이 앉은 (1) 평상 앞에는 금·은·유리·마니·진주·산호·호박·가패·구슬 등의 모든 보배와 의복·영락과 모든 음식이 한량없고 그지없이 가득 쌓였다. (2) 또 한량없는 백천만억 훌륭한 수레와 백천만억 하늘의 풍류와 백천만억 하늘의 묘한 향과 백천만억 병에 필요한 탕약과 살림 사는 도구들의 모든 것이 훌륭하며, (3) 한량없는 젖소는 굽과 뿔이 금빛이요, (4) 한량없는 천억의 단정한 여인들은 기묘한 전단향을 몸에 바르고, (5) 하늘 옷과 영락으로 가지가지 장엄하였으며, (6) 64종의 기능을 모르는 것이 없고, (7) 세상의 인정과 예법을 다 잘 알았다. (8) 중생들의 마음을 따라 보시하여 주는데, (9) 성중이나 마을이나 길거리에는 모든 필수품을 쌓아 두고, (10) 날날 길가에 20억 보살이 있어서 이런 물건으로 중생들에게 보시하였다. ① 중생을 두루 거두어 주기 위하며, ② 중생들을 기쁘게 하기 위하며, ③ 중생들을 뛰놀게 하기 위하며, ④ 중생들의 마음을 깨끗하게 하기 위하며, ⑤ 중생들을 시원하게 하기 위하며, ⑥ 중생들의 번뇌를 없애기 위하며, ⑦ 중생들로 하여금 모든 이치를 알게 하기 위하며, ⑧ 중생들을 온갖 지혜의 길에 들어가게 하기 위하며, ⑨ 중생들이 대적하는 마음을 버리게 하기 위하며, ⑩ 중생들이 몸과 말과 뜻으로 짓는 나쁜 짓을 여의게 하기 위하며, ⑪ 중생들의 나쁜 소견을 뽑기 위하며, ⑫ 중생들로 하여금 모든 업을 깨끗하게 하기 위한 연고이니라.

[疏] 三, 於王座前下는 主伴攝生이라 於中에 亦三이니 先, 列所施니 通情非情이라 六十四能은 義如別說[50]이니라 次, 一一道下는 明能施人이니 即是助伴이라 後, 爲欲普攝下는 明其施意라

■ ㄷ) 於王座前 아래는 주인과 반려가 중생을 섭수함이다. 그중에 또한 셋이니 (ㄱ) 시주할 물건을 나열함이니 유정과 무정에 통하며, '64가지 기능'은 이치를 별도로 설명함과 같다. (ㄴ) 一一道 아래는 시주하는 사람을 밝힘이니 곧 도와주는 도반이요, (ㄷ) 爲欲普攝 아래는 보시한 의미를 밝힘이다.

ㄴ. 공경함을 표하다[敬] (二三 26下9)
ㄷ. 법문을 묻다[問] (二三)

時에 善財童子가 五體投地하여 頂禮其足하며 恭敬右遶하여 經無量帀하고 合掌而住하여 白言하되 聖者여 我已先發阿耨多羅三藐三菩提心하니 而未知菩薩이 云何學菩薩行이며 云何修菩薩道리잇고 我聞聖者는 善能誘誨

---

50) 上四字는 源本作如第五地라 하다.

라하니 願爲我說하소서
이때 선재동자는 오체를 땅에 엎드려 그의 발에 절하고 공경하여 오른쪽으로 한량없이 돌고 합장하고 서서 말하였다. "거룩하신 이여, 저는 이미 아뇩다라삼먁삼보리심을 내었사오나 보살이 어떻게 보살의 행을 배우며 보살의 도를 닦는지를 알지 못하나이다. 듣자온즉 거룩한 이께서 잘 가르쳐 주신다 하오니, 바라옵건대 나에게 말씀하여 주소서."

[疏] 二와 三은 敬과 問이니 可知니라
■ ㄴ. 공경함을 표함과 ㄷ. 법문을 물음은 알 수 있으리라.

(다) 자신의 법계를 바로 보이다[正示法界] 3.

ㄱ. 법문을 총합하여 보이다[總示法門] (第三 27上2)
ㄴ. 법을 얻게 된 인연[得法因緣] (二善)

時에 王이 告言하시되 善男子여 我淨修菩薩大慈幢行하며 我滿足菩薩大慈幢行하라 善男子여 我於無量百千萬億으로 乃至不可說不可說佛所에 問難此法하여 思惟觀察하며 修習莊嚴하라

왕이 말하였다. "착한 남자여, 나는 <보살의 크게 인자한 당기의 행>을 닦으며, 보살의 크게 인자한 당기의 행을 만족하였느니라. 착한 남자여, 나는 한량없는 백천만억으로 내지 말할 수 없이 말할 수 없는 부처님의 처소에서 이 법을

묻고 생각하고 관찰하고 닦아서 장엄하였느니라.

[疏] 第三, 時王告下는 授己法界라 中에 三이니 一, 總示法門이니 謂大慈首出하사 離染圓滿故니라 二, 善男子我於下는 明得法因緣이라 問難은 是聞慧니 以三種慧로 莊嚴此慈니라

■ (다) 時王告 아래는 자신의 법계를 설해 줌이다. 그중에 셋이니 ㄱ. 법문을 총합하여 보임은 이른바 대자비가 머리에서 나옴이니, 더러움을 여의고 원만해진 까닭이다. ㄴ. 善男子我於 아래는 법을 얻게 된 인연이다. 물음은 듣는 지혜를 힐난하였으니 세 종류의 지혜[(1) 聞慧 (2) 思慧 (3) 修慧]로 이런 자비를 장엄한다는 뜻이다.

ㄷ. 그 업과 작용을 밝히다[明其業用] 4.
ㄱ) 법으로 섭수하여 교화하다[以法攝化] (三善 30上1)

善男子여 我以此法으로 爲王하며 以此法으로 敎勅하며 以此法으로 攝受하며 以此法으로 隨逐世間하며 以此法으로 引導衆生하며 以此法으로 令衆生修行하며 以此法으로 令衆生趣入하며 以此法으로 與衆生方便하며 以此法으로 令衆生熏習하며 以此法으로 令衆生起行하며 以此法으로 令衆生安住思惟諸法自性하며 以此法으로 令衆生安住慈心하여 以慈爲主하여 具足慈力하여 如是令住利益心과 安樂心과 哀愍心과 攝受心과 守護衆生不捨離心과 拔衆生苦無休息心하며 我以此法으로 令一切衆生으로 畢竟快樂하여 恒自悅豫하며 身無諸苦하고 心

得淸凉하며 斷生死愛하고 樂正法樂하며 滌煩惱垢하고 破惡業障하며 絶生死流하고 入眞法海하며 斷諸有趣하고 求一切智하며 淨諸心海하여 生不壞信케하라 善男子여 我已住此大慈幢行하여 能以正法으로 敎化世間하라

착한 남자여, 나는 (1) 이 법으로 왕이 되고 (2) 이 법으로 가르치고 (3) 이 법으로 거두어 주고 (4) 이 법으로 세상을 따라가고 (5) 이 법으로 중생을 인도하고 (6) 이 법으로 중생이 수행케 하고 (7) 이 법으로 중생이 나아가게 하고 (8) 이 법으로 중생에게 방편을 주고 (9) 이 법으로 중생이 익히게 하고 (10) 이 법으로 중생이 행을 일으키게 하고, (11) 이 법으로 중생이 법의 성품에 머물러서 생각하게 하며, (12) 이 법으로써 중생들로 하여금 인자한 마음에 머물러서 인자함으로 근본을 삼아 인자한 힘을 갖추게 하며, (13) 이리하여 이익하는 마음·안락한 마음·불쌍히 여기는 마음·거두어 주는 마음·중생을 수호하여 버리지 않는 마음·중생의 괴로움을 뽑기에 쉬는 마음이 없게 하느니라. (14) 나는 이 법으로써 중생들로 하여금 끝까지 쾌락하고 항상 기쁘며, (15) 몸에는 괴로움이 없고 마음은 청량하며, (16) 생사의 애착을 끊고 바른 법의 낙을 즐거워하며, (17) 번뇌의 더러움을 씻고 나쁜 업의 장애를 깨뜨리며, (18) 생사의 흐름을 끊고 진정한 법의 바다에 들어가며, (19) 모든 중생의 길을 끊고 온갖 지혜를 구하며, (20) 마음 바다를 깨끗이 하여 무너지지 않는 신심을 내게 하노라. 착한 남자여, 나는 이 크게 인자한 당기의 행에 머물러서 바른 법으로 세간을

교화하느니라.

[疏] 三, 善男子我以此下는 明其業用이라 於中에 五니 一, 以法攝化요
■ ㄷ. 善男子我以此 아래는 그 업과 작용을 밝힘이다. 그 중에 다섯이 니 ㄱ) 법으로 섭수하여 교화함이요,

ㄴ) 두려움 없음으로 섭수하다[以無畏攝] (二我 30上2)

ㄷ) 보배 재물로 섭수하다[以財寶攝] (三若)

善男子여 我國土中一切衆生이 皆於我所에 無有恐怖케 하라 善男子여 若有衆生이 貧窮困乏하여 來至我所하여 而有求索이면 我開庫藏하여 恣其所取하고 而語之言하되 莫造諸惡하며 莫害衆生하며 莫起諸見하며 莫生執著하라 汝等貧乏이 若有所須인댄 當來我所와 及四衢道하여 一切諸物의 種種具足을 隨意而取하되 勿生疑難이어다하라

착한 남자여, 내 나라에 있는 모든 중생은 모두 나에게 공포함이 없느니라. 착한 남자여, 어떤 중생이 빈궁하고 궁핍하여 나에게 와서 구걸하면, 나는 고방 문을 열어 놓고 마음대로 가져가게 하며 말하기를 '나쁜 짓을 하지 말고 중생을 해치지 말고 여러 가지 소견을 일으키지 말고 집착을 내지 말라. 너희들이 가난하여 만일 필요한 일이 있거든 나에게 오거나 네 길거리에 가면, 모든 물건이 갖가지로 구비되어 있으니 마음대로 가져가고 조금도 어려워하지 말라' 하느니라.

[疏] 二, 我國土中下는 以無畏攝이요 三, 若有衆生下는 以財寶攝이요
- ㄴ) 我國土中 아래는 두려움 없음으로 섭수함이요, ㄷ) 若有衆生 아래는 보배 재물로 섭수함이요,

ㄹ) 근기를 따라 두루 섭수하다[隨機徧攝] (四此 30上3)

善男子여 此妙光城所住衆生이 皆是菩薩에 發大乘意로되 隨心所欲하여 所見不同하니 或見此城이 其量狹小하며 或見此城이 其量廣大하며 或見土砂로 以爲其地하며 或見衆寶로 而以莊嚴하며 或見聚土로 以爲垣牆하며 或見寶牆이 周帀圍遶하며 或見其地에 多諸瓦石하여 高下不平하며 或見無量大摩尼寶로 間錯莊嚴하여 平坦如掌하며 或見屋宅이 土木所成하며 或見殿堂과 及諸樓閣과 堦墀牕闥과 軒檻戶牖의 如是一切가 無非妙寶하나니 善男子여 若有衆生이 其心淸淨하여 曾種善根하여 供養諸佛하며 發心趣向一切智道하여 以一切智로 爲究竟處하며 及我昔時修菩薩行에 曾所攝受면 則見此城의 衆寶嚴淨이어니와 餘皆見穢니라

착한 남자여, 이 묘광성에 있는 중생들은 모두 보살들로서 대승의 뜻을 내었으며, 마음의 욕망을 따라서 보는 것이 같지 아니하니라. (1) 어떤 이는 이 성이 좁다고 보고, (2) 어떤 이는 이 성이 넓다고 보며, (3) 흙과 자갈로 땅이 된 줄로 보기도 하고, (4) 여러 보배로 장엄한 줄로 보기도 하며, (5) 흙을 모아 담을 쌓은 줄로 보기도 하고, (6) 보배로 쌓은 담

이 둘리었다고 보기도 하며, (7) 돌과 자갈이 많아서 땅이 울퉁불퉁하다고 보기도 하고, (8) 한량없는 마니보배로 장엄하여 손바닥처럼 평탄하다고 보기도 하며, (9) 집들이 흙과 나무로 지어졌다고 보기도 하고, (10) 궁전과 누각과 층계와 창호와 난간과 문들이 모두 보배로 되었다고 보기도 하느니라. 착한 남자여, (1) 만일 중생이 마음이 청정하고 착한 뿌리를 심었으며, (2) 부처님께 공양하여 온갖 지혜의 길로 나아갈 마음을 내어서 온갖 지혜로써 끝까지 이르는 곳이라 하거나, (3) 내가 과거에 보살행을 닦을 적에 거두어 주었던 사람이면 이 성이 여러 가지 보배로 장엄하였다고 보지마는 다른 이들은 더러운 줄로 보느니라.

[疏] 四, 此妙光城下는 隨機徧攝이요
■ ㄹ) 此妙光城 아래는 근기를 따라 두루 섭수함이요,

ㅁ) 삼매로 섭수하다[以三昧攝] 2.
(ㄱ) 말로 고하다[以言告] (五善 30上3)
(ㄴ) 선정으로 고하다[以定告] (後時)

善男子여 此國土中一切衆生이 五濁世時에 樂作諸惡일새 我心哀愍하여 而欲救護하여 入於菩薩大慈爲首하는 隨順世間三昧之門하니 入此三昧時에 彼諸衆生의 所有 怖畏心과 惱害心과 寃敵心과 諍論心인 如是諸心이 悉自消滅하니 何以故오 入於菩薩大慈爲首順世三昧에 法

如是故니라 善男子여 且待須臾하라 自當現見하리라
時에 大光王이 卽入此定하신대 其城內外가 六種震動하
여 諸寶地寶牆과 寶堂寶殿과 臺觀樓閣과 階砌戶牖의
如是一切가 咸出妙音하여 悉向於王하여 曲躬敬禮하며
妙光城內의 所有居人이 靡不同時에 歡喜踊躍하여 俱向
王所하여 擧身投地하며 村營城邑의 一切人衆이 咸來見
王하고 歡喜敬禮하며 近王所住鳥獸之屬이 互相瞻視하
여 起慈悲心하고 咸向王前하여 恭敬禮拜하며 一切山原
과 及諸草樹가 莫不廻轉하여 向王敬禮하며 陂池泉井과
及以河海가 悉皆騰溢하여 流注王前하며 十千龍王이 起
大香雲하여 激電震雷하여 注微細雨하며 有十千天王하
니 所謂忉利天王과 夜摩天王과 兜率陀天王과 善變化天
王과 他化自在天王이 如是等이 而爲上首하여 於虛空中
에 作衆妓樂하며 無數天女가 歌詠讚歎하여 雨無數華雲
과 無數香雲과 無數寶鬘雲과 無數寶衣雲과 無數寶蓋雲
과 無數寶幢雲과 無數寶旛雲하여 於虛空中에 而爲莊嚴
하여 供養其王하며 伊羅婆拏大象王이 以自在力으로 於
虛空中에 敷布無數大寶蓮華하여 垂無數寶瓔珞과 無數
寶繒帶와 無數寶鬘과 無數寶嚴具와 無數寶華와 無數寶
香하여 種種奇妙로 以爲嚴飾하며 無數婇女가 種種歌讚
하며 閻浮提內에 復有無量百千萬億諸羅刹王과 諸夜叉
王과 鳩槃茶王과 毘舍闍王이 或住大海하며 或居陸地하
여 飮血噉肉하여 殘害衆生이라가 皆起慈心하여 願行利
益하며 明識後世하여 不造諸惡하며 恭敬合掌하여 頂禮

於王하니 如閻浮提하여 餘三天下와 乃至三千大千世界와 乃至十方百千萬億那由他世界中에 所有一切毒惡衆生도 悉亦如是러라

착한 남자여, 이 국토에 있는 중생들이 다섯 가지 흐린 세상에서 나쁜 짓을 많이 지었으므로, 내가 가엾이 여기는 마음으로 구호하여 <보살들의 인자한 마음이 으뜸이 되어 세간을 따라 주는 삼매>에 들어가게 하노라. 이 삼매에 들어가는 때에는, 중생들이 가졌던 무서워하는 마음·해롭게 하는 마음·원수로 생각하는 마음·다투는 마음들이 모두 소멸되나니, 왜냐하면 보살들의 인자한 마음이 으뜸이 되어 세간을 따라 주는 삼매에 들어가면 으레 그렇게 되느니라. 착한 남자여, 잠깐만 기다리면 마땅히 보게 되리라."

이때에 대광왕이 이 삼매에 들어가니 (1) 그 성의 안팎이 여섯 가지로 진동하며 (2) 보배 땅·보배 담·보배 강당·보배 궁전·누각·섬돌·창호 등 모든 것에서 묘한 음성을 내며 왕을 향하여 경례하며, (3) 묘광성 내에 사는 사람들이 모두 한꺼번에 환희하여 뛰놀면서 왕이 있는 데를 향하여 땅에 엎드리고, (4) 마을이나 영문이나 도시에 사는 사람들도 모두 와서 왕을 보고 환희하여 예배하며, (5) 왕의 처소에 가까이 있던 새와 짐승들도 서로 쳐다보고 자비한 마음을 내어 왕을 향하여 공경하고 예배하며, (6) 모든 산과 들과 초목들도 두루 돌면서 왕을 향하여 예경하고 (7) 못과 물과 샘과 강과 바다가 모두 넘쳐 솟아서 왕의 앞으로 흘러갔다. (8) 10천의 용왕은 향기 구름을 일으키며 번개 치고 뇌

성이 나면서 보슬비를 내리고, (9) 10천의 천왕이 있으니, 도리천왕·야마천왕·도솔타천왕·선변화천왕·타화자재천왕들이 우두머리가 되어 허공에서 여러 가지 풍악을 잡히고, (10) 무수한 천녀들은 노래하고 찬탄하면서 수없는 꽃 구름·수없는 향 구름·수없는 보배 화만구름·수없는 보배 옷 구름·수없는 보배 일산 구름·수없는 보배 당기 구름·수없는 보배 번기 구름을 비 내리며 공중에 장엄하여 왕에게 공양하였다. (11) 이라바나 큰 코끼리는 자유로운 힘으로 공중에서 무수한 큰 보배 연꽃을 펴 놓으며, 무수한 보배 영락·무수한 보배 띠·무수한 보배 화만·무수한 보배 장엄거리·무수한 보배 꽃·무수한 보배 향 따위의 갖가지 기묘한 것을 드리워 훌륭하게 장엄하고, (12) 무수한 채녀들은 가지가지로 노래하고 찬탄하였다. (13) 염부제 안에 또 한량없는 백천만억 나찰왕·야차왕·구반다왕·비사사왕들이 있는데, 바다에 있기도 하고 육지에 살기도 하면서, 피를 마시고 살을 먹어 중생을 해치던 것들이, 자비심을 일으키고 이익한 일을 행하며, 뒷세상을 분명히 알고 나쁜 업을 짓지 아니하며, 공경하고 합장하여 왕에게 예배하였다. (14) 염부제와 같이 다른 세 천하와 내지 삼천대천세계와 시방의 백천만억 나유타 세계에 있는 모든 악독한 중생들도 그러하였다.

[疏] 五, 善男子此國土中下는 以三昧攝이라 於中에 二니 先, 以言告요 後, 時大光王下는 正以定示하여 顯定業用이라 情與非情이 咸成勝

益者는 謂同體大慈가 物我無二故라 如世間王도 德合乾坤에 則麟鳳來儀하고 寶璧呈瑞은 況於出世慈力이 不令草木으로 屈膝耶아

■ ㅁ) 善男子此國土中 아래는 삼매로 섭수함이다. 그중에 둘이니 (ㄱ) 말로 고함이요, (ㄴ) 時大光王 아래는 바로 선정으로 보여서 선정의 업과 작용을 밝힘이다. '유정과 무정이 모두가 뛰어난 이익을 이룸'이란 이른바 '한 몸과 같은 대비[同體大悲]'로 중생과 내가 둘이 없는 까닭이다. 세간의 왕과 같아서 덕이 하늘과 땅에 합하면 기린과 봉황이 오는 모습이요, 보배 옥을 상서롭게 바치는 것일 텐데 하물며 출세간의 자비한 능력으로 풀과 나무로 하여금 무릎을 구부리게 하지 않음이겠는가?

(라) 자신은 겸양하고 뛰어난 분을 추천하다[謙己推勝] 2.

ㄱ. 자신은 하나만 안다고 겸양하다[謙己] (第四 31上2)
ㄴ. 뛰어난 분을 추천하다[推勝] (經/如諸)

時에 大光王이 從三昧起하사 告善財言하시되 善男子여 我唯知此菩薩大慈爲首隨順世間三昧門이어니와 如諸菩薩摩訶薩은 爲高蓋니 慈心普蔭諸衆生故며 爲修行이니 下中上行을 悉等行故며 爲大地니 能以慈心으로 任持一切諸衆生故며 爲滿月이니 福德光明을 於世間中에 平等現故며 爲淨日이니 以智光明으로 照耀一切所知境故며 爲明燈이니 能破一切衆生心中諸黑闇故며 爲水淸珠니 能淸一切衆生心中諸詭濁故며 爲如意寶니 悉能滿足

一切衆生의 心所願故며 爲大風이니 速令衆生으로 修習
三昧하여 入一切智大城中故니 而我云何能知其行이며
能說其德이며 能稱量彼福德大山이며 能瞻仰彼功德衆
星이며 能觀察彼大願風輪이며 能趣入彼甚深法門이며
能顯示彼莊嚴大海며 能闡明彼普賢行門이며 能開示彼
諸三昧窟이며 能讚歎彼大慈悲雲이리오

이때 대광왕이 삼매에서 일어나 선재동자에게 말하였다.
"착한 남자여, 나는 다만 이 <보살의 크게 인자함이 으뜸
이 되는 세간을 따라 주는 삼매문>을 알거니와, 저 보살마
하살들은 (1) 높은 일산이 되나니 여러 중생을 두루 그늘
지어 덮어 주는 연고며, (2) 행을 닦음이 되나니 하품·중
품·상품의 행을 평등하게 행하는 연고며, (3) 땅덩이가 되
나니 인자한 마음으로 모든 중생을 맡아 지니는 연고며, (4)
보름달이 되나니 복덕의 광명이 세간에 평등하게 나타나는
연고며, (5) 청정한 해가 되나니 지혜의 빛으로 모든 알아
야 할 경계를 비추는 연고며, (6) 밝은 등불이 되나니 모든
중생의 마음속 어두움을 깨뜨리는 연고며, (7) 물 맑히는
구슬이 되나니 중생들의 마음속 속이고 아첨하는 흐림을
맑히는 연고며, (8) 여의주가 되나니 모든 중생의 소원을
만족하게 하는 연고며, (9) 큰 바람이 되나니 중생들로 하
여금 빨리 삼매를 닦아서 온갖 지혜의 성중에 들어가게 하
는 연고이니라. 그런 것이야 내가 어떻게 그 행을 알며 그
덕을 말하며 그 복덕의 큰 산을 측량하며 그 공덕의 별을 우
러르며 그 서원의 바람 둘레를 관찰하며 그 깊은 법문에 들

어가며 그 장엄한 큰 바다를 보이며 그 보현의 행하는 문을 밝히며 그 삼매의 굴을 열어 보이며 그 대자비한 구름을 찬탄하겠는가?

[疏] 第四, 時大光王從三昧下는 謙己推勝이라 先, 謙己知一이라 慈本爲物이니 名順世間이요 高出衆行일새 故名爲首니 卽是幢義라 餘는 並可知니라

■ (라) 時大光王從三昧 아래는 자신은 겸양하고 뛰어난 분을 추천함이다. ㄱ. 자신은 하나만 안다고 겸양함이니, 자비는 본래로 중생을 위함인 것을 '세간에 수순함'이라 이름하고, (ㄴ. 뛰어난 분을 추천함이니) 여러 행법에서 높이 뛰어난 연고로 '우두머리'라 하나니 곧 깃대의 뜻이다. 나머지는 경문과 함께하면 알 수 있으리라.

(마) 다음 선지식을 지시하다[指示後友] (經/善男 31上5)
(바) 덕을 연모하여 예배하고 물러가다[戀德禮辭] (經/時善)

善男子여 於此南方에 有一王都하니 名曰安住요 有優婆夷하니 名曰不動이니 汝詣彼問하되 菩薩이 云何學菩薩行이며 修菩薩道리잇고하라
時에 善財童子가 頂禮王足하며 遶無數帀하며 慇懃瞻仰하고 辭退而去하니라
착한 남자여, 여기서 남쪽에 한 서울이 있으니 이름이 안주며, 거기 우바이가 있으니 이름이 부동이니라. 그대는 그에게 가서 '보살이 어떻게 보살의 행을 배우며 보살의 도를 닦

느냐?'고 물으라."
이때 선재동자는 왕의 발에 엎드려 절하고 수없이 돌고 은
근하게 앙모하면서 하직하고 물러갔다.


자) 제20. 부동우바이 선지식[不動優婆夷] 2.
- 제9. 선법행(善法行)에 의탁한 선지식

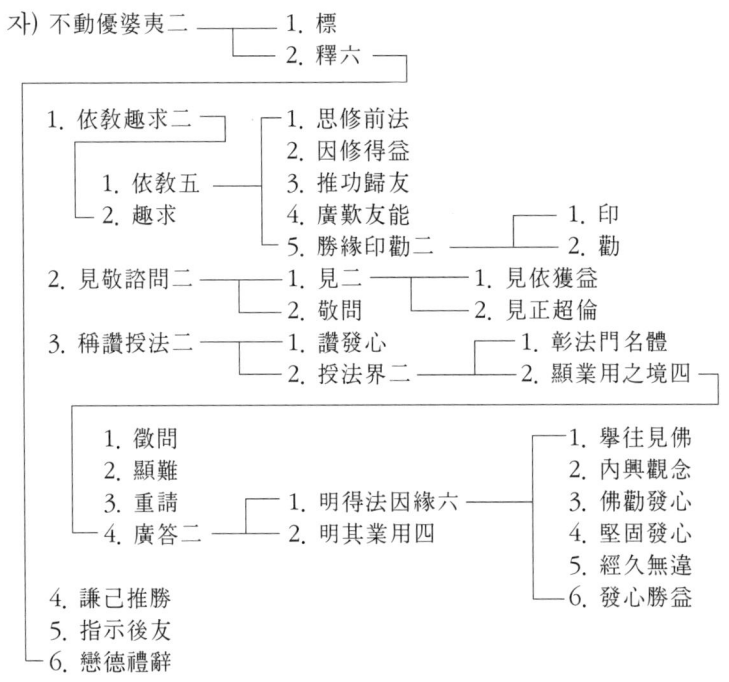

(가) 표방하다[標] (第九 32下3)

[疏] 第九, 不動優婆夷는 寄善法行이라 自發心來로 於一切法에 無不得

定일새 煩惱와 二乘이 不能動故며 亦令衆生으로 心不動故며 以智修慈일새 故示以女니라 居安住王都者는 王子位故니 智契實法하여 不爲緣壞일새 名爲安住라

- 자) 부동우바이는 제9. 선법행(善法行)에 의탁한 선지식이다. 발심한 이래로부터 온갖 법에서 선정을 얻지 않은 적이 없나니 번뇌하는 이승이 능히 움직이지 않는 까닭이며, 또한 중생으로 하여금 마음에 동요가 없는 연고며, 지혜로 자비를 수행한 연고로 여인을 보인 것이요, '잘 머무는 서울에 산다'는 것은 법왕자의 지위인 연고며, 지혜로 실법과 계합하여 인연이 무너짐을 당하지 않음을 '편안히 머무름'이라고 이름하였다.

[鈔] 寄善法行은 說法授人에 動成物軌하여 思擇修習一切法故니라
- 선법행(善法行)에 의탁함은 사람에게 법을 설하여 주는 것이니, 움직임이 중생의 법도를 이루고 온갖 법을 사유하고 선택하여 닦고 익히는 까닭이다.

(나) 해석하다[釋] 6.
ㄱ. 선지식의 가르침에 의지하여 나아가 구하다[依敎趣求] 2.

ㄱ) 선지식의 가르침에 의지하다[依敎] 5.
(ㄱ) 앞의 법문을 사유하고 수행하다[思修前法] (第一 32下8)
(ㄴ) 수행으로 인해 얻은 이익[因修得益] (二生)
(ㄷ) 공덕을 미루어 선지식에 돌아가다[推功歸友] (三如)
(ㄹ) 선지식의 능력을 널리 찬탄하다[廣歎友能] (四又)

爾時에 善財童子가 出妙光城하여 遊行道路할새 正念思惟大光王敎하며 憶念菩薩大慈幢行門하며 思惟菩薩隨順世間三昧光明門하며 增長彼不思議願福德自在力하며 堅固彼不思議成熟衆生智하며 觀察彼不思議不共受用大威德하며 憶念彼不思議差別相하며 思惟彼不思議淸淨眷屬하며 思惟彼不思議所作業하고 生歡喜心하며 生淨信心하며 生猛利心하며 生欣悅心하며 生踊躍心하며 生慶幸心하며 生無濁心하며 生淸淨心하며 生堅固心하며 生廣大心하며 生無盡心하여 如是思惟하고 悲泣流淚하여 念善知識이 實爲希有니 出生一切諸功德處며 出生一切諸菩薩行이며 出生一切菩薩淨念이며 出生一切陀羅尼輪이며 出生一切三昧光明이며 出生一切諸佛知見이며 普雨一切諸佛法雨며 顯示一切菩薩願門이며 出生難思智慧光明이며 增長一切菩薩根芽로라

又作是念하되 善知識者는 能普救護一切惡道하며 能普演說諸平等法하며 能普顯示諸夷險道하며 能普開闡大乘奧義하며 能普勸發普賢諸行하며 能普引到一切智城하며 能普令入法界大海하며 能普令見三世法海하며 能普授與衆聖道場하며 能普增長一切白法이라하여

그때 선재동자는 묘광성에서 나와 길을 걸어가면서 (1) 바른 생각으로 대광왕의 가르침을 생각하고, (2) 보살의 크게 인자한 당기의 수행하는 문을 기억하며, (3) 보살의 세간을 따라 주는 삼매의 광명문을 생각하며, (4) 그 부사의한 서원과 복덕의 자유자재한 힘을 증장하며, (5) 그 부사의한 중생

을 성숙시키는 지혜를 견고히 하며, (6) 그 부사의한 함께 수용하지 않는 큰 위덕을 관찰하며, (7) 그 부사의한 차별한 모양을 기억하며, (8) 그 부사의한 청정한 권속을 생각하며, (9) 그 부사의한 짓는 업을 생각하고서는, ① 환희하는 마음을 내고 깨끗한 신심을 내고 ③ 맹렬하게 날카로운 마음을 내고 즐기는 마음을 내고 ⑤ 뛰노는 마음을 내고 다행해 하는 마음을 내고 ⑦ 흐리지 않은 마음을 내고 청정한 마음을 내고 ⑨ 견고한 마음을 내고, 광대한 마음을 내고 ⑪ 다함이 없는 마음을 내었다. 이렇게 생각하고는 슬픈 듯이 눈물 흘리며 '선지식은 진실로 희유하여 모든 공덕의 처소를 내며, 모든 보살의 행을 내며, 모든 보살의 깨끗한 생각을 내며, 모든 다라니 바퀴를 내며, 모든 삼매의 광명을 내며, 모든 부처님의 지견을 내며, 모든 부처님 법 비를 널리 내리며, 모든 보살의 서원한 문을 나타내 보이며, 생각할 수 없는 지혜의 광명을 내며, 모든 보살의 뿌리와 싹을 증장한다'고 생각하였다.

또 생각하기를 '선지식은 (1) 모든 나쁜 길을 널리 구호하며 (2) 여러 평등한 법을 널리 연설하며, (3) 모든 평탄하고 험난한 길을 널리 보이며 (4) 대승의 깊은 이치를 널리 열며, (5) 보현의 모든 행을 널리 권하여 일으키며, (6) 온갖 지혜의 성에 널리 인도하여 이르게 하며, (7) 법계의 큰 바다에 두루 들어가게 하며, (8) 세 세상의 법 바다를 널리 보게 하며, (9) 여러 성인의 도량을 널리 주며, (10) 모든 흰 법을 널리 증장케 한다'고 하였다.

[疏] 第一, 依敎趣求라 中에 二니 先, 依敎요 後, 趣求라 前中에 有五하니 一, 思修前法이요 二, 生歡喜下는 因修得益이니 無濁은 約無他요 淸淨은 約自體라 三, 如是思惟下는 推功歸友라 至此偏悲者는 修悲將滿故라 四, 又作是念下는 廣歎友能이요

■ ㄱ. 선지식의 가르침에 의지하여 나아가 구함이다. 그중에 둘이니 ㄱ) 선지식 가르침에 의지함이요, ㄴ) 다음 선지식에 나아가 구함이다. ㄱ) 중에 다섯이 있으니 (ㄱ) 앞의 법문을 사유하고 수행함이요, (ㄴ) 生歡喜 아래는 수행으로 인해 얻은 이익이니, '혼탁함이 없음'은 다른 이가 없음을 잡은 해석이요, '청정함'은 자기 체성을 잡은 해석이다. (ㄷ) 如是思惟 아래는 공덕을 미루어 선지식에 돌아감이다. 여기서 치우쳐 슬퍼함에 이르는 것은 자비를 수행하여 가져서 원만해진 까닭이다. (ㄹ) 又作是念 아래는 선지식의 능력을 널리 찬탄함이다.

(ㅁ) 수승한 인연으로 인가하고 권하다[勝緣印勸] 2.
a. 인가하다[印] (五善 33上1)
b. 다음 선지식 찾아가기를 권유하다[勸] (後汝)

善財童子가 如是悲哀思念之時에 彼常隨逐覺悟菩薩如來使天이 於虛空中에 而告之言하되 善男子여 其有修行善知識敎면 諸佛世尊이 悉皆歡喜하시며 其有隨順善知識語면 則得近於一切智地하며 其有能於善知識語에 無疑惑者면 則常値遇一切善友하며 其有發心하여 願常不離善知識者면 則得具足一切義利니 善男子여 汝可往詣安住王都하면 卽當得見不動優婆夷大善知識하리라

선재동자가 이렇게 슬퍼하며 생각할 때에 '항상 따라다니며 보살을 깨우쳐 주는 여래의 심부름 하늘'이 공중에서 말하였다. "착한 남자여, (1) 선지식의 가르치는 대로 수행하면 부처님 세존이 모두 환희하며, (2) 선지식의 말을 순종하면 온갖 지혜의 지위에 가까워지며, (3) 선지식의 말에 의혹이 없으면 모든 선지식을 항상 만날 것이며, (4) 마음을 내어 항상 선지식을 떠나지 않으려 하면 모든 이치를 구족하게 되리라. 착한 남자여, 그대는 잘 머무는 서울에 가라. 부동우바이 큰 선지식을 만나게 되리라."

[疏] 五, 善財童子如是悲哀下는 勝緣印勸이라 於中에 先, 印이라 天字兩用이니 故로 晉本에 云, 如來使天이 隨菩薩天이라하니 隨菩薩天은 是己業行之神이요 如來使天은 是佛力攝生神이라 但修行位가 已着에 皆有二天이 常隨其人이라 後, 汝可詣下는 勸詣後友니라

■ (ㅁ) 善財童子如是悲哀 아래는 수승한 인연으로 인가하고 권함이다. 그중에 a. 인가함이니 하늘[天]이란 글자를 두 번 사용한 연고로 진경(晉經)에 이르되, "여래의 심부름 하늘과 보살을 따르는 하늘이니, '보살을 따르는 하늘'은 자기 업으로 행동하는 신장이요, '여래의 심부름 하늘'은 부처님 힘으로 중생을 섭수하는 신장이다"라고 하였으니, 단지 수행하는 지위에 이미 도착한 것이니, 모두 두 하늘이 있어서 항상 그 사람을 따른다는 뜻이다. b. 汝可詣 아래는 다음 선지식 찾아가기를 권유함이다.

ㄴ) 다음 선지식에 나아가 구하다[趣求] (二時 33下1)

時에 善財童子가 從彼三昧智光明起하여 漸次遊行하여 至安住城하여 周徧推求不動優婆夷가 今在何所오한대 無量人衆이 咸告之言하되 善男子여 不動優婆夷는 身是 童女로 在其家內하여 父母守護하여 與自親屬無量人衆 으로 演說妙法이니이다

善財童子가 聞是語已에 其心歡喜함이 如見父母하여 卽 詣不動優婆夷舍하니라

이때 선재동자는 그 삼매의 지혜 광명에서 일어나서 점점 가다가 잘 머무는 서울에 이르러 "부동우바이가 어디 계시 느냐?"고 두루 물었다. 한량없는 사람들은 다 대답하였다. "착한 남자여, 부동우바이는 동녀로서 집에 있어서 부모의 보호를 받으면서 한량없는 그의 친족들에게 묘한 법을 말 합니다."

선재동자는 이 말을 듣고 기쁘기가 부모를 본 듯하여 곧 부 동우바이의 집에 가서 집안으로 들어섰다.

[疏] 二, 時善財童子從彼下는 趣求後友를 可知니라
- ㄴ) 時善財童子從彼 아래는 다음 선지식에 나아가 구함은 알 수 있 으리라.

ㄴ. 만나서 공경을 표하고 법문을 묻다[見敬諮問] 2.

ㄱ) 선지식을 뵙다[見] 2.
(ㄱ) 의보를 보고 얻은 이익[見依獲益] (第二 34上6)

(ㄴ) 선지식의 정보가 인륜보다 뛰어남을 보다[見正超倫] (後善)

入其宅內하여 見彼堂宇의 金色光明이 普皆照耀하여 遇斯光者가 身意淸凉하고 善財童子가 光明觸身에 卽時獲得五百三昧門하니 所謂了一切希有相三昧門과 入寂靜三昧門과 遠離一切世間三昧門과 普眼捨得三昧門과 如來藏三昧門이라 得如是等五百三昧門하여 以此三昧門故로 身心柔軟이 如七日胎하며 又聞妙香이 非諸天龍乾闥婆等人與非人之所能有하고

善財童子가 前詣其所하여 恭敬合掌하고 一心觀察하여 見其形色에 端正殊妙하여 十方世界一切女人도 無有能及이어든 況其過者아 唯除如來와 及以一切灌頂菩薩이며 口出妙香과 宮殿莊嚴과 幷其眷屬이 悉無與等이어든 況復過者아 十方世界一切衆生이 無有於此優婆夷所에 起染着心하고 若得暫見이면 所有煩惱가 悉自消滅함이 譬如百萬大梵天王이 決定不生欲界煩惱인달하여 其有見此優婆夷者도 所有煩惱가 應知亦然하여 十方衆生이 見此女人에 皆無厭足이요 唯除具足大智慧者러라

그 집에서는 금빛 광명이 두루 비치는데, 이 광명을 받는 이는 몸과 뜻이 청량하였다. 선재동자는 광명이 몸에 비치매 곧 오백 가지 삼매의 문을 얻었으니, 이른바 모든 희유한 모양을 아는 삼매의 문·고요한 데에 들어가는 삼매의 문·모든 세간을 멀리 여의는 삼매의 문·넓은 눈으로 모두 버리는 삼매의 문·여래장 삼매의 문 등 5백 가지 삼매의 문

이다. 이 삼매의 문을 얻었으므로 몸과 마음이 부드럽기 이레 된 태와 같으며, 또 묘한 향기를 맡으니 하늘·용·건달바 등 사람과 사람 아닌 이에게 있는 향이 아니다.

선재동자가 그의 처소에 나아가 공경하며 합장하고 한결같은 마음으로 살펴보았다. 그 용모는 단정하고 기묘하여 시방세계의 모든 여인들로는 미칠 수 없거든, 하물며 그보다 지나갈 이가 있겠는가? 다만 여래의 정수리에 물을 부은 모든 보살은 제외할 것이니라. 입에서 묘한 향기가 나오는 일과 궁전의 장엄과 그 권속들도 그와 같을 이가 없거든, 하물며 그보다 지나갈 이가 있겠는가? 시방세계의 모든 중생이 이 우바이에게는 물드는 마음을 일으키는 이가 없으며, 잠깐 보기만 하여도 모든 번뇌가 스스로 소멸하느니라. 마치 백만의 대범천왕은 결정코 욕심 세계의 번뇌가 생기지 않듯이, 이 우바이를 보는 이의 번뇌도 그와 같으며, 시방 중생들이 이 여인을 보고는 싫어하는 생각이 없나니, 다만 큰 지혜를 구족한 이는 제외할 것이니라.

[疏] 第二, 入其宅內下는 見敬咨問이라 見中에 分二니 先, 見依獲益이요 後, 善財童子前詣下는 見正超倫이라

- ㄴ. 入其宅內 아래는 만나서 공경을 표하고 법문을 물음이다. ㄱ) 선지식을 뵈옴 중에 둘로 나누리니 (ㄱ) 선지식의 의보를 보고 얻은 이익이요, (ㄴ) 善財童子前詣 아래는 선지식의 정보가 인륜보다 뛰어남을 봄이다.

ㄴ) 선지식에게 공경히 법을 묻다[敬問] (二爾 34下7)

爾時에 善財童子가 曲躬合掌하고 正念觀察하여 見此女人의 其身自在가 不可思議며 色相容顔이 世無與等이며 光明洞徹하여 物無能障이며 普爲衆生하여 而作利益하며 其身毛孔에 恒出妙香하며 眷屬無邊하고 宮殿第一이며 功德深廣하여 莫知涯際하고 心生歡喜하여 以頌讚曰,
이때 선재동자는 허리를 굽혀 합장하고 바른 생각으로 관찰하였다. 이 여인의 몸은 자유자재하여 헤아릴 수 없으며, 빛깔과 용모는 그와 같은 이가 이 세상에는 없고 광명은 사무쳐 비추어 그를 장애할 것이 없어서 중생들을 위하여 많은 이익을 지으며, 그 몸의 털구멍에서는 묘한 향기가 항상 나오고, 권속이 그지없고 궁전이 제일이며 공덕이 깊고 넓어서 끝닿은 데를 알 수 없으므로 환희한 마음을 내어 게송으로 찬탄하였다.

守護淸淨戒하고　　　　修行廣大忍하사
精進不退轉하여　　　　光明照世間이로다
청정한 계를 항상 지키고
넓고 큰 참음 닦아 행하며
꾸준히 노력하여 물러나지 않으니
광명이 온 세계에 밝게 비치네.

爾時에 善財童子가 說此頌已하고 白言하되 聖者여 我已

先發阿耨多羅三藐三菩提心하니 而未知菩薩이 云何學
菩薩行이며 云何修菩薩道리잇고 我聞聖者는 善能誘誨
라하니 願爲我說하소서

선재동자는 게송을 마치고 여쭈었다. "거룩하신 이여, 저는 이미 아뇩다라삼먁삼보리심을 내었사오나, 보살이 어떻게 보살의 행을 배우며, 어떻게 보살의 도를 닦는지를 알지 못하나이다. 듣자온즉 거룩한 이께서 잘 가르치신다 하오니 바라옵건대 말씀하여 주소서."

[疏] 二, 爾時善財曲躬下는 敬問을 可知니라

- ㄴ) 爾時善財曲躬 아래는 (선지식에게) 공경히 법을 물음이니 알 수 있으리라.

ㄷ. 선재동자를 칭찬하고 법문을 설해 주다[稱讚授法] 2.

ㄱ) 선재동자의 발심을 칭찬하다[讚發心] (第三 35上1)
ㄴ) 자신의 법계를 설해 주다[授法界] 2.
(ㄱ) 법문의 명칭과 체성을 밝히다[彰法門名體] (後善)

時에 不動優婆夷가 以菩薩柔軟語와 悅意語로 慰喩善
財하여 而告之言하시되 善哉善哉라 善男子여 汝已能發
阿耨多羅三藐三菩提心이로다 善男子여 我得菩薩難摧
伏智慧藏解脫門하며 我得菩薩堅固受持行門하며 我得
菩薩一切法平等地總持門하며 我得菩薩照明一切法辯

才門하며 我得菩薩求一切法無疲厭三昧門하라
이때 부동우바이는 보살의 부드러운 말과 뜻에 맞는 말로 선재동자를 위로하여 말하였다. "착하고 착하다. 착한 남자여, 그대는 능히 아뇩다라삼먁삼보리심을 내었도다. 착한 남자여, 나는 (1) <보살의 꺾을 수 없는 지혜장 해탈문>을 얻었으며, (2) 보살의 견고하게 받아 지니는 수행의 문을 얻었으며, (3) 보살의 모든 법에 평등한 모두 지니는 문을 얻었으며, (4) 보살의 모든 법을 밝히는 변재의 문을 얻었으며, (5) 보살의 모든 법을 구하여 고달픔이 없는 삼매의 문을 얻었노라."

[疏] 第三, 時不動下는 稱讚授法이라 於中에 先, 讚이라 後, 善男子我得下는 正授法界라 於中에 二니 先, 示法門名體요 後, 善財童子言下는 徵業用之境界라 今初에 不同前例하여 而擧五法者는 亦同九地가 當法師位하여 須廣知故라 五中에 初二, 所持內德이요 一, 智慧無羈일새 偏名解脫이니 有智則煩惱가 不可壞요 取着이 無能勝이니 故云難摧伏이라 此智包容일새 故名爲藏이라 二, 受持堅固일새 偏得行名이니 謂遇惡衆生하야도 而能堪忍하며 徧生諸趣하되 而心不迷일새 故云堅固니라 三, 卽能持니 深入法門하여 得法性地에 則無不持矣니라 四, 卽外化니 由正思佛法하여 明照差別일새 故得辯才하여 能轉法輪하여 稱衆生欲이니라 五, 卽上求니 一心求法일새 故云三昧니 近佛無厭하여 受法無足故니라

■ ㄷ. 時不動 아래는 선재동자를 칭찬하고 법문을 설해 줌이다. 그중에 ㄱ) (선재동자의) 발심을 칭찬함이요, ㄴ) 善男子我得 아래는 자신

의 법계를 설해 줌이다. 그중에 둘이니 (ㄱ) 법문의 명칭과 체성을 밝힘이요, (ㄴ) 善財童子言 아래는 업과 작용하는 경계를 밝힘이다. 지금은 (ㄱ)이니 앞의 사례와 같지 않지만 다섯 가지 법을 거론한 것은 또한 제9지와 같아서 법사의 지위에 해당하나니 모름지기 널리 아는 까닭이다. 다섯 중에 처음 둘은 지닐 대상인 내부의 덕이니 (1) 첫째[菩薩難摧伏智慧藏解脫門]는 지혜가 얽매임이 없음을 치우쳐 해탈이라 이름하였다. 지혜가 있으면 번뇌가 무너뜨릴 수 없으며 (그것을) 가져서 집착하면 이길 수 없는 연고로 '꺾을 수 없음[難摧伏]'이라 하였다. 이런 지혜로 포용하는 연고로 광이라 이름하였고, (2) 둘째[菩薩堅固受持行門]는 수지함이 견고함이니 치우쳐 행법의 명칭으로 삼았다. 이른바 나쁜 중생을 만나서 잘 참아 내고, 여러 갈래에 두루 태어나서 마음이 미혹하지 않는 연고로 '견고하다'고 하였다. (3) 셋째[菩薩一切法平等地總持門]는 지니는 주체가 법문에 깊이 들어가서 법성의 경지를 얻으면 지니지 않음이 없다. (4) 넷째[菩薩照明一切法辯才門]는 밖으로 변화함이니 바로 불법을 사유함을 인하여 차별된 것을 밝게 비추는 연고로 변재를 얻어서 능히 법륜을 굴리되 중생의 욕심과 칭합함이요, (5) 다섯째[菩薩求一切法無疲厭三昧門]는 위로 구함이니 한결같은 마음으로 법을 구하는 연고로 삼매라고 말하나니, 부처님을 친근함에 고달픔이 없어서 법을 수지함에 만족함이 없는 까닭이다.

[鈔] 五中에 初二는 所持內德等者는 然此五法이 卽下因中의 所念五事니 謂思惟如來의 福德智慧가 皆悉淸淨하며 總持三昧가 不可思議며 神通自在하며 辯才無礙니 謂思念何因하여 得斯五德[51]고 彼佛이 便敎

---

51) 德은 甲南續金本作事라 하다.

發十種心이니 一, 謂應發不可壞心하여 滅諸煩惱요 二, 應發無能勝心하여 破諸取著이요 三, 應發無退怯心하여 入深法門이요 四, 應發能堪耐心하여 救惡衆生이요 五, 應發無迷惑心하여 普入於一切諸趣受生이요 六, 應發無厭足心하여 求見諸佛無有休息이요 七, 應發無知足心하여 悉受一切如來法雨요 八, 應發正思惟心하여 普生一切佛法光明이요 九, 應發大住持心하여 普轉一切諸佛法輪이요 十, 應發廣流通心하여 隨衆生欲하여 施其法寶니라 釋曰, 十中에 初二는 成其所念福智故로 今得第一難摧伏智慧藏解脫門이라

● '다섯 중에 처음 둘은 지닐 대상인 내부의 덕'이란 그런데 이 다섯 가지 법은 곧 아래 인행 중에 생각할 대상인 다섯 가지 일이다. 이른바 여래의 복덕과 지혜가 모두 다 청정함을 사유하나니, 삼매를 총합하여 지님이 불가사의하며 신통이 자재하고 변재가 걸림이 없다. 이른바 무슨 원인인지 사유하고 기억하여 이런 다섯 가지 덕을 얻고 저 부처님이 문득 가르쳐서 열 종류의 마음을 일으킨다. (1) 이른바 응당히 무너뜨릴 수 없는 마음을 내어서 모든 번뇌를 없앰이요, (2) 능히 이길 수 없는 마음을 내어 모든 집착을 타파함이요, (3) 물러나거나 겁내지 않는 마음을 응당히 내어서 깊은 법문에 들어감이요, (4) 능히 참아 내는 마음을 응당히 내어서 나쁜 중생을 구제함이요, (5) 미혹함 없는 마음을 응당히 내어서 널리 일체 모든 갈래에 태어남에 널리 들어감이요, (6) 고달파하거나 만족함 없는 마음을 응당히 내어서 모든 부처님 법기를 구함에 휴식이 없음이요, (7) 만족할 줄 아는 마음을 응당히 내어서 일체 여래의 법 비를 모두 받음이요, (8) 바르게 사유하는 마음을 응당히 내어서 일체 부처님과 법의 광명을 널리 생겨남이요, (9) 크게 머물러 가지는 마음을 응당히 내어서 일체의 모

든 부처님 법륜을 널리 굴림이요, (10) 널리 유통하려는 마음을 응당히 내어서 중생의 욕구를 따라서 그 법의 보배를 보시함이다. 해석하자면 열 가지 중에 (1) 처음 둘은 그 생각할 대상인 복과 지혜를 이루는 연고로 지금은 첫 번째 '보살의 꺾을 수 없는 지혜장 해탈문'을 얻은 것이다.

已取下佛教하여 以釋其相이라 下四도 亦爾니라 次, 以第三無退怯心으로 酬其所念總持故로 今得第三, 一切法平等總持門이니라 三, 以第四, 救惡衆生과 及第五, 諸趣受生하여 示神通因일새 今得第二, 菩薩의 堅固受持行門하여 徧生五趣하여 救惡衆生이 是大神通이며 是菩薩行故니라 四, 以第六, 求佛無厭과 第七, 受法無足心으로 酬其三昧일새 今得第五, 求一切法心無疲厭三昧門이니라 五, 以後三으로 示其辯才無礙因일새 今得第四, 照明一切法辯才門이라 在文이면 可知니라 故疏에 取下十句示因하여 釋今所得五法之果라 而念福德이 含在智慧之中하니 其下釋十法中에 方云上來에 已取十句하여 釋五法門이라 但與下念인 五法不次는 顯無優劣故니라

● 已取 아래는 부처님 가르침이니 그 양상을 해석함이요, 아래 네 가지도 또한 그러하다. 다음은 (2) 셋째, 물러나거나 겁내지 않는 마음으로 그 생각할 대상인 총지에 대답한 연고로 지금은 셋째, 모든 법에 평등한 모두 지니는 문을 얻는다. (3) 넷째, 나쁜 중생을 구제함과 다섯째, 모든 갈래에 태어남으로 신통한 원인을 보임이요, 지금은 둘째, 보살의 견고하게 받아 지니는 수행의 문을 얻어서 다섯 갈래에 두루 태어나서 나쁜 중생을 구함이니 곧 큰 신통이요, 보살의 행인 까닭이다. (4) 여섯째, 부처를 구함에 고달픔 없음과 일곱째, 법을

받아도 만족함 없는 마음으로 그 삼매에 보답하고 지금은 다섯째, (보살의) 모든 법을 구하여 고달픔 없는 삼매의 문을 얻는다. (5) 뒤의 세 가지로 그 변재가 걸림 없는 원인을 보여서 지금은 넷째, 모든 법을 밝히는 변재의 문을 얻는다. 경문에 있으니 알 수 있으므로 소문에 아래 열 구절로 인행을 보임을 취하여 지금 얻은 다섯 가지 법의 결과를 해석하되 복과 덕을 생각하여 지혜 가운데 포함되어 있나니, 그 아래에 열 가지 법을 해석해야만 비로소 이르되, "여기까지 열 구절을 이미 취하였다"고 하였다. 다섯 가지 법문을 해석하고 단지 아래 다섯 가지 법과 순서가 아님은 뛰어나고 열등함이 없음을 밝힌 까닭이다.

(ㄴ) 업과 작용하는 경계를 밝히다[顯業用之境] 4.
a. 질문하여 묻다[徵問] (二徵 37上4)
b. 힐난을 밝히다[顯難] (經/童女)
c. 거듭 청법하다[重請] (經/善財)

善財童子가 言하되 聖者여 菩薩難摧伏智慧藏解脫門과 乃至求一切法無疲厭三昧門이 境界云何니잇고 童女言하시되 善男子여 此處難知니라
善財白言하되 唯願聖者는 承佛神力하사 爲我宣說하소서 我當因善知識하여 能信能受하며 能知能了하여 趣入觀察하며 修習隨順하여 離諸分別하여 究竟平等하리이다
선재동자가 말하였다. "거룩하신 이여, <보살의 꺾을 수 없는 지혜장 해탈문>과 내지 <모든 법을 구하여 고달픔이 없

는 삼매의 문>은 그 경계가 어떠하나이까?" 동녀는 대답하였다. "착한 남자여, 그것은 알기 어려우니라." 선재는 또 말하였다. "바라옵건대 거룩하신 이여, 부처님의 신통을 받자와 말씀하여 주소서. 저는 선지식을 인하여 능히 믿고 받아 지니고 알고 통달하오며, 나아가 관찰하고 닦아 익히며 순종하여 모든 분별을 떠나서 끝까지 평등하겠나이다."

[疏] 二, 徵業用之境界라 中에 四니 一, 徵問이요 二, 顯難이요 三, 重請이요 四, 廣答이라

■ (ㄴ) 업과 작용하는 경계를 물어서 밝힘이다. 그중에 넷이니 a. 질문하여 물음이요, b. 힐난을 밝힘이요, c. 거듭 청법함이요, d. 자세하게 대답함이다.

d. 자세하게 대답하다[廣答] 2.

a) 법을 얻게 된 인연[明得法因緣] 6.
(a) 과거에 친견한 부처님을 거론하다[擧往見佛] (答中 39下6)
(b) 안으로 관념을 일으키다[內興觀念] (二便)

優婆夷가 言하시되 善男子여 過去世中에 有劫하니 名離垢요 佛號는 修臂며 時有國王하니 名曰電授요 唯有一女하니 卽我身이 是라 我於夜分廢音樂時에 父母兄弟가 悉已眠寢하고 五百童女도 亦皆昏寐어늘 我於樓上에 仰觀星宿라가 於虛空中에 見彼如來가 如寶山王하사 無量無

邊天龍八部諸菩薩衆의 所共圍遶으로 佛身이 普放大光
明網하사 周徧十方하여 無所障礙하며 佛身毛孔에 皆出
妙香하고 我聞是香에 身體柔軟하여 心生歡喜하니라
便從樓下하여 至於地上하여 合十指爪하고 頂禮於佛하
며 又觀彼佛의 不見頂相하여 觀身左右가 莫知邊際하고
思惟彼佛의 諸相隨好하되 無有厭足하여 竊自念言하되
此佛世尊이 作何等業이완대 獲於如是上妙之身하여 相
好圓滿하고 光明具足하며 眷屬成就하고 宮殿嚴好하며
福德智慧가 悉皆淸淨하고 總持三昧가 不可思議며 神通
自在하고 辯才無礙인가하니라

우바이가 말하였다. "착한 남자여, 지난 세상에 이구 겁이 있었는데 부처님의 명호는 수비였고, 전수라는 국왕이 있어 한 딸을 두었으니 그가 곧 나의 몸이다. 그때 나는 음악 소리가 그쳤을 밤중에 부모와 형제는 모두 잠이 들었고, 오백의 동녀들도 자고 있었다. 나는 누각 위에서 별을 보고 있다가 허공에 계시는 그 부처님을 뵈오니 보배 산과 같았고, 한량없고 그지없는 하늘·용 등의 팔부신중과 보살들이 둘러 모시었으며, 부처님 몸에서 큰 광명 그물을 놓아 시방세계에 두루하는데 장애됨이 없었고 부처님 몸의 털구멍마다 묘한 향기가 나오는데 나는 그 향기를 맡고 몸이 부드러워지고 마음이 환희하였다.

나는 (1) 누각에서 내려와 땅에 서서 열 손가락을 모아 부처님께 예배하였고, (2) 또 부처님을 살펴보았으나 정수리를 볼 수 없었으며, (3) 좌우를 살펴보았으나 끝닿은 데를 알

수 없었고, (4) 부처님의 거룩한 모습과 잘생긴 모양을 생각
하였으나 싫지 아니하였다. (5) 나는 생각하기를 '부처님 세
존께서는 어떠한 업을 지었으므로 이렇게 훌륭한 몸을 얻
었으며, (6) 거룩한 모습이 원만하고 광명이 구족하며, (7)
권속을 많이 두고 궁전이 장엄하며, (8) 복덕과 지혜가 청정
하고 다라니와 삼매가 부사의하며, (9) 신통이 자재하시고
(10) 변재가 걸림이 없는가?' 하였노라.

[疏] 答이라 中에 二니 先, 明得法因緣하여 以彰深遠하여 釋上難知라 二,
善男子我得菩薩求一切下는 顯其業用하여 以酬初問이라 今初를 分
六이니 一, 擧往見佛이니 爲發心緣이요 二, 便從樓下는 內興觀念이
爲發心因이니 先, 觀이요 後, 念이라 念福智等은 卽前五法之因이요
神通自在는 是行堅固니라

■ d. 자세하게 대답함이다. 그중에 둘이니 a) 법을 얻게 된 인연을 밝
힘이다. 깊고 원대함을 밝혀서 위의 알기 어려움을 해석함이요, b) 善
男子我得菩薩求一切 아래는 그 업과 작용을 밝혀서 첫 질문에 대답
함이다. 지금은 a)를 여섯으로 나누었으니, (a) 과거에 친견한 부처
님을 거론하여 발심한 인연을 삼음이요, (b) 便從樓 아래는 안으로
관념을 일으켜서 발심한 인연을 삼았으니, ㉠ 관찰함이요, ㉡ 기억함
이다. 복과 지혜 등은 곧 앞의 다섯 가지 법의 원인은 신통과 자재함
이 바로 행법이 견고함이다.

(c) 부처님이 발심하기를 권하다[佛勸發心] (三善 39下10)

(d) 견고한 발심을 밝히다[堅固發心] (四善)

善男子여 爾時如來가 知我心念하사 卽告我言하시되 汝應發不可壞心하여 滅諸煩惱하며 應發無能勝心하여 破諸取着하며 應發無退怯心하여 入深法門하며 應發能堪耐心하여 救惡衆生하며 應發無迷惑心하여 普於一切諸趣受生하며 應發無厭足心하여 求見諸佛하되 無有休息하며 應發無知足心하여 悉受一切如來法雨하며 應發正思惟心하여 普生一切佛法光明하며 應發大住持心하여 普轉一切諸佛法輪하며 應發廣流通心하여 隨衆生欲하여 施其法寶하라하시니라

善男子여 我於彼佛所에 聞如是法하고 求一切智하며 求佛十力하며 求佛辯才하며 求佛光明하며 求佛色身하며 求佛相好하며 求佛衆會하며 求佛國土하며 求佛威儀하며 求佛壽命하라 發是心已에 其心堅固함이 猶如金剛하여 一切煩惱와 及以二乘이 悉不能壞러라

착한 남자여, 그때 여래께서 나의 생각을 아시고 말씀하시기를 <너는 (1) 깨뜨릴 수 없는 마음을 내어 모든 번뇌를 없애라. (2) 이길 이 없는 마음을 내어 모든 집착을 깨뜨리라. (3) 물러나지 않는 마음을 내어 깊은 법문에 들어가라. (4) 참고 견디는 마음을 내어 나쁜 중생을 구호하라. (5) 의혹이 없는 마음을 내어 모든 길에 태어나라. (6) 싫어함이 없는 마음을 내어 부처님 뵈오려는 생각을 쉬지 말라. (7) 만족할 줄 모르는 마음을 내어 모든 여래의 법 비를 받으라. (8) 옳게 생각하는 마음을 내어 모든 부처님의 광명을 내라. (9) 크게 머물러 지니는 마음을 내어 여러 부처님의 법륜을 굴

리라. (10) 널리 유통하려는 마음을 내어 중생의 욕망을 따라 법보를 널리 베풀라> 하시었느니라.

착한 남자여, 나는 그 부처님 계신 데서 이러한 법을 듣고, ① 온갖 지혜를 구하며 ② 부처의 열 가지 힘을 구하며 ③ 부처의 변재를 구하며 ④ 부처의 광명을 구하며 ⑤ 부처의 육신을 구하며 ⑥ 부처의 잘생긴 모습을 구하며 ⑦ 부처의 모인 대중을 구하며 ⑧ 부처의 국토를 구하며 ⑨ 부처의 위의를 구하며 ⑩ 부처의 수명을 구하였노라. 이런 마음을 내니 그 마음이 견고하기 금강과 같아서 모든 번뇌나 이승들로는 깨뜨릴 수 없었느니라.

[疏] 三, 善男子爾時下는 佛勸發心하사 能成前五라 有十種心하니 初二는 成智慧요 次一은 成總持요 次二는 成神通이요 次二는 成三昧요 後三은 成辯才라 故로 上來에 取斯十句하여 釋五法門이니라 四, 善男子我於彼下는 正明發心堅固요

■ (c) 善男子爾時 아래는 부처님이 발심하기를 권함이다. 능히 앞의 다섯 가지를 성취하면 열 종류의 마음이 된다. ㊀ 첫째와 둘째[不可壞心, 無能勝心]는 지혜를 이룸이요, ㊁ 다음의 하나[無退怯心]는 총지를 이룸이요, ㊂ 다음의 둘[能堪耐心, 無迷惑心]은 신통을 이룸이요, ㊃ 다음의 둘[無厭足心, 無知足心]은 삼매를 이룸이요, ㊄ 뒤의 셋[正思惟心, 大住持心, 廣流通心]은 변재를 이루는 연고로 여기까지 이런 열 구절을 취하여 다섯 가지 법문을 해석하였다. (d) 善男子我於彼 아래는 견고한 발심을 바로 밝힘이요,

(e) 오랜 세월 위배하지 않음을 밝히다[經久無違] (五我 40上4)

善男子여 我發是心已來로 經閻浮提微塵數劫토록 尚不生於念欲之心이어든 況行其事아 爾所劫中에 於自親屬에도 不起瞋心이어든 況他衆生가 爾所劫中에 於其自身에도 不生我見이어든 況於衆具에 而計我所아 爾所劫中에 死時生時와 及住胎藏에도 未曾迷惑하여 起衆生想과 及無記心이어든 況於餘時아 爾所劫中에 乃至夢中에 隨見一佛도 未曾忘失이어든 何況菩薩十眼所見이리오 爾所劫中에 受持一切如來正法하여 未曾忘失一文一句하며 乃至世俗所有言辭도 尚不忘失이어든 何況如來金口所說가 爾所劫中에 受持一切如來法海하여 一文一句를 無不思惟하며 無不觀察하고 乃至一切世俗之法도 亦復如是하며 爾所劫中에 受持如是一切法海하여 未曾於一法中에 不得三昧하고 乃至世間技術之法도 一一法中에 悉亦如是하며 爾所劫中에 住持一切如來法輪하여 隨所住持하여 未曾廢捨一文一句하며 乃至不曾生於世智요 唯除爲欲調衆生故며 爾所劫中에 見諸佛海하여 未曾於一佛所에 不得成就淸淨大願하고 乃至於諸化佛之所에도 悉亦如是하며 爾所劫中에 見諸菩薩修行妙行하고 無有一行도 我不成就하며 爾所劫中에 所見衆生[52]을 無一衆生도 我不勸發阿耨多羅三藐三菩提心하고 未曾勸一衆生하여 發於聲聞辟支佛意하며 爾所劫中에 於一切佛

---

52) 所見의 見은 嘉淸合卍綱杭鼓纂弘昭本作有,準晉譯及貞元譯應從平綱杭續金大作見이라 하다.

法에 乃至一文一句도 不生疑惑하며 不生二想하며 不生分別想하며 不生種種想하며 不生執着想하며 不生勝劣想하며 不生愛憎想이로라

착한 남자여, 내가 (1) 이 마음을 낸 후부터 염부제의 티끌 수 겁을 지내면서 탐욕을 생각하는 마음도 내지 않았는데, 하물며 그런 일을 행하겠는가? (2) 저러한 겁 동안에 나의 친족에게도 성내는 마음을 일으키지 않았는데 하물며 다른 중생에게 일으켰겠는가? (3) 저러한 겁 동안에 나의 몸에도 <나>라는 소견을 내지 않았는데, 하물며 모든 도구에 내 것이란 생각을 내었겠는가? (4) 저러한 겁 동안에 죽을 때·날 때·태에 들었을 때에 한 번도 미혹하여 중생이란 생각이나 기억이 없는 마음을 내지 않았는데, 하물며 다른 때일까 보냐? (5) 저러한 겁 동안에 꿈속에서 한 부처님을 뵈온 것도 잊지 않았는데, 하물며 보살의 열 가지 눈으로 본 것일까 보냐? (6) 저러한 겁 동안에 받아 지닌 여러 부처님의 바른 법을 한 글자 한 구절도 잊지 않았고, 내지 세속의 말까지도 잊지 않았는데, 하물며 부처님의 입으로 말씀한 것일까 보냐? (7) 저러한 겁 동안에 받아 지닌 모든 여래의 법바다에서 한 글자 한 구절도 생각하지 않는 것이 없고 관찰하지 않은 것이 없으며, 내지 모든 세속의 법도 역시 그러하니라. (8) 저러한 겁 동안에 이러한 모든 법 바다를 받아 지니고 일찍 한 법에서도 삼매를 얻지 못한 것이 없으며, 내지 세간의 기술의 법에서도 낱낱이 그러하였느니라. (9) 저러한 겁 동안에 모든 여래의 법륜을 머물러 지녔으며 지니는

곳마다 한 글자 한 구절도 버린 적이 없으며, 한 번도 세상 지혜를 내지 않았으나, 오직 중생을 조복하기 위한 것은 제외할 것이니라. (10) 저러한 겁 동안에 부처 바다를 뵈옵고 한 부처님에게서도 청정한 큰 서원을 성취하지 못한 것이 없으며, 내지 여러 화신 부처님에게서도 역시 그러하였느니라. (11) 저러한 겁 동안에 여러 보살들이 묘한 행을 닦는 것을 보고 한 가지 행도 내가 성취하지 못한 것이 없느니라. (12) 저러한 겁 동안에 내가 본 중생들 중에서 한 중생에게도 아뇩다라삼먁삼보리심을 내도록 권하지 않은 적이 없으며, 한 중생에게도 성문이나 벽지불의 뜻을 내도록 권한 일이 없느니라. (13) 저러한 겁 동안에 모든 부처의 법에 대하여 한 글자 한 구절에도 의혹을 내지 않고 두 가지 생각을 내지 않고 분별하는 생각을 내지 않고 갖가지 생각을 내지 않고 집착하는 생각을 내지 않고 낫다 못하다는 생각을 내지 않고 사랑하고 미워하는 생각을 내지 않았느니라.

[疏] 五, 我發是心已來下는 經久無違요
- (e) 我發是心已來 아래는 오랜 세월 위배하지 않음을 밝힘이요,

(f) 발심으로 인해 얻은 뛰어난 이익[發心勝益] (六我 40上4)

善男子여 我從是來로 常見諸佛하고 常見菩薩하고 常見眞實善知識하여 常聞諸佛願하며 常聞菩薩行하며 常聞菩薩波羅蜜門하며 常聞菩薩地智光明門하며 常聞菩薩

無盡藏門하며 常聞入無邊世界網門하며 常聞出生無邊
衆生界因門하여 常以淸淨智慧光明으로 除滅一切衆生
煩惱하며 常以智慧로 生長一切衆生善根하며 常隨一切
衆生所樂하여 示現其身하며 常以淸淨上妙言音으로 開
悟法界一切衆生하라

착한 남자여, 나는 그때부터 (1) 항상 부처님을 보고 보살을 보고 진실한 선지식을 보았으며, (2) 항상 부처님의 서원을 듣고 (3) 보살의 행을 듣고 (4) 보살의 바라밀다문을 듣고 (5) 보살의 처지인 지혜의 광명문을 듣고, (6) 보살의 무진장 문을 듣고, (7) 그지없는 세계의 그물에 들어가는 문을 듣고, (8) 그지없는 중생계를 내는 원인의 문을 들었으며, (9) 항상 청정한 지혜의 광명으로 모든 중생의 번뇌를 없애고, (10) 항상 지혜로 모든 중생의 착한 뿌리를 생장케 하고, (11) 항상 모든 중생의 좋아함을 따라 몸을 나타내고, (12) 항상 청정하고 훌륭한 말로 법계의 모든 중생을 깨우치노라.

[疏] 六, 我從是來下는 彰發心勝益이니 卽前五因之果니라

- (f) 我從是來 아래는 발심으로 인해 얻은 뛰어난 이익을 밝힘이니 곧 앞의 다섯 가지 원인에 대한 결과이다.

[鈔] 正明發心堅固者[53]는 卽前五果之因이니 一, 求佛智慧는 卽求法三昧요 二, 求佛十力은 卽求智慧요 三, 求佛辯才요 四, 求佛光明은 卽是總持니 總持가 以慧爲體일새 故云光明이라 餘皆堅固受持行願

---

53) 上八字는 南金本無, 此下甲本有彰發心之益, 南續金本有彰發心之益誤이다.

이라 發是心已下는 總結堅固니라

- (d) 견고한 발심을 바로 밝힘은 곧 앞의 다섯 가지 결과의 원인이니 (1) 부처님 지혜를 구함이니 곧 법을 구하는 삼매요, (2) 부처님의 십력을 구함이니 곧 지혜를 구함이요, (3) 부처님 변재를 구함이요, (4) 부처님 광명을 구함이니 곧 총지이다. 총지는 지혜로 체성을 삼은 연고로 '광명'이라 말하고, 나머지는 모두 견고하게 행원을 수지한다는 뜻이다. (5) 發是心已 아래는 견고함을 총합 결론함이다.

b) 법문의 업과 작용을 밝히다[明其業用] 4.
(a) 신통변화 나타내기를 허락하다[許現] (二顯 41上1)
(b) 청법을 말하다[申請] (經/善財)
(c) 바로 나타내다[正現] (經/爾時)
(d) 선정에서 나와 인가를 말하다[出印] (經/時不)


善男子여 我得菩薩求一切法無厭足莊嚴門하며 我得一切法平等地總持門하여 現不思議自在神變하노니 汝欲見不아 善財言하되 唯라 我心願見이니이다
爾時에 不動優婆夷가 坐於龍藏師子之座하사 入求一切法無厭足莊嚴三昧門과 不空輪莊嚴三昧門54)과 十力智輪現前三昧門과 佛種無盡藏三昧門하사 入如是等一萬三昧門하시니 入此三昧門時에 十方各有不可說佛刹微塵數世界가 六種震動하되 皆悉清淨瑠璃所成이라 一一世界中에 有百億四天下百億如來가 或住兜率天하고 乃

---

54) 上八字는 金本無, 麗宋元明清合綱杭鼓纂續本有라 하다.

至般涅槃하며 一一如來가 放光明網하사 周徧法界하며 道場衆會가 淸淨圍遶하며 轉妙法輪하여 開悟群生이러라 時에 不動優婆夷가 從三昧起하사 告善財言하시되 善男子여 汝見此不아 善財가 言하되 唯라 我皆已見이니이다
착한 남자여, 나는 ① 보살이 온갖 법을 구하여 싫음이 없는 장엄문을 얻었고, 나는 ② 모든 법이 평등한 지위의 다 지니는 문을 얻어서, 헤아릴 수 없이 자재한 신통변화를 나타내는 것을 그대는 보고자 하느냐?" 선재동자는 진심으로 보기를 원한다고 말하였다.

그때 부동우바이는 용장 사자좌에 앉아서, ① 모든 법을 구하여 싫음이 없는 장엄삼매문과, ② 공하지 않은 바퀴 장엄삼매문과 ③ 열 가지 힘의 지혜 바퀴가 앞에 나타나는 삼매문과 ④ 불종무진장 삼매문에 들어갔으며, ⑤ 이렇게 만 가지 삼매문에 들어갔다. 이 삼매문에 들어갈 때에 시방으로 각각 말할 수 없는 부처 세계의 티끌 수 세계가 (1) 여섯 가지로 진동하며 (2) 다 청정한 유리로 이루어졌고, (3) 낱낱 세계마다 백억 사천하와 백억 여래가 있는데, (4) 어떤 이는 도솔천에 계시고, (5) 혹은 열반에 들기도 하며, (6) 낱낱 여래에서 광명 그물을 놓아 법계에 두루하니, (7) 도량에 모인 대중이 청정하게 둘러 있으며, (8) 미묘한 법륜을 굴리어 중생들을 깨우치었다.

이때 부동우바이가 삼매에서 일어나 선재에게 말하였다. "착한 남자여, 그대는 이것을 보는가?" 선재는 말하였다. "예, 저는 모두 보았나이다."

[疏] 二, 顯其業用이라 中에 四니 一, 許現이니 卽擧五法中에 二라 二, 申請이요 三, 正現이라 入一萬三昧者는 於一求法無厭三昧에 卽入一萬하니 明知餘解脫等도 亦攝多門이니라 四, 出定印述을 並可知니라

■ b) 그 업과 작용을 밝힘이다. 그중에 넷이니 (a) (신통변화) 나타내기를 허락함은 곧 다섯 가지 법 중에 둘을 거론함이요, (b) 청법을 말함이요, (c) 바로 나타냄이다. '1만 가지 삼매에 들어감'이란 하나의 법을 구하는 고달픔 없는 삼매에 합치하고 들어감이 1만 가지이니, 나머지 해탈함 등을 분명히 아는 것도 또한 많은 문을 포섭함의 뜻이다. (d) 선정에서 나와 인가를 말함이니 (경문과) 함께하면 알 수 있으리라.

ㄹ. 자신은 겸양하고 뛰어난 분을 추천하다[謙己推勝] (第四 41下4)

優婆夷가 言하시되 善男子여 我唯得此求一切法無厭足三昧光明하여 爲一切衆生하여 說微妙法하여 皆令歡喜어니와 如諸菩薩摩訶薩은 如金翅鳥가 遊行虛空에 無所障礙하여 能入一切衆生大海하여 見有善根已成熟者하고 便卽執取하여 置菩提岸하며 又如商客하여 入大寶洲하여 采求如來十力智寶하며 又如漁師하여 持正法網하고 入生死海하여 於愛水中에 漉諸衆生하며 如阿修羅王하여 能徧撓動三有大城[55]의 諸煩惱海하며 又如日輪이 出現虛空하여 照愛水泥하여 令其乾竭하며 又如滿月이 出現虛空하여 令可化者로 心華開敷하며 又如大地가 普

---

55) 撓는 宋元明宮淸合杭鼓纂本作杔, 金本作耗誤, 麗綱本作撓; 案杔通撓 攪也라 하다.

皆平等하여 無量衆生이 於中止住하여 增長一切善法根芽하며 又如大風이 所向無礙하여 能拔一切諸見大樹하며 如轉輪王이 遊行世間하여 以四攝事로 攝諸衆生하나니 而我云何能知能說彼功德行이리오

우바이가 말하였다. "착한 남자여, 나는 다만 이 모든 법을 구하여 싫음이 없는 삼매의 광명을 얻고, 모든 중생에게 미묘한 법을 말하여 기쁘게 하거니와, 저 보살마하살들이 (1) 금시조처럼 허공으로 다니면서 걸림이 없이 모든 중생 바다에 들어가서 착한 뿌리가 성숙한 중생을 보고는 곧 들어다가 열반의 저 언덕에 두며, (2) 또 장사꾼들처럼 보배 섬에 들어가서 여래의 열 가지 힘과 지혜의 보배를 구하며, (3) 또 고기 잡는 사람처럼 바른 법의 그물을 가지고 생사의 바다에 들어가 애욕의 물속에서 중생들을 건져내되, 마치 아수라왕이 세 세계의 큰 성과 번뇌의 바다를 흔들 듯하느니라. (4) 또 해가 허공에 뜨듯이 애욕의 진흙에 비추어 마르게 하며, (5) 또 보름달이 허공에 뜨듯이 교화받을 사람의 마음 꽃을 피게 하며, (6) 또 땅덩이가 두루 평등하듯이 한량없는 중생이 머물러 있으면서 모든 선한 법의 싹을 증장케 하며, (7) 또 큰 바람이 향하는 곳에 걸림이 없듯이 모든 나쁜 소견의 나무를 뽑아 버리며, (8) 또 전륜왕처럼 세간에 다니면서 네 가지 거둬 주는 일로 중생들을 거두어 주는 일이야 내가 어떻게 알며 어떻게 그 공덕의 행을 말하겠는가?

[疏] 第四, 優婆夷言下는 謙己推勝이라

- ㄹ. 優婆夷言 아래는 자신은 겸양하고 뛰어난 분을 추천함이요,

ㅁ. 다음 선지식을 지시하다[指示後友] (第五 42上1)
ㅂ. 덕을 연모하여 예배하고 물러가다[戀德禮辭] (經/時善)

善男子여 於此南方에 有一大城하니 名無量都薩羅요 其中에 有一出家外道하니 名曰徧行이니 汝往彼問하되 菩薩이 云何學菩薩行이며 修菩薩道리잇고하라
時에 善財童子가 頂禮其足하며 遶無量帀하며 殷勤瞻仰하고 辭退而去하니라

착한 남자여, 여기서 남쪽에 큰 성이 있으니 이름이 무량도살라요, 거기 출가한 외도가 있으니 이름이 변행이니라. 그대는 그이에게 가서 보살이 어떻게 보살의 행을 배우며 보살의 도를 닦느냐고 물어라." 그때 선재동자는 그의 발에 예배하고 한량없이 돌고 은근하게 앙모하면서 하직하고 떠났다.

[疏] 第五, 指示後友라 中에 都薩羅者는 此云喜出生이니 謂此城中에 出生無量歡喜之事故라 以智度圓滿하여 則能無所不生일새 友名徧行이니 巧智隨機하여 無不行故로 名眞實行이라 示外道者는 能行非道故요 非道에 不染일새 故曰出家라 餘는 可知니라

- ㅁ. 다음 선지식을 지시함이다. 그중에 도살라(都薩羅)는 '기쁘게 출생함'이라 번역하나니 이른바 이 성중에 한량없이 기뻐하는 일을 만들어 내는 연고며, 지혜바라밀이 원만하면 능히 태어나지 않는 바가

없음이요, 선지식의 이름이 '두루 행함'인 것은 선교한 지혜로 근기를 따름이요, 행하지 않음이 없는 연고로 진실한 행이라 이름하였다.

[龍字卷下 終]

# 大方廣佛華嚴經 제67권
## 大方廣佛華嚴經疏鈔 제67권 師字卷上

# 제39 入法界品 ⑧

### 제39. 법계에 증득해 들어가는 품[入法界品] ⑧

제20. 부동(不動)우바이를 만나기 전에 여래의 심부름 하늘[常隨逐覺悟菩薩如來使天]이 부처님의 명을 실천하면서 말하되,

"착한 남자여, 선지식의 가르치는 대로 수행하면 부처님 세존이 모두 환희하며, 선지식의 말을 순종하면 온갖 지혜의 지위에 가까워지며, 선지식의 말에 의혹이 없으면 모든 선지식을 항상 만날 것이며, 마음을 내어 항상 선지식을 떠나지 않으려 하면 모든 이치를 구족하게 되리라. 착한 남자여, 그대는 잘 머무는 서울에 가라. 부동우바이 큰 선지식을 만나게 되리라."

제23. 바시라(婆施羅)뱃사공은 바닷가에서 생사의 바다를 건네 주는 역할을 하며 보살의 크게 가엾이 여기는 당기의 행[菩薩大悲幢行] 해탈문을 얻은 선지식이요, 제25. 수나국의 사자빈신비구니는 승광왕(勝光王)이 보시한 햇빛 동산에 살면서 근기에 맞게 사람마다 알맞은 법을 설하였다.

"선재동자가 보니, 이러한 여러 길에 있는 중생들로서 이미 성숙한 이와 이미 조복한 이와 법 그릇 될 만한 이들은 이 동산에 들어와서 제각기 자리 아래 둘러앉았는데, 사자빈신비구니가 그들의 욕망과 이해함이 수승하고 열등한 차별을 따라서 법을 말하며 아뇩다라삼먁삼보리에서 물러나지 않게 하였다."

> 大方廣佛華嚴經 제67권
> 大方廣佛華嚴經疏鈔 제67권 師字卷上

## 제39. 법계에 증득해 들어가는 품[入法界品] ⑧

차) 제21. 변행외도 선지식[徧行外道] 6.
- 제10. 진실행(眞實行)에 의탁한 선지식

(가) 선지식의 가르침에 의지하여 나아가 구하다[依敎趣求] (第十 1上9)

爾時에 善財童子가 於不動優婆夷所에 得聞法已하고 專心憶念所有敎誨하여 皆悉信受하여 思惟觀察하고 漸漸遊行하여 經歷國邑하여 至都薩羅城하여 於日沒時에 入彼城中하여 廛店隣里四衢道側에 處處尋覓徧行外道하니라

그때 선재동자는 부동우바이에게서 법을 듣고 일심으로 기억하여 가르친 것을 모두 믿어 받고 생각하고 관찰하면서 점점 나아가 여러 나라와 도시를 지나서 도살라성에 이르렀다. 해가 질 무렵 성중에 들어가서 상점과 골목과 네거리로 다니면서 변행외도를 찾았다.

[疏] 第十, 徧行外道는 寄眞實行이라 第一, 依敎趣求라
- 차) 변행외도는 제10. 진실행에 의탁한 선지식이다. (가) 선지식 가

르침에 의지하여 나아가 구함이요,

[鈔] 十徧行外道는 寄眞實行은 智度已圓하여 稱於二諦하여 言行不虛일새 故名眞實이니라

● 차) 변행외도는 제10. 진실행에 의탁하였으니 지혜바라밀이 이미 원만하여 두 가지 진리와 칭합하고 말과 행동이 헛되지 않은 연고로 진실함이라 이름하였다.

(나) 만나서 공경을 표하고 법문을 묻다 [見敬諮問] (第二 2上1)

城東에 有山하니 名曰善德56)이라 善財童子가 於中夜時에 見此山頂의 草樹巖巚이 光明照耀하여 如日初出하고 見此事已에 生大歡喜하여 作是念言하되 我必於此에 見善知識이라하고 便從城出하여 而登彼山하여 見此外道가 於其山上平坦之處에 徐步經行할새 色相圓滿하며 威光照耀하여 大梵天王의 所不能及이며 十千梵衆之所圍遶하고 往詣其所하여 頭頂禮足하며 遶無量帀하며 於前合掌하고 而作是言하되 聖者여 我已先發阿耨多羅三藐三菩提心하니 而我未知菩薩이 云何學菩薩行이며 云何修菩薩道리잇고 我聞聖者는 善能敎誨라하니 願爲我說하소서
성 동쪽에 산이 있으니 이름이 선덕이라. 밤중쯤 되어 선재동자가 산꼭대기를 보니 초목과 바위에 광명이 환하게 비치어 마치 해가 처음 뜨는 듯하였다. 이것을 보고 기쁜 마음

---

56) 德은 宮卍綱續金本作得, 麗元明清合綱杭鼓纂本作德; 案善德 貞元譯作妙吉祥.

으로 이렇게 생각하기를 '내가 아마 여기서 선지식을 만나려나 보다' 하고, 성에서 나와 산으로 올라갔다. 이 외도가 산 위의 평탄한 곳에서 천천히 거니는데, 생긴 모습이 원만하고 위엄과 광채가 찬란하여 대범천왕으로도 미칠 수 없으며, 10천의 범천들이 호위하고 있었다. 선재동자는 그 앞에 나아가 엎드려 절하고 한량없이 돌고 합장하고 서서 말하였다. "거룩하신 이여, 저는 이미 아눗다라삼약삼보디심을 내었사오나, 보살이 어떻게 보살의 행을 배우며, 어떻게 보살의 도를 닦는지를 알지 못하나이다. 듣자온즉 거룩하신 이께서 잘 가르치신다 하오니 바라옵건대 말씀하여 주소서."

[疏] 第二, 城東有山下는 見敬咨問이라 見中에 中夜見者는 智入生死故니 善財가 將入此位故라 上에 云, 日沒入城이라함은 於山頂者는 表位極故오 光明照者는 以智慧光으로 破於生死와 及二邊闇故니라

■ (나) 城東有山 아래는 만나서 공경을 표하고 법문을 물음이다. 만남 중에 한밤중에 만난 까닭은 지혜로 생사에 들어가는 연고며, 선재동자가 장차 이런 지위에 들어가는 까닭이다. 위에서 이르되, "해가 질 무렵에 성에 들어간다"고 함에서 '산꼭대기에'란 지위가 끝임을 표한 연고며, '광명이 비친다'는 것은 지혜 광명으로 생사와 두 변두리의 어두움을 타파하는 까닭이다.

(다) 선재동자를 칭찬하고 법문을 설해 주다[稱讚授法] 2.

ㄱ. 선재동자의 발심을 칭찬하다[讚發心] (第三 2上8)
ㄴ. 바로 법계를 설해 주다[授法界] 2.
ㄱ) 법문의 명칭과 체성[彰名體] (後善)

徧行이 答言하시되 善哉善哉라 善男子여 我已安住至一切處菩薩行하며 已成就普觀世間三昧門하며 已成就無依無作神通力하며 已成就普門般若波羅蜜하라
변행외도는 대답하였다. "착하고 착하다. 착한 남자여, 나는 <모든 곳에 이르는 보살의 행>에 편안히 머물렀고, <세간을 두루 관찰하는 삼매의 문>을 성취하였고, <의지한 데 없고 지음이 없는 신통의 힘>을 성취하였고, <넓은 문 반야바라밀다>를 성취하였노라.

[疏] 第三, 徧行答言下는 稱讚授法이니 先, 讚發心이요 後, 善男子下는 正授法界라 於中에 二니 先, 彰名體라 有四者는 智徧知故라 四義雖別이나 而得相成이니 一, 化境普周니 徧行之名이 亦從此立이라 二, 入定觀機요 三, 由無作神通일새 故能徧至前處니라 四, 由普門般若일새 故能在定普觀이라 若約別者인대 無作無依는 用而無住요 普門般若는 無法不窮이니라

■ (다) 徧行答言 아래는 선재동자를 칭찬하고 법문을 설해 줌이다. ㄱ. 선재동자의 발심을 칭찬함이요, ㄴ. 善男子 아래는 바로 법계를 설해 줌이다. 그중에 둘이니 ㄱ) 법문의 명칭과 체성에 넷이 있다는 것은 지혜로 두루 아는 연고로 네 가지 뜻은 비록 다르지만 형상 이룸을 얻는다. (1) 교화하는 경계가 널리 두루함이니, 변행(徧行)이란 이

름이 또한 여기서부터 세운 것이요, (2) 삼매에 들어 근기를 관찰함이요, (3) 지음 없는 신통을 말미암은 연고로 능히 앞의 장소에 두루 도달함이요, (4) 넓은 문 반야를 말미암은 연고로 능히 삼매에 있으며 널리 관찰한다는 뜻이다. 만일 별상을 잡는다면 지음도 없고 의지함도 없음은 사용하면서도 머무름이 없으며, 넓은 문 반야로는 법을 궁구하지 못할 것이 없다는 뜻이다.

ㄴ) 네 가지 업과 작용을 밝히다[顯四業用] 4.
(ㄱ) 온갖 곳에 이르는 작용[至一切處用] (二善 4上1)
(ㄴ) 세간의 작용을 널리 관찰하다[普觀世間用] (二或)
(ㄷ) 지음도 없고 의지함도 없는 작용[無作無依用] (三又)
(ㄹ) 넓은 문 반야바라밀의 작용[普門般若用] (四善)

善男子여 我普於世間種種方所와 種種形貌와 種種行解와 種種歿生하는 一切諸趣인 所謂天趣와 龍趣와 夜叉趣와 乾闥婆와 阿修羅와 迦樓羅와 緊那羅와 摩睺羅伽와 地獄과 畜生과 閻羅王界와 人非人等의 一切諸趣에 或住諸見하며 或信二乘하며 或復信樂大乘之道하는 如是 一切諸衆生中에 我以種種方便과 種種智門으로 而爲利益하니 所謂或爲演說一切世間種種技藝하여 令得具足一切巧術陀羅尼智하며 或爲演說四攝方便하여 令得具足一切智道하며 或爲演說諸波羅蜜하여 令其廻向一切智位하며 或爲稱讚大菩提心하여 令其不失無上道意하며 或爲稱讚諸菩薩行하여 令其滿足淨佛國土度衆生願

하며 或爲演說造諸惡行에 受地獄等種種苦報며 令於惡
業에 深生厭離하며 或爲演說供養諸佛하여 種諸善根에
決定獲得一切智果하여 令其發起歡喜之心하며 或爲讚
說一切如來應正等覺의 所有功德하여 令樂佛身하여 求
一切智하며 或爲讚說諸佛威德하여 令其願樂佛不壞身
하며 或爲讚說佛自在身하여 令求如來無能暎蔽大威德
體케하라

又善男子여 此都薩羅城中에 一切方所와 一切族類인
若男若女의 諸人衆中에 我皆以方便으로 示同其形하여
隨其所應하여 而爲說法하되 諸衆生等이 悉不能知我
是何人이며 從何而至오 唯令聞者로 如實修行케하노니
善男子여 如於此城에 利益衆生하여 於閻浮提城邑聚
落의 所有人衆住止之處에도 悉亦如是하여 而爲利益이
로라 善男子여 閻浮提內九十六衆이 各起異見하여 而
生執着이어든 我悉於中에 方便調伏하여 令其捨離所有
諸見하니 如閻浮提하여 餘四天下도 亦復如是하며 如四
天下하여 三千大千世界도 亦復如是하며 如三千大千
世界하여 如是十方無量世界諸衆生海에도 我悉於中에
隨諸衆生心之所樂하여 以種種方便과 種種法門으로
現種種色身하고 以種種言音으로 而爲說法하여 令得利
益케하노라

착한 남자여, 나는 넓은 세간에서 가지가지 방소와 가지가
지 형상과 가지가지 행과 이해로 온갖 길에 나고 죽나니,
이른바 하늘 길·용의 길·야차의 길과, 건달바·아수

라・가루라・긴나라・마후라가・지옥・축생의 길이며, 염라왕 세계와 사람과 사람 아닌 이들의 모든 길이니라. 여러 가지 소견에 빠지고 이승을 믿고 대승을 좋아하는 이런 중생들 가운데서 나는 가지가지 방편과 가지가지 지혜의 문으로 이익하게 하노라. 이른바 (1) 혹 모든 세간의 갖가지 기술을 연설하여 온갖 공교한 기술 다라니 지혜를 갖추게 하며, (2) 네 가지로 거두어 주는 방편을 말하여 온갖 지혜의 길을 구족하게 하기도 하며, (3) 모든 바라밀다를 말하여 온갖 지혜의 지위로 회향케 하기도 하며, (4) 보리심을 칭찬하여 위없는 도의 뜻을 잃지 않게도 하며, (5) 보살의 행을 칭찬하여 부처의 국토를 깨끗이 하고 중생을 제도하려는 소원을 만족하게도 하며, (6) 나쁜 짓을 하면 지옥 따위에 빠져 여러 가지 고통받는 일을 말하여 나쁜 업을 싫어하게도 하며, (7) 부처님께 공양하고 착한 뿌리를 심으면 온갖 지혜의 과보를 얻는다 말하여 환희한 마음을 내게도 하며, (8) 모든 여래・응공・정등각의 공덕을 찬탄하여 부처의 몸을 좋아하고 온갖 지혜를 구하게도 하며, (9) 부처님의 위엄과 공덕을 찬탄하여 부처님의 무너지지 않는 몸을 좋아하게도 하며, (10) 부처님의 자유자재한 몸을 찬탄하여 여래의 가릴 수 없는 큰 위덕의 몸을 구하게도 하노라.

또 착한 남자여, 이 도솔라 성중의 여러 곳에 있는 여러 종류의 남녀들 가운데서, 나는 갖가지 방편으로 그들의 형상과 같이 나투고 그에게 알맞게 법을 말하거든, 그 중생들은 내가 어떤 사람인지, 어디서 왔는지를 알지도 못하거니와 듣는 이로 하여금 사실대로 수행케 하노라. 착한 남자여, ① 이 성에서 중생들을 이익하게 하는 것처럼 염부제의 여러 성중과 도시와 마을의 사람이 사는 곳에서도 이와 같이 이익하게 하노라. 착한 남자여, ② 염부제에 있는 96종 외도들이 제각기 야릇한 소견으로 고집을 세우거든, ③ 나는 그 가운데서 방편으로 조복하여 모든 잘못된 소견을 버리게 하며 ④ 염부제에서와 같이 다른 사천하에서도 그렇게 하고, ⑤ 사천하에서와 같이 삼천대천세계에서도 그렇게 하며, ⑥ 삼천대천세계에서와 같이 시방의 한량없는 세계의 중생 바다에서도 중생의 마음을 따라서 ⑦ 갖가지 방편 · ⑧ 갖가지 법문 · ⑨ 갖가지 몸 · ⑩ 갖가지 말로써 법을 말하여 이익하게 하느니라.

[疏] 二, 善男子我普於下는 顯四業用이라 卽分爲四니 一, 明至一切處用이요 二, 或住諸見下는 普觀世間用이니 觀其所宜하여 隨宜說故니라 三, 又善男子此都薩羅下는 明無作無依用이니 故云不知從何而至니라 四, 善男子閻浮提內下는 普門般若用이니 九十六種을 皆能窮故라 上來에 隨勝別配나 實則義通이니라

■ ㄴ) 善男子我普於 아래는 네 가지 업과 작용을 밝힘이다. 곧 넷으로 나누리니 (ㄱ) 온갖 곳에 이르는 작용이요, (ㄴ) 或住諸見 아래는 세간의 작용을 널리 관찰함이니, 그 마땅한 바를 관찰하여 마땅함을 따라 설하는 까닭이다. (ㄷ) 又善男子此都薩羅 아래는 지음도 없고 의지함도 없는 작용을 밝힌 연고로 이르되, "어디로부터 왔

는지 알지 못한다"라고 하였다. (ㄹ) 善男子閻浮提內 아래는 넓은 문 반야바라밀의 작용이다. 96종 외도가 모두 능히 궁구한 연고로 여기까지 뛰어남을 따라 개별로 배대한 것이고, 실제로는 이치로 통한다.

(라) 자신은 겸양하고 뛰어난 분을 추천하다[謙己推勝] (四謙 4下4)

善男子여 我唯知此至一切處菩薩行이어니와 如諸菩薩摩訶薩은 身與一切衆生數等하여 得與衆生無差別身하며 以變化身으로 普入諸趣하여 於一切處에 皆現受生하며 普現一切衆生之前하여 淸淨光明이 徧照世間하며 以無礙願으로 住一切劫하여 得如帝網諸無等行하며 常勤利益一切衆生하여 恒與共居하되 而無所着하며 普於三世에 悉皆平等하여 以無我智로 周徧照耀하며 以大悲藏으로 一切觀察하나니 而我云何能知能說彼功德行이리오

착한 남자여, 나는 다만 이 모든 곳에 이르는 보살의 행만을 알거니와, 저 보살마하살들이 (1) 몸은 온갖 중생의 수효와 같고, (2) 중생들과 차별이 없는 몸을 얻으며, (3) 변화한 몸으로 모든 길에 두루 들어가 모든 곳에 태어나되, (4) 여러 중생의 앞에서 청정한 광명으로 세간에 널리 비추고 (5) 걸림 없는 소원으로 온갖 겁에 머무르며, (6) 제석의 그물 같은 비등할 이 없는 행을 얻어, (7) 모든 중생을 항상 이익하게 하고 (8) 항상 함께 거처하면서도 집착

이 없으며, (9) 세 세상에 두루 평등하여 <나>가 없는 지혜로 널리 비추고 (10) 크게 자비한 광으로 모든 것을 관찰하는 일이야 내가 어떻게 알며 그 공덕의 행을 말하겠는가?

[疏] 四, 謙己推勝이라
■ (라) 자신은 겸양하고 뛰어난 분을 추천함이다.

(마) 다음 선지식을 지시하다[指示後友] (經/善男 4下5)
(바) 덕을 연모하여 예배하고 물러가다[戀德禮辭] (經/時善)

善男子여 於此南方에 有一國土하니 名爲廣大요 有鬻香長者하니 名優鉢羅華니 汝詣彼問하되 菩薩이 云何學菩薩行이며 修菩薩道리잇고하라
時에 善財童子가 頂禮其足하며 遶無量帀하며 殷勤瞻仰하고 辭退而去하니라
착한 남자여, 여기서 남쪽에 한 나라가 있으니 이름이 광대요, 거기 향을 파는 장자가 있으니 이름은 우발라화이니라. 그대는 그에게 가서 '보살이 어떻게 보살의 행을 배우며 보살의 도를 닦느냐?'고 물어라."
그때 선재동자는 그의 발에 엎드려 절하고 한량없이 돌고 은근하게 앙모하면서 하직하고 물러갔다.

(4) 십회향 지위의 열 분 선지식[寄十廻向位] 2.

가. 총합하여 표방하다[總標] (大文 5上10)

```
(4) 寄十廻向位二 ─┬─ 1. 總標
                 └─ 2. 別釋十

   1. 青蓮華長者六 ─┐
      1. 依教趣求
      2. 見敬諮問        ┌─ 1. 讚    ┌─ 1. 總標所得
      3. 稱讚授法二 ─────┴─ 2. 授二 ─┴─ 2. 別顯業用二
         1. 總相顯知四 ─┬─ 1. 知香體異
                      ├─ 2. 約類辨異
                      ├─ 3. 知力用異
                      └─ 4. 委窮本末
         2. 指事別顯二
      4. 謙己推勝
      5. 指示後友
      6. 戀德禮辭
   2. 婆施羅船師二
   3. 無上勝長者
   4. 師子頻申比丘尼
   5. 婆須密女
   6. 鞞瑟胝羅居士
   7. 觀自在菩薩
   8. 正趣菩薩
   9. 大天神
   10. 安住地神
```

[疏] 大文第四, 有十善友는 寄十廻向이라 今初에 青蓮華長者는 寄救護 衆生離衆生相廻向이라 在廣大國者는 創入廻向故니 廻向衆生故로 廣이요 廻向菩提故로 大요 廻向實際는 義通廣大니라 言鬻香者는 鬻 者는 賣也요 香質은 雖小나 發氣彌布요 善根雖微나 廻向普周니라

又若賣若買에 二俱得香하니 自他善根을 俱可廻向이라 靑蓮華者는 蓮華는 處淤泥而不染하니 猶護衆生而離相이요 靑蓮華는 爲水中之最요 救護는 爲入生死之尊이라 文亦分六이니

■ 큰 문단으로 (4) 열 분 선지식은 십회향에 의탁한 분들이다. 지금은 가) 청련화장자는 중생을 구호하되 중생이란 모양을 여읜 회향에 의탁한 선지식이다. '광대한 나라에 있다'는 것은 처음으로 회향에 들어간 까닭이다. 중생에게 회향하는 연고로 넓음이요, 보리에 회향하는 연고로 큼이요, 실제에 회향함은 뜻이 광대함과 통한다. '향을 판다[鬻香]'고 말한 것에서 육(鬻)은 판다는 뜻이요, 향의 바탕은 비록 작지만 기운이 생겨나 가득 덮고, 선근이 비록 작지만 회향함이 넓고 두루하여 또한 팔기도 하고 사기도 한다. 둘이 다 향을 얻나니 나와 남의 선근에 두루 회향할 수 있다. 청련화에서 연꽃은 진흙 속에 있으면서도 더럽지 않음과 같이 중생을 구호하면서도 모양을 여읨과 같다. 청련화는 수중에서 가장 최고이며, 구호(救護)는 생사에 들어간 높음이 되나니 경문도 또한 여섯으로 나눈다.


나. 개별로 해석하다[別釋] 10.
가) 제22. 청련화장자 선지식[靑蓮華長者] 6.
- 제1. 구호중생상회향(救護衆生相廻向)에 의탁한 선지식 [22]

(가) 선지식의 가르침에 의지하여 나아가 구하다[依敎趣求] (第一 5下7)

爾時에 善財童子가 因善知識敎하여 不顧身命하며 不着財寶하며 不樂人衆하며 不耽五欲하며 不戀眷屬하며 不

重王位하고 唯願化度一切眾生하며 唯願嚴淨諸佛國土하며 唯願供養一切諸佛하며 唯願證知諸法實性하며 唯願修集一切菩薩大功德海하며 唯願修行一切功德하여 終無退轉하며 唯願恒於一切劫中에 以大願力으로 修菩薩行하며 唯願普入一切諸佛眾會道場하며 唯願入一三昧門하며 普現一切三昧門自在神力하며 唯願於佛一毛孔中에 見一切佛하되 心無厭足하며 唯願得一切法智慧光明하여 能持一切諸佛法藏하여 專求此等一切諸佛菩薩功德하고 漸次遊行하니라

그때 선재동자는 선지식의 가르침을 인하여 (1) 몸과 목숨을 돌보지 않고, (2) 재물에도 집착하지 않고, (3) 여러 사람들을 좋아하지도 않고, (4) 다섯 가지 욕락을 탐하지도 않고, (5) 권속을 그리워하지도 않고, (6) 왕의 지위를 소중히 여기지도 아니하였다. (7) 오직 모든 중생을 교화하고, (8) 부처의 국토를 깨끗이 하고, (9) 모든 부처님께 공양하고, (10) 법의 참된 성품을 알고, (11) 모든 보살의 공덕 바다를 닦아 모으고, (12) 모든 공덕을 닦아 행하여 물러나지 않고, (13) 모든 겁마다 큰 서원으로 보살의 행을 닦고, (14) 모든 부처님의 도량에 모인 대중 속에 들어가고, (15) 한 삼매의 문에 들어가서 모든 삼매문의 자재한 신통의 힘을 나타내고, (16) 부처님의 한 털구멍에서 모든 부처님을 보아도 만족함이 없고, (17) 모든 법의 지혜 광명을 얻어서 (18) 모든 부처의 법장을 보호하고 유지하기를 원하였다. 이러한 모든 부처와 보살의 공덕을 일심으로 구하면서 점점 나아가

[疏] 第一, 依敎趣求라 中에 先, 依敎興願이니 以是廻向大願之首故라 後, 漸次下는 趣求後位니라
- (가) 선지식의 가르침에 의지하여 나아가 구함이다. 그중에 ㄱ. 가르침에 의지하여 발원을 일으킴이니, 이것이 대원(大願)에 회향하는 우두머리인 연고요, ㄴ. 漸次 아래는 다음 지위에 나아가 구함이다.

[鈔] 初靑蓮華長者寄救護等者는 大悲增上하여 救護衆生하고 大智無着하여 離衆生相하여 悲智無住일새 以立此名이라 廻向實際는 義通廣大者는 佛境에 方窮하사 橫周法界와 衆生界故니라
- 가) '청련화장자는 중생을 구호하는 회향에 의탁함' 등이란 대비가 늘어나서 중생을 구제하여 보호하고, 큰 지혜는 집착이 없어서 중생이란 모양을 여의고, 자비와 지혜가 머무름이 없어서 이런 실제에 회향한다는 명칭을 세웠다. '이치는 광대함에 통한다'는 것은 부처님 경지라야 비로소 다하고 가로로 법계와 중생계에 두루한 까닭이다.

(나) 만나서 공경을 표하고 법문을 묻다[見敬諮問] (第二 6下1)

至廣大國하여 詣長者所하여 頂禮其足하며 遶無量帀하며 合掌而立하여 白言하되 聖者여 我已先發阿耨多羅三藐三菩提心하여 欲求一切佛平等智慧하며 欲滿一切佛無量大願하며 欲淨一切佛最上色身하며 欲見一切佛淸淨法身하며 欲知一切佛廣大智身하며 欲淨治一切菩薩諸行하며 欲照明一切菩薩三昧하며 欲安住一切菩薩總持하며 欲除滅一切所有障礙하며 欲遊行一切十方世界하

노니 而未知菩薩이 云何學菩薩行하며 云何修菩薩道하여 而能出生一切智智리잇고

광대국에 이르러서는, 장자의 앞에 가서 엎드려 절하고 한량없이 돌고 합장하고 서서 여쭈었다. "거룩하신 이여, 저는 이미 아눗다라삼약삼보디심을 내었사옵고, (1) 모든 부처님의 평등한 지혜를 구하려 하며, (2) 모든 부처님의 한량없는 큰 서원을 만족하려 하며, (3) 모든 부처님의 가장 높은 육신을 깨끗이 하려 하며, (4) 모든 부처님의 청정한 법의 몸을 뵈오려 하며, (5) 모든 부처님의 광대한 지혜의 몸을 알고자 하며, (6) 모든 보살의 행을 깨끗이 다스리려 하며, (7) 모든 보살의 삼매를 밝히려 하며, (8) 모든 보살의 다라니에 머물고자 하며, (9) 모든 장애를 없애려 하며, (10) 여러 시방세계에 다니려 하오나, 보살이 어떻게 보살의 행을 배우며 어떻게 보살의 도를 닦아서 온갖 지혜의 지혜를 내는지를 알지 못하나이다."

[疏] 第二, 詣長者下는 見敬咨問이라
- (나) 詣長者 아래는 만나서 공경을 표하고 법문을 물음이요,

(다) 선재동자를 칭찬하고 법문을 설해 주다[稱讚授法] 2.

ㄱ. 선재동자를 칭찬하다[讚] (第三 6下5)
ㄴ. 법문을 설해 주다[授] 2.
ㄱ) 얻은 법문을 총합하여 표방하다[總標所得] (授中)

長者가 告言하시되 善哉善哉라 善男子여 汝乃能發阿耨
多羅三藐三菩提心이로다 善男子여 我善別知一切諸香
하며 亦知調合一切香法하니
장자는 말하였다. "착하고 착하다. 착한 남자여, 그대가 능
히 아눗다라삼약삼보디심을 내었도다. 착한 남자여, 나는
모든 향을 잘 분별하여 알며, 모든 향을 조화하여 만드는 법
을 아노니,

[疏] 第三, 長者告言下는 稱讚授法이니 先, 讚이요 後, 授라 授中에 二니
先, 總標所得이요 後, 所謂下는 別顯業用이라 今初에 知世諸香은 以
表法香이니 謂以戒定慧와 慈悲等香으로 熏修生善하고 滅惡習氣故
라 善知一切香者는 差別行也라 亦知調合者는 融通行也니 以金剛
杵로 碎之하고 實相般若波羅密로 調和하여 令純雜無礙하고 悲智圓
融하여 成廻向故니라

■ (다) 長者告言 아래는 선재동자를 칭찬하고 법문을 설해 줌이니 ㄱ.
선재동자를 칭찬함이요, ㄴ. 법문을 설해 줌이다. ㄴ. 법문을 설해
줌에 둘이니 ㄱ) 얻은 법문을 총합하여 표방함이요, ㄴ) 所謂 아래는
업과 작용을 개별로 밝힘이다. 지금은 ㄱ)이니 세간의 모든 향을 알
아서 법의 향을 표한다. 이른바 계의 향, 선정의 향, 지혜의 향, 사랑
의 향, 대비의 향 등으로 훈습하고 수행하여 선근이 생겨나니 나쁜
습기를 없애는 까닭이다. '온갖 향을 잘 안다'는 것은 행법을 차별하
는 것이요, 또한 '향을 조합하는 법을 안다'는 것은 행법을 융섭하여
통한다는 뜻이다. 금강저(金剛杵)[57]로 분쇄하고 실상인 반야바라밀

---

[57] 금강저(金剛杵) : vajra. 원래는 제석(帝釋)의 전광(電光 : 번개)에 붙였던 이름이었으나 점차 여러 신들이나 역

로 조화하면 순수와 잡염이 장애가 없고 자비와 지혜가 원융하여 회향을 이루는 까닭이다.

ㄴ) 업과 작용을 개별로 밝히다[別顯業用] 2.
(ㄱ) 총상으로 아는 것을 밝히다[總相顯知] 4.

a. 향기의 체성이 다름을 알다[知香體異] (二別 7上10)
b. 향기의 부류를 잡아 다름을 밝히다[約類辨異] (二又)
c. 힘과 작용이 다름을 알다[知力用異] (三又)
d. 근본과 지말을 자세히 궁구하다[委窮本末] (四如)

所謂一切香과 一切燒香과 一切塗香과 一切末香이며 亦知如是一切香王所出之處하며 又善了知天香과 龍香과 夜叉香과 乾闥婆와 阿修羅와 迦樓羅와 緊那羅와 摩睺羅伽와 人非人等의 所有諸香하며 又善別知治諸病香과 斷諸惡香과 生歡喜香과 增煩惱香과 滅煩惱香과 令於有爲에 生樂着香과 令於有爲에 生厭離香과 捨諸憍逸香과 發心念佛香과 證解法門香과 聖所受用香과 一切菩薩差別香과 一切菩薩地位香하여 如是等香의 形相生起와 出現成就와 清淨安隱과 方便境界와 威德業用과 及以根本은 如是一切를 我皆了達하노라

이른바 (1) 모든 향·모든 사르는 향·모든 바르는 향·모

---

사(力士)가 지니는 무기를 가리킨다. 불교로 수용되면서 금강저는 그 단단함 때문에 모든 장애물을 극복할 수 있다는 뜻으로 해석되었고, 불교의식에서는 마음의 번뇌를 없애 주는 상징적인 의미를 지니게 된다. 뒤에 밀교에서는 금강령(金剛鈴)과 한 짝이 되어 의식법구로 사용되기도 한다.

든 가루향이며, 이런 향이 나는 곳도 아노라. 또 (2) 하늘 향·용의 향·야차의 향과, (3) 건달바·아수라·가루라·긴나라·마후라가·사람·사람 아닌 이들의 향을 잘 알며, (4) 또 병을 다스리는 향·나쁜 짓을 끊는 향·환희한 마음을 내는 향·번뇌를 늘게 하는 향·번뇌를 없애는 향·함이 있는 법에 애착을 내게 하는 향·함이 있는 법에 싫은 생각을 내게 하는 향·모든 교만과 방일을 버리는 향·마음을 내어 염불하는 향·법문을 이해하는 향·성인이 받아 쓰는 향·모든 보살의 차별한 향·모든 보살의 지위의 향들이니라. (5) 이런 향의 형상과 생기는 일과 나타나고 성취함과 청정하고 편안함과 방편과 경계와 위덕과 작용과 근본의 모든 것을 내가 다 통달하노라.

[疏] 二, 別顯業用이라 中에 二니 先, 總相顯知요 後, 詣事別顯이라 前中에 四니 一, 知香體異요 二, 又善了下는 約類辨異요 三, 又善別下는 知力用異니 前二는 約世요 此兼出世라 四, 如是等下는 明委窮本末이라 上四에 各有事理하니 思之니라

- ㄴ) 업과 작용을 개별로 밝힘 중에 둘이니 (ㄱ) 총상으로 아는 것을 밝힘이요, (ㄴ) 사례를 가리키며 개별로 밝힘이다. (ㄱ) 중에 넷이니 a. 향기의 본체가 다름을 아는 것이요, b. 又善了 아래는 부류를 잡아 다름을 밝힘이요, c. 又善別 아래는 힘과 작용이 다름을 앎이다. 앞의 둘은 세간을 잡는다면 여기는 출세간을 겸하였다. d. 如是等 아래는 근본과 지말을 자세히 궁구함이니, 위의 넷은 각기 현상과 이치가 있으니 생각해 보라.

[鈔] 上四에 各有事理者는 如一, 知香體異하여 約事可知어니와 約理者는 如燒香은 謂以智火로 發揮萬行하여 普周偏故요 塗香者는 以性淨水로 和之하여 飾法身故오 末香者는 以金剛智로 碎하여 令無實故니 卽以智와 及性淨等으로 爲生處也라 如第二, 約類辨異는 言約理者인대 香은 卽習氣니 行天之因이 是天習氣니 熏灼作成果故라 亦是道習이니 從天而來하여 好光淨等이라 餘는 類例然이라

三, 知力用者는 上二는 約文[58]인대 但約世香하여 而含約理라 此則文自具二하니 如厭有爲等은 約事인대 治諸病者는 白檀은 治熱하고 熏陸은 治冷이요 約理인대 卽諸對治行이니 所謂慈悲와 不淨觀等이라 斷諸惡者는 如安息香은 能辟[59]惡邪니 正見智慧가 無惡不斷이요 又十善行等이니라 生歡喜香은 如沈檀等이니 卽稱根器行施하여 悅自他等이라 增煩惱香은 如蘭麝等이니 謂愛染行이 如有漏定이 增愛味等이라 滅煩惱香은 如牛頭와 栴檀과 先陀婆等이니 卽諸智忍等이니라 令於有爲에 生愛着等은 唯約理說이니 此卽人天勝因이요 厭離有爲는 卽無常等이요 捨憍逸香은 無我와 忍辱과 不放逸等이니라 發心念佛香은 讚佛功德하며 說淨土行等이니라 證解法門은 深觀行等이요 聖所受用은 卽觀眞如無分別等이요 一切菩薩差別者는 三賢과 十地의 所修勝劣等이요 一切菩薩地位香者는 所證如智가 有淺深等이니라

● '위의 넷은 각기 현상과 이치가 있다'는 것은 (1) 마치 향의 체성이 다름을 앎이니 현상을 잡으면 알 수 있음이요, 이치를 잡은 것은 사르는 향과 같다. 이른바 지혜의 불로 발휘함이니 만 가지 행법이 널리 두루한 까닭이다. 바르는 향은 성품이 청정한 물로 화합하여 법신을 장식하는 까닭이다. '가루 향'은 금강 같은 지혜로 부수어 하여금 실

---

58) 文下에 甲南續金本有理字라 하다.
59) 辟은 南續金本作碎라 하다.

다움 없게 한 까닭이니, 곧 지혜와 성품이 청정한 등으로 태어날 곳을 삼았으니, (2) 마치 부류를 잡아서 다른 점을 밝힘과 같다. '이치를 잡는다'고 말한 것은 향은 곧 습기(習氣)요, 천상으로 가는 원인이니 하늘의 습기로 훈습하여 결과를 이룸을 짓는 까닭이다. 또한 '도의 습기[道習]'이니 하늘에서 내려와서 상호의 광명이 청정한 등이니 나머지는 유례하면 마찬가지이다.

(3) '힘과 작용을 안다'는 것은 위의 둘은 경문을 잡은 해석이니, 단지 세상의 향만 잡은 것 같지만 이치를 잡음을 포함한 해석이다. 이것은 경문에 자연히 둘을 갖춤이 마치 유위법을 싫어함과 같은 등이요, '현상을 잡으면 모든 병을 다스리는 것'에서 백단(白檀)[60]은 열병을 다스리고, 훈육(熏陸)은 냉병을 다스린다. 이치를 잡으면 곧 모든 다스리는 행법이니 이른바 자비관(慈悲觀)과 부정관(不淨觀) 등이다. '모든 악을 끊는다'는 것은 마치 안식향(安息香)[61]과 같아서 능히 악과 삿됨을 막아 주나니 바른 소견과 지혜는 끊지 못할 악이 없다. 또한 열 가지 선행 등이니 '환희한 마음을 내는 향'은 침향(沈香)과 전단(栴檀) 등과 같나니 곧 근기와 칭합한 행을 보시하여 나와 남을 기쁘게 하는 등이요, '번뇌를 끊는 향'은 난(蘭)과 사향(麝香)과 같은 등이다. 이른바 사랑에 물든 행은 유루의 선정과 같아서 사랑에 맛들이는 등을 증가하고, '번뇌를 없애는 향'은 우두전단인 선타바(先陀婆)

---

[60] 白檀 : 인도가 원산지이며 인도와 동남아시아 지역에서 재배한다. 동의보감에 이르되, "맛은 맵고 성질은 따뜻하다. 열로 부은 것을 삭이고, 신기(腎氣)로 오는 복통을 낫게 한다. 명치 아래가 아픈 것, 곽란(癨亂), 중악(中惡), 헛 것에 들린 것을 낫게 하며 벌레를 죽인다."
[61] 安息香 : 베트남, 라오스, 태국, 중국에서 생산된다. 한방에서 식물인 안식향나무 또는 백화수의 수지를 한약명으로 안식향(安息香)이라 한다. 향기가 있고 맛은 매우면서 시원하다. 동의보감에 이르되, "맛은 맵고 쓰며 성질은 따뜻하다. 명치 밑에 있는 악기(惡氣)와 귀주(鬼疰), 사기나 헛 것에 들려 귀태(鬼胎)가 된 것, 고독(蠱毒), 온역(溫疫, 급성 유행성 열병)을 낫게 하고 신기와 곽란, 부인의 월경병, 산후 혈훈(血暈) 등을 낫게 한다. 이것은 태우면 좋은 냄새를 내면서 모든 악기를 없앤다."

등과 같다. 곧 모든 지혜의 법인 등은 유위의 애착 등과 같게 함이다. 오직 이치만 잡아 말하면 이것은 곧 인천의 뛰어난 법인이니 유위를 싫어하여 멀리함은 곧 무상함 등이니 '모든 교만과 방일을 버리는 향'은 내가 없는 인욕과 방일함 없는 향 등이다. '마음을 내어 염불하는 향'은 부처님 공덕을 찬탄함과 정토의 행법 등을 말하여 법문을 증득하고 이해한다. 깊은 관법의 행 등은 '성인이 받아 쓰는 향'은 곧 진여의 분별없음을 관찰하는 등이다. '모든 보살의 차별한 향'은 삼현(三賢)과 십지(十地)로 수행할 대상이 뛰어나고 열등한 등이요, '모든 보살의 지위의 향'은 증득할 대상인 진여의 지혜가 깊고 얕음이 있는 등이다.

(ㄴ) 사례를 가리키며 개별로 밝히다[指事別顯] 2.

a. 첫 구절을 총합하여 해석하다[總釋初句] 2.
a) 사례를 잡은 해석[約事] (二人 9下6)
b) 법을 잡은 해석[約法] (若就)

善男子여 人間에 有香하니 名曰象藏이라 因龍鬪生이니 若燒一丸에 卽起大香雲하여 彌覆王都하여 於七日中에 雨細香雨하며 若着身者인댄 身則金色이요 若着衣服宮殿樓閣하여도 亦皆金色이며 若因風吹하여 入宮殿中에 衆生齅者가 七日七夜를 歡喜充滿하여 身心快樂하여 無有諸病하며 不相侵害하여 離諸憂苦하며 不驚不怖하고 不亂不恚하며 慈心相向하여 志意淸淨하나니 我知是已에

而爲說法하여 令其決定發阿耨多羅三藐三菩提心케하라
착한 남자여, (1) 인간에 향이 있는데 이름은 상장이요, ①
용이 싸울 적에 생기며, ② 한 개만 살라도 큰 향 구름을 일
으키어 서울에 덮으며, ③ 이레 동안 가는 향 비를 내리나
니, ④ 몸에 닿으면 몸이 금빛이 되고, ⑤ 의복이나 궁전이
나 누각에 닿아도 금빛으로 변하며, ⑥ 바람에 날려 궁전 안
에 들어가면 그 향기를 맡은 중생은 이레 동안 밤낮으로 환
희하고 몸과 마음이 쾌락하며, ⑦ 병환이 침노하지 못하고
⑧ 모든 근심이 없어져 놀라지도 무섭지도 어지럽지도 성
내지도 않으며, ⑨ 인자한 마음으로 서로 대하고 뜻이 청정
하여지거든, ⑩ 나는 그것을 알고 법을 말하여, 그들로 아뇩
다라삼약삼보디심을 내게 하느니라.

[疏] 二, 人間有下는 指事別顯이라 中에 有十種香하니 初, 象藏香이니 具前本末十事라 一, 但語香名이나 必有形相이요 二, 龍鬪가 爲生起요 三, 興雲이 爲出現이요 四, 雨雨가 爲成就요 五, 金色이 爲清淨이요 六, 喜樂이 爲安隱이요 七, 無病等이 爲方便이요 八, 慈心等이 爲境界요 九, 意淨이 爲威德이라 其業用一種은 義通前七이니라 十, 我知下는 是根本이니 本爲菩提心故라 若就菩提心하여 顯十義者인댄 以菩提心香이 似如來藏이니 因善惡相攻而生일새 若一發心하면 興慈雲하며 注法雨하며 心所及香에 令歸眞淨하여 得法喜樂하고 離惑業苦하고 展轉興慈하여 志願純淨이라

■ (ㄴ) 人間有 아래는 사례를 가리키며 개별로 밝힘이다. 그중에 열 종류의 향이 있으니 (1) 상장(象藏)인 향은 앞의 근본과 지말인 열 가지

일을 갖추었다. ① 단지 향의 이름에 반드시 형상이 있음을 말하였고, ② 용이 싸울 적에 생기며 ③ 구름을 일으키고 출현하며 ④ 비 내리고 비 내려 성취함이요, ⑤ 몸이 금빛이 되어 청정함이 되고 ⑥ 몸과 마음이 기쁘고 쾌락함으로 안온을 삼고 ⑦ 병환이 침노하지 못함 등이 방편이 됨이요, ⑧ 인자한 마음 등으로 경계를 삼으며 ⑨ 뜻이 청정해짐이 위덕이 됨이니, 그 업과 작용의 한 종류는 뜻이 앞의 일곱 가지에 통한다. ⑩ 我知 아래는 근본지이니 본래로 보리심으로 인하여 만일 보리심을 입각하여 열 가지 뜻을 밝힌 내용이다. 보리심의 향은 여래장과 비슷하나니, 선과 악으로 인하여 서로 공격하여 생긴다. 만일 한번 발심하면 자비의 구름이 일어나고 법의 비를 펼치면 마음 요소[心所]와 향이 진여가 청정함으로 돌아가게 하여 법의 기쁨과 즐거움을 얻게 하고, 미혹과 업과 괴로움을 여의고 전전히 자비를 일으키면 생각으로 서원함이 순수하고 청정하게 된다.

b. 나머지 아홉 구절을 해석하다[釋餘九句] (餘之 10上4)

善男子여 摩羅耶山에 出栴檀香하니 名曰牛頭니 若以塗身하면 設入火坑이라도 火不能燒니라
善男子여 海中에 有香하니 名無能勝이니 若以塗鼓와 及諸螺貝하면 其聲發時에 一切敵軍이 皆自退散이니라 善男子여 阿那婆達多池邊에 出沈水香하니 名蓮華藏이니 其香一丸이 如麻子大를 若以燒之하면 香氣가 普熏閻浮提界하여 衆生聞者가 離一切罪하여 戒品淸淨이니라 善男子여 雪山에 有香하니 名阿盧那라 若有衆生이 齅此香

者는 其心이 決定離諸染着이니 我爲說法하여 莫不皆得 離垢三昧니라 善男子여 羅刹界中에 有香하니 名海藏이 라 其香이 但爲轉輪王用이니 若燒一丸하여 而以熏之하 면 王及四軍이 皆騰虛空이니라 善男子여 善法天中에 有 香하니 名淨莊嚴이니 若燒一丸하여 而以熏之하면 普使 諸天으로 心念於佛이니라 善男子여 須夜摩天에 有香하 니 名淨藏이니 若燒一丸하여 而以熏之하면 夜摩天衆이 莫不雲集彼天王所하여 而共聽法이니라 善男子여 兜率 天中에 有香하니 名先陀婆니 於一生所繫菩薩座前에 燒 其一丸하면 興大香雲하여 徧覆法界하여 普雨一切諸供 養具하여 供養一切諸佛菩薩이니라 善男子여 普變化天 에 有香하니 名曰奪意니 若燒一丸하면 於七日中에 普雨 一切諸莊嚴具니라(普는 金本作善)

착한 남자여, (2) 마라야산에서는 전단향이 나는데 이름은 우두라, 몸에 바르면 불구렁에 들어가도 타지 않느니라. 착한 남자여, (3) 바닷속에 향이 있으니, 이름이 무능승이라, 만약 북이나 소라에 바르면 소리가 날 적에 모든 적군들이 모두 물러가느니라. 착한 남자여, (4) 아나바달다 못 가에서는 침수향이 나는데 이름은 연화장이라, 그 향 한 개를 삼씨 만치를 태워도 향기가 염부제에 풍기며, 중생들이 맡으면 모든 죄를 여의고 계행이 청정하여지느니라. 착한 남자여, (5) 설산에 향이 있으니 이름은 아로나라, 중생이 이 향을 맡으면 마음이 결정되어 물드는 집착을 여의며, 내가 법을 말하면 때 여읜 삼매를 얻지 못하는 이가 없느니라. 착한 남자여, (6) 나찰 세계에 향이 있으니 이름이 해장이라, 이 향은 전륜왕만이 사용하는데, 한 개만 피워서 풍겨도 전륜왕과 네 가지 군대가 모두 허공에 나르느니라. 착한 남자여, (7) 선법천에 향이 있으니 이름은 정장엄이라, 한 개만 피워서 풍겨도 여러 하늘들로 하여금 부처님을 생각하게 하느니라. 착한 남자여, (8) 수야마천에 향이 있으니, 이름은 정장이라. 한 개만 피워서 풍겨도 수야마천 무리들이 천왕의 처소로 모여 와서 함께 법을 듣느니라. 착한 남자여, (9) 도솔천에 향이 있으니 이름이 선타바라, 일생보처 보살이 앉은 앞에서 한 개만 피우면 큰 향 구름을 일으켜서 법계를 뒤덮고 모든 공양거리를 비 내려 모든 부처와 보살들께 공양하느니라. 착한 남자여, (10) 선변화천에 향이 있으니 이름이 탈의라, 한 개를 피우면 이레 동안에 모든 장엄거리를 비 내리느니라.

[疏] 餘之九香도 皆應具法喩之十이로되 略故로 或二或三이니라 摩羅耶者는 國名이니 國多此香故라 此卽忍香이니 瞋火不燒니라 三은 卽進香이니 魔軍退散이니라 次五는 如次하여 是五分法身香이니라 九는 卽稱法界香이니라 先陀婆는 一名四實이니 此宜用鹽이니 香似此故라 十, 忘能所香이니 故名奪意니라 餘三은 可知니라

■ 나머지 아홉 가지 향은 모두 법과 비유를 갖춘 비유가 열 가지인데, 생략한 연고로 둘이기도 하고 셋이기도 하다. 마라야(摩羅耶)는 나라 이름이니 이 나라에 이런 향이 많은 까닭이다. (2) 이것은 곧 인욕의 향이므로 성냄의 불로는 태우지 못한다. (3) 바닷속 이길 수 없는 향[無能勝香]은 정진의 향이니 마군을 물리쳐 흩어 버리며, 다음의 다섯

은 순서대로 오(五)분 법신의 향이다.[62] (9) 법계와 칭합한 향이니 (도솔천에 있는 향인) 선타바(先陀婆)는 이름은 하나지만 실상은 넷이다. 이것은 마땅히 소금을 사용한 향으로 이 향과 비슷한 까닭이다. (10) 잊는 주체와 대상인 향이므로 (선변화천(善變化天)에 향이 있으니) 이름이 탈의(奪意)라. 나머지 셋은 알 수 있으리라.

[鈔] 若就菩提心下는 二, 約法이라 似如來藏은 本覺眞心에 性德圓備하여 稱理發心일새 故似也[63]니라 二, 因善惡相攻而生은 卽同因龍鬪生故라 六波羅密經에 云, 善惡互相熏이 猶如二象鬪에 弱者去無廻하여 妄盡無來去라하니라 起信에 云, 眞如熏無明故로 能發心厭求라하니라 三, 若一發心下는 出現이요 四, 霪法雨는 是成就요 五, 心所及下는 淸淨이요 六, 得法喜樂은 卽安隱이요 七, 離惑業苦는 卽方便이요 八, 展轉興慈는 卽境界요 九, 志願純淨은 卽威德이니 亦業用이요 義通前七이니라 次五는 如次五分法身者는 戒定은 可知니라 三, 王及四兵은 皆騰空者는 慧證空故니라 四, 心念於佛에 脫五欲故니라 五, 集聽法이 是知見故니라 餘는 可思之[64]니라

● b) 若就菩提心 아래는 법을 잡은 해석이요, 여래장의 본각진심(本覺眞心)과 같아서 성품의 덕이 원만히 구비되고 이치와 칭합하여 발심한 연고로 같은 것이다. (2) 선과 악을 인하여 서로 공격하여 생김은 곧 용으로 인해 싸우고 태어나는 까닭이다. 『육바라밀경(六波羅密經)』에

---

[62] 五分法身香을 배대하면 곧 "(4) 침수향이 나는데 이름은 연화장(蓮華藏)은 계향이요, (5) 설산에 향이 있으니 이름은 아로나이니 선정의 향이요, (6) 나찰 세계에 향이 있으니 이름이 해장(海藏)이라. 지혜의 향이다. (7) 선법천(善法天)에 향이 있으니 이름은 정장엄(淨莊嚴)이니 바로 해탈향이다. (8) 수야마천에 향이 있으니, 이름은 정장(淨藏)이니, 해탈지견의 향이다."(역자 주)
[63] 也는 甲南續金本作藏也라 하다.
[64] 上四字는 南金本無라 하다.

이르되, "선과 악을 서로 번갈아 훈습함이 마치 두 마리 코끼리가 싸우다가 약한 놈은 가고 돌아오지 않음과 같으며, 망념이 다하면 오고 감이 없다"라 하였고, 『기신론』에 이르되, "진여가 무명을 훈습하는 연고로 능히 발심하여 생사의 고통을 싫어하고 열반을 구하는 것이다"라고 하였다. (3) 若一發心 아래는 출현함이요, (4) 법의 비를 퍼부음은 성취함이요, (5) 心所及 아래는 청정함이요, (6) 법의 기쁨과 즐거움을 얻음은 곧 안온함이요, (7) 미혹과 업과 고통을 여읨은 곧 방편이요, (8) 전전이 자비심을 일으킴은 곧 경계요, (9) 의지와 원력이 순수하고 청정함은 곧 위덕이니 또한 업과 작용이기도 하나니, 뜻이 앞의 일곱과 통한다. '다음의 다섯은 순서대로 오(五)분 법신의 향'인 것은 계향과 선정의 향은 알 수 있으리라. 셋째, 왕과 네 군인은 모두 허공을 나는 것이니 지혜로 공(空)을 증득한 까닭이요, 넷째, 마음으로 부처님을 생각하나니 다섯 가지 욕심을 뺏는 연고요, 다섯째, 모아서 법을 들음이니 바로 알고 보는 까닭이다. 나머지는 생각하여 알 수 있다.

(라) 자신은 겸양하고 뛰어난 분을 추천하다[謙己推勝] (經/善男 9下10)

善男子여 我唯知此調和香法이어니와 如諸菩薩摩訶薩은 遠離一切諸惡習氣하여 不染世欲하며 永斷煩惱衆魔胃索하여 超諸有趣하며 以智慧香으로 而自莊嚴하여 於諸世間에 皆無染着하며 具足成就無所着戒하여 淨無着智하고 行無着境하며 於一切處에 悉無有着하여 其心平等하여 無着無依하나니 而我何能知其妙行이며 說其功

德이며 顯其所有淸淨戒門이며 示其所作無過失業이며 辨其離染身語意行이리오

착한 남자여, 나는 다만 향을 화합하는 법을 알거니와 저 보살마하살들이 (1) 모든 나쁜 버릇을 여의어 세상 탐욕에 물들지 않으며, (2) 번뇌 마군의 오랏줄을 아주 끊고 여러 길에서 뛰어나며, (3) 지혜의 향으로 장엄하여 세간에서 물들지 않으며, (4) 집착이 없는 계율을 구족하게 성취하며, (5) 집착이 없는 지혜를 깨끗이 하고, (6) 집착이 없는 경계에 행하며, (7) 모든 곳에 애착이 없고 (8) 마음이 평등하여 집착도 없고 의지함도 없음이야, (9) 내가 어떻게 그 묘한 행을 알며, 그 공덕을 말하며, (10) 그 청정한 계율의 문을 나타내며, (11) 그 허물이 없이 짓는 업을 보이며, (12) 그 물들지 않는 몸과 뜻의 행을 말하겠는가?

(마) 다음 선지식을 지시하다[指示後友] (經/善男 11上7)
(바) 덕을 연모하여 예배하고 물러가다[戀德禮辭] (經/時善)

善男子여 於此南方에 有一大城하니 名曰樓閣이요 中有船師하니 名婆施羅니 汝詣彼問하되 菩薩이 云何學菩薩行이며 修菩薩道리잇고하라
時에 善財童子가 頂禮其足하며 遶無量帀하며 慇懃瞻仰하고 辭退而去하니라
착한 남자여, 여기서 남쪽에 큰 성이 있으니 이름은 누각이요, 거기 뱃사공이 있으니 이름이 바시라 하느니라. 그대

는 그에게 가서 '보살이 어떻게 보살의 행을 배우며 보살의
도를 닦느냐?'고 물어라."
이때 선재동자는 그의 발에 엎드려 절하고 한량없이 돌고
은근하게 앙모하면서 하직하고 물러갔다.

나) 제23. 바시라뱃사공 선지식[婆施羅船師] 2.
- 제2. 불괴회향(不壞廻向)에 의탁한 선지식

(가) 표방하다[標] (第二 11下3)

[疏] 第二, 船師婆施羅는 寄不壞廻向이라 婆施羅者는 此云自在니 謂於
佛法海에 已善通達하여 於生死海에 能善運度하여 於一切法에 深信
不壞일새 故名自在라 在樓閣城者는 由此廻向하여 令菩提心으로 轉
更增長하여 悲智相依하여 而勝出故라

■ 나) 바시라뱃사공은 불괴회향에 의탁한 선지식이다. 바시라(婆施羅)
는 '자재함'이라 번역한다. 이른바 불법의 바다에서 이미 생사의 바
다를 잘 통달하고, 능히 잘 운반하여 건너가서 온갖 법에 깊은 믿음
을 무너뜨리지 않는 연고로 자재함이라 이름하였다. '누각이란 성에
있다'는 것은 이 불괴회향으로 말미암아 보리심으로 하여금 더욱 더
증장케 하고, 자비와 지혜가 서로 의지하여 뛰어나게 출현하는 까닭
이다.

[鈔] 寄不壞廻向者는 得不壞信하여 十[65]種善根을 而廻向故로 名爲不

---

65) 十은 南金本無라 하다.

壞라
- '불괴회향에 의탁한다'는 것은 무너지지 않는 믿음을 얻어서 열 가지 선근으로 회향하는 연고로 '무너뜨리지 않는다'라고 이름하였다.

(나) 해석하다[釋] 6.
ㄱ. 선지식의 가르침에 의지하여 나아가 구하다[依敎趣求] 2.

ㄱ) 가르침에 의지해 길을 관하다[依敎觀道] (文中 11下8)
ㄴ) 다음 지위에 나아가 구하다[趣求後位] (後漸)

爾時에 善財童子가 向樓閣城하여 觀察道路하니 所謂觀道高卑하며 觀道夷險하며 觀道淨穢하며 觀道曲直하니 漸次遊行하여 作是思惟하되 我當親近彼善知識이니 善知識者는 是成就修行諸菩薩道因이며 是成就修行波羅蜜道因이며 是成就修行攝衆生道因이며 是成就修行普入法界無障礙道因이며 是成就修行令一切衆生除惡慧道因이며 是成就修行令一切衆生離憍慢道因이며 是成就修行令一切衆生滅煩惱道因이며 是成就修行令一切衆生捨諸見道因이며 是成就修行令一切衆生拔一切惡刺道因이며 是成就修行令一切衆生至一切智城道因이며 何以故오 於善知識處에 得一切善法故며 依善知識力하여 得一切智道故니 善知識者는 難見難遇라하여 如是思惟하고 漸次遊行하니라

이때 선재동자는 (1) 누각성을 향하면서 길을 살피니, (2)

길이 높고 낮음을 보며, (3) 길이 평탄하고 험함을 보며, (4) 길이 깨끗하고 더러움을 보며, (5) 길이 굽고 곧음을 보았다. 점점 나아가면서 이렇게 생각하였다. '내가 마땅히 저 선지식을 친근하리니, 선지식은 ① 보살의 도를 수행함을 성취할 원인이며, ② 바라밀다의 도를 수행함을 성취할 원인이며, ③ 중생을 거둬 주는 도를 수행함을 성취할 원인이며, ④ 법계에 두루 들어가되 장애가 없는 도를 수행함을 성취할 원인이며, ⑤ 모든 중생에게 나쁜 꾀를 덜게 하는 도를 수행함을 성취할 원인이며, ⑥ 모든 중생에게 교만한 도를 여의게 하는 도를 수행함을 성취할 원인이며, ⑦ 모든 중생에게 번뇌를 없애는 도를 수행함을 성취할 원인이며, ⑧ 모든 중생에게 여러 가지 소견을 버리게 하는 도를 수행함을 성취할 원인이며, ⑨ 모든 중생에게 온갖 나쁜 가시를 뽑게 하는 도를 수행함을 성취할 원인이며, ⑩ 모든 중생으로 하여금 온갖 지혜의 성에 이르게 하는 도를 수행함을 성취할 원인이 되리라. 왜냐하면 (1) 선지식에게서 모든 착한 법을 얻는 연고며, (2) 선지식의 힘으로 온갖 지혜의 길을 얻는 연고며, (3) 선지식은 보기 어렵고 만나기 어려우니라.'

[疏] 文中에 第一, 依敎趣求라 中에 先, 依敎觀道니 於廻向道에 初得不壞故라 佛道가 爲高요 餘皆是卑라 生死와 涅槃이 爲夷險이요 障과 無障이 爲淨穢요 二乘爲曲이요 菩薩爲直等이니라 後, 漸次下는 趣求後位하여 而興勝念이니 謂菩薩道를 因人得故라 卽於菩薩法師에 得

不壞信이라 於中에 先, 正明이요 後, 徵釋을 可知니라
- 경문 중에 ㄱ. 선지식 가르침에 의지하여 나아가 구함이다. 그중에 ㄱ) 가르침에 의지해 길을 관찰함이니 회향하는 도에 처음으로 무너뜨리지 않음을 얻은 연고며, 부처님 도를 높게 삼고 나머지는 모두 낮음이니 생사와 열반으로 평탄함과 험난함을 삼고, 장애와 장애 없음으로 깨끗함과 더러움을 삼고, 이승은 굽음을 삼고 보살승은 곧음으로 삼는 등이다. ㄴ) 漸次 아래는 다음 지위에 나아가 구하여 뛰어난 생각을 일으킴이다. 이른바 보살의 도는 사람으로 인해 얻는 연고요, 곧 보살법사에게 무너지지 않는 믿음을 얻는다는 뜻이다. 그중에 (ㄱ) 바로 밝힘이요, (ㄴ) 묻고 해석함이니 알 수 있으리라.

[鈔] 佛道爲高下는 新譯에 此有十事五對나 今經에는 但有四對하고 闕第四安危니라 疏에 但略示其相하고 而末[66]言等者는 等於餘義라 具說觀相하면 乃有多意하니 一, 不壞相則五是可依며 五不可依라 二, 不壞性則不見高卑며 無夷險等이라 一은 無高卑[67]니 是故로 經에 云, 不見一法이 是佛法者며 不見一法이 非佛法者라하니 故로 金剛에 云, 是法平等하여 無有高下라하니라 二, 住正道者는 則不分別是邪와 是正이니라 三, 不見業惑으로 以爲所斷하며 不見智慧로 以爲能斷이요 非有煩惱며 非離煩惱니라 四, 不見生死가 爲雜亂하며 不見涅槃이 爲寂靜하여 生死와 涅槃이 二際無差일새 五, 無大小와 三乘과 及一乘과 非乘[68]을 我所說[69]故라 三, 性及相이 雙俱不壞則雖無高下나 不壞高卑니 無高無卑가 爲眞高等이며 一一契中이라 上三은 卽三觀

66) 末은 原南本作未, 續金本作末이라 하다.
67) 上四字는 南金本無라 하다.
68) 乘은 南金本無, 原續及行願品疏有라 하다.
69) 我所說은 甲南續金本作我所誤, 原與行願品疏合이라 하다.

意니라 四, 以無所得으로 而爲方便하여 一時具觀이니 一具一切라야 方眞觀矣니라

● 佛道爲高 아래는 새로운 번역이다. 여기에 열 가지 사례와 다섯 대구가 있고, 본경은 단지 네 대구만 있다. 넷째 편안하고 위태함이 빠졌으니 소에서 단지 그 양상 보임을 생략하지만 마지막에 등(等)이라 말한 것은 나머지 뜻과 같다는 뜻이니 관찰하는 모양을 갖추어 말해야만 비로소 많은 의미가 있는 것이니 (1) 양상을 무너뜨리지 않으면 다섯은 의지할 수 있음이요, (2) 성품을 무너뜨리지 않으면 높고 낮음을 보지 않고, 평탄함과 험난함 등이 없는 연고로 경문에 이르되, "한 법이 불법임을 보지 않았으며, 한 법도 불법 아님을 보지 못한다"라고 하였으므로 『금강경』에 이르되, "이 법이 평등하여 높고 낮음이 없다"라 하였고, 둘째, '정도에 머무름'이란 이것이 삿되고 올바름을 분별하지 않는다. (3) 업과 미혹을 보지 못함으로 끊을 대상을 삼고, 지혜를 보지 못함으로 끊는 주체를 삼았으니 번뇌가 있지도 않고 번뇌를 여읨도 아니다. (4) 생사를 보지 못함으로 잡염과 산란으로 삼고, 열반을 보지 못함으로 고요함을 삼는다. 생사와 열반이 두 경계가 차이가 없다. (5) 대승과 소승, 삼승과 일승이 없으며, 승(乘)은 내가 설할 대상이 아닌 연고로 세 가지 성품과 양상은 동시에 모두 무너뜨리지 않는다. 비록 높고 낮음이 없더라도 높고 낮음을 무너뜨리지 않고, 높음이 없고 낮음도 없음으로 진실로 높음 등이 됨은 낱낱이 중도와 계합할 적에 위의 셋은 삼관(三觀)의 의미요, 넷째는 얻을 것 없음으로 방편을 삼으면 일시에 관찰을 구비하나니 하나에 모두를 갖추어야 비로소 진실한 관찰이 되는 것이다.

ㄴ. 만나서 공경을 표하고 법문을 묻다[見敬諮問] (第二 13下2)

旣至彼城하여 見其船師가 在城門外海岸上住하니 百千商人과 及餘無量大衆圍遶하여 說大海法하여 方便開示佛功德海어늘 善財가 見已하고 往詣其所하여 頂禮其足하며 遶無量币하며 於前合掌하고 而作是言하되 聖者여 我已先發阿耨多羅三藐三菩提心하니 而未知菩薩이 云何學菩薩行이며 云何修菩薩道리잇고 我聞聖者는 善能敎誨라하니 願爲我說하소서

이렇게 생각하면서 점점 걸어가다가 누각성에 이르렀다. 그 뱃사공은 성문 밖 바닷가 언덕 위에 있으면서 백천의 장사꾼들과 한량없는 대중에게 둘러싸여서 바다의 법을 말하며, 부처님의 공덕 바다를 방편으로 일러 주는 것을 보고, 그 앞에 나아가 발에 절하고 한량없이 돌고 합장하고 말하였다. "거룩하신 이여, 저는 이미 아뇩다라삼약삼보디심을 내었사오나, 보살이 어떻게 보살의 행을 배우며, 어떻게 보살의 도를 닦는지를 알지 못하나이다. 듣자온즉 거룩하신 이께서 잘 가르쳐 주신다 하오니, 바라건대 말씀하여 주소서."

[疏] 第二, 旣至彼下는 見敬諮問이라 見在海岸者는 若佛法海인대 以生死로 爲此岸이니 不捨生死故요 若生死海인대 以大悲修因으로 而爲此岸이니 住大慈悲하여 令離因故니라

■ ㄴ. 旣至彼 아래는 만나서 공경을 표하고 법문을 물음이다. '바닷가

언덕에서 만난 것'은 저 불법의 바다에서 생사로 이 언덕을 삼았으니 생사를 버리지 않은 연고며, 저 생사하는 바다는 대비로 수행할 원인으로 이 언덕을 삼았으니 큰 자비에 머물러서 하여금 원인을 여의게 하려는 까닭이다.

[鈔] 若佛法海者는 準下推勝하면 乃有多海어니와 略擧其二라 餘例는 可知니라

● 저 불법의 바다는 아래 뛰어난 분을 추천함에 준하여야 비로소 많은 바다가 있을 것이므로 간략히 그 둘만 거론한 것이다. 나머지는 유례하면 알 수 있으리라.

ㄷ. 선재동자를 칭찬하고 법문을 설해 주다[稱讚授法] 2.

ㄱ) 선재동자를 칭찬하며 질문하다[讚問] (第三 14上3)

船師가 告言하시되 善哉善哉라 善男子여 汝已能發阿耨多羅三藐三菩提心하고 今復能問生大智因과 斷除一切生死苦因과 往一切智大寶洲因과 成就不壞摩訶衍因과 遠離二乘의 怖畏生死하고 住諸寂靜三昧旋因과 乘大願車하고 徧一切處하여 行菩薩行에 無有障礙淸淨道因과 以菩薩行으로 莊嚴一切無能壞智淸淨道因과 普觀一切十方諸法이 皆無障礙淸淨道因과 速能趣入一切智海淸淨道因이로다

뱃사공이 말하였다. "좋고 좋다. 착한 남자여, 그대는 이

미 아눗다라삼먁삼보디심을 내었고, 이제 (1) 또 큰 지혜를 내는 인과, (2) 모든 생사의 괴로움을 끊는 인과, (3) 온갖 지혜의 보배 섬에 가는 인과, (4) 무너지지 않는 대승의 인과, (5) 이승들이 생사를 두려워하고 고요한 삼매의 소용돌이에 머무름을 멀리 여의는 인과, (6) 큰 서원의 수레를 타고 모든 곳에 두루하여 보살의 행을 수행하되 장애가 없는 청정한 도의 인과, (7) 보살의 행으로 깨뜨릴 수 없는 온갖 지혜를 장엄하는 청정한 도의 인과, (8) 모든 시방의 법을 두루 관찰하되 장애가 없는 청정한 도의 인과, (9) 온갖 지혜의 바다에 빨리 들어가는 청정한 도의 인을 묻는구나.

[疏] 第三, 船師告言下는 稱讚授法이니 分二니 先, 讚問이니 讚其發心이요 後, 能問法이라 文有九句하니 前五는 能問果因이요 後四는 能問因因이니 故云道因이라 三昧旋者는 旋은 謂深澓하여 沈而不流니 二乘은 沈寂하여 動八萬劫일새 故能遠離가 是菩薩道니라

■ ㄷ. 船師告言 아래는 선재동자를 칭찬하고 법문을 설해 줌이니 둘로 나누리라. ㄱ) 선재동자를 칭찬하며 질문함이니 그 발심을 칭찬함이요, ㄴ) 주체가 법을 질문함에 경문에 아홉 구절이 있나니 (ㄱ) 앞의 다섯 구절[(1) 今復能問生大智因 (2) 斷除一切生死苦因 (3) 往一切智大寶洲因 (4) 成就不壞摩訶衍因 (5) 遠離二乘一寂靜三昧旋因]은 질문하는 주체의 결과와 원인이요, (ㄴ) 뒤의 네 구절[(6) 乘大願車徧一切處一 淸淨道因 (7) 以菩薩行莊嚴一淸淨道因 (8) 普觀一切十方一淸淨道因 (9) 速能趣入一淸淨道因]은 질문하는 주체의 원인의 원인이므로 '도의 원인[道因]'이라 한다. 삼매

로 도는 것에서 도는 것은 깊이 도는 것이며, 잠겨서 흐르지 않음의 뜻이다. 이승은 고요함에 잠기고, 8만 겁 동안 움직이는 연고로 능히 멀리 여의는 것이 바로 보살의 도이다.

ㄴ) 법문을 설해 주다[授法] 2.

(ㄱ) 법문의 명칭과 체성을 표방하다[標名體] (二善 14上8)
(ㄴ) 업과 작용을 밝히다[辨業用] 2.
a. 육지에서 중생을 교화하다[於陸化生] (後善)

善男子여 我在此城海岸路中하여 淨修菩薩大悲幢行하 라 善男子여 我觀閻浮提內貧窮衆生하여 爲饒益故로 修 諸苦行하여 隨其所願하여 悉令滿足하되 先以世物로 充 滿其意하고 復施法財하여 令其歡喜하며 令修福行하며 令生智道하며 令增善根力하며 令起菩提心하며 令淨菩 提願하며 令堅大悲力하며 令修能滅生死道하며 令生不 厭生死行하며 令攝一切衆生海하며 令修一切功德海하 며 令照一切諸法海하며 令見一切諸佛海하며 令入一切 智智海하노니 善男子여 我住於此하여 如是思惟하며 如 是作意하며 如是利益一切衆生하라

착한 남자여, 나는 이 성의 바닷가에 있으면서 <보살의 크게 가엾이 여기는 당기의 행>을 깨끗하게 닦았노라. 착한 남자여, 나는 염부제에 있는 (1) 빈궁한 중생들을 보고 그들을 이익하게 하려고 보살의 행을 닦으며, (2) 그들의 소원을

모두 만족하게 하는데, (3) 먼저 세상 물건을 주어 마음을 채우고 다시 법의 재물을 보시하여 환희케 하며, (4) 복덕의 행을 닦게 하고 지혜를 내게 하고 (5) 착한 뿌리의 힘을 늘게 하고 (6) 보리심을 일으키게 하고 (7) 보리의 원을 깨끗하게 하고 (8) 크게 가엾이 여기는 마음을 견고하게 하고 (9) 생사를 없애는 도를 닦게 하고 (10) 생사를 싫어하지 않는 행을 내게 하고 (11) 모든 중생 바다를 거둬 주게 하고 (12) 모든 공덕 바다를 닦게 하고 (13) 모든 법 바다를 비추게 하고 (14) 모든 부처 바다를 보게 하고 (15) 온갖 지혜의 지혜 바다에 들어가게 하노라. 착한 남자여, 나는 여기 있어서 이렇게 생각하고 이렇게 뜻을 가지고 이렇게 모든 중생을 이익하게 하노라.

[疏] 二, 善男子我在此下는 授己法界라 中에 二니 先, 標名體니 謂大悲超出하여 爲物所歸故니라 後, 善男子我觀閻浮下는 辨其業用이라 中에 二니 先, 明於陸化生하여 令知有海라

- ㄴ) 善男子我在此 아래는 자신의 법계를 설해 줌이다. 그중에 둘이니 (ㄱ) 법문의 명칭과 체성을 표방함이니 이른바 대비로 초월하게 나아가서 물건의 돌아갈 곳으로 삼는 연고요, (ㄴ) 善男子我觀閻浮 아래는 업과 작용을 밝힘이다. 그중에 둘이니 a. 육지에서 중생을 교화하여 하여금 유(有)의 바다를 알게 한다는 뜻이다.

b. 바다에서 중생을 교화하다[於海化生] 2.
a) 잘 아는 것을 밝히다[明善知] 5.

(a) 지혜를 알다[知智] (後善 15上4)

善男子여 我知海中一切寶洲와 一切寶處와 一切寶類와 一切寶種하며 我知淨一切寶와 鑽一切寶와 出一切寶와 作一切寶하며 我知一切寶器와 一切寶用과 一切寶境界와 一切寶光明하며

착한 남자여, 나는 바다에 있는 (1) 모든 보배의 섬과 (2) 모든 보배의 처소와 (3) 모든 보배의 종류와 (4) 모든 보배의 종자를 알며, (5) 나는 모든 보배를 깨끗하게 하고 (6) 모든 보배를 연마하고 (7) 모든 보배를 내고 (8) 모든 보배를 만들 줄을 알며, 나는 (9) 모든 보배의 그릇과 (10) 모든 보배의 쓰임과 (11) 모든 보배의 경계와 (12) 모든 보배의 광명을 알며,

[疏] 後, 善男子我知海中下는 善知海相하여 於海化生이라 於中에 二니 初, 明善知요 後, 彰化成益이라 今初에 此寶洲等이 生死法海에 義皆有之어니와 且約生死海釋인대 文中에 略擧知五種事니 一, 知寶니 寶卽是智라 故로 不入生死海하면 則不能得[70]一切智寶니라 於中에 有十二句하니 一, 生死海中에 湛寂不動을 謂之寶洲요 二, 空不空如來藏이 爲寶處요 三, 恒沙功德이 皆寶類요 四, 佛性이 爲寶種이라 此上은 皆約本有요 次四는 約修成이니 以淨戒頭陀等으로 爲能淨이요 以緣起智로 爲能鑽이요 以發一切智心으로 爲出因이요 聽聞으로 爲能作이니라 後四는 爲寶用이니 謂三乘等器에 智慧有殊요 照理斷

---

70) 得은 甲南續金本作生이라 하다.

惑이 所用各別이요 所緣境界가 萬品階差오 破愚顯明이 各各不等이니라

■ b. 善男子我知海中 아래는 바다의 모양을 잘 아는 것과 바다에서 중생을 교화함이다. 그중에 둘이니 a) 잘 아는 것을 밝힘이요, b) 교화하여 얻은 이익을 밝힘이다. 지금은 a)이니 이 보배 섬 등은 생사와 법의 바다에 뜻으로 모두 있나니, 우선 생사의 바다를 잡아 해석함이다. 경문 중에 간략히 다섯 종류의 일을 거론하였으니 (a) 보배를 앎이니 보배는 바로 지혜인 연고로 생사의 바다에 들어가지 못하면 능히 온갖 지혜의 보배를 얻지 못한다. ㈀ 그중에 12구절이 있으니 (1) 생사의 바다 중에 담연하여 동요하지 않음을 말하여 보배 섬이라 한다. (2) 공여래장과 불공여래장으로 보배가 나는 처소를 삼은 것이요, (3) 항하 모래 같은 공덕이 모두 보배의 부류요, (4) 부처 성품으로 보배 종자를 삼는다. 이 위에 모두 본래 있음을 잡았고, ㈁ 다음의 넷[(5) 淨一切寶 (6) 鑽一切寶 (7) 出一切寶 (8) 作一切寶]은 수행으로 성취함을 잡은 해석이다. 청정한 계행과 두타행 등으로 청정하는 주체로 삼고, 연기법의 지혜로 뚫는 주체를 삼고, 온갖 지혜의 마음을 발함으로 벗어나는 원인을 삼고, 청문함으로 짓는 주체를 삼는다. ㈂ 뒤의 넷[(9) 一切寶器 (10) 一切寶用 (11) 一切寶境界 (12) 一切寶光明]은 보배의 쓰임새를 삼는다. 이른바 삼승 등의 근기가 지혜로 다름이 있어서 이치를 비추어 미혹을 끊으므로 사용할 대상이 각기 다르고 인연할 대상 경계가 만 품의 단계가 차이남이 어리석음을 타파하여 밝음을 밝혔으니 각기 같지 않다는 뜻이다.

(b) 삼독을 알다[知三毒] (二我 15下7)

(c) 마음으로 아는 모양을 알다[知心識相] (三亦)

我知一切龍宮處와 一切夜叉宮處와 一切部多宮處하여
皆善廻避하여 免其諸難하며 亦善別知漩澓淺深과 波濤
遠近과 水色好惡의 種種不同하며
나는 모든 용궁의 처소와 모든 야차 궁전의 처소와 모든 부
다 궁전의 처소를 알고 잘 회피하여 그들의 난을 면하노라.
또 소용도는 데 · 얕은 데 · 깊은 데와 파도가 멀고 가까운
것과 물빛이 좋고 나쁜 것들이 여러 가지로 같지 아니한 것
을 잘 분별하여 알며,

[疏] 二, 我知一切龍下는 卽生死中의 瞋貪癡之三毒이니라 部多는 此云
自生이니 亦如夜叉요 但不從父母生일새 故喩多癡니라 三, 亦善別知
漩澓下는 卽知心識相이니 色無色等이 依識心定하여 劫數淺深이요
七識波浪이 染習遠近이요 隨善惡緣하여 心水色異니라

■ (b) 我知一切龍 아래는 곧 생사하는 중에 탐욕, 진에, 우치의 삼독
을 앎이다. 부다(部多)는 자연히 생겨남[自生]이라 번역하고, 또한 야
차(夜叉)와 같기도 하고, 단지 부모로부터 태어남이 아니므로 많이 어
리석음에 비유하였다. (c) 亦善別知漩澓 아래는 곧 마음으로 아는
모양을 앎이다. 색계와 무색계 등은 식심의 삼매와 겁수의 얕고 깊음
에 의지하고, 7식의 물결이 습기가 멀고 가까움을 물들이고 선과 악
의 인연을 따라서 마음과 물의 색이 다르다.

[鈔] 色無色等者는 沈空滯寂이 卽漩澓義니 無色은 初二萬이요 後後는 二

二增이라 非想은 八萬劫이니 爲深이요 二萬은 卽爲淺이라 色과 無는 晝夜殊요 劫數等과 身量은 則初禪이 最淺이요 上上은 漸深未有無相이 皆識心定故로 爲心識相也니라

● 색계와 무색계 등은 공에 빠지고 고요에 지체함이니 곧 돌고 도는 뜻이다. 무색계의 처음은 2만 겁이요, 뒤로 갈수록 둘과 둘로 증가하여 비상비비상처천의 8만 겁으로 깊음을 삼고, 2만 겁은 곧 얕음이 되고 색계의 밤낮과 다름이 없고, 겁의 수가 몸의 분량과 평등하면 초선천의 가장 얕은 경계이다. 위로 갈수록 점차 깊어지면 없는 모양이 없나니 모두 마음의 삼매를 아는 연고로 마음과 인식의 모양을 삼는다.

(d) 시기를 알다[知時] (四亦 16上7)
(e) 만 가지 행법을 알다[知萬行] (五亦)

亦善別知日月星宿의 運行度數와 晝夜晨晡와 晷漏延促하며 亦知其船의 鐵木堅脆와 機關澁滑과 水之大小와 風之逆順하여 如是一切安危之相을 無不明了하여 可行則行하고 可止則止하니라

또 (1) 일월성신이 돌아가는 도수와 (2) 밤과 낮과 새벽과 신시 때와 (3) 시각과 누수가 늦고 빠름을 잘 분별하여 알며, 또 (4) 배의 철물과 나무가 굳고 연한 것과 (5) 기관이 만만하고 거셈과 (6) 물이 많고 적음과 (7) 바람이 순하고 거슬림을 알며, (8) 모든 편안하고 위태한 것을 분명하게 알고서 (9) 갈 만하면 가고 (10) 못 갈 만하면 안 가노라.

[疏] 四, 亦善別知日月等者는 卽能知時니 謂機之生熟이 如是時中에 宜修定慧等이니라 五, 亦知其船이니 卽知萬行不同이니 有方便이 爲堅이요 無方便이 爲脆요 曾修가 爲滑이요 不曾則澁이니라 水之大小者는 謂生死有邊이며 與無邊이니라 風之逆順者는 八風이 四順이며 四逆이니라 又謂修行이 有住와 與無住故니라 若開第三과 第五하면 各有三事하니 則幷總具十이니라

■ (d) '또 일월성신이 돌아가는 도수를 잘 아는 등'은 곧 시기를 잘 앎이다. 이른바 근기가 생긴것과 성숙한 것이니, 이런 시기 중에 선정과 지혜 닦는 것을 맞추는 등이다. (e) 또 그 배를 아는 것이 곧 만 가지 행법이 같지 않음을 앎이니, 방편이 있음으로 견고함을 삼고, 방편이 없음으로 위태함을 삼는다. 일찍이 수행함으로 미끄러움을 삼고 일찍이 수행하지 않은 것을 껄끄럽다고 한다. 물이 크고 작음은 생사가 있는 변두리와 없는 변두리요, 바람이 역행과 순행은 여덟 가지 바람이니 넷은 순풍이고 넷은 역풍이다. 또한 말하자면 수행할 적에 머무름과 머무르지 않음이 있는 까닭이요, 만일 셋째와 다섯째를 열면 각기 세 가지 일이 있나니, 아울러 총합하여 열 가지를 갖춘다.

[鈔] 有方便爲堅等은 七地에 已說이니라 又謂修行有住며 無住者는 上은 約外境이니 世之八風이요 此約正修니 無住가 爲順出離요 有住爲逆이니라 又有住則順生死流요 無住는 反此니라 若開第三과 第五하면 各三者는 三中의 三者는 一, 漩澓淺深이요 二, 波濤遠近이요 三, 水色好惡니라 五中의 三者는 一, 知其船의 鐵木堅脆와 機關澁滑이요 二, 水之大小요 三, 風之逆順이라 此二가 各三이 爲六이요 幷其餘三

하여 爲九오 如是已下는 總結爲十이라 可行則行하고 可止則止는 雖是總結이나 義當一故니라

● '방편이 있음으로 견고함을 삼는 등'은 제7. 원행지에 이미 설명하였다. 또 말하자면 수행함에 머무름이 있고 머무름이 없다는 것은 위는 바깥 경계인 세간의 여덟 가지 바람을 잡은 해석이요, 여기는 바른 수행을 잡아서 머무름 없음은 벗어나 여읨을 따르고, 머무름 있음은 벗어나 여읨을 거스른다. 또한 머무름 있으면 생사의 흐름을 따르고 머무름 없음은 이것과 반대이다. '만일 셋째와 다섯째를 열면 각기 세 가지 일'에서 '세 가지 중에 셋'이란 (1) 돌고 도는 것이 얕고 깊음이요, (2) 파도가 멀고 가까움이요, (3) 물의 색깔이 좋고 나쁨이다. '다섯 가지 중에 셋'이란 (1) 그 배에 철물과 나무가 굳고 연한 것과 기관이 만만하고 거셈이요, (2) 물이 많고 적음이요, (3) 바람이 순하고 거스름을 아는 것이다. 여기 둘에 각기 셋이면 여섯이 되나니 그 나머지 셋과 함께하면 아홉이 된다. 如是已 아래는 총결하여 열이 되나니 갈 수 있으면 가고 머물 수 있으면 머무나니, 비록 총합하여 결론하면 이치가 하나로 맞는 까닭이다.

b) 교화하여 얻은 이익을 밝히다[彰化益] (二善 17下3)

善男子여 我以成就如是智慧하여 常能利益一切衆生하노라 善男子여 我以好船으로 運諸商衆하여 行安隱道하며 復爲說法하여 令其歡喜하고 引至寶洲하여 與諸珍寶하여 咸使充足한 然後에 將領還閻浮提하라 善男子여 我將大船하여 如是往來하되 未始令其一有損壞로니 若有

衆生이 得見我身이어나 聞我法者면 令其永不怖生死海하여 必得入於一切智海하며 必能消竭諸愛欲海하며 能以智光으로 照三世海하며 能盡一切衆生苦海하며 能淨一切衆生心海하며 速能嚴淨一切刹海하며 普能往詣十方大海하며 普知一切衆生根海하며 普了一切衆生行海하며 普順一切衆生心海케하라

착한 남자여, 나는 (1) 이런 지혜를 성취하여 모든 중생을 이익하게 하노라. 착한 남자여, (2) 나는 안전한 배로 장사 무리들을 태우고 편안한 길을 가게 하며 (3) 다시 법을 말하여 기쁘게 하면서, (4) 보배 있는 섬으로 인도하여 여러 가지 보물을 만족하게 한 연후에 그들을 거느리고 염부제로 돌아오노라. 착한 남자여, (5) 나는 큰 배를 가지고 이렇게 다니지만 한 번도 실수한 일이 없노라. (6) 어떤 중생이 내 몸을 보거나 내 법을 들은 이는 영원히 나고 죽는 바다를 무서워하지 않고 온갖 지혜의 바다에 들어가서 (7) 모든 애욕의 바다를 말리고 지혜의 광명으로 세 세상 바다를 비추며 (8) 모든 중생의 고통 바다를 끝나게 하며, (9) 모든 중생의 마음 바다를 깨끗이 하고 (10) 모든 세계 바다를 빨리 청정케 하며, (11) 시방의 큰 바다에 두루 가서 모든 중생의 근성 바다를 알고 (12) 모든 중생의 수행 바다를 두루 알고 (13) 모든 중생들의 마음 바다를 널리 따르노라.

[疏] 二, 善男子我以成就下는 彰化成益이라 既列十海하니 則知前海도 準此應思라 前四는 自利요 後六은 利他니라 後三은 文顯이니라

■ b) 善男子我以成就 아래는 교화하여 얻은 이익을 밝힘이다. 이미 열 가지 바다를 나열하면 앞의 바다를 아는 것이요, 여기에 준하여 응당히 생각할 것이니, (a) 앞의 넷[(1) 成就如是智慧 常能利益一切衆生 ~ (4) 引至寶洲 與諸珍寶- 將領還閻浮提]은 자리행이요, (b) 뒤의 여섯[(5) 我將大船如是往來 未始令其一有損壞 ~ (10) 能淨一切衆生心海]은 이타행이요. (c) 뒤의 셋[(11) 普能往詣十方大海 普知一切衆生根海 ~ (13) 普順一切衆生心海]은 경문에 나타난다.

ㄹ. 자신은 겸양하고 뛰어난 분을 추천하다[謙己推勝] (經/善男 17下6)

善男子여 我唯得此大悲幢行하여 若有見我어나 及以聞我어나 與我同住어나 憶念我者면 皆悉不空이어니와 如諸菩薩摩訶薩은 善能遊涉生死大海하며 不染一切諸煩惱海하며 能捨一切諸妄見海하며 能觀一切諸法性海하며 能以四攝으로 攝衆生海하며 已善安住一切智海하며 能滅一切衆生着海하며 能平等住一切時海하며 能以神通으로 度衆生海하며 能以其時로 調衆生海하나니 而我云何能知能說彼功德行이리오

착한 남자여, 나는 다만 이 <크게 가엾이 여기는 당기의 행>을 얻었으므로, 만일 나를 보거나 내 음성을 듣거나 나와 함께 있거나 나를 생각하는 이는 하나도 헛되지 않게 하거니와, 저 보살마하살들의 생사의 바다에 다니면서도 모든 번뇌 바다에 물들지 않고 모든 허망한 소견 바다를 버리며, 모든 법의 성품 바다를 살피고 네 가지 거둬 주는 법으로 중

생 바다를 거두어 주며, 이미 온갖 지혜의 바다에 머물러서 모든 중생의 애착 바다를 소멸하고 모든 시간의 바다에 평등하게 있으면서 신통으로 중생 바다를 제도하며 때를 놓치지 않고 중생 바다를 조복하는 일이야 내가 어떻게 알며 그 공덕의 행을 말하겠는가?

ㅁ. 다음 선지식을 지시하다[指示後友] (經/善男 18上3)
ㅂ. 덕을 연모하여 예배하고 물러가다[戀德禮辭] (經/時善)

善男子여 於此南方에 有城하니 名可樂이요 中有長者하니 名無上勝이니 汝詣彼問하되 菩薩이 云何學菩薩行이며 修菩薩道리잇고하라
時에 善財童子가 頂禮其足하며 遶無量帀하며 殷勤瞻仰하며 悲泣流淚하며 求善知識에 心無厭足하여 辭退而去하니라

착한 남자여, 여기서 남쪽에 성이 있으니 이름이 가락이요, 거기 장자가 있으니 이름은 무상승이니라. 그대는 그에게 가서 '보살이 어떻게 보살의 행을 배우며, 보살의 도를 닦느냐?'고 물어라."
그때 선재동자는 그의 발에 엎드려 절하고 한량없이 돌고 은근하게 앙모하고 슬프게 울면서 선지식을 구하는 마음이 싫어할 줄 모르며 하직하고 떠났다.

다) 제24. 무상승장자 선지식[無上勝長者] 6.
-제3. 등일체불회향(等一切佛廻向)에 의탁한 선지식

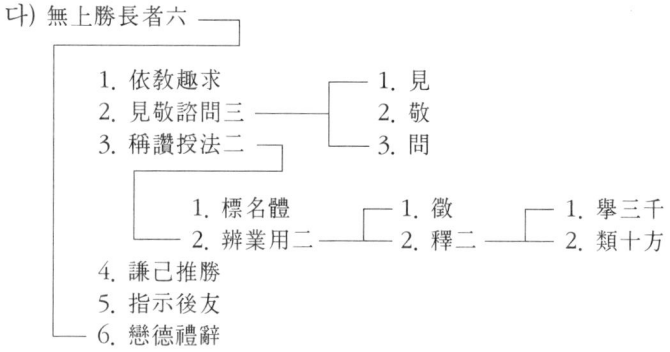

(가) 가르침에 의지하여 나아가 구하다[依敎趣求] (第三 18下3)

爾時에 善財童子가 起大慈周徧心과 大悲潤澤心하여 相續不斷하며 福德智慧가 二種莊嚴하며 捨離一切煩惱塵垢하며 證法平等하여 心無高下하며 拔不善刺하여 滅一切障하며 堅固精進으로 以爲牆塹하며 甚深三昧로 而作園苑하며 以慧日光으로 破無明暗하며 以方便風으로 開智慧華하며 以無礙願으로 充滿法界하며 心常現入一切智城하여 如是而求菩薩之道할새 漸次經歷하여 到彼城內하니라

이때 선재동자는 (1) 크게 인자하므로 두루하는 마음과 크게 가엾이 여기므로 윤택한 마음을 일으켜 계속하여 끊이지 아니하고, (2) 복덕과 지혜 두 가지로 장엄하며, (3) 모든

번뇌의 때를 버리고 평등한 법을 증득하여 마음이 높고 낮
지 아니하며, (4) 착하지 않은 가시를 뽑아 모든 장애를 없
애며 (5) 견고하게 정진함으로 담과 해자를 삼고 (6) 매우
깊은 삼매로 정원을 만들며, (7) 지혜의 햇빛으로 무명의 어
두움을 깨뜨리고 (8) 방편의 봄바람으로 지혜의 꽃을 피게
하며, (9) 걸림 없는 서원이 법계에 가득하고 (10) 마음은
항상 온갖 지혜의 성에 들어가서, 이렇게 보살의 도를 구하
면서, 점점 앞으로 나아가 그 성내에 이르렀다.

[疏] 第三, 無上勝長者는 寄等一切佛廻向이니 以得勝通하여 無過上故
며 等於諸佛하여 更無勝故라 在可樂國者는 由等佛廻向하여 不見美
惡하고 皆得淸淨하여 歡喜悅樂故라 文中에 第一은 可知니라

■ 다) 무상승장자는 제3. 등일체불회향(等一切佛廻向)에 의탁한 선지식
이다. 뛰어난 신통을 얻음이 허물없이 뛰어난 연고로 모든 부처님과
평등해서 더욱이 이길 수 없는 까닭이다. '즐거운 나라[可樂國]에 있다'
는 것은 부처님과 평등한 회향으로 말미암아 아름답고 나쁜 것을 보
지 않고 모두 청정함을 얻었으니 기쁘고 좋아하는 까닭이다. 경문 중
에 (가) 가르침에 의지하여 나아가 구함은 알 수 있으리라.

[鈔] 寄等一切佛廻向者는 謂等同三世一切如來의 能廻向道와 所廻向
善故라 以得勝通下는 釋名이니 此約得法釋이라 等於下는 約寄位釋
이니라 由等諸佛하여 不見美惡者는 經에 云, 如是修學廻向道時에 見
一切色하며 乃至觸法의 若美若惡라도 不生愛憎하고 心得自在하여
無諸過失코 廣大淸淨하며 歡喜悅樂하고 離諸憂惱하여 身心柔軟하

고 諸根淸涼⁷¹⁾이 是也니라

● '제3. 등일체불회향(等一切佛廻向)에 의탁함'이란 이른바 삼세의 모든 여래의 회향하는 주체의 도와 회향할 대상인 선근인 까닭이다. 以得勝通 아래는 명칭 해석이다. 이것은 법을 얻음을 잡은 해석이요, 等於 아래는 지위에 의탁함을 잡은 해석이다. 모든 부처님은 아름답고 추악함을 보지 않음으로 말미암은 것은 경문에 이르되, "이렇게 회향하는 도를 배울 적에, 모든 색진(色塵)이나 내지 촉진(觸塵)과 법진(法塵)이 아름답거나 추악함을 보더라도 사랑하고 미워함을 내지 아니하며, 마음이 자재하여 허물이 없이 넓고 크고 청정하며, 기쁘고 즐거워서 근심이 없으며, 몸과 마음이 부드럽고 여러 근이 청량하여지느니라"라고 함이 이것이다.

(나) 만나서 공경을 표하고 법문을 묻다[見敬諮問] 3.

ㄱ. 성의 동쪽에서 선지식을 뵙다[見] (第二 19下6)
ㄴ. 공경을 베풀다[敬] (次爾)
ㄷ. 법을 질문하다[問] (後白)

見無上勝이 在其城東大莊嚴幢無憂林中하니 無量商人과 百千居士之所圍遶라 理斷人間種種事務하고 因爲說法하사 令其永拔一切我慢하며 離我我所하며 捨所積聚하며 滅慳嫉垢하며 心得淸淨하며 無諸穢濁하며 獲淨信力하며 常樂見佛하며 受持佛法하며 生菩薩力하며 起菩

---

71) 凉은 甲南續金本作淨, 經原本作凉이라 하다.

薩行하며 入菩薩三昧하며 得菩薩智慧하며 住菩薩正念
하며 增菩薩樂欲이어시늘

爾時에 善財童子가 觀彼長者의 爲衆說法已하고 以身投
地하여 頂禮其足하고 良久乃起하여 白言하되 聖者여 我
是善財며 我是善財라 我專尋求菩薩之行하노니 菩薩이
云何學菩薩行하며 菩薩이 云何修菩薩道하여 隨修學時
하여 常能化度一切衆生하며 常能現見一切諸佛하며 常
得聽聞一切佛法하며 常能住持一切佛法하며 常能趣入
一切法門하며 入一切刹하여 學菩薩行하며 住一切劫하
여 修菩薩道하며 能知一切如來神力하며 能受一切如來
護念하며 能得一切如來智慧리잇고

무상승장자가 (1) 그 성의 동쪽 크게 장엄한 당기 근심 없는 숲속에 있는데, (2) 한량없는 상인들과 백천의 거사들이 둘러쌌으며, (3) 인간의 갖가지 일을 끊어 버리고 법을 말하여, (4) 그들의 모든 교만을 아주 뽑고 나와 내 것을 여의게 하며, (5) 쌓아 둔 것을 버리고 간탐한 때를 없애며, (6) 마음이 청정하여 흐리고 더러움이 없으며, (7) 깨끗이 믿는 힘을 얻어 항상 부처님을 보고 법을 받아 지니기를 좋아하며, (8) 보살의 힘을 내고 보살의 행을 일으키며, (9) 보살의 삼매에 들어가 보살의 지혜를 얻으며, (10) 보살의 바른 생각에 머물러 보살의 욕망이 늘게 하고 있었다.

이때 선재동자는 그 장자가 대중에게 법을 말함을 보고, 몸을 땅에 던져 그의 발에 절하고 한참 있다가 일어나서 여쭈었다. "거룩하신 이여, 저는 선재올시다. 저는 선재올시다.

저는 일심으로 보살의 행을 구하옵나이다. 보살이 어떻게 보살의 행을 배우며 보살이 어떻게 보살의 도를 닦나이까? (1) 닦고 배울 적에 모든 중생을 항상 교화하며 (2) 모든 부처님을 항상 뵈오며, (3) 모든 불법을 항상 들으며 (4) 모든 불법을 항상 머물러 지니며 (5) 모든 법문에 항상 들어가며, (6) 모든 세계에 들어가서 보살의 행을 배우며 (7) 모든 겁에 머물러 있으면서 보살의 도를 닦으며, (8) 모든 여래의 신통한 힘을 능히 알며 (9) 모든 여래의 생각하여 주심을 능히 받으며, (10) 모든 여래의 지혜를 능히 얻겠나이까?"

[疏] 第二, 見無上勝下는 見敬諮問이라 初, 見在城東者는 啓明佛日故요 處無憂林者는 同佛廻向하여 無愛憎故라 商人等이 圍繞者는 佛爲商主요 菩薩爲商人이니 法財外益이 功歸己故라 次, 爾時善財下는 設敬이요 後, 白言下는 咨問이요 稱名者는 聲名久聞하니 表重法之器가 冀有聞故니라

■ (나) 見無上勝 아래는 만나서 공경을 표하고 법문을 물음이다. ㄱ. '성의 동쪽에서 선지식을 뵈옴'이란 부처의 태양을 열어서 밝힌 연고요, '근심 없는 숲속에 산다'는 것은 제4. 부처님과 평등한 회향이니 사랑과 미움이 없기 때문이다. '상인들과 백천의 거사들이 둘러쌌다'는 것은 부처님은 장사 주인이 되고 보살은 상인이 되었으니 법의 재물은 바깥으로 이익하여 공덕이 자기에게 돌아가는 까닭이다. ㄴ. 爾時善財 아래는 공경을 베풂이요, ㄷ. 白言 아래는 법을 질문함이다. (성자시여라고) 이름을 부른 것은 음성과 이름은 오래도록 들은 것이요, 법을 중시하는 그릇을 표함이니 어떤 이가 듣기를 바라는 까닭이다.

(다) 선재동자를 칭찬하고 법문을 설해 주다[稱讚授法] 2.

ㄱ. 법문의 명칭과 체성[標名體] (第三 20上4)

時에 彼長者가 告善財言하시되 善哉善哉라 善男子여 汝
已能發阿耨多羅三藐三菩提心이로다 善男子여 我成就
至一切處菩薩行門인 無依無作神通之力하라
그때 장자는 선재에게 말하였다. "좋고 좋다. 착한 남자여, 그대는 아뇩다라삼먁삼보리심을 이미 내었구나! 착한 남자여, 나는 모든 곳에 이르는 보살의 행하는 문과 의지함이 없고 지음이 없는 신통한 힘을 성취하였노라.

[疏] 第三, 時彼長者下는 稱讚授法이라 授法中에 先, 標名體니 由無作無依故로 能徧至라 徧至는 是用廣이요 無依는 是體勝이라 無依者는 不依他故요 無作者는 離加行故니라
■ (다) 時彼長者 아래는 선재동자를 칭찬하고 법문을 설해 줌이다. 법문을 설해 줌 중에 ㄱ. 법문의 명칭과 체성을 표방함이니 지음도 없고 의지함도 없음을 말미암은 연고로 능히 두루 이르는 것이요, '두루 이름'은 작용이 광대함이요, '의지함 없음'은 체성이 뛰어남이며, '의지함 없음'은 다른 이를 의지하지 않는 연고요, '지음이 없다'는 것은 가행(加行)을 여읜 까닭이다.

ㄴ. 해탈법의 업과 작용을 밝히다[辨業用] 2.

ㄱ) 질문하다[徵] (二善 21下2)
ㄴ) 해석하다[釋] 2.
(ㄱ) 삼천세계를 거론하다[擧三千] (釋中)
(ㄴ) 시방세계와 유례하다[類十方] (後如)

善男子여 云何爲至一切處菩薩行門고 善男子여 我於此
三千大千世界의 欲界一切諸衆生中에 所謂一切三十三
天과 一切須夜摩天과 一切兜率陀天과 一切善變化天과
一切他化自在天과 一切魔天과 及餘一切天龍과 夜叉와
羅刹娑와 鳩槃茶와 乾闥婆와 阿修羅와 迦樓羅와 緊那
羅와 摩睺羅伽와 人與非人의 村營城邑一切住處인 諸衆
生中에 而爲說法하여 令捨非法하며 令息諍論하며 令除
鬪戰하며 令止忿競하며 令破寃結하며 令解繫縛하며 令
出牢獄하며 令免怖畏하며 令斷殺生하며 乃至邪見과 一
切惡業의 不可作事를 皆令禁止하여 令其順行一切善法
하며 令其修學一切技藝하며 於諸世間에 而作利益하여
爲其分別種種諸論하여 令生歡喜하며 令漸成熟하며 隨
順外道하여 爲說勝智하여 令斷諸見하며 令入佛法하며
乃至色界一切梵天에 我亦爲其說起勝法이로니
如於此三千大千世界하여 乃至十方十不可說百千億那
由他佛刹微塵數世界中에도 我皆爲說佛法과 菩薩法과
聲聞法과 獨覺法하며 說地獄하고 說地獄衆生하고 說向
地獄道하며 說畜生하고 說畜生差別하고 說畜生受苦하
고 說向畜生道하며 說閻羅王世間하고 說閻羅王世間苦

하고 說向閻羅王世間道하며 說天世間하고 說天世間樂하고 說向天世間道하며 說人世間하고 說人世間苦樂하고 說向人世間道하여 爲欲開顯菩薩功德하며 爲令捨離生死過患하며 爲令知見一切智人諸妙功德하며 爲欲令知諸有趣中迷惑受苦하며 爲令知見無障礙法하며 爲欲顯示一切世間生起所因하며 爲欲顯示一切世間寂滅爲樂하며 爲令衆生으로 捨諸想着하며 爲令證得佛無依法하며 爲令永滅諸煩惱輪하며 爲令能轉如來法輪하여 我爲衆生하여 說如是法하라

착한 남자여, 어떤 것을 <모든 곳에 이르는 보살의 행하는 문>이라 하는가? 착한 남자여, 나는 이 삼천대천세계의 욕심 세계에 사는 모든 중생으로 이른바 모든 삼십삼천·모든 수야마천·모든 도솔타천·모든 선변화천·모든 타화자재천·모든 마의 하늘과 그 외에 모든 하늘·용·야차·나찰·구반다·건달바·아수라·가루라·긴나라·마후라가·사람과 사람 아닌 이의 마을과 성중과 도시의 모든 곳에 있는 중생들 가운데서 법을 말하노라. 그래서 (1) 그른 법을 버리고 다툼을 쉬고 싸움을 제하고 성냄을 그치고 원수를 풀고 속박을 벗고 (2) 옥에서 나와 공포를 없애고 살생을 끊으며, 내지 (3) 삿된 소견과 나쁜 짓과 하지 못할 일을 모두 금하게 하며, (4) 모든 착한 법을 순종하여 배우고 (5) 모든 기술을 닦아 익히어 모든 세간에서 이익을 짓게 하며, (6) 그들에게 가지가지 언론을 분별하여 환희심을 내고 점점 성숙하게 하며, (7) 외도를 따라서 훌륭한 지혜

를 말하며 (8) 모든 소견을 끊고 불법에 들어오게 하며, 내지 (9) 형상 세계의 모든 범천에서도 그들에게 훌륭한 법을 말하노라.

이 삼천대천세계에서와 같이 내지 시방의 열 곱 말할 수 없는 백천억 나유타 세계의 티끌 수 세계에서도 내가 그들에게 (1) 부처의 법·보살의 법·성문의 법·독각의 법을 말하며, (2) 지옥을 말하고 지옥의 중생들을 말하고, 지옥으로 가는 길을 말하며, (3) 축생을 말하고 축생의 차별을 말하고 축생의 고통을 말하고 축생으로 가는 길을 말하며, (4) 염라왕의 세계를 말하고 염라왕 세계의 고통을 말하고 염라왕 세계로 가는 길을 말하며, (5) 하늘 세계를 말하고 하늘 세계의 낙을 말하고 하늘세계로 가는 길을 말하며, (6) 인간을 말하고 인간의 고통과 낙을 말하고 인간으로 가는 길을 말하노라. ① 보살의 공덕을 드러내 보이려 하며 생사의 걱정을 여의게 하며, ② 온갖 지혜를 가진 이의 묘한 공덕을 알게 하며 ③ 모든 세계에서 미혹하여 받는 고통을 알게 하며 ④ 걸림이 없는 법을 보게 하며 ⑤ 모든 세간이 생기는 원인을 보이려 하며, ⑥ 모든 세간의 고요한 낙을 나타내려 하며 ⑦ 중생들의 집착한 생각을 버리게 하며 ⑧ 부처의 의지함이 없는 법을 얻게 하며 ⑨ 모든 번뇌의 둘레를 없애게 하며 ⑩ 여래의 법륜을 굴리게 하려고, 나는 중생들에게 이런 법을 말하노라.

[疏] 二, 善男子云何下는 徵釋業用이라 釋中에 明至一切處하여 廣說法

故라 文中에 先, 擧三千이요 後, 如於此三千下는 類顯十方이라
- ㄴ. 善男子云何 아래는 물어서 업과 작용을 밝힘이다. ㄴ) 해석함 중에 온갖 곳에 이름을 밝혔으니, 널리 법을 설하는 연고로 경문 중에 (ㄱ) 삼천대천세계를 거론함이요, (ㄴ) 如於此三千 아래는 시방세계와 유례하여 밝힘이다.

(라) 자신은 겸양하고 뛰어난 분을 추천하다[謙己推勝] (第四 22上2)

善男子여 我唯知此至一切處修菩薩行淸淨法門과 無依無作神通之力이어니와 如諸菩薩摩訶薩은 具足一切自在神通하여 悉能徧往一切佛刹하며 得普眼地하여 悉聞一切音聲言說하며 普入諸法하여 智慧自在하며 無有乖諍하여 勇健無比하며 以廣長舌로 出平等音하며 其身妙好하여 同諸菩薩하며 與諸如來로 究竟無二하여 無有差別하며 智身廣大하여 普入三世하며 境界無際하여 同於虛空하나니 而我云何能知能說彼功德行이리오

착한 남자여, 나는 다만 <모든 곳에 이르는 보살이 수행하는 청정한 법문>과 <의지함이 없고 지음이 없는 신통한 힘>을 알거니와, 저 보살마하살들이 모든 자유자재한 신통을 갖추고 모든 부처의 세계에 두루 이르며, 넓은 눈의 지위를 얻어 모든 음성과 말을 들으며, 모든 법에 들어가 지혜가 자재하며, 다투는 일이 없고 용맹하기 짝이 없으며, 넓고 큰 혀로 평등한 음성을 내며, 몸이 훌륭하여 보살들과 같으며, 여래들과 더불어 끝까지 둘이 없고 차별이 없으며, 지혜의

몸이 광대하여 세 세상에 두루 들어가며, 경계가 끝이 없어 허공과 같은 일이야 내가 어떻게 알며 어떻게 그 공덕의 행을 말하겠는가?

[疏] 第四, 謙己推勝이라 中에 加淸淨法門者는 徧至는 本爲說法故니 卽前所說이니라 後二는 可知니라

- (라) 자신은 겸양하고 뛰어난 분을 추천함이다. 그중에 (모든 곳에 이르는 보살이 수행하는) 청정한 법문을 더한 것에서 '두루 이름'은 본래 설법하기 위한 까닭이니 곧 앞에서 말한 내용이다. 뒤의 둘[(마) 다음 선지식을 지시함과 (바) 덕을 연모하여 예배하고 물러감]은 알 수 있으리라.

(마) 다음 선지식을 지시하다[指示後友] (經/善男 22上4)
(바) 덕을 연모하여 예배하고 물러가다[戀德禮辭] (經/時善)

善男子여 於此南方에 有一國土하니 名曰輸那요 其國에 有城하니 名迦陵迦林이며 有比丘尼하니 名師子頻申이니 汝詣彼問하되 菩薩이 云何學菩薩行이며 修菩薩道리잇고하라
時에 善財童子가 頂禮其足하며 遶無量帀하며 殷勤瞻仰하고 辭退而去하니라
착한 남자여, 여기서 남쪽에 한 나라가 있으니 이름이 수나요, 그 나라에 성이 있으니 이름이 가릉가 숲이요, 거기 비구니가 있으니 이름이 사자빈신이니라. 그대는 거기 가서 '보살이 어떻게 보살의 행을 배우며 보살의 도를 닦느냐?'

고 물어라."
선재동자는 그의 발에 절하고 한량없이 돌고 은근하게 앙모하면서 하직하고 물러갔다.

라) 제25. 사자빈신비구니 선지식[師子頻申比丘尼] 2.
- 제4. 지일체처회향(至一切處廻向)에 의탁한 선지식

(가) 표방하다[標] (第四 22下2)

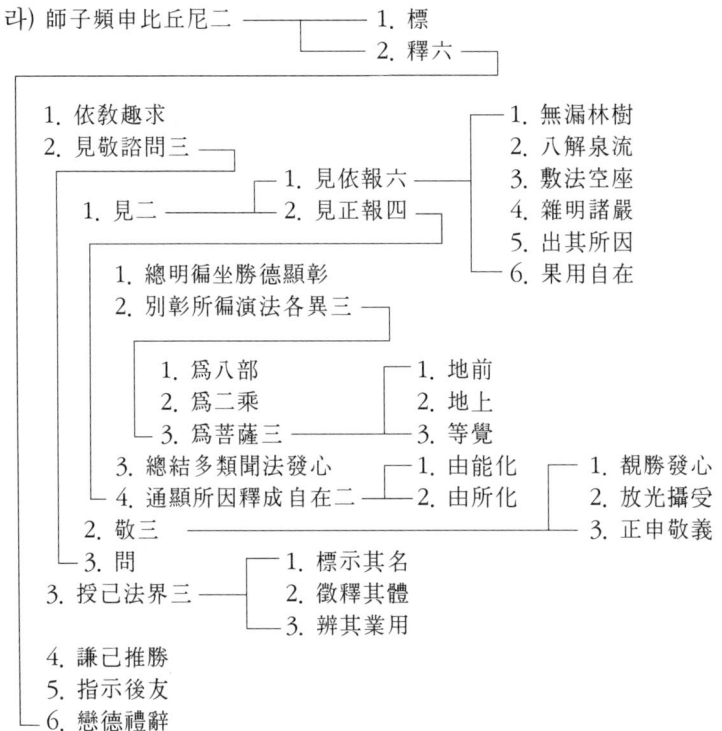

[疏] 第四, 至一切處廻向이라 善友名이 師子嚬申者는 舒展自在하여 無不至故라 比丘尼者는 純淨之慈가 令善徧故라 國名輸那者는 此云 勇猛이니 勇猛之力이 能使善根으로 無不至故라 又以十度로 明義컨대 義當進故라 城名迦陵迦林者는 以義翻하면 爲相鬪戰時에 謂因鬪勝而立城故라 表此廻向願이 以信解大威力故며 廣大智慧無障礙故며 令修善根하여 無所不至가 義同戰時니라

라) 25번째 사자빈신비구니는 제4. 지일체처회향(至一切處廻向)에 의탁한 선지식이다. 선지식의 이름이 '사자가 힘을 뻗음[師子嚬申]'인 것은 펴고 전개함이 자재하여 이르지 않는 곳이 없는 까닭이다. 비구니는 순수하고 청정한 인자함으로 하여금 착하고 두루하게 한 연고요, 나라 이름인 수나(輸那)는 용맹함이라 번역한다. 용맹한 힘이 능히 선근으로 하여금 이르지 않는 곳이 없게 하기 때문이다. 또한 십바라밀의 밝은 이치이니 뜻은 정진에 해당하기 때문이다. 성의 이름이 '가릉가 숲[迦陵迦林]'인 것은 이치를 바꾸어 서로 전투하는 때가 되었다. 이른바 전투에서 승리함으로 인하여 성을 세운 연고로 이런 회향하는 원을 표하여 믿고 이해하는 큰 위력(威力) 때문이며, 광대하고 지혜로워 장애가 없는 연고며, 선근을 수행하여 하여금 이르지 못하는 곳이 없게 함이니 뜻은 전쟁하는 때와 같다.

[鈔] 第四至一切處善友者는 謂以大願力으로 令其[72]善根으로 所成供等이 徧一切故니라

● 제4. 지일체처회향(至一切處廻向)에 의탁한 선지식은 이른바 대원력으로 그 선근으로 하여금 공양을 성취하게 함 등이 모두에 두루한 까

---

72) 其는 甲南續金本作具誤, 原奧行願品疏合이라 하다.

닭이다.

(나) 해석하다[釋] 6.
ㄱ. 선지식의 가르침에 의지하여 나아가 구하다[依敎趣求] (文中 22下10)

爾時에 善財童子가 漸次遊行하여 至彼國城하여 周偏推求此比丘尼한대 有無量人이 咸告之言하되 善男子여 此比丘尼가 在勝光王之所捨施日光園中하사 說法利益無量衆生이니이다
그때 선재동자가 점점 다니다 저 나라에 이르러 이 비구니를 두루 찾았다. 한량없는 사람들이 말하기를, "그 비구니는 승광왕이 보시한 햇빛 동산에서 법을 말하여 한량없는 중생을 이익하느니라"라고 하였다.

[疏] 文中에 第一, 依敎趣求라 言勝光王捨施日光園者는 準律尼之頭陀가 多在王園은 藉外護故며 表因實際勝光하여 令其善根으로 徧法界之園苑故라 並皆卽智니 故有光名이니라
■ 경문 중에 ㄱ. 선지식의 가르침에 의지하여 나아가 구함이다. '승광왕이 보시한 햇빛의 동산'이라 말한 것은 비구니 계율의 두타행(頭陀行)에 준하면 대부분 왕의 동산에 있으면서 외호(外護)를 도와주는 연고로 실제로 승광왕(勝光王)으로 인하여 그 선근으로 하여금 법계의 동산에 두루한 까닭이며, 아울러 모두 지혜와 합치한 연고로 광명의 명칭이 있는 것이다.

ㄴ. 만나서 공경을 표하고 법문을 묻다[見敬諮問] 3.
ㄱ) 선지식을 뵙다[見] 2.

(ㄱ) 선지식의 의보를 보다[見依報] 6.
a. 번뇌 없는 숲과 나무[無漏林樹] (第二 23下5)
b. 팔공덕수가 흐르다[八解泉流] (二園)

時에 善財童子가 卽詣彼園하여 周徧觀察하여 見其園中에 有一大樹하니 名爲滿月이라 形如樓閣하여 放大光明하여 照一由旬하며 見一葉樹하니 名爲普覆라 其形如蓋하여 放毘瑠璃紺靑光明하며 見一華樹하니 名曰華藏이라 其形高大가 如雪山王하고 雨衆妙華하여 無有窮盡이 如忉利天中波利質多羅樹하며 復見有一甘露果樹하니 形如金山하여 常放光明하고 種種衆果가 悉皆具足하며 復見有一摩尼寶樹하니 名毘盧遮那藏이라 其形無比하여 心王摩尼寶가 最在其上하고 阿僧祇色相摩尼寶로 周徧莊嚴하며 復有衣樹하니 名爲淸淨이라 種種色衣로 垂布嚴飾하며 復有音樂樹하니 名爲歡喜라 其音美妙하여 過諸天樂하며 復有香樹하니 名普莊嚴이라 恒出妙香하여 普熏十方하여 無所障礙하니라 園中에 復有泉流陂池하니 一切皆以七寶莊嚴하고 黑栴檀泥가 凝積其中하고 上妙金沙가 彌布其底하고 八功德水가 具足盈滿하고 優鉢羅華와 波頭摩華와 拘物頭華와 芬陀利華가 徧覆其上하니라

이때 선재동자는 그 동산에 가서 두루 살펴보았다. (1) 그 동산에 큰 나무가 있으니 이름이 만월이요, 형상은 누각과 같고, 큰 광명을 놓아 한 유순을 비추었다. (2) 또 한 잎 나무가 있으니 이름이 보부라, 모양은 일산 같고 비유리의 검푸른 광명을 놓았다. (3) 또 한 꽃나무가 있으니 이름이 화장이라, 모양이 높고 커서 설산과 같으며, 여러 꽃비를 내려 다함이 없는 것이 도리천의 파리질다라 나무와 같았다. (4) 또 단 이슬 과실나무가 있으니 모양이 금산과 같아서 항상 광명을 놓으며 갖가지 과실이 구족하였다. (5) 또 마니보배 나무가 있으니 이름이 비로자나장이요, 형상이 비길 데 없으며 십왕 마니보배가 맨 위에 있고 아승지 빛깔 마니보배가 두루 장엄하였다. (6) 또 의복 나무가 있으니 이름이 청정이요, 가지각색 의복이 널리어 장식하였다. (7) 또 음악 나무가 있으니 이름이 환희요, 음성이 아름다워 하늘 풍류보다 훌륭하였다. (8) 또 향나무가 있으니 이름이 보장엄이라, 항상 묘한 향기를 내어 시방에 풍기며 걸리는 데가 없었다. (9) 동산에는 또 냇물과 샘과 못이 있으니 모두 칠보로 장엄하였고, (10) 흑전단 앙금이 가운데 쌓이고 상품 금모래가 밑에 깔렸으며 팔공덕수가 가득히 찼는데, 우발라 꽃·파두마 꽃·구물두 꽃·분타리 꽃들이 위에 덮이었다.

[疏] 第二, 時善財童子卽詣下는 見敬諮問이라 中에 三이니 先, 見이요 次, 敬이요 後, 問이라 前中에 二니 初, 見依요 後, 見正이라 今初에 有六하니 一, 無漏林樹니 無漏法行이 而建立故라 文中에 有八하니 各有所

表니 思之니라 二, 園中復有下는 明八解泉流라 八功德者는 謂輕冷과 濡美와 淨과 而不臭와 調適과 無患이라

- ㄴ. 時善財童子卽詣 아래는 만나서 공경을 표하고 법문을 물음이다. 그중에 셋이니 ㄱ) 선지식을 뵈옴이요, ㄴ) 공경을 표함이요, ㄷ) 법을 질문함이다. ㄱ) 중에 둘이니 (ㄱ) 선지식의 의보를 봄이요, (ㄴ) 선지식의 정보를 뵈옴이다. 지금은 (ㄱ)에 여섯이 있으니 a. 번뇌 없는 숲과 번뇌 없는 법의 수행으로 건립한 까닭이다. 경문 중에 여덟이 있어서 각기 표할 대상이 있으니 생각해 보라. b. 園中復有 아래는 팔공덕수가 흐름이다. '여덟 가지 공덕'이란 이른바 가볍고 차가우며 아름다움에 젖으며, 깨끗하면서 냄새나지 않고 조화롭게 가되 근심이 없다.

[鈔] 無漏林樹等者는 多是淨名佛道品이니 偈에 云, 總持之園苑에 無漏法林樹와 覺意淨妙花와 解脫智慧果라하며 八解之浴池에 定水湛然滿하고 布以七淨花하여 浴此無垢人等이라하니라

- a. 번뇌 없는 숲 등은 대부분 『유마경』 불도품(佛道品) 게송에 이르되, "총지의 동산과 무루법의 숲속에서 깨달은 마음의 아름다운 꽃과 해탈과 지혜의 과일이 열립니다. 팔해탈의 연못에는 선정의 맑은 물이 가득하고 일곱 가지 청정한 꽃[七淨華]을 펼쳐 놓고 번뇌의 때 없는 사람이 여기에서 목욕합니다" 등이라고 하였다.

c. 법이 공한 자리를 펴다[敷法空座] (三無 24下6)
d. 여러 장엄을 섞어서 밝히다[雜明諸嚴] (四此)

無量寶樹가 周徧行列이어든 諸寶樹下에 敷師子座하여 種種妙寶로 以爲莊嚴하고 布以天衣하고 熏諸妙香하고 垂諸寶繒하고 施諸寶帳하고 閻浮金網으로 彌覆其上하고 寶鐸徐搖하여 出妙音聲하며 或有樹下엔 敷蓮華藏師子之座하며 或有樹下엔 敷香王摩尼藏師子之座하며 或有樹下엔 敷龍莊嚴摩尼王藏師子之座하며 或有樹下엔 敷寶師子聚摩尼王藏師子之座하며 或有樹下엔 敷毘盧遮那摩尼王藏師子之座하며 或有樹下엔 敷十方毘盧遮那摩尼王藏師子之座하니 其一一座에 各有十萬寶師子座가 周帀圍遶하여 一一皆具無量莊嚴하니라

此大園中에 衆寶徧滿이 猶如大海寶洲之上하며 迦隣陀衣로 以布其地하니 柔軟妙好하여 能生樂觸이라 蹈則沒足하고 擧則還復하며 無量諸鳥가 出和雅音하며 寶栴檀林에 上妙藏嚴인 種種妙華가 常雨無盡이 猶如帝釋雜華之園하며 無比香王이 普熏一切가 猶如帝釋善法之堂하며 諸音樂樹와 寶多羅樹의 衆寶鈴網에 出妙音聲이 如自在天善口天女의 所出歌音하며 諸如意樹에 種種妙衣로 垂布莊嚴이 猶如大海에 有無量色하며 百千樓閣에 衆寶莊嚴이 如忉利天宮의 善見大城하며 寶蓋遐張이 如須彌峰하며 光明普照가 如梵王宮이니라

(1) 한량없는 보배 나무가 행렬을 지어 둘러서고, (2) 나무 밑에는 사자좌를 놓았으니, (3) 갖가지 보배로 장엄하고 하늘 옷을 펴고 묘한 향기를 풍기며, (4) 보배 비단을 드리우고 보배 휘장을 쳤으며, (5) 염부단금 그물을 위에 덮었고

(6) 보배 풍경은 천천히 흔들리며 아름다운 소리를 내었다. (7) 어떤 나무 아래는 연화장 사자좌를 놓고, (8) 어떤 나무 아래는 향왕마니장 사자좌를 놓고, (9) 어떤 나무 아래는 용장엄 마니왕장 사자좌를 놓고, (10) 어떤 나무 아래는 보사자취 마니왕장 사자좌를 놓고, (11) 어떤 나무 아래는 비로자나 마니왕장 사자좌를 놓고, (12) 어떤 나무 아래는 시방 비로자나 마니왕장 사자좌를 놓았는데 (13) 낱낱 사자좌마다 각각 십만 보배 사자좌가 둘리어 있고 각각 한량없는 장엄을 갖추었다.

이 큰 동산에는 여러 보배가 가득 찼으니 마치 바다 가운데 있는 보배 섬과 같았고, 가린타 옷이 땅에 깔렸으니 부드럽고 아름다워 발이 편안하여, 밟으면 들어가고 들면 나오며, 한량없는 새들이 화평한 소리를 내며, 보배 전단 숲에는 가장 훌륭하게 장엄하고 가지각색 꽃이 끊임없이 내리는 것은 제석천왕의 꽃동산 같고, 비길 데 없는 향기가 항상 풍기는 것은 제석천왕의 선법당 같았다. 여러 음악 나무와 보배 다라 나무에서는 보배 풍경이 묘한 소리를 내는 것이 자재천의 선구 천녀가 노래하는 것 같았고, 여러 여의수에는 가지각색 옷이 드리워 장엄하여 큰 바다에 한량없는 빛이 있는 것 같았으며, 백천 누각에는 여러 보배로 장엄한 것이 도리천궁의 선견성과 같았고, 보배 일산을 멀리 받은 것은 수미산과 같고 광명이 널리 비치는 것은 범천왕의 궁전과 같았다.

[疏] 三, 無量寶樹下는 敷法空座하되 而隨法하여 嚴異라 於中에 有標와 列과 及結하니 可知니라 四, 此大園下는 雜明諸嚴이니 萬行非一故라

- c. 無量寶樹 아래는 법이 공한 자리를 펴서 법을 따라 장엄함이 다르다. 그중에 표방함과 나열함과 결론함이 있으니 알 수 있으리라.
  d. 此大園 아래는 여러 장엄을 섞어서 밝힘이니 만 가지 행법이 하나가 아닌 까닭이다.

e. 그 원인을 내보이다[出其所因] (五爾 25下2)
f. 결과와 작용이 자재하다[果用自在] (六三)

爾時에 善財童子가 見此大園에 無量功德의 種種莊嚴하니 皆是菩薩業報成就며 出世善根之所生起며 供養諸佛功德所流라 一切世間에 無與等者니 如是가 皆從師子頻申比丘尼의 了法如幻하여 集廣大淸淨福德善業之所成就라 三千大千世界의 天龍八部와 無量衆生이 皆入此園하되 而不迫窄하니 何以故오 此比丘尼不可思議威神力故러라

그때 선재동자가 이 동산을 보니, 한량없는 공덕과 가지가지 장엄이 모두 보살의 업보로 이루어지고 세상에서 벗어난 착한 뿌리로 생기고 부처님들께 공양한 공덕으로 되었으므로 모든 세간에서 같을 이가 없었다. 이것이 다 사자빈신비구니가 법이 환술과 같음을 알면서도 넓고 크고 청정한 복덕과 착한 업을 쌓은 원인으로 생긴 줄을 알았으며, 삼천대천세계의 하늘·용의 팔부신중과 한량없는 중생이 이

동산에 모여 와도 비좁지 않으니, 왜냐하면 이 비구니의 부사의한 위덕과 신통으로 생긴 연고이니라.

[疏] 五, 爾時善財下는 出其所因이요 六, 三千下는 明果用自在니라
■ e. 爾時善財 아래는 그 원인을 내보임이요, f. 三千 아래는 과덕과 작용이 자재함이다.

(ㄴ) 선지식의 정보를 뵙다[見正報] 4.
a. 두루 앉은 뛰어난 덕이 환함을 총합하여 밝히다[總明偏坐勝德顯彰]

(二爾 26上5)

爾時에 善財가 見師子頻申比丘尼가 偏坐一切諸寶樹下 大師子座하니 身相端嚴하고 威儀寂靜하며 諸根調順이 如大象王하며 心無垢濁이 如淸淨池하며 普濟所求가 如如意寶하며 不染世法이 猶如蓮花하며 心無所畏가 如師子王하며 護持淨戒하여 不可傾動이 如須彌山하며 能令見者로 心得淸凉이 如妙香王하며 能除衆生의 諸煩惱熱이 如雪山中妙栴檀香하며 衆生見者가 諸苦消滅이 如善見藥王하며 見者不空이 如婆樓那天하며 能長一切衆善根芽가 如良沃田하사 在一一座하여 衆會不同하고 所說法門도 亦各差別하니라

이때 선재동자는 사자빈신비구니가 모든 보배 나무 아래 놓인 사자좌에 두루 앉아 있음을 보았다. 몸매가 단정하고 위의가 고요하며 여러 감관이 조화하여 큰 코끼리 같고, 마음

에 때가 없음이 깨끗한 못과 같으며, 구하는 대로 베풀어 줌이 뜻대로 되는 보배와 같고, 세상 법에 물들지 않음은 연꽃과 같으며, 마음에 두려움이 없기는 사자왕과 같고, 깨끗한 계율을 보호하여 흔들리지 않음은 수미산과 같으며, 보는 이마다 서늘하게 함은 묘한 향과 같고, 여러 중생의 번뇌를 덜어 줌은 설산에 있는 전단향과 같으며, 보는 중생의 괴로움이 소멸함은 선견약과 같고 보는 이마다 헛되지 않음은 바루나 하늘과 같으며, 모든 착한 뿌리를 길러 줌은 기름진 밭과 같았다. 낱낱 사자좌에 모인 대중도 같지 아니하고 말하는 법문도 각각 달랐다.

[疏] 二, 爾時善財見師子下는 明見正報라 中에 四니 初, 總明徧坐의 勝德顯彰이요 二, 別明所徧인 演法各異요 三, 總結多類가 聞法發心이요 四, 通顯所因하여 釋成自在라 今初에 婆樓那者는 此云水也니 此天이 能滿人願故니라

■ (ㄴ) 爾時善財見師子 아래는 선지식의 정보를 뵈옴이다. 그중에 넷이니 a. 두루 앉은 뛰어난 덕이 환함을 총합하여 밝힘이요, b. 두루 연설한 법이 각기 다름을 개별로 밝힘이요, c. 여러 부류가 법을 듣고 발심함으로 결론함이요, d. 원인을 통틀어 밝혀 자재로움으로 해석함이다. 지금은 a.이니 바루나(婆樓那)는 물[水]이라 번역하나니, 이 하늘에 능히 사람의 소원을 만족하는 까닭이다.

[鈔] 昔云水天者는 總持敎中에 有此天也라
● 예전에는 '물의 하늘'이라 말한 것은 다라니의 교법 중에 이 하늘이 있

다는 뜻이다.

b. 두루 연설한 법이 각기 다름을 개별로 밝히다[別彰所徧演法各異] 3.
a) 16군데는 팔부신중을 위한 법문[爲八部] (二或 28上1)

或見處座하니 淨居天衆의 所共圍遶에 大自在天子가 而爲上首어든 此比丘尼가 爲說法門하니 名無盡解脫이며 或見處座하니 諸梵天衆의 所共圍遶에 愛樂梵王이 而爲上首어든 此比丘尼가 爲說法門하니 名普門差別淸淨言音輪이며 或見處座하니 他化自在天天子天女의 所共圍遶에 自在天王이 而爲上首어든 此比丘尼가 爲說法門하니 名菩薩淸淨心이며 或見處座하니 善變化天天子天女의 所共圍遶에 善化天王이 而爲上首어든 此比丘尼가 爲說法門하니 名一切法善莊嚴이며 或見處座하니 兜率陀天天子天女의 所共圍遶에 兜率天王이 而爲上首어든 此比丘尼가 爲說法門하니 名心藏旋이며 或見處座하니 須夜摩天天子天女의 所共圍遶에 夜摩天王이 而爲上首어든 此比丘尼가 爲說法門하니 名無邊莊嚴이며 或見處座하니 三十三天天子天女의 所共圍遶에 釋提桓因이 而爲上首어든 此比丘尼가 爲說法門하니 名厭離門이며 或見處座하니 百光明龍王과 難陀龍王과 優波難陀龍王과 摩那斯龍王과 伊羅跋難陀龍王과 阿那婆達多龍王等龍子龍女의 所共圍遶에 娑伽羅龍王이 而爲上首어든 此比丘尼가 爲說法門하니 名佛神通境界光明莊嚴이며 或見處

座하니 諸夜叉衆의 所共圍遶에 毘沙門天王이 而爲上首이어든 此比丘尼가 爲說法門하니 名救護衆生藏이며 或見處座하니 乾闥婆衆의 所共圍遶에 持國乾闥婆王이 而爲上首이어든 此比丘尼가 爲說法門하니 名無盡喜며 或見處座하니 阿修羅衆의 所共圍遶에 羅睺阿修羅王이 而爲上首이어든 此比丘尼가 爲說法門하니 名速疾莊嚴法界智門이며 或見處座하니 迦樓羅衆의 所共圍遶에 捷持迦樓羅王이 而爲上首이어든 此比丘尼가 爲說法門하니 名怖動諸有海며 或見處座하니 緊那羅衆의 所共圍遶에 大樹緊那羅王이 而爲上首이어든 此比丘尼가 爲說法門하니 名佛行光明이며 或見處座하니 摩睺羅伽衆의 所共圍遶에 菴羅林摩睺羅伽王이 而爲上首이어든 此比丘尼가 爲說法門하니 名生佛歡喜心이며 或見處座하니 無量百千男子女人의 所共圍遶에 此比丘尼가 爲說法門하니 名殊勝行이며 或見處座하니 諸羅刹衆의 所共圍遶에 常奪精氣大樹羅刹王이 而爲上首이어든 此比丘尼가 爲說法門하니 名發生悲愍心이니라

(1) 어떤 자리에는 정거천 무리가 둘러앉았는데 대자재천자가 우두머리가 되고, 이 비구니가 말하는 법문은 다함이 없는 해탈이라. (2) 어떤 자리에는 범천 무리가 둘러앉았는데, 애락범천왕이 우두머리가 되고, 이 비구니가 말하는 법문은 넓은 문이 차별하고 청정한 음성 바퀴이다. (3) 어떤 자리에는 타화자재천의 천자·천녀들이 둘러앉았는데, 자재천왕이 우두머리가 되고, 이 비구니가 말하는 법문은 보

살청정심이라. (4) 어떤 자리에는 선변화천의 천자·천녀들이 둘러앉았는데, 선변화천왕이 우두머리가 되고, 이 비구니가 말하는 법문은 모든 법을 좋게 장엄함이다. (5) 어떤 자리에는 도솔천의 천자·천녀들이 둘러앉았는데, 도솔천왕이 우두머리가 되고 이 비구니가 말하는 법문은 심장이 선회함이라. (6) 어떤 자리에는 수야마천의 천자·천녀들이 둘러앉았는데, 수야마천왕이 우두머리가 되고 이 비구니가 말하는 법문은 그지없는 장엄이라. (7) 어떤 자리에는 삼십삼천의 천자·천녀들이 둘러앉았는데, 석제환인이 우두머리가 되고, 이 비구니가 말하는 법문은 싫어 떠나는 문이다. (8) 어떤 자리에는 백 광명 용왕·난타 용왕·우바난타 용왕·마나사 용왕·이라발난타 용왕·아나바달다 용왕 등의 용자와 용녀들이 둘러앉았는데, 사가라 용왕이 우두머리가 되고, 이 비구니가 말하는 법문은 부처님의 신통한 경계 광명 장엄이라. (9) 어떤 자리에는 야차의 무리가 둘러앉았는데, 비사문천왕이 우두머리가 되고, 이 비구니가 말하는 법문은 중생을 구호하는 광이라. (10) 어떤 자리에는 건달바 무리가 둘러앉았는데, 지국 건달바왕이 우두머리가 되고, 이 비구니가 말하는 법문은 다함없이 기쁨이라. (11) 어떤 자리에는 아수라 무리가 둘러앉았는데, 나후 아수라왕이 우두머리가 되고, 이 비구니가 말하는 법문은 빨리 법계를 장엄하는 지혜의 문이라. (12) 어떤 자리에는 가루라 무리가 둘러앉았는데, 빨리 잡는 가루라왕이 우두머리가 되고, 이 비구니가 말하는 법문은 모든 생사의 바다

를 공포하게 동요함이라. (13) 어떤 자리에는 긴나라 무리
가 둘러앉았는데, 큰 나무 긴나라왕이 우두머리가 되고, 이
비구니가 말하는 법문은 부처 수행의 광명이라. (14) 어떤
자리에는 마후라가 무리가 둘러앉았는데, 암라 숲 마후라
가왕이 우두머리가 되고, 이 비구니가 말하는 법문은 부처
의 환희한 마음이라. (15) 어떤 자리에는 한량없는 백천 남
자 · 여자가 둘러앉았는데, 이 비구니가 말하는 법문은 썩
훌륭한 행이라. (16) 어떤 자리에는 나찰 무리들이 둘러앉
았는데 정기를 항상 빼앗는 큰 나무 나찰왕이 우두머리가
되고, 이 비구니가 말하는 법문은 가엾이 여기는 마음을 냄
이라.

[疏] 二, 或見處座下는 別明所徧이라 中에 有三十處를 分三이니 初, 十六
은 爲八部와 人非人 等이요 次二는 爲二乘이요 後十二는 爲菩薩이라
今初中에 先有七處爲天하니 一, 爲淨居天하야 說無盡者는 治彼那
舍이 求盡身智故요 二, 梵王普應은 但於己衆이나 廣及三千하야 爲
說普門하니 則無不應이라 梵音이 淸妙는 但是世間이나 爲說法界勝
流하야사 方爲淨妙니라 三, 他化天에는 令得出世淨心하야 超世自在
故라 四, 化樂이니 樂具莊嚴이 不及善故요 五, 旋歸如來藏心하니 則
眞喜가 足故니라 六, 徧嚴法界하야사 方盡時分之樂이니라 七, 釋天은
耽欲甚故니라 次八은 爲龍이니 龍能通變耀電하야 雨[73] 莊嚴故니라
九, 夜叉는 性好飛空害物故니라 十, 乾闥婆衆은 能奏樂하야 喜樂故
라 上三도 亦四王衆이나 意存八部며 故闕南西라 十一, 修羅는 善幻

---

73) 雨는 甲南續金本作降, 原本作降雨라 하다.

하여 爲莊嚴故요 十二, 迦樓羅는 動海하여 怖龍故라 十三, 緊那羅는 是歌神이니 以佛行光明으로 破其着故라 又頭有一角일새 亦云疑神이니 令同佛覺하여 離疑光明故라 十四, 摩睺羅伽는 多瞋毒故라 上來의 八部에 除第一과 第七과 及夜叉衆과 摩睺羅伽에 約對治說하고는 餘皆約隨便宜하여 隨其世能하여 轉入出世故라 緊那羅衆은 通其二義니라 第十五, 一座는 爲人이니 人多行不善行이요 設行仁義라도 亦非勝故로 故令起出世勝行이라 十六, 一座는 爲羅刹이니 則是非人이요 亦治多殘害故니라

■ b. 或見處座 아래는 두루 연설한 법을 개별로 밝힘이다. 그중에 30군데 장소가 있음을 셋으로 나누리니 a) 16군데는 팔부신중과 사람과 사람 아닌 이들을 위한 법문이요, b) 두 군데는 이승을 위한 법문이요, c) 12군데는 보살을 위한 법문이다. 지금은 a) 중에 (a) 일곱 군데는 천상을 위한 법문이니 (1) 정거천을 위하여 끝없이 설한 것은 저 오나함천을 다스려서 몸을 다한 지혜를 구하는 연고요, (2) 범천왕이 널리 응하여 단지 자신의 대중뿐 아니라 널리 삼천대천세계에 미치나니, 넓은 문을 설하기 위하면 응하지 않음이 없어서 범천의 음성이 청정하고 묘하고, 단지 세간에서만 법계의 뛰어난 무리를 위해야만 비로소 청정하고 묘함이 된다. (3) 타화자재천이 출세간의 청정심을 얻게 하여 세간을 뛰어나 자재한 연고요, (4) 화락천은 구족한 장엄을 즐겨서 선근에 미치지 못하는 연고요, (5) 돌아서 여래장의 마음에 돌아오면 진실로 기쁘고 만족한 연고요, (6) 법계를 두루 장엄해야만 비로소 시분의 즐거움을 다함이요, (7) 천상에서 욕구에 탐닉함이 심한 까닭이요, (b) (8) 용의 갈래를 위한 법문이니 용이 능히 신통변화로 번갯불이 번쩍하였는데 비로 장엄한 연고요, (9) 야차의

성품이 좋지만 하늘을 날아다니며 중생을 해롭히는 연고요, (10) 건달바 대중은 능히 음악을 연주하고 기뻐하며 즐기는 까닭이다. 위의 세 군데도 역시 사천왕 대중이니 생각은 팔부중에 남은 연고로 남쪽, 서쪽이 빠진 것이다. (11) 아수라가 환술을 잘함으로 장엄을 삼은 연고요, (12) 가루라 대중이 바다를 움직이면 용을 두렵게 하는 연고요, (13) 긴나라 대중은 노래하는 신장이니 부처님이 광명을 행함으로 그 집착을 타파하는 연고며, 또한 머리에 한 개의 뿔이 있으며, 또한 의심하는 신장이라 말한다. 하여금 부처님의 깨달음과 같아서 의심하는 광명을 여읜 까닭이요, (14) 마후라가는 성내는 독이 많은 연고니, 여기까지 팔부신중이 첫째와 일곱째와 및 야차 대중과 마후라가는 제외하나니 대치함을 잡아서 말한 내용이다. 나머지는 모두 편의를 따름을 잡았고, 그 세간의 능력을 따라서 굴러서 출세간에 들어가는 까닭이며, 긴나라 대중은 그 두 가지 뜻에 통한다. (15) 한 자리는 사람을 위함이니 사람은 대부분 선하지 않은 행을 행하나니, 설사 어질고 의로움을 실행하여도 또한 뛰어남이 아닌 까닭이다. 그러므로 하여금 출세간의 뛰어난 행을 시작하게 함이다. (16) 한 자리로 나찰을 위한 법문은 사람 아님도 또한 많이 남은 해로움을 다스리는 까닭이다.

b) 두 군데는 이승을 위한 법문[爲二乘] (次二 29上4)

或見處座하니 信樂聲聞乘衆生의 所共圍遶에 此比丘尼가 爲說法門하니 名勝智光明이며 或見處座하니 信樂緣覺乘衆生의 所共圍遶에 此比丘尼가 爲說法門하니 名佛

功德廣大光明이니라

(17) 어떤 자리에는 성문승을 믿고 좋아하는 중생들이 둘러앉았는데, 이 비구니가 말하는 법문은 훌륭한 지혜의 광명이라. (18) 어떤 자리에는 연각승을 믿고 좋아하는 중생들이 둘러앉았는데, 이 비구니가 말하는 법문은 부처님 공덕의 광대한 광명이라.

[疏] 次二는 爲二乘者는 聲聞은 智劣故며 緣覺은 修福이나 止百劫故요 緣起智光을 未能亡[74]緣故니라

■ b) 두 군데는 이승을 위한 법문이란 성문은 지혜가 열등한 까닭이며, 연각은 복을 닦지만 백 겁에 그치는 연고며, 연기법의 지혜 광명을 아직 능히 인연을 잊지 않는 까닭이다.

c) 12군데는 보살을 위한 법문[爲菩薩] 3.
(a) 십지 이전 보살을 위한 법문[地前] (後十 30上3)
(b) 열 군데는 십지 이상 보살을 위한 법문[地上] (次十)
(c) 등각을 위한 위한 법문[等覺] (後一)

或見處座하니 信樂大乘衆生의 所共圍遶에 此比丘尼가 爲說法門하니 名普門三昧智光明門이며 或見處座하니 初發心諸菩薩의 所共圍遶에 此比丘尼가 爲說法門하니 名一切佛願聚며 或見處座하니 第二地諸菩薩의 所共圍遶에 此比丘尼가 爲說法門하니 名離垢輪이며 或見處座

---

74) 亡은 源甲南續金本作忘이라 하다.

하니 第三地諸菩薩의 所共圍遶에 此比丘尼가 爲說法門
하니 名寂靜莊嚴이며 或見處座하니 第四地諸菩薩의 所
共圍遶에 此比丘尼가 爲說法門하니 名生一切智境界며
或見處座하니 第五地諸菩薩의 所共圍遶에 此比丘尼가
爲說法門하니 名妙華藏이며 或見處座하니 第六地諸菩
薩의 所共圍遶에 此比丘尼가 爲說法門하니 名毘盧遮那
藏이며 或見處座하니 第七地諸菩薩의 所共圍遶에 此比
丘尼가 爲說法門하니 名普莊嚴地며 或見處座하니 第八
地諸菩薩의 所共圍遶에 此比丘尼가 爲說法門하니 名徧
法界境界身이며 或見處座하니 第九地諸菩薩의 所共圍
遶에 此比丘尼가 爲說法門하니 名無所得力莊嚴이며 或
見處座하니 第十地諸菩薩의 所共圍遶에 此比丘尼가 爲
說法門하니 名無礙輪이며 或見處座하니 執金剛神의 所
共圍遶에 此比丘尼가 爲說法門하니 名金剛智那羅延莊
嚴이러라

(19) 어떤 자리에는 대승을 믿고 좋아하는 중생들이 둘러앉
았는데, 이 비구니가 말하는 법문은 넓은 문 삼매 지혜의 광
명 문이라. (20) 어떤 자리에는 처음으로 마음을 낸 보살들
이 둘러앉았는데, 이 비구니가 말하는 법문은 모든 부처의
서원 덩어리라. (21) 어떤 자리에는 제2지 보살들이 둘러앉
았는데 이 비구니가 말하는 법문은 때를 여읜 바퀴라. (22)
어떤 자리에는 제3지 보살들이 둘러앉았는데, 이 비구니가
말하는 법문은 고요한 장엄이라. (23) 어떤 자리에는 제4지
보살들이 둘러앉았는데, 이 비구니가 말하는 법문은 온갖

지혜를 내는 경계라. (24) 어떤 자리에는 제5지 보살들이 둘러앉았는데, 이 비구니가 말하는 법문은 묘한 꽃 갈무리라. (25) 어떤 자리에는 제6지 보살들이 둘러앉았는데, 이 비구니가 말하는 법문은 비로자나장이라. (26) 어떤 자리에는 제7지 보살들이 둘러앉았는데, 이 비구니가 말하는 법문은 두루 장엄한 땅이라. (27) 어떤 자리에는 제8지 보살들이 둘러앉았는데, 이 비구니가 말하는 법문은 법계에 두루한 경계의 몸이라. (28) 어떤 자리에는 제9지 보살들이 둘러앉았는데, 이 비구니가 말하는 법문은 얻은 것 없는 힘의 장엄이라. (29) 어떤 자리에는 제10지 보살들이 둘러앉았는데, 이 비구니가 말하는 법문은 걸림 없는 바퀴라. (30) 어떤 자리에는 금강저를 든 신장들이 둘러앉았는데, 이 비구니가 말하는 법문은 금강 지혜의 나라연 장엄이라.

[疏] 後, 十二는 爲菩薩이라 分三이니 初一은 爲地前하여 說定慧之光이요 次, 十은 爲地上이라 初發心者는 證發心也니 發十大願故라 五地妙華藏者는 華는 謂十種平等淨心이니 故로 晉經에 云, 淨心華藏이라하니 華藏者는 以眞俗雙修하여 於難에 得勝하여 爲因含藏故라 餘八은 可知니라 後一은 義當等覺이니 說金剛喩定하여 壞散塵習故라 旣爲等覺而說하니 明此位가 非小라 言廻向者는 約寄位耳라 他皆倣此니라

■ c) 12군데는 보살을 위한 법문이다. 셋으로 나누니 (a) 십지 이전 보살에게는 선정과 지혜의 광명을 말함이요, (b) 열 군데는 십지 이상 보살을 위한 법문이니 처음 발심은 증발심(證發心)이니 열 가지 대

원(大願)을 발하는 까닭이다. 제5. 난승지의 묘한 꽃으로 장식함에서 꽃은 열 종류의 평등하고 청정한 마음인 연고요, 진경에 "깨끗한 마음의 꽃으로 박음"이라 하였으니 '꽃으로 박음'이란 진제와 속제를 함께 닦아서 뛰어남을 얻기 어려울 적에 원인에 포함하여 저장하기 위한 까닭이다. 나머지 여덟 구절은 알 수 있으리라. 뒤의 한 구절 [(30)執金剛神 所共圍遶-]은 뜻으로 등각(等覺)에 해당하며 금강유정(金剛喩定)을 설하여 티끌 같은 습기가 무너지고 흩어진 까닭이다. 이미 등각이 되어 말한 이유는 이 지위가 소승이 아님을 밝힌 것이다. '회향한다'고 말한 것은 지위에 의탁함을 잡았을 뿐이니 다른 것은 모두 이것과 비슷하다.

[鈔] 證發心者는 疏中에 隨難하여 但釋二句하니 今當略釋하리라 二地는 三聚圓滿故요 三地는 修八禪故요 四地는 得無行無生하여 行慧光故요 五地는 如疏요 六地는 般若現前하여 徧照普得故요 七地는 有中殊勝行하여 修習一切菩提分故로 名普莊嚴이요 八地는 得無生忍하여 於三世間에 皆悉自在코 得忍如空하여 念念에 入法流故요 九地는 以無所得으로 而爲方便하여 力度가 偏增하고 具足辯才하여 演一切法으로 爲莊嚴故요 十地는 十[75]障을 已摧하고 十度가 已滿하고 三祇가 已圓故니라

● 증발심(證發心)이란 소문 중에 힐난을 따라 단지 두 구절만 해석하였다. 지금은 마땅히 간략히 해석하리라. 제2. 이구지는 삼취정계가 원만한 연고요, 제3. 발광지는 여덟 가지 선정을 닦은 연고며, 제4. 염혜지는 행이 없고 생사 없는 행의 지혜 광명을 얻은 연고며, 제5. 난

---

75) 十은 南金本作諸, 原續及行願品疏作十이라 하다.

승지는 소문과 같으며, 제6. 현전지는 반야가 앞에 나타나서 두루 비추어 널리 얻는 연고요, 제7. 원행지는 유(有) 중의 수승한 행으로 온갖 보리분법(菩提分法)을 수습하는 연고로 '널리 장엄함'이라 이름하며, 제8. 부동지는 무생법인(無生法忍)을 얻어서 삼세간에 모두 다 자재하고 법인이 공(空)과 같음을 얻어서 생각 생각에 법의 흐름에 들어간 연고요, 제9. 선혜지는 얻을 것 없음으로 방편을 삼아서 힘 바라밀이 치우쳐 늘어나고 변재를 구족해서 온갖 법을 연설함으로 장엄하기 위한 까닭이요, 제10. 법운지는 열 가지 장애를 이미 꺾고 십바라밀을 이미 만족하였고 삼아승지겁을 이미 원만한 까닭이다.

c. 여러 부류가 법을 듣고 발심함으로 결론하다[總結多類聞法發心]

(第三 31上1)

善財童子가 見如是等一切諸趣所有衆生의 已成熟者와 已調伏者와 堪爲法器가 皆入此園하여 却於座下에 圍遶而坐어든 師子頻申比丘尼가 隨其欲解의 勝劣差別하사 而爲說法하여 令於阿耨多羅三藐三菩提에 得不退轉하니라
선재동자가 보니, 이러한 여러 길에 있는 중생들로서 이미 성숙한 이와 이미 조복한 이와 법 그릇 될 만한 이들은 이 동산에 들어와서, 제각기 자리 아래 둘러앉았는데, 사자빈신비구니가 그들의 욕망과 이해함이 수승하고 열등한 차별을 따라서 법을 말하며 아눗다라삼약삼보디에서 물러나지 않게 하였다.

[疏] 第三, 善財童子見如是下는 總結多類하여 聞法發心을 可知니라
- c. 善財童子見如是 아래는 여러 부류가 법을 듣고 발심함으로 총합 결론함이니 알 수 있으리라.

d. 원인을 통틀어 밝혀 자재로움으로 해석하다[通顯所因釋成自在] 2.
a) 교화하는 주체 때문에[由能化] (第四 31下3)
b) 교화할 대상 때문에[由所化] (二此)

何以故오 此比丘尼가 入普眼捨得般若波羅蜜門과 說一切佛法般若波羅蜜門과 法界差別般若波羅蜜門과 散壞一切障礙輪般若波羅蜜門과 生一切衆生善心般若波羅蜜門과 殊勝莊嚴般若波羅蜜門과 無礙眞實藏般若波羅蜜門과 法界圓滿般若波羅蜜門과 心藏般若波羅蜜門과 普出生藏般若波羅蜜門하사 此十般若波羅蜜門爲首하여 入如是等無數百萬般若波羅蜜門하며 此日光園中에 所有菩薩과 及諸衆生도 皆是師子頻申比丘尼가 初勸發心하사 受持正法하여 思惟修習하여 於阿耨多羅三藐三菩提에 得不退轉이니라

왜냐하면 이 비구니는 ① 넓은 눈으로 모두 버려 얻는 반야바라밀다문과, ② 모든 불법을 말하는 반야바라밀다문과, ③ 법계가 차별한 반야바라밀다문과, ④ 모든 장애를 없애는 바퀴 반야바라밀다문과, ⑤ 모든 중생의 착한 마음을 내는 반야바라밀다문과, ⑥ 훌륭하게 장엄한 반야바라밀다문과, ⑦ 걸림 없는 진실한 광 반야바라밀다문과, ⑧ 법계에

원만한 반야바라밀다문과, ⑨ 마음 갈무리 반야바라밀다문과, ⑩ 모든 것을 내는 광 반야바라밀다문에 들어갔다. 이 열 가지 반야바라밀다문을 머리로 삼아 수없는 백만 가지 반야바라밀다에 들어갔으며, 이 햇빛 동산에 있는 보살과 중생들은 다 사자빈신비구니가 처음으로 권하여 마음을 내게 하였고, 바른 법을 받고 지니고 생각하고 닦아서 아눗다라삼약삼보디에서 물러나지 않게 한 이들이다.

[疏] 第四, 何以故下는 總顯所因하여 釋成自在라 有二하니 一, 由能化가 具般若故요 二, 此日光下는 由彼所化하여 根已熟故니라
- d. 何以故 아래는 원인을 총합하여 밝혀 자재함을 해석함에 둘이 있으니 a) 교화하는 주체가 반야바라밀을 갖춘 연고요, b) 此日光 아래는 저 교화할 대상으로 말미암아 근기가 이미 성숙한 까닭이다.

ㄴ) 공경을 베풀다[設敬] 3.
(ㄱ) 수승함을 보고 발심하다[覩勝發心] (二時 32上2)
(ㄴ) 방광함으로 섭수하다[放光攝受] (次放)
(ㄷ) 공경한 위의를 바로 밝히다[正申敬儀] (後正)

時에 善財童子가 見師子頻申比丘尼의 如是園林과 如是床座와 如是經行과 如是衆會와 如是神力과 如是辯才하며 復聞不可思議法門하여 廣大法雲으로 潤澤其心하고 便生是念하되 我當右遶無量百千币이라하더니
時에 比丘尼가 放大光明하사 普照其園의 衆會莊嚴하신

대 善財童子가 卽自見身과 及園林中에 所有衆樹가 皆
悉右遶此比丘尼하되 經於無量百千萬帀이라 圍遶畢已
에 善財童子가 合掌而住하여

이때 선재동자는 사자빈신비구니의 이러한 숲 동산·이러
한 사자좌·이렇게 거니는 것·이러한 모인 대중·이러한
신통·이러한 변재를 보았고, 또 부사의한 법문을 듣고 광
대한 법 구름이 마음을 윤택하게 하여 '내가 마땅히 오른쪽
으로 한량없는 백천 바퀴를 돌리라' 생각하였다.
이때 이 비구니가 큰 광명을 놓아 그 동산과 모인 대중과 장
엄에 비추니, 선재동자는 자기의 몸과 동산에 있는 나무들
이 오른쪽으로 이 비구니를 도는 것을 보았다. 한량없는 백
천만 바퀴를 돌고는 선재동자가 합장하고 서서

[疏] 二, 時善財童子下는 設敬이라 於中에 三이니 初, 覩勝發心이요 次,
放光攝受요 後, 正申敬儀라

■ ㄴ) 時善財童子 아래는 공경을 베풂이다. 그중에 셋이니 (ㄱ) 수승
함을 보고 발심함이요, (ㄴ) 방광함으로 섭수함이요, (ㄷ) 공경한 위
의를 바로 밝힘이다.

ㄷ) 법에 대해 질문하다[問法] (三白 33上7)

白言하되 聖者여 我已先發阿耨多羅三藐三菩提心하니
而未知菩薩이 云何學菩薩行이며 云何修菩薩道리잇고
我聞聖者는 善能誘誨라하니 願爲我說하소서

여쭈었다. "거룩하신 이여, 저는 이미 아뇩다라삼먁삼보리심을 내었사오나, 보살이 어떻게 보살의 행을 배우며 어떻게 보살의 도를 닦는지를 알지 못하나이다. 듣자온즉 거룩한 이께서 잘 가르친다 하오니 바라건대 말씀하여 주소서."

[疏] 三, 白言下는 問法이라
■ ㄷ) 白言 아래는 법에 대해 질문함이다.

ㄷ. 자신의 법계를 설해 주다[授己法界] 3.

ㄱ) 그 명칭을 표방하여 보이다[標示其名] (第三 32下2)
ㄴ) 그 체성을 물어서 해석하다[徵釋其體] (二善)

比丘尼가 言하시되 善男子여 我得解脫하니 名成就一切智니라 善財가 言하되 聖者여 何故로 名爲成就一切智니잇고 比丘尼가 言하시되 善男子여 此智光明이 於一念中에 普照三世一切諸法이니라

비구니는 말하였다. "착한 남자여, 나는 '온갖 지혜를 성취하는 해탈'을 얻었노라." 선재가 말하였다. "거룩하신 이여, 무슨 까닭으로 온갖 지혜를 성취한다 하나이까?" 비구니가 말하였다. "착한 남자여, 이 지혜의 광명은 잠깐 동안에 세상 모든 법을 두루 비추느니라."

[疏] 第三, 比丘尼言下는 授己法界라 中에 三이니 初, 標名이라 一切智者

는 同佛智故니라 二, 善財言下는 徵釋其體니 一念普照故라
- ㄷ. 比丘尼言 아래는 자신의 법계를 설해 줌이다. 그중에 셋이니 ㄱ) 그 명칭을 표방하여 보임이다. 온갖 지혜는 부처님의 지혜와 같은 연고요, ㄴ) 善財言 아래는 그 체성을 물어서 해석함이니 한 생각에 널리 비추는 까닭이요,

ㄷ) 그 업과 작용을 밝히다[辨其業用] 2.
(ㄱ) 질문하다[問] (三善 32下4)
(ㄴ) 대답하다[答] 2.

a. 신통한 작용을 밝히다[明通用] 2.
a) 작용의 의지처를 밝히다[辨用所依] (答中)
b) 의지하는 주체의 업과 작용[能依業用] (二往)


善財가 白言하되 聖者여 此智光明이 境界云何니잇고 比丘尼言하시되 善男子여 我入此智光明門하여 得出生一切法三昧王하고 以此三昧故로 得意生身하여 往十方一切世界兜率天宮一生所繫菩薩所하여 一一菩薩前에 現不可說佛刹微塵數身하며 一一身에 作不可說佛刹微塵數供養하니 所謂現天王身과 乃至人王身하여 執持華雲하며 執持鬘雲하며 燒香塗香과 及以末香과 衣服瓔珞과 幢幡繒蓋와 寶網寶帳과 寶藏寶燈인 如是一切諸莊嚴具를 我皆執持하여 而以供養하며 如於住兜率宮菩薩所하여 如是於住胎出胎와 在家出家와 往詣道場과 成等正

覺과 轉正法輪과 入於涅槃과 如是中間에 或住天宮하며 或住龍宮하며 乃至或復住於人宮한 於彼一一諸如來所에 我皆如是而爲供養하니 若有衆生이 知我如是供養佛者면 皆於阿耨多羅三藐三菩提에 得不退轉하며 若有衆生이 來至我所하면 我卽爲說般若波羅蜜하라

선재가 말하였다. "거룩하신 이여, 이 지혜의 광명은 경계가 어떠하나이까?" 비구니가 말하였다. "착한 남자여, 나는 (1) 이 지혜의 광명문에 들어가서 모든 법을 내는 삼매왕을 얻었으며, (2) 이 삼매를 인하여 뜻대로 태어나는 몸을 얻게 되어, (3) 시방 모든 세계의 도솔천궁에 있는 일생보처 보살의 처소에 나아가고, (4) 그 낱낱 보살의 앞에서 말할 수 없는 세계의 티끌 수 몸을 나타내고, (5) 낱낱 몸으로 말할 수 없는 세계의 티끌 수 공양을 하였으니, 이른바 (6) 천왕의 몸과 내지 인간왕의 몸으로 꽃 구름을 들고 화만 구름을 들며, (7) 사르는 향·바르는 향·가루 향·의복·영락·당기·번기·비단·일산·보배 그물·보배 휘장·보배 광·보배 등 따위의 모든 장엄거리를 받들어 공양하였느니라. (8) 도솔천궁에 계시는 보살에게와 같이, 태에 들어 있고 태에서 탄생하고 집에 있고 출가하고 도량에 나아가서 바른 깨달음을 이루고, 바른 법륜을 굴리고 열반에 들며, 이러는 중간에 천궁에 있기도 하고 용궁에 있기도 하고 사람의 궁전에 있기도 한 그 여러 여래의 계신 데서 이렇게 공양하였느니라. (9) 어떤 중생이나 내가 이렇게 부처님께 공양한 줄을 아는 이는 모두 아뇩다라삼약삼보디에서 물러나지

않았으며, (10) 어떤 중생이나 나에게 오면 나는 반야바라밀다를 말하여 주었느니라.

[疏] 三, 善財白言下는 辨其業用이니 先, 問이요 後, 答이라 答中에 二니 先, 明通用이요 後, 明智用이라 前中에 亦二니 先, 辨用所依니 謂由一切智하여 能入王三昧故라 王三昧者는 智論第七에 云, 一切三昧가 皆入中故며 體卽如如니 如體本寂이요 眞智契此일새 故名三昧라 하니라 以一切智言이 有其二義하니 一, 徧知三世一切事故요 二, 對於種智하여 名根本智니 知一切事가 皆一實故며 以卽權之實智로 契卽事之實理故로 一切三昧가 皆入其中이니라 又由王三昧가 體無不徧일새 故意生身이 隨類能成이니라 二, 往十方下는 辨能依業用이니 可知니라

■ ㄷ) 善財白言 아래는 그 업과 작용을 밝힘이다. (ㄱ) 질문함이요, (ㄴ) 대답함이다. (ㄴ) 대답함 중에 둘이니, a. 신통한 작용을 밝힘이요, b. 지혜로운 작용을 밝힘이다. a. 중에도 또한 둘이니 a) 작용의 의지처를 밝힘이다. 이른바 온갖 지혜로 말미암아 능히 '왕의 삼매[王三昧]'에 들어가는 까닭이다. '왕의 삼매'는 『대지도론』 제7권에 이르되, "온갖 삼매가 모두 중도에 들어가는 까닭이며, 체성이 곧 여여함이요, 여여함의 체성은 본래 고요하여 진실한 지혜로 이것에 계합하는 연고로 삼매라고 이름한다"고 하였다. '온갖 지혜'란 말이 두 가지 뜻이 있기 때문이니 (1) 삼세의 온갖 현상을 두루 아는 연고요, (2) 일체종지와 상대함을 근본지(根本智)라 이름하나니 온갖 현상이 모두 한 가지 실법인 줄 아는 연고며, 방편과 합치한 실법의 지혜가 곧 현상과 합치한 실법의 이치에 계합한 까닭이니, 온갖 삼매가 모두

그 중간에 들어간 것이다. 또한 왕삼매(王三昧)로 말미암아 체성이 두루하지 않음이 없는 연고로 '마음대로 태어나는 몸[意生身]'이 부류를 따라 능히 성취하였다. b) 往十方 아래는 의지하는 주체의 업과 작용을 밝힘이니 알 수 있으리라.

b. 지혜로운 작용을 밝히다[明智用] (二善 33下10)

善男子여 我見一切衆生하되 不分別衆生相하니 智眼明見故며 聽一切語言하되 不分別語言相하니 心無所着故며 見一切如來하되 不分別如來相하니 了達法身故며 住持一切法輪하되 不分別法輪相하니 悟法自性故며 一念徧知一切法하되 不分別諸法相하니 知法如幻故니라

착한 남자여, 나는 (1) 모든 중생을 보아도 중생이란 분별을 내지 않았으니, 지혜 눈으로 보는 연고이니라. (2) 모든 말을 들어도 말이란 분별을 내지 않으니 마음에 집착이 없는 연고이니라. (3) 모든 여래를 뵈어도 여래라는 분별을 내지 않으니 법의 몸을 통달한 연고이니라. (4) 모든 법륜을 머물러 가지면서도 법륜이란 분별을 내지 않으니 법의 성품을 깨달은 연고이니라. (5) 한 생각에 모든 법을 두루 알면서도 모든 법이란 분별을 내지 않으니 법이 환술과 같음을 아는 연고이니라.

[疏] 二, 善男子我見下는 明其智用이라 又前은 卽差別智用이요 今은 卽無分別智用이니 故로 觸境無取니라

- b. 善男子我見 아래는 지혜로운 작용을 밝힘이다. 또한 앞은 차별한 지혜의 작용이요, 지금은 곧 분별없는 지혜의 작용이므로 경계를 만나도 취함이 없는 것이다.

[鈔] 智論第七에 一切三昧는 皆入中者는 論에 有喩云, 譬如大海하니 謂若百川이 歸大海故라 又云, 有人言호대 王三昧者는 在第四禪故라하며 有人이 云, 佛三昧를 誰能知相이리요 一切佛法이 一相無相이며 無量無數하여 不可知요 唯佛能知하니라 佛의 神足과 持戒도 尙不可[76]知온 況復一切三昧아하니라 釋曰, 此但歎[77]勝耳니라

- 『대지도론』제7권에 "온갖 삼매는 모두 중도에 들어간다"라 한 것은 논에 비유로 말함이 있으니, "비유컨대 큰 바다가 이른바 백 개의 강이 대해(大海)로 돌아감과 같기 때문이다"라 하였고, 또 이르되, "어떤 사람이 말하되 왕의 삼매는 제4선에 있는 연고요, 어떤 사람은 말하되 부처님의 삼매는 누가 능히 모양을 알겠는가? 온갖 불법은 하나의 모양이며 모양이 없음이요, 한량도 없고 헤아릴 수도 없고 알 수 없으며, 오직 부처님만이 알 수 있다. 부처님의 신통한 발과 계를 지킴도 오히려 알 수 없지만 하물며 다시 온갖 삼매이겠는가?"라고 하였다. 해석하자면 이것은 단지 뛰어남을 찬탄했을 뿐이다.

ㄹ. 자신은 겸양하고 뛰어난 분을 추천하다[謙己推勝] (經/善男 34上8)

善男子여 我唯知此成就一切智解脫이어니와 如諸菩薩摩訶薩은 心無分別하여 普知諸法하며 一身端坐하여 充

---
76) 可는 甲南續金本作了, 論原本作可라 하다.
77) 歎은 甲續金本作次, 南本作義라 하나 誤植이다.

滿法界하며 於自身中에 現一切刹하며 一念에 悉詣一切
佛所하며 於自身內에 普現一切諸佛神力하며 一毛에 徧
擧不可言說諸佛世界하며 於其自身一毛孔中에 現不可
說世界成壞하며 於一念中에 與不可說不可說衆生同住
하며 於一念中에 入不可說不可說一切諸劫하나니 而我
云何能知能說彼功德行이리오

착한 남자여, 나는 다만 온갖 지혜를 성취하는 해탈을 알거
니와, 저 보살마하살들이 (1) 마음에 분별이 없어 모든 법을
두루 알며, (2) 한 몸이 단정하게 앉아서도 법계에 가득하
며, (3) 자기의 몸에 모든 세계를 나타내며, (4) 잠깐 동안에
모든 부처님 계신 데 나아가며, (5) 자기의 몸 안에 모든 부
처님의 신통한 힘을 나타내며, (6) 한 털로 말할 수 없는 부
처의 세계를 두루 들며, (7) 내 몸의 한 털구멍에 말할 수 없
는 세계의 이루어지고 무너짐을 나타내며, (8) 한 생각에 말
할 수 없이 말할 수 없는 중생들과 함께 있으며, (9) 한 생각
동안에 말할 수 없이 말할 수 없는 모든 겁에 들어가는 일이
야 내가 어떻게 알며 그 공덕의 행을 말하겠는가?

ㅁ. 다음 선지식을 지시하다[指示後友] (經/善男 34下5)
ㅂ. 덕을 연모하여 예배하고 물러가다[戀德禮辭] (經/時善)

善男子여 於此南方에 有一國土하니 名曰險難이요 此國
에 有城하니 名寶莊嚴이며 中有女人하니 名波須蜜多니
汝詣彼問하되 菩薩이 云何學菩薩行이며 修菩薩道리잇

고하라

時에 善財童子가 頂禮其足하며 遶無數帀하며 慇懃瞻仰하고 辭退而去하니라

착한 남자여, 여기서 남쪽에 한 나라가 있으니 이름이 험난이요, 그 나라에 보장엄이란 성이 있고, 그 성중에 여인이 있으니 이름을 바수밀다라 하느니라. 그대는 그에게 가서 '보살이 어떻게 보살의 행을 배우며, 보살의 도를 닦느냐?'고 물으라."

이때 선재동자는 그의 발에 엎드려 절하고 수없이 돌고 은근하게 앙모하면서 하직하고 물러갔다.

[師字卷上 終]

大方廣佛華嚴經 제68권

大方廣佛華嚴經疏鈔 제68권 師字卷中

# 제39 入法界品 ⑨

제39. 법계에 증득해 들어가는 품[入法界品] ⑨

제26. 바수밀다녀(婆須密多女) 선지식은 험난국 보장엄(寶莊嚴)성에 사는 여인으로 전생에 고행불(高行佛)께 공양하고 발심하여 수행한 결과 탐욕의 경계를 여의는 해탈문[離貪欲際解脫]을 얻어서 욕락을 마음대로 맛 보게 하되 다시는 그 욕락에서 해탈을 얻게 한다.[오욕해탈의 역행포교] 經云,

"선남자여, 어떤 중생이 애욕에 얽매여 나에게 오거든, 나는 그에게 법을 말하면 그가 법을 듣고는 탐욕이 없어지고 보살의 집착 없는 경계의 삼매를 얻느니라."

제28. 관자재보살은 보살의 '크게 가엾이 여기는 행의 해탈문[大悲行解脫門]'을 얻어서 중생들로 하여금 18가지 공포를 여의게 한다. 經云,

"선남자여, 나는 이 크게 가엾이 여기는 행의 문을 수행하여 모든 중생을 구호하려 하노니, 모든 중생이 험난한 길에서 공포를 여의며, 번뇌의 공포를 여의며, 미혹한 공포를 여의며, 속박될 공포를 여의며, 살해될 공포를 여의며, 빈궁할 공포를 여의며, 생활하지 못할 공포를 여의며, 나쁜 이름을 얻을 공포를 여의며, 죽을 공포를 여의며…."

大方廣佛華嚴經 제68권

大方廣佛華嚴經疏鈔 제68권 師字卷中

## 제39. 법계에 증득해 들어가는 품[入法界品] ⑨

마) 제26. 바수밀다녀 선지식[婆須密多女] 2.
- 제5. 무진공덕장회향(無盡功德藏廻向)에 의탁한 선지식

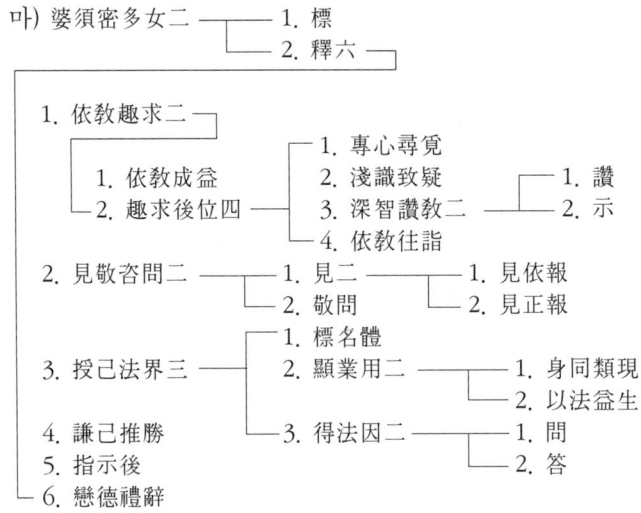

(가) 표방하다[標] (第五 1下1)

[疏] 第五, 無盡功德藏廻向이라 善友名婆須蜜多者는 此云世友며 亦云 天友니 隨世人天하여 方便化故라 國名險難者는 逆行非道를 下位는

不能行故라 城名寶莊嚴者는 逆隨世行하여 能生無盡功德藏故라
■ 바수밀다녀는 제5. 무진공덕장회향(無盡功德藏廻向)에 의탁한 선지식이다. 선지식의 이름인 바수밀다(婆須蜜多)는 '세상 친구'며 또한 '천상 친구'라 번역한다. 세상의 사람과 천상을 따라서 방편으로 교화하는 까닭이다. 나라 이름이 험난(險難)인 것은 역행(逆行)이며 도가 아님이니, 아래 지위는 능히 행하지 않는 까닭이다. 성을 '보배 장엄'이라 이름한 것은 세간의 행을 거꾸로 따라서 능히 그지없는 공덕의 광을 생기게 하는 까닭이다.

[鈔] 由廻向力하여 能成無盡功德藏故니라
● 회향하는 힘으로 말미암아 그지없는 공덕의 광을 능히 이루는 까닭이다.

(나) 해석하다[釋] 6.
ㄱ. 선지식의 가르침에 의지하여 나아가 구하다[依敎趣求] 2.

ㄱ) 가르침에 의지해 이익을 이루다[依敎成益] (第一 1下5)

爾時에 善財童子가 大智光明으로 照啓其心하여 思惟觀察하여 見諸法性하여 得了知一切言音陀羅尼門하며 得受持一切法輪陀羅尼門하며 得與一切衆生作所歸依大悲力하며 得觀察一切法義理光明門하며 得充滿法界淸淨願하며 得普照十方一切法智光明하며 得徧莊嚴一切世界自在力하며 得普發起一切菩薩業圓滿願하고
그때 선재동자는 (1) 큰 지혜의 광명이 비치어 마음이 열리

며 생각하고 관찰하여 법의 성품을 보고, (2) 모든 음성을 아는 다라니문을 얻었으며, (3) 모든 법륜을 받아 지니는 다라니문을 얻었으며, (4) 모든 중생의 돌아가 의지할 데가 되는 가엾이 여기는 힘을 얻었으며, (5) 모든 법의 이치를 관찰하는 광명의 문을 얻었으며, (6) 법계에 가득한 청정한 서원을 얻었으며, (7) 시방의 모든 법을 두루 비추는 지혜의 광명을 얻었으며, (8) 모든 세계를 두루 장엄하는 자유자재한 힘을 얻었으며, (9) 모든 보살의 업을 널리 발기하는 원만한 서원을 얻고서,

[疏] 第一, 依敎趣求라 中에 二니 先, 依敎成益이니 謂由聞一切智光故로 思修趣入하여 得二種益하니 一, 得見實法性益이니 由前實智故라 二, 得了知下는 得權智益이니 由前窮三世差別智故라

■ ㄱ. 선지식의 가르침에 의지하여 나아가 구함이다. 그중에 둘이니 ㄱ) 가르침에 의지해 이익을 이룸이니 이른바 온갖 지혜의 광명을 들음으로 말미암은 연고로 사유하고 수행함으로 나아가 들어가서 두 종류의 이익을 얻는다. (1) 실법의 성품을 보는 이익을 얻었으니 앞의 실법 지혜로 인한 연고요, (2) 得了知 아래는 방편 지혜의 이익을 얻었으니 앞에서 삼세의 차별한 지혜를 궁구함으로 말미암는 까닭이다.

ㄴ) 다음 지위 선지식을 나아가 구하다[趣求後位] 4.
(ㄱ) 전심으로 선지식을 찾다[專心尋覓] (二漸 2上2)
(ㄴ) 얕은 인식으로 의심에 이르다[淺識致疑] (二城)

漸次遊行하니라 至險難國寶莊嚴城하여 處處尋覓婆須蜜
多女러니라 城中有人이 不知此女의 功德智慧하고 作如
是念하되 今此童子가 諸根寂靜하고 智慧明了하여 不迷
不亂하며 諦視一尋하여 無有疲懈하며 無所取着하여 目視
不瞬하고 心無所動하며 甚深寬廣이 猶如大海하니 不應
於此婆須蜜女에 有貪愛心하며 有顚倒心하여 生於淨想
하고 生於欲想이며 不應爲此女色의 所攝이라 此童子者는
不行魔行하며 不入魔境하며 不沒欲泥하며 不被魔縛하여
不應作處에 已能不作이어늘 有何等意하여 而求此女오
점점 가다가 험난국의 보배로 장엄한 성에 이르러 간 데마
다 바수밀다여인을 찾았다. 성중의 어떤 사람은 이 여인의
공덕과 지혜를 알지 못하고 이렇게 생각하였다. '이 동자는
여러 감관이 고요하고 지혜가 명철하며, 미혹하지도 않고
산란하지도 않으며, 자세히 보며 한결같이 찾아서 게으르
지 않고 집착함도 없으며, 눈을 깜박이지 않고 마음이 흔들
리지도 않으며, 너그럽고 깊기는 큰 바다 같으니, 이 바수밀
다여인에게 사랑하는 마음이나 뒤바뀐 마음이 없을 것이며,
깨끗하다는 생각을 내거나 욕심을 내어서 이 여인에게 반
하지도 아니할 것이다. 이 동자는 마의 행을 행하지도 않고
마의 경계에 들어가지도 않고 탐욕의 수렁에 빠지지도 않
고 마의 속박을 받지도 아니하여, 하지 아니할 것은 능히 하
지 않을 것이어늘, 무슨 뜻으로 이 여인을 구하는가?'

[疏] 二, 漸次下는 趣求後位라 於中에 四니 一, 專心尋覓이요 二, 城中下

는 淺識致疑니 逆行을 難知故라 不自疑者는 貪은 順於悲하여 障行이 劣故로 不同前二라 又於前二에 已調伏故로 此中에 不疑라

- ㄴ) 漸次 아래는 다음 지위 선지식을 나아가 구함이다. 그중에 넷이니 (ㄱ) 전심으로 선지식을 찾음이요, (ㄴ) 城中 아래는 얕은 인식으로 의심에 이름이니 역행(逆行)은 알기 어렵기 때문이다. '자연히 의심하지 않는 것'은 탐심은 자비를 수순하여 행법이 열등함을 장애하는 까닭이다. 앞의 둘과 같지 않나니 또한 앞의 둘을 이미 조복받은 연고로 이 가운데서는 의심하지 않는다.

(ㄷ) 깊은 지혜로 가르침을 찬탄하다[深智讚敎] 2.
a. 지혜 있음을 칭찬하다[讚] (三其 2下9)
b. 있는 곳을 가르쳐 보이다[示] (後善)

其中有人이 先知此女의 有智慧者하고 告善財言하되 善哉善哉라 善男子여 汝今乃能推求尋覓婆須蜜女하니 汝已獲得廣大善利로다 善男子여 汝應決定求佛果位하며 決定欲爲一切衆生하여 作所依怙하며 決定欲拔一切衆生의 貪愛毒箭하며 決定欲破一切衆生의 於女色中所有淨想이로다 善男子여 婆須蜜女가 於此城內市廛之北自宅中住나라
그 사람들 중에는 이 여인이 지혜가 있는 줄을 아는 이가 있어서 선재에게 말하였다. "좋고 좋다. 착한 남자여, 그대는 이제 이 바수밀다여인을 찾으니, 그대는 이미 광대한 좋은 이익을 얻었도다. 착한 남자여, 그대는 결정코 부처의 자리를 구할 것이며, 모든 중생의 의지가 되려는 것이며, 결정코

모든 중생의 탐애의 화살을 뽑을 것이며, 결정코 모든 중생이 여자에게 대하여 가지는 깨끗하다는 생각을 깨뜨리게 할 것이다. 착한 남자여, 바수밀다여인은 이 성중의 저자 북쪽에 있는 자기의 집에 있느니라."

[疏] 三, 其中에 有人先知下는 深智讚教니 先은 讚이요 後, 善男子婆須下는 教示所在라 市者는 喧雜이요 北은 主於滅이요 自宅은 即畢竟空寂이니 謂在欲行禪하여 處喧常寂故로 在市塵之北等이라
- (ㄷ) 其中有人先知 아래는 깊은 지혜로 가르침을 찬탄함이다. a. 지혜 있음을 칭찬함이요, b. 善男子婆須 아래는 있는 곳을 가르쳐 보임이다. 시장은 시끄러운 곳이고 북쪽은 죽음을 주재하나니, 자택은 곧 필경까지 공적함을 뜻한다. 이른바 선정을 수행하고자 하면 시끄러운 곳에 있으면서 항상 고요한 연고로 시장의 북쪽에 있는 등이다.

(ㄹ) 가르침에 의지하여 가서 뵙다[依教往詣] (四時 3上3)

時에 善財童子가 聞是語已하고 歡喜踊躍하여 往詣其門하니라
선재동자는 이 말을 듣고 즐거워 뛰놀면서 그의 문 앞에 이르렀다.

[疏] 四, 時善財下는 依教往詣니라
- (ㄹ) 時善財 아래는 가르침에 의지하여 가서 뵈옴이다.

ㄴ. 만나서 공경을 표하고 법문을 묻다[見敬諮問] 2.

ㄱ) 선지식을 뵙다[見] 2.
(ㄱ) 선지식의 의보를 보다[見依報] (第二 3下10)

見其住宅하니 廣博嚴麗하여 寶牆寶樹와 及以寶塹이 一一皆有十重圍遶이어든 其寶塹中에 香水盈滿하고 金沙布地하고 諸天寶華와 優鉢羅華와 波頭摩華와 拘物頭華와 芬陀利華가 徧覆水上하며 宮殿樓閣이 處處分布하며 門闥牕牖가 相望間列하며 咸施網鐸하고 悉置旛幢하며 無量珍奇로 以爲嚴飾하며 瑠璃爲地하여 衆寶間錯하며 燒諸沈水하고 塗以栴檀하며 懸衆寶鈴하여 風動成音하며 散諸天華하여 徧布其地하며 種種嚴麗가 不可稱說이며 諸珍寶藏이 其數百千이며 十大園林으로 以爲莊嚴이러라

그 집을 살펴보니, (1) 크고 훌륭하여 보배 담과 보배 나무와 보배 해자가 각각 열 겹으로 둘러 있고, (2) 그 해자에는 향수가 가득하고 금 모래가 깔렸으며, (3) 하늘의 보배 꽃과 우발라 꽃·파두마 꽃·구물두 꽃·분타리 꽃들이 물 위에 덮여 피었다. (4) 궁전과 누각이 여기저기 세워졌는데, 문과 창호가 간 데마다 마주섰고, 모두 그물과 풍경을 베풀었으며, (5) 번기와 당기를 세우고 한량없는 보배로 훌륭하게 꾸미었다. (6) 유리로 땅이 되었는데 여러 가지 보배가 사이사이 장식되었고, (7) 침향을 피우고 전단향을 발랐으며, (8) 보배 풍경은 바람에 흔들려 소리를 내고 하늘 꽃을 흩어 땅

에 깔았으니, (9) 가지가지로 화려하고 아름다움을 이루 말할 수 없으며, (10) 모든 보물 고방은 그 수가 백천이고, (11) 열 군데의 큰 숲 동산으로 장엄하였다.

❖ 毘瑟祇羅거사, 婆須密多녀, 觀自在보살, 正趣보살 선지식을 만나는 장면, 그중에서 바수밀다녀가 선재를 만나는 모습 변상도(제68권)

[疏] 第二, 見其下는 見敬咨問이라 見中에 先, 見依報니 畢竟空中에 無德不具일새 故廣顯其嚴이라

- ㄴ. 見其 아래는 만나서 공경을 표하고 법문을 물음이다. ㄱ) 선지식을 뵈옴 중에 (ㄱ) 선지식의 의보를 봄이니 필경까지 공함 중에 덕은 갖추지 않음이 없으므로 그런 장엄을 널리 밝힌다.

(ㄴ) 바수밀다녀의 정보를 뵙다[見正報] (後爾 4上1)

爾時에 善財가 見此女人하니 顏貌端嚴하고 色相圓滿하며 皮膚金色이요 目髮紺靑이며 不長不短하고 不麤不細하여 欲界人天이 無能與比며 音聲이 美妙하여 超諸梵世하며 一切衆生의 差別言音이 悉皆具足하여 無不解了하여 深達字義하여 善巧談說하며 得如幻智하여 入方便門하며 衆寶瓔珞과 及諸嚴具로 莊嚴其身하며 如意摩尼로 以爲寶冠하여 而冠其首하며 復有無量眷屬圍遶에 皆其善根하고 同一行願하여 福德大藏이 具足無盡이어든 時에 婆須蜜多女가 從其身出廣大光明하여 普照宅中一切宮殿하시니 遇斯光者가 身得淸凉이러라

이때 선재동자는 그 여인을 보았다. 용모는 단정하고 모습이 원만하며, 살갗은 금빛이요, 눈매와 머리카락이 검푸르러 길지도 짧지도 않고 크지도 삭지도 않아서 욕심세계의 사람이나 하늘로는 비길 수 없었다. 음성이 미묘하여 범천보다도 뛰어나며, 모든 중생의 갖가지 말을 모두 구족하여 알지 못함이 없었으며, 글자와 문장을 잘 알고 언론이 능란하며, 환술과 같은 지혜를 얻어 방편의 문에 들어갔고, 보배 영락과 장엄거리로 몸을 단정히 하고 여의주로 관을 만들어 머리에 썼다. 또 한량없는 권속들이 둘러 모였으니, 착한 뿌리가 같고 행과 소원이 같고 복덕의 큰 갈무리가 구비하여 다하지 아니하였다. 그때 바수밀다여인의 몸에서 광대한 광명을 놓아 그 집의 모든 궁전에 비추니, 이 광명을 받

은 이는 모두 몸이 서늘하고 상쾌하였다.

[疏] 後, 爾時下는 見正報니 具有主伴德用이라
- (ㄴ) 爾時 아래는 바수밀다녀의 정보를 뵈옴이니 주인과 반려가 덕과 작용을 갖춘다는 뜻이다.

ㄴ) 공경하게 질문하다[敬問] (二爾 4上7)

爾時에 善財가 前詣其所하여 頂禮其足하며 合掌而住하여 白言하되 聖者여 我已先發阿耨多羅三藐三菩提心하니 而未知菩薩이 云何學菩薩行이며 云何修菩薩道리잇고 我聞聖者는 善能敎誨라하니 願爲我說하소서
선재동자는 그 앞에 나아가 발에 엎드려 절하고 합장하고 서서 말하였다. "거룩하신 이여, 저는 이미 아눗다라삼약삼보디심을 내었사오나, 보살이 어떻게 보살의 행을 배우며 어떻게 보살의 도를 닦는지를 알지 못하나이다. 듣자온즉 거룩하신 이에서 잘 가르치신다 하오니 바라옵건대 말씀하여 주소서."

[疏] 二, 爾時善財前詣下는 敬問이니 可知니라
- ㄴ) 爾時善財前詣 아래는 공경하게 질문함이니 알 수 있으리라.

ㄷ. 자신의 법계를 설해 주다[授己法界] 3.

ㄱ) 명칭과 체성을 표방하다[標名體] (第三 4上9)
ㄴ) 업과 작용을 밝히다[顯業用] 2.
(ㄱ) 같은 부류의 몸으로 나타나다[身同類現] (二隨 5上9)
(ㄴ) 법문으로 중생에게 이익 주다[以法益生] (後若)

彼卽告言하시되 善男子여 我得菩薩解脫하니 名離貪欲
際니라 隨其欲樂하여 而爲現身하되 若天見我인댄 我爲
天女하여 形貌光明이 殊勝無比하며 如是乃至人非人等
이 而見我者면 我卽爲現人非人女하여 隨其樂欲하여 皆
令得見하며 若有衆生이 欲意所纏으로 來詣我所하면 我
爲說法하여 彼聞法已에 則離貪欲하고 得菩薩無着境界
三昧하며 若有衆生이 暫見於我하면 則離貪欲하고 得菩
薩歡喜三昧하며 若有衆生이 暫與我語하면 則離貪欲하고
得菩薩無礙音聲三昧하며 若有衆生이 暫執我手하면 則
離貪欲하고 得菩薩徧往一切佛刹三昧하며 若有衆生이
暫昇我座하면 則離貪欲하고 得菩薩解脫光明三昧하며
若有衆生이 暫觀於我하면 則離貪欲하고 得菩薩寂靜莊
嚴三昧하며 若有衆生이 見我頻申하면 則離貪欲하고 得
菩薩摧伏外道三昧하며 若有衆生이 見我目瞬則離貪欲
하고 得菩薩佛境界光明三昧하며 若有衆生이 抱持於我
하면 則離貪欲하고 得菩薩攝一切衆生恒不捨離三昧하며
若有衆生이 唼我脣吻하면 則離貪欲하고 得菩薩增長一
切衆生福德藏三昧하며 凡有衆生이 親近於我하면 一切
皆得住離貪際하여 入菩薩一切智地現前無礙解脫이니라

그는 말하였다. "착한 남자여, 나는 보살의 해탈을 얻었으니 이름은 <탐욕의 경계를 여읨>이니라. 그들의 욕망을 따라 몸을 나타내노니, (1) 하늘이 나를 볼 적에는 나는 천녀의 형상이 되어 광명이 훌륭하여 비길 데 없으며, (2) 그와 같이 내지 사람이나 사람 아닌 이가 볼 적에는 나도 사람과 사람 아닌 이의 여인이 되어 그들의 욕망대로 나를 보게 하노라. (3) 어떤 중생이 애욕에 얽매여 나에게 오거든, 나는 그에게 법을 말하면 그가 법을 듣고는 탐욕이 없어지고 보살의 집착 없는 경계의 삼매를 얻느니라. (4) 어떤 중생이 잠깐만 나를 보아도 탐욕이 없어지고 보살의 환희한 삼매를 얻느니라. (5) 어떤 중생이 잠깐만 나와 말하여도 탐욕이 없어지고 보살의 걸림 없는 음성 삼매를 얻느니라. (6) 어떤 중생이 잠깐만 내 손목을 잡으면 탐욕이 없어지고 보살의 모든 부처 세계에 두루 가는 삼매를 얻느니라. (7) 어떤 중생이 내 자리에 잠깐만 올라와도 탐욕이 없어지고 보살의 해탈한 광명의 삼매를 얻느니라. (8) 어떤 중생이 잠깐만 나를 살펴보아도 탐욕이 없어지고 보살의 고요하게 장엄한 삼매를 얻느니라. (9) 어떤 중생이 잠깐만 나의 활개 뻗는 것을 보아도 탐욕이 없어지고 보살이 외도를 굴복시키는 삼매를 얻느니라. (10) 어떤 중생이 나의 눈을 깜빡이는 것을 보기만 하여도 탐욕이 없어지고 보살의 부처 경계에 광명 삼매를 얻느니라. (11) 어떤 중생이 나를 끌어안으면 탐욕이 없어지고 보살이 모든 중생을 거두어 주고 항상 떠나지 않는 삼매를 얻느니라. (12) 어떤 중생이 나의 입술만 한 번

맞추면 탐욕이 없어지고 보살이 모든 중생의 복덕을 늘게
하는 삼매를 얻느니라. (13) 무릇 중생들이 나를 가까이하
면 모두 탐욕을 여의는 경계에 머물러 보살의 온갖 지혜가
앞에 나타나는 걸림 없는 해탈에 들어가느니라."

[疏] 第三, 彼卽告言下는 授己法界라 於中에 三이니 先, 標名이라 離貪欲
際者는 凡夫는 染欲하고 二乘은 見欲可離하고 菩薩은 不斷貪欲코 而
得解脫하나니 智了性空하면 欲卽道故라 如是染而不染하야사 方爲
究竟離欲之際니라 二, 隨其下는 顯業用이라 於中에 先, 身同類現이
요 後, 若有衆生下는 以法益生이라 中에 有十種三昧하니 皆隨受欲
便宜하여 得斯甚深三昧니 思之니라

■ ㄷ. 彼卽告言 아래는 자신의 법계를 설해 줌이다. 그중에 셋이니 ㄱ)
명칭과 체성을 표방함이다. '탐욕의 경계를 여읨'이란 범부가 욕심에 물
들고 이승은 욕심에서 여읠 수 있음을 보고 보살은 탐욕을 끊으려 하
지 않고 해탈을 얻는다. 성품이 공한 줄 지혜로 요달하면 욕심이 곧
도인 까닭이다. 이렇게 물들면서도 물들지 않아야 비로소 궁극에 욕
심의 경계를 여읠 수 있는 것이다. ㄴ) 隨其 아래는 업과 작용을 밝힘
이다. 그중에 (ㄱ) 같은 부류의 몸으로 나타남이요, (ㄴ) 若有衆生 아
래는 법문으로 중생에게 이익 줌 중에 열 종류 삼매가 있나니 모두 받
은 욕심과 편의를 따라서 이런 매우 깊은 삼매를 얻나니 생각해 보라.

ㄷ) 법을 얻게 된 원인[得法因] 2.
(ㄱ) 질문하다[問] (三善 6上2)
(ㄴ) 대답하다[答] (後答)

善財가 白言하되 聖者여 種何善根하며 修何福業하여 而得成就如是自在니잇고 答言하시되 善男子여 我念過去에 有佛出世하시니 名爲高行이요 其王都城은 名曰妙門이라 善男子여 彼高行如來가 哀愍衆生하사 入於王城할새 蹈彼門閫하시니 其城一切가 悉皆震動하며 忽然廣博하며 衆寶莊嚴하며 無量光明이 遞相暎徹하며 種種寶華가 散布其地하며 諸天音樂이 同時俱奏하며 一切諸天이 充滿虛空이러라

善男子여 我於彼時에 爲長者妻하니 名曰善慧라 見佛神力하고 心生覺悟하여 則與其夫로 往詣佛所하여 以一寶錢으로 而爲供養하니 是時에 文殊師利童子가 爲佛侍者라 爲我說法하사 令發阿耨多羅三藐三菩提心케하시니라

선재동자가 여쭈었다. "거룩한 이께서는 어떠한 착한 뿌리를 심고 무슨 복업을 닦았사온대 이렇게 자재함을 성취하였나이까?" 바수밀다여인이 대답하였다. "착한 남자여, 지난 세상에 부처님이 나셨으니 이름이 고행이었고, 그 나라의 서울은 묘문이었느니라. 착한 남자여, 그 고행 여래께서 중생을 불쌍히 여기시고 서울에 들어오시어 성문의 턱을 밟으니, 그 성안에 있던 모든 것이 진동하며 갑자기 넓어지고 모든 보배로 장엄하며, 한량없는 광명이 서로 비추고, 가지각색 보배 꽃을 땅에 흩으며, 하늘 풍류를 한꺼번에 잡히고, 모든 하늘이 허공에 가득하였느니라.

착한 남자여, 나는 그때에 장자의 아내가 되었는데 이름은 선혜였다. 부처님의 신통을 보고 마음을 깨달았다. 남

편과 함께 부처님 계신 데 가서 보배 돈 한 푼으로 공양하였더니, 그때 문수사리동자가 부처님의 시자가 되었다가 나에게 법을 말하여 아뇩다라삼먁삼보리심을 내게 하였느니라.

[疏] 三, 善財白言下는 得法因緣이니 先, 問이요 後, 答이라 一, 寶錢施者는 有二義하니 一, 寶而能捨일새 故得離貪이요 二, 一錢雖微나 以菩提心故로 成斯自在니라

- ㄷ) 善財白言 아래는 법을 얻은 원인이니 (ㄱ) 질문함이요, (ㄴ) 대답함이다. '보배 돈 한 푼으로 보시함'은 두 가지 뜻이 있으니 (1) 보배를 능히 버린 연고로 탐욕 여읨을 얻은 것이요, (2) 한 푼이 비록 작지만 보리심 때문에 이런 자재함을 이룬 것이다.

ㄹ. 자신은 겸양하고 뛰어난 분을 추천하다[謙己推勝] (經/善男 6上5)

善男子여 我唯知此菩薩離貪際解脫이어니와 如諸菩薩摩訶薩은 成就無邊巧方便智하여 其藏廣大하여 境界無比니 而我云何能知能說彼功德行이리오
착한 남자여, 나는 다만 이 <보살의 탐욕의 경계를 여읜 해탈>을 얻었거니와, 저 보살마하살들이 그지없이 교묘한 방편의 지혜를 성취하여 그 광대한 광의 경계가 비길 데 없는 일이야 내가 어떻게 알며 그 공덕의 행을 말하겠는가?

ㅁ. 다음 선지식을 지시하다[指示後友] (經/善男 6上7)

ㅂ. 덕을 연모하여 예배하고 물러가다[戀德禮辭] (經/時善)

善男子여 於此南方에 有城하니 名善度요 中有居士하니
名鞞瑟胝羅라 彼常供養栴檀座佛塔하나니 汝詣彼問하되
菩薩이 云何學菩薩行이며 修菩薩道리잇고하라
時에 善財童子가 頂禮其足하며 遶無量帀하며 殷勤瞻仰
하고 辭退而去하니라

착한 남자여, 여기서 남쪽에 성이 있으니 이름이 선도요, 그 성에 거사가 있는데 이름이 비슬지라니, 그가 항상 전단좌 부처님 탑에 공양하느니라. 그대는 그에게 가서 '보살이 어떻게 보살의 행을 배우며 보살의 도를 닦느냐?'고 물어라."
이때 선재동자는 그의 발에 엎드려 절하고 한량없이 돌고 은근하게 앙모하면서 하직하고 떠났다.

바) 제27. 비슬지라거사 선지식[鞞瑟胝羅居士] 6.
- 제6. 입일체선근회향(入一切善根廻向)에 의탁한 선지식

(가) 선지식의 가르침에 의지하여 나아가 구하다[依敎趣求] (第六 6下2)
(나) 만나서 공경을 표하고 법문을 묻다[見敬諮問] (第二)

爾時에 善財童子가 漸次遊行하여 至善度城하여 詣居士
宅하여 頂禮其足하며 合掌而立하여 白言하되 聖者여 我
已先發阿耨多羅三藐三菩提心하니 而未知菩薩이 云何
學菩薩行이며 云何修菩薩道리잇고 我聞聖者는 善能誘

誨라하니 願爲我說하소서

그때 선재동자는 점점 가다가 선도성에 이르러 거사의 집에 나아가 발에 엎드려 절하고 합장하고 서서 여쭈었다. "거룩하신 이여, 저는 이미 아뇩다라삼먁삼보디심을 내었사오나, 보살이 어떻게 보살의 행을 배우며 어떻게 보살의 도를 닦는지를 알지 못하나이다. 들자온즉 거룩한 이께서 잘 가르친다 하오니 바라옵건대 말씀하여 주소서."

[疏] 第六, 入一切平等善根廻向이라 善友名鞞瑟胝羅者는 此云纏裹[78]니 義當包攝이니 塔中에 包攝一切佛故라 或云攝入이니 攝諸善根하여 入平等故라 城名善度者는 無一善根이 不度到究竟故라 常供佛塔者는 善根中最故라 未詳何緣으로 偏[79]供此塔이나 有云호대 以塔中空[80]에 有栴檀之座하니 爲欲普供無盡佛故라하니 亦是一理라 文中에 第一, 依敎趣求니 闕無念法이라 第二, 詣居士下는 見敬咨問이라

■ 바) 비슬지라기사는 제6. 입일체선근회향(入一切善根廻向)에 의탁한 선지식이다. 선지식 이름이 비슬지라(鞞瑟胝羅)인 것은 번역하면 '보자기에 얽힘[纏裹]'이니 '싸서 포섭함'의 뜻이다. 탑 속에 온갖 부처님을 싸고 포섭한 까닭이다. 혹은 포섭해 들어감이라 하나니 모든 선근을 포섭하여 평등에 들어간 까닭이다. 성의 이름이 선도(善度)인 것은 어떤 선근도 제도하여 구경에 이르지 않는 것이 없기 때문이다. '항상 불탑에 공양함'이란 선근 중에서 최고인 연고며, 어떤 인연으로 이런 탑에만 치우쳐 공양하였는지 자세하지 않다. 어떤 이가 이르되, "탑

---

78) 裹는 金本作裏라 하나 誤植이다.
79) 偏은 續金本作徧誤, 原南及行願品疏作偏이라 하다.
80) 空은 甲南續金本作定誤, 原及行願品疏作空이라 하다.

속에 전단으로 만든 자리가 텅 비어 있으니 그지없는 부처님께 널리
공양하려는 까닭이다"라고 하였다. 또한 일리가 있으니 경문 중에
(가) 가르침에 의지하여 나아가 구하여 생각 없는 법을 빠뜨렸다.
(나) 詣居士 아래는 만나서 공경을 표하고 법문을 물음이다.

[鈔] 入一切平等善根廻向善友者는 事理無違하여 皆入等理故라
● 제6. 입일체선근회향(入一切善根廻向)에 의탁한 선지식이란 현상과 이
치가 위배됨이 없으니 모두 평등한 이치에 들어간 까닭이다.

(다) 법계를 바로 설해 주다[正授法界] 4.

ㄱ. 명칭을 표방하다[標名] (第三 7上9)
ㄴ. 체성을 밝히다[顯體] (二善)
ㄷ. 의심을 해석하다[釋疑] (三唯)

居士가 告言하시되 善男子여 我得菩薩解脫하니 名不般
涅槃際라 善男子여 我不生心言하되 如是如來가 已般涅
槃이며 如是如來가 現般涅槃이며 如是如來가 當般涅槃
이라하노니 我知十方一切世界諸佛如來가 畢竟無有般
涅槃者요 唯除爲欲調伏衆生하여 而示現耳로라
거사가 말하였다. "착한 남자여, 나는 보살의 해탈을 얻었으
니 이름이 <열반의 경계에 들지 않음>이라. 착한 남자여, 나
는 이렇게 여래가 이미 열반에 들었다거나, 이렇게 여래가 지
금 열반에 든다거나, 이렇게 여래가 장차 열반에 들리라거나

하는 생각을 내지 아니하노라. 나는 시방 모든 세계의 부처님 여래들이 필경에 열반에 드는 이가 없는 줄을 알거니와, 중생을 조복하기 위하여 일부러 보이는 것을 제외할 것이니라.

[疏] 第三, 居士告下는 正授法界라 於中에 四니 一, 標名이라 不般涅槃際者는 般者는 入也니 窮諸如來가 不入涅槃之實際故라 故로 出現品에 云, 如實際涅槃하여 如來涅槃도 亦如是라하니라 二, 善男子我不生心下는 顯體니 謂心契實際하여 知佛常住니라 三, 唯除下는 釋疑니 並如出現品辨이니라 楞伽에 亦云, 無有佛涅槃하시며 無有涅槃佛이라하니라

(다) 居士告 아래는 법계를 바로 설해 줌이다. 그중에 넷이니 ㄱ. 명칭을 표방함이다. '열반의 경계에 들지 않음'이라 한 것에서 반(般)은 들어감의 뜻이니 모든 여래가 열반의 실제에 들어감을 궁구한 까닭이다. 그러므로 제37. 여래출현품에 이르되, "(진여의 열반처럼 여래의 열반도 그러하고,) 실제의 열반처럼 여래의 열반도 그러하다"고 하였고, ㄴ. 善男子我不生心 이러는 체성을 밝힘이니 이른바 마음이 실제와 계합하면 부처님이 항상 머무심을 안다는 뜻이다. ㄷ. 唯除 아래는 의심을 해석함이다. 아울러 여래출현품에서 밝힌 내용과 같다. 『4권 능가경』에도 또한 이르되, "부처님께도 열반에 없으시니 열반에 부처님이 없으시다"라고 하였다.

[鈔] 楞伽云無有涅槃佛等者는 卽是經初에 大慧가 讚於如來가 具知三性하사 以成三身이라 初有四偈는 明了徧計[81]와 依他니 謂世間이 離生滅等이라 十忍品에 已引하니라 今此는 卽歎具於圓成이라 云, 一切

---

81) 了는 南金本無, 또 計는 金本作記誤라 하다.

無涅槃이며 無有涅槃佛이요 無有佛涅槃하여 遠離覺所覺이라 若有若無有인 是二를 悉俱離하사 牟尼寂靜觀하나니 是則遠離生이며 是名爲不取라 今世後世淨이라하니라 有二偈半은 大雲이 解云호대 初一偈는 令了一如니 謂此約無願觀하여 以顯圓成이니 無涅槃佛일새 故無願矣니라 初句는 謂色心等一切法中에 無得涅槃이니 以一切法이 本性如故라 若得涅槃하면 是斷常見이니 滅法은 是斷이요 證得은 是常이니라 次82)句는 旣無涅槃커니 云何有佛이리요 故로 下經에 云, 見斷煩惱하고 而得成佛하면 此則名爲壞佛法者니 煩惱와 與佛이 性寂滅故라하니라 三四句中에 所覺이 如故로 無有涅槃이요 能覺如故로 無有得佛이요 離覺所覺하여 混同一如라하니라 釋曰, 然上所解가 理則盡矣나 而消文이 未妙하니 今謂初句는 遣所證涅槃이요 次句는 遣能證之佛이요 第三句는 無能所契合이요 第四句는 總結所由니 由離能所일새 故皆無矣라 無卽空義니 同一如矣라

● 『4권 능가경』에 이르되, "부처님께도 열반이 없다"고 한 것은 곧 경문의 처음에 "대혜여, 여래가 세 가지 성품을 갖추어 알고 이것으로 세 가지 몸을 이룬 것을 찬탄하였다"라 하였고, 처음에 네 게송이 있어서 변계성과 의타성을 분명히 알았다. 이른바 세간은 생멸을 여읜다는 등은 제29. 십인품에 이미 인용한 적이 있다. 지금 여기는 원성성을 갖춘 것을 찬탄하였으니 이르되, "일체 어디에도 열반이 없으므로 열반에 부처님이 없으시며, 부처님께도 열반이 없으시니 깨닫고 깨달을 대상을 멀리 여의셨네. / 있다거나 또는 없다거나 이 두 가지를 모두 다 여의시고 석가모니께서 적정을 관찰하시니 이것이 곧 생사를 떠난 것일세. / 이를 취하지 않는다고 이름하니, 금세에도 후세에도

---

82) 次는 原續金本作次二, 南本作次라 하다.

청정하시리"라 하였으니 두 개 반의 게송이 있다. 대운(大雲)법사가 해석하여 이르되, "처음 한 게송은 한결같이 진여를 요달하게 하나니 이른바 이것은 원함 없는 관법을 잡아서 원성성을 밝혔으니 열반에 부처가 없는 연고로 원이 없는 것이다. 첫 구절은 이른바 물질과 마음이 평등한 온갖 법 중에 열반을 얻음이 없나니 온갖 법이 본성이 진여인 연고로 만일 열반을 얻으면 단상(斷常)의 소견이다. 법을 없앰은 단견이요, 증득함은 상견이다." 다음 구절은 이미 열반이 없다면 어찌하여 부처가 있겠는가? 그러므로 아래 경문에 이르되, "번뇌를 끊는 것을 보아야 부처 이룸을 얻는다면 이것은 불법을 파괴하는 자라 이름하나니 번뇌와 부처는 성품이 없는 까닭이다"라고 하였다. 셋째와 넷째 구절 중에 깨달을 대상이 진여인 연고며, 열반이 없나니 깨닫는 주체가 진여인 연고며, 부처 얻음이 없나니 깨달음과 깨달을 대상을 여의어서 혼연하여 한결같다. 해석하자면 그러나 위는 이치를 해석할 대상은 다하였지만 경문을 풀이함이 묘하지 않았다. 지금 첫 구절이라 말함은 증득할 대상인 열반을 보냄이요, 다음 구절은 증득할 주체인 부처를 보낸 것이다. 셋째 구절은 주체와 대상이 계합함이 없고, 넷째 구절은 그 이유를 총결함이다. 주체와 대상을 여읨으로 인해 모두 없는 것이다. 없음은 곧 빈다는 뜻이니 진여와 동일한 것이다.

次, 若有下의 兩句는 明不生二見이니 正顯圓成이 遠離見過라 前偈는 破執이요 此顯不着이라 初句는 人法是有며 無我是無오 二障是有며 無相是無라 涅槃及佛은 此則是有요 離覺所覺은 此則是無라 皆成見過니 義須離之라 故로 云, 是二悉俱離니라 後一偈는 明牟尼正觀이니 此歎世尊의 寂靜功德이니 了一切法이 本來寂靜하여 無有一

法而是生者라 生見旣亡커니 不生豈有리요 無生無滅일새 故無可取요 亦無可捨며 非染非淨일새 故로 二世淨이라 今初는 但引二句하여 足證不般涅槃耳니라

● 다음 若有 아래 두 구절은 두 가지 견해를 일으키지 않고 원성성을 바로 밝힘이 분명하다. 소견의 허물을 멀리 여의고 앞의 게송에서 고집을 타파하였으니 이것은 집착하지 않음을 밝혔다. 첫 구절은 사람과 법은 유(有)요 내가 없음은 무(無)이다. 두 가지 장애는 유(有)이고 모양 없음은 무(無)이다. 열반과 부처는 여기서는 유이고, 깨달음과 깨달을 대상을 여읨은 여기서는 무이니 모두 소견의 허물을 이루었다. 이치는 모름지기 여의어야 하는 연고로 이르되, "이 두 가지를 모두 다 여의시고"라 하였고, 뒤의 한 게송은 석가모니를 바로 관찰함을 밝혔으니 이것은 세존의 고요한 공덕을 찬탄하고 온갖 법이 본래로 고요함을 요달하였으니 '한 가지 법도 생김이 없다'는 것은 소견이 생김이 이미 없는데 생기지 않음이 어찌 있겠는가? 생기지도 않고 멸하지도 않은 연고로 가히 취할 수 없으며 또한 버릴 수도 없다. 더럽지도 깨끗하지도 않으므로 두 세상에 청정한 것이다. 지금은 첫 게송에서 단지 두 구절만 인용하여 열반에 들지 않음을 충분히 증명했을 뿐이다.

ㄹ. 업과 작용을 밝히다[顯其業用] 2.
ㄱ) 작용의 의지처를 밝히다[辨用所依] (四善 9下6)
ㄴ) 경계에 대해 질문하고 대답하다[問答境界] (後善)

善男子여 我開栴檀座如來塔門時에 得三昧하니 名佛種無盡이라 善男子여 我念念中에 入此三昧하여 念念得知

一切無量殊勝之事하라 善財가 白言하되 此三昧者는 境界云何니잇고 居士가 答言하시되 善男子여 我入此三昧에 隨其次第하여 見此世界의 一切諸佛하니 所謂迦葉佛과 拘那含牟尼佛과 拘留孫佛과 尸棄佛과 毘婆尸佛과 提舍佛과 弗沙佛과 無上勝佛과 無上蓮華佛이니 如是等이 而爲上首라 於一念頃에 得見百佛하고 得見千佛하고 得見百千佛하고 得見億佛과 千億佛과 百千億佛과 阿庾多億佛과 那由他億佛과 乃至不可說不可說世界微塵數佛하여 如是一切를 次第皆見하며 亦見彼佛의 初始發心과 種諸善根과 獲勝神通과 成就大願과 修行妙行과 具波羅蜜과 入菩薩地와 得清淨忍과 摧伏魔軍과 成正等覺과 國土清淨과 衆會圍遶와 放大光明과 轉妙法輪과 神通變現의 種種差別하여 我悉能持하고 我悉能憶하고 悉能觀察하여 分別顯示하며 未來彌勒佛等一切諸佛과 現在毘盧遮那佛等一切諸佛도 悉亦如是하니 如此世界하여 十方世界所有三世一切諸佛과 聲聞獨覺諸菩薩衆도 悉亦如是하노라

착한 남자여, 내가 전단좌여래의 탑 문을 열 때에 삼매를 얻었으니 이름이 <부처 종자가 그지없음>이라. 착한 남자여, 나는 생각마다 이 삼매에 들고, 생각마다 모든 한량없이 훌륭한 일을 아느니라." 선재동자가 물었다. "이 삼매는 그 경계가 어떠하나이까?" 거사가 대답하였다. "착한 남자여, 내가 이 삼매에 들고는 (1) 차례차례 이 세계의 부처님들을 보았으니, 이른바 가섭불·구나함모니불·구류손불·시기불·비바시불·제사불·불사불·무상승불·무상연화불

이니, 이런 이들이 우두머리가 되었으며, 잠깐 동안에 백 부처님을 보고 천 부처님을 보고, 백천 부처님을 보고, 억 부처님·천억 부처님·백천억 부처님·아유다억 부처님·나유타억 부처님을 보며, 내지 말할 수 없이 말할 수 없는 세계의 티끌 수 부처님들을 차례로 다 보노라. (2) 또 저 부처님들이 처음으로 마음을 내고 착한 뿌리를 심고 훌륭한 신통을 얻고 큰 원을 성취하고 묘한 행을 닦고 바라밀다를 구족하며, 보살의 지위에 들어가서 청정한 법의 지혜를 얻고, 마군들을 항복받고 정등각을 이루어 국토가 청정하고 대중이 둘러싸고 있음을 보노라. (3) 큰 광명을 놓으며 묘한 법륜을 굴리며 신통으로 변화하는 가지가지 차별을, 내가 다 지니고 내가 다 기억하고 살펴보고 분별하여 나타내노라. (4) 미래의 미륵불 등 여러 부처님과 현재의 비로자나불 등 여러 부처님도 다 그와 같이 하며 이 세계에서와 같이 시방세계에 계시는 세 세상의 모든 부처님·성문·독각·보살 대중들도 그와 같이 하느니라.

[疏] 四, 善男子我開下는 顯其業用이라 於中에 二니 先, 辨用所依니 亦是證前不涅槃義하여 擧現見故라 佛種無盡者는 佛種이 從緣起요 佛緣理生이니 見理湛然일새 故로 見佛無滅이니 以佛化身이 即是常身이며 法身故니라 後, 善財白下는 問答境界니라

■ ㄹ. 善男子我開 아래는 업과 작용을 밝힘이다. 그중에 둘이니 ㄱ) 작용의 의지처를 밝힘도 또한 앞의 열반에 들지 않는다는 뜻이다. 현재의 소견을 거론한 까닭이다. '부처 종자가 그지없음'은 부처 종자

는 인연으로부터 일어나고 부처는 연기의 이치로 생기나니 소견과 이치가 담담한 연고로 부처가 없어지지 않음을 보는 것이다. 부처님 화신이 바로 항상한 몸이요, 법의 몸인 까닭이다. ㄴ) 善財白 아래는 경계에 대해 질문하고 대답함이다.

[鈔] 佛種從緣起오 佛緣理生者는 上句는 是法華經이요 下句는 是生公釋이라 古有二釋하니 並如前引이라 今引生公은 正順經中의 佛種無盡之言이니라 其卽是常身이며 法身은 亦涅槃文이니 涅槃二十三에 云, 又善男子여 斷煩惱者는 不名涅槃이요 不生煩惱라야 乃名涅槃이라 諸佛如來는 煩惱不起하니 是名涅槃이요 所有智慧가 於法無礙하시고 是爲如來라 非是凡夫와 聲聞과 緣覺과 菩薩이니 是名佛性이라 如來身心智慧가 徧滿無量無邊阿僧祇土하사 無所障碍하시니 是名虛空이며 如如常住하여 無有變易일새 名曰實相이니 以是義故로 如來가 實不畢竟涅槃이라하니라 釋曰, 此는 皆明無永滅之涅槃이니 則是常住眞實涅槃矣[83]니라

● '부처 종자는 인연으로부터 일어나고 부처는 연기의 이치로 생긴다'는 것에서 위 구절은 『법화경』이요, 아래 구절은 도생(道生)법사의 해석이다. 예전에는 두 가지 해석이 있으니 아울러 앞에서 인용한 내용과 같다. 지금은 도생법사를 인용하여 바로 경문 중에 '부처 종자가 그지없음'이란 말을 따랐으니 그것은 곧 항상한 몸과 법의 몸도 또한 열반경의 문장이다. 『열반경』 제23권(북본은 제25권)에 이르되, "또 선남자여, 번뇌를 단절하는 것을 열반이라고 이름하지 않고, 번뇌를 일으키지 않는 것을 열반이라고 이름하느니라. (선남자여,) 모든 부처님

---

83) 上四字는 南續金本作涅槃이라 하다.

여래는 번뇌가 일어나지 않으니, 이것을 열반이라고 이름하느니라. 소유하는 지혜가 법에 대하여 장애가 없으니, 이것을 여래라 하느니라. 여래는 범부도 성문도 연각도 보살도 아니니, 이것을 부처 성품이라고 이름하느니라. 여래의 몸과 마음과 지혜는 한량없고 끝이 없는 아승지 세계에 두루 가득해서 장애되는 바가 없으니, 이것을 허공이라 이름하느니라. 여래는 항상 머물러 변함이 없으니, 진실한 모습이라고 이름하느니라. 이러한 의미 때문에 여래는 실로 필경에 열반하지 않느니라"라고 하였다. 해석하자면 이것은 모두 영원히 없어지지 않는 열반을 밝혔으니 곧 항상 머무르며 진실한 열반인 것이다.

(라) 자신은 겸양하고 뛰어난 분을 추천하다[謙己推勝] (第四 10下7)

善男子여 我唯得此菩薩所得不般涅槃際解脫이어니와 如諸菩薩摩訶薩은 以一念智로 普知三世하며 一念徧入一切三昧하며 如來智日로 恒照其心하며 於一切法에 無有分別하며 了一切佛이 悉皆平等하며 如來及我와 一切衆生이 等無有二하며 知一切法의 自性淸淨하며 無有思慮하고 無有動轉하여 而能普入一切世間하며 離諸分別하고 住佛法印하여 悉能開悟法界衆生하나니 而我云何 能知能說彼功德行이리오

착한 남자여, 나는 다만 이 <보살들이 얻는 열반의 경계에 들지 않는 해탈>을 얻었거니와, 저 보살마하살들이 한 생각의 지혜로 세 세상을 두루 알며, 잠깐 동안에 모든 삼매에 두루 들어가며 여래의 지혜 해가 항상 마음에 비치어 모든

법에 분별이 없으며, 모든 부처님이 다 평등하고, 여래와 나와 모든 중생이 평등하여 둘이 없음을 알며, 모든 법의 성품이 청정함을 알아 생각함도 없고 움직임도 없지마는, 모든 세간에 두루 들어가며, 모든 분별을 여의고 부처의 법인에 머물러서 법계의 중생들을 모두 깨우치는 일이야 내가 어떻게 알며 그 공덕의 행을 말하겠는가?

[疏] 第四, 謙己推勝이라 推勝中에 長者가 雖知三世不滅이나 未能一念而知하며 及能所平等이니라

■ (라) 자신은 겸양하고 뛰어난 분을 추천함이다. ㄴ. 뛰어난 분을 추천함 중에 비슬지라장자가 비록 삼세가 없어지지 않음을 알았지만 아직 능히 한 생각에 아는 것과 주체와 대상이 평등함이 아니다.

(마) 다음 선지식을 지시하다[指示後友] 2.

ㄱ. 장항으로 밝히다[長行] (第五 11上6)

善男子여 於此南方에 有山하니 名補怛洛迦요 彼有菩薩하니 名觀自在니 汝詣彼問하되 菩薩이 云何學菩薩行이며 修菩薩道리잇고하라 卽說頌言하시되
착한 남자여, 여기서 남으로 가면 보달락가산이 있고, 거기에 보살이 있으니 이름이 관자재니라. 그대는 그에게 가서 보살이 '어떻게 보살의 행을 배우며 보살의 도를 닦느냐?'고 물으라." 그리고 게송을 말하였다.

[疏] 第五, 善男子於此南方下는 指示後友라 中에 先, 長行이요
- (마) 善男子於此南方 아래는 다음 선지식을 지시함이다. 그중에 ㄱ. 장항으로 밝힘이요,

ㄴ. 게송으로 밝히다[偈頌] (後偈 11上7)

  海上有山多聖賢하니　　　衆寶所成極淸淨이라
  華果樹木皆偏滿하고　　　泉流池沼悉具足어어든
  바다 위에 산이 있고 성인 많으니
  보배로 이루어져 매우 깨끗해
  꽃과 과실 나무들이 두루 차 있고
  샘과 못과 시냇물이 갖추어 있는데

  勇猛丈夫觀自在가　　　爲利衆生住此山이시니
  汝應往問諸功德하라　　彼當示汝大方便하리라
  용맹한 장부이신 관자재보살이
  중생을 이익하려 거기 계시니
  너는 가서 모든 공덕 물어 보아라.
  그대에게 큰 방편을 일러 주리라.

[疏] 後, 偈頌이라 以大悲菩薩이 衆尊重故로 偏加於頌이라 言海上有山者는 大悲隨順하여 入生死海하사 而住涅槃山故니 卽南印度之南이니라
- ㄴ. 게송으로 밝힘이다. 크게 자비한 보살을 대중이 존중하는 연고로 치우쳐 게송을 더하였다. '바다 위에 산이 있다'고 말한 것은 대비

로 수순하고 생사의 바다에 들어가지만 열반에 머무르는 산인 까닭이니 곧 남인도의 남쪽이다.

(바) 덕을 연모하여 예배하고 물러가다[戀德禮辭] (經/時善 11上10)

時에 善財童子가 頂禮其足하며 遶無量帀已하며 慇懃瞻仰하고 辭退而去하니라
이때 선재동자는 그의 발에 절하고 한량없이 돌고 은근하게 앙모하면서 하직하고 물러갔다.

사) 제28. 관자재보살 선지식[觀自在菩薩] 2.
- 제7. 등수순일체중생회향(等隨順一切衆生廻向)에 의탁한 선지식

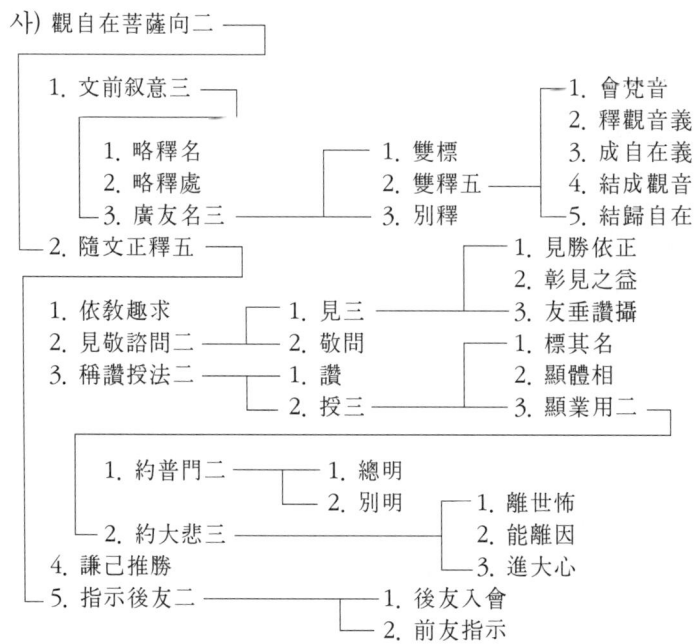

(가) 경문에 앞서서 의미를 말하다[文前敍意] 3.
ㄱ. 명칭을 간략히 해석하다[略釋名] (第七 11下8)
ㄴ. 도량을 간략히 해석하다[略釋處] (在補)

爾時에 善財童子가 一心思惟彼居士敎하여 入彼菩薩解脫之藏하며 得彼菩薩能隨念力하며 憶彼諸佛出現次第하며 念彼諸佛相續次第하며 持彼諸佛名號次第하며 觀彼諸佛所說妙法하며 知彼諸佛具足莊嚴하며 見彼諸佛成正等覺하며 了彼諸佛不思議業하고 漸次遊行하여 至於彼山하여 處處求覓此大菩薩하니라

그때 선재동자는 일심으로 (1) 저 거사의 가르침을 생각하여 저 보살의 해탈하는 갈무리에 들어가고, (2) 저 보살의 생각을 따라 주는 힘을 얻었고, (3) 저 부처님들의 나타나시는 차례를 기억하고, (4) 저 부처님들이 계속하는 차례를 생각하고, (5) 저 부처님의 명호의 차례를 지니고, (6) 저 부처님들의 말하시는 법을 관찰하고, (7) 저 부처님들의 갖추신 장엄을 알고, (8) 저 부처님들의 정등각 이룸을 보고, (9) 저 부처님들의 부사의한 업을 분명하게 알고서, 점점 다니다가 그 산에 이르러 간 데마다 이 대보살을 찾고 있었다.

[疏] 第七, 等隨順一切衆生廻向이라 善友名觀自在者는 三業歸向하면 必六通赴緣하사 攝利難思일새 名觀自在니 由此하여 能徧隨順衆生이니라 在補怛落迦山者는 此云小白華樹니 山多此樹하여 香氣遠聞이어든 聞見必欣이 是隨順義니라

■ 사) 제28. 관자재보살은 제7. 등수순일체중생회향(等隨順一切衆生廻向)에 의탁한 선지식이다. 선지식의 이름이 관자재인 것은 삼업으로 돌아가 향할 적에 반드시 육신통으로 다다른 인연이니 이로움 섭수함은 생각하기 어려움을 관자재(觀自在)라 이름하나니, 이로 말미암아 능히 두루 중생에게 수순한다. '보달락가(補怛洛迦)산에 있다'는 것은 '작고 흰 꽃나무'라 번역한다. 산에 이런 나무가 많고 향기가 멀리 퍼지니 듣고 보면 반드시 기뻐함이 바로 수순한다는 뜻이다.

[鈔] 第七等隨順一切衆生善友者는 謂以善根等心이 順益諸衆生故라 疏文에 有四[84]하니 一, 略釋名이요 二, 在補怛下는 略釋處요 三, 又觀自在下는 廣釋友名이요 四, 文中下는 釋文이라 今初니 三業歸向은 如下別中이라 六通赴緣者는 謂天眼遙觀하고 天耳遙聞하며 他心遙知하고 神足速赴하며 宿命은 知其可度요 漏盡은 令其解脫케하니라 攝은 謂攝受요 利는 謂利樂이니 並如下經이라 由此下는 釋寄位名이라

● 사) 관자재보살은 제7. 등수순일체중생회향이란 이른바 선근 등의 마음이 모든 중생을 수순하여 이익하는 까닭이다. 소의 문장에 넷이 있으니 ㄱ. 명칭을 간략히 해석함이요, ㄴ. 在補怛 아래는 도량을 간략히 해석함이요, ㄷ. 又觀自在 아래는 선지식 이름을 자세히 해석함이요, ㄹ. 文中 아래는 (개별로) 경문을 해석함이다. 지금은 ㄱ.이니 삼업으로 돌아가 향함은 아래 개별 해석과 같다. '육신통으로 다다른 인연'은 이른바 천안통으로 멀리 보고 천이통으로 멀리 듣고 타심통으로 멀리까지 알고 신족통으로 빠르게 도착하며 숙명통은 그 헤아릴 수 있음을 알고 누진통으로 그로 하여금 해탈하게 한다. 섭(攝)

---

84) 四는 甲續金本作二, 此下續本有初文前敍義 二隨文正釋 初中有三이라 하다.

은 섭수한다는 말이요, 이(利)는 이롭고 즐거워함의 뜻이니, 아울러 아래 경문과 같다. 由此 아래는 지위에 의탁한 명칭을 해석함이다.

ㄷ. 선지식 이름을 자세히 해석하다[廣友名] 3.
ㄱ) 함께 표방하다[雙標] (又觀 12上7)
ㄴ) 함께 해석하다[雙釋] 5.

(ㄱ) 범음으로 알다[會梵音] (梵云)
(ㄴ) 관음의 뜻을 해석하다[釋觀音義] (而法)
(ㄷ) 자재를 성취한 뜻[成自在義] (若具)
(ㄹ) 관음에 대해 결론하다[結成觀音] (而今)
(ㅁ) 자재의 뜻으로 결론하다[結歸自在] (今取)

[疏] 又觀自在者는 或云觀世音이니 梵云婆盧枳底는 觀也요 濕伐羅는 此云自在라 若云攝伐多하면 此云音이라 然梵本之中에 自有二種不同일새 故로 譯者가 隨異라 而法華觀音品中에 云, 觀其音聲하야 皆得解脫이 卽觀世音也요 若具三業攝化하면 卽觀自在라 故로 彼中에 初, 語業으로 稱名에 除七災요 二, 身業으로 禮拜에 滿二願이요 三, 意業으로 存念에 淨三毒이라 而今에 多念觀音者는 以語業用多故요 又人多稱故라 今取義圓일새 故云自在니라

■ 또한 관자재는 혹은 관세음(觀世音)이라 함이요, 범어로는 이르되, "바로지저(婆盧枳底)는 본다는 뜻이요, 습벌라(濕伐羅)는 '자재로움'이라 번역하고, 만일 섭벌다(攝伐多)라 하면 '소리'라 번역한다." 그러나 범본 중에 자연히 두 종류의 같지 않음이 있는 연고로 번역자가 다름

을 따랐지만 『법화경』의 제25. 관세음보살보문품 중에 이르되, "그 음성을 관하면 모두 해탈을 얻으므로 곧 관세음이라 한다"고 하였다. 만일 삼업으로 포섭하여 교화함을 갖춘다면 곧 관자재인 연고로 저 가운데 (1) 어업이니 이름을 불러서 일곱 가지 재난을 없앰이요, (2) 신업이니 예배하면 두 가지 원을 만족하며, (3) 의업이니 생각에 두어서 삼독을 청정케 하나니 지금은 대부분 관음보살을 생각함은 어업이 작용함이 많은 까닭이다. 또한 사람이 많이 일컫는 연고니 지금은 뜻이 원만함을 취하는 연고로 자재하다고 말한다.

[鈔] 而法華下는 成觀音義니 卽彼經의 最初에 答無盡意니 佛告無盡意菩薩하시되 若有無量百千萬億衆生이 受諸苦惱에 聞是觀世音菩薩하고 一心稱名하면 觀世音菩薩이 卽時에 觀其音聲하여 皆得解脫케하나라 釋曰, 上은 卽總意요 亦兼心[85]語라

若具三業下는 三, 成自在義니 亦彼經文이라 初, 標라 故彼經下는 出三業相이니 一, 初語業으로 稱名에 除七災者는 經에 云, 若有持是觀世音菩薩名者는 設入大火라도 火不能燒니 由是菩薩威神力故요 其一 若爲大水所漂라도 稱其名號하면 卽得淺處요其二 若有百千萬億衆生이 爲求金銀琉璃와 硨磲瑪瑙와 珊瑚琥珀과 眞珠等寶하여 入於大海할새 假使黑風이 吹其船舫하여 漂墮羅刹鬼國이라도 其中에 若有乃至一人이 稱觀世音菩薩名者면 是諸人等이 皆得解脫羅刹之難하리니 以是因緣으로 名觀世音이니라其三 若復有人이 臨當被害하여 稱觀世音菩薩名者는 彼所執刀杖이 尋段段壞하리라其四[86] 下取意引하리니 上一은 火不能燒요 二는 水不能漂요 三은 惡風不吹요 四

---

85) 兼心은 南金本作偏身이라 하다.
86) 上諸注는 續係正文이라 하다.

는 刀杖段壞요 五는 惡鬼莫視요 六은 枷鎖離身이요 七은 怨賊解脫이니라 二, 身業으로 禮拜에 滿二願者는 謂設欲求男하면 便生福德智慧之男이요 設欲求女하면 便生端正有相之女니라 三, 意業으로 存念에 淨三毒者는 若有衆生이 多於淫欲이라도 常念恭敬觀世音菩薩하면 便得離欲하며 若多瞋恚와 多癡도 准例上貪이니 斯卽三業歸向也라 彼經에 略擧어니와 若準下經과 及彼偈文하면 危苦衆生을 多應時權救가 斯爲自在니라 四, 而今多下는 結成觀音也요 五, 今取下는 結成自在니라 上은 通相釋이니라

- (ㄴ) 而法華 아래는 관음의 뜻을 해석함이니, 곧 저 경문에서 최초로 무진의보살에게 대답한 내용이다. "부처님께서 무진의보살에게 말씀하셨다. "(선남자여,) 만일 한량없는 백천만억 중생이 여러 가지 고뇌를 받을 때에, 이 관세음보살의 이름을 듣고 일심으로 그 이름을 부르면 관세음보살이 곧 그 음성을 듣고 모두 해탈케 하느니라"라고 하였다. 해석하자면 위는 총합한 의미이며 또한 마음과 말을 겸한다. (ㄷ) 若具三業 아래는 자재를 성취한 뜻이니 또한 저 (보문품) 경문이다. a. 표방함이요 b. 故彼經 아래는 삼업의 양상을 내보임이다. a) 첫째 어업이다. '이름을 불러서 일곱 가지 재난을 제함'이란 경문에 이르되, "만일 어떤 이가 이 관세음보살의 이름을 받들면, 그는 큰 불 속에 들어가더라도 불이 그를 태우지 못할 것이니, 이것은 관세음보살의 위신력 때문이며(그 하나), 혹은 큰 물에 떠내려가게 되더라도, 그 이름을 부르면 곧 얕은 곳에 이르게 되며(그 둘), 혹은 백천만억 중생이 금·은·유리·자거·마노·산호·호박·진주 같은 보배를 구하려고 큰 바다에 들어갔을 때, 가령 폭풍이 일어 그들의 배가 나찰 귀들의 나라에 포착되었을지라도 그 가운데 만일 한 사람이라도 관

세음보살의 이름을 부르면, 여러 사람들이 다 나찰의 난으로부터 벗어날 수 있으리니, 이러한 인연으로 관세음이라 이름하느니라.(그 셋) 또 어떤 사람이 만일 해를 당하게 되었을지라도 관세음보살의 이름을 부르면, 그들이 가진 칼이나 막대기가 곧 조각조각 부러져 능히 벗어날 수 있으리라."(그 넷이다) 아래는 의미를 취하여 인용하겠다. 위의 첫째, 불이 능히 태우지 못함이요, 둘째, 물이 능히 빠뜨리지 못함이요, 셋째, 폭풍에도 떠내려가지 않음이요, 넷째, 칼과 막대기가 조각조각 끊어짐이요, 다섯째, 악귀가 보지 못함이요, 여섯째, 감옥에서도 몸이 풀려남이요, 일곱째, 도적난에서 풀려남이다. b) 신업이니, 예배로 두 가지 원을 만족함이란 이른바 만일 아들을 낳으려 하면 문득 복덕과 지혜로운 아들을 낳게 되고, 만일 딸을 구하려 하면 문득 단정하고 모양을 갖춘 딸을 낳게 된다. c) 의업이니, 생각을 두어 삼독을 맑히려 함에는 "또 만일 중생이 음욕이 많더라도 관세음보살을 항상 생각하고 공경하면 곧 음욕을 여의게 되며, 혹은 성내는 마음이 많더라도, 혹은 어리석음이 많더라도…"는 준하여 위의 탐심과 유례하나니, 이것은 곧 삼업으로 돌아가 향함의 뜻이다. 저 경문에서 간략히 거론하여 만일 아래 경문과 저 게송 문장에 준하면 위태하고 고통받는 중생이 많이 응할 때에 방편으로 구제할 적에 이것으로 자재함을 삼는다. (ㄹ) 而今多 아래는 자재함으로 결론함이니 위는 전체 모양으로 해석함이다.

ㄹ. 개별로 해석하다[別釋] (然觀 13下7)

[疏] 然이나 觀은 卽能觀이니 通一切觀이요 世는 是所觀이니 通一切世라

若云音者인대 亦通所觀이니 卽所救一切機요 若云自在인대 乃屬能化之用이니라

■ 그러나 관(觀)은 곧 관하는 주체이니 모두를 통달하여 관찰함이요, 세(世)는 관할 대상이니 온갖 세상과 통한다. 저기서 음성이라 말한 것은 또한 관할 대상과 통하나니 곧 구제할 모든 (중생의) 근기이다. 저기서 자재하다고 말하여야 비로소 교화하는 주체의 작용에 소속된다는 뜻이다.

[鈔] 然觀卽下는 第三, 隨字別釋이라 言觀卽能觀者는 顯屬菩薩이라 通一切觀者는 卽智者意니라 然彼[87]繁博일새 今取意釋하여 謂三業歸依라 觀通心眼이니 了見諸相하여 而無所着이요 徹見體性하여 空無障[88]礙요 一切種智로 圓頓觀察이라 故로 經에 云, 眞觀淸淨觀이며 廣大智慧觀이며 悲觀과 及慈觀이니 常願常瞻仰이니라 無垢淸淨光이며 慧日破諸暗하여 能伏災風火하며 普明照世間이 皆是觀義니라 言世는 是所觀이니 通一切世者는 世는 略有三하니 謂三世間이니 若山若水와 懸崖邃谷과 畏難之處는 器世間也요 無量衆生은 卽衆生世間이요 亦觀佛會의 所有衆生과 常在一切諸如來所는 卽是觀察智正覺世間이라 從若云自在下는 按文就義하면 自在는 則寬이요 直就名言하면 自在는 却局이니 闕所觀故라 然이나 有能觀에 必有所觀이라 不爾면 於何에 而得自在아 能所無二하여 不壞能所며 一觀에 一切觀하여 無觀無不觀이 爲眞觀矣니라

● ㄹ. 然觀卽 아래는 글자를 따라 개별로 해석함이다. '관(觀)은 곧 관하는 주체'라 말한 것은 보살에 속함을 밝혔다. '모두를 통달하여 관

---

87) 彼下에 甲南續金本有經文二字라 하다.
88) 無障은 甲南續金本作有無라 하다.

찰함'이란 지자(智者)대사의 주장이다. 그러나 저 경문이 번거롭고 넓으니 지금은 의미를 취하여 해석하리라. 말하자면 삼업으로 귀의하여 관하여 마음의 눈으로 통하면 모든 양상을 알고 보면서도 집착하는 바가 없다. 체성을 사무쳐 보면 공하여 장애함이 없으며, '온갖 종류의 지혜'는 원교와 돈교로 관찰하는 연고로 (보문품) 경문에 이르되, "진실한 관이며 청정한 관이며 넓고 큰 지혜관이며 비관과 자관이니 항상 발원하고 우러러볼 것이며,/ 때 없어 청정한 빛 지혜의 태양 어둠을 제하나니 재앙의 풍화 능히 이겨 널리 밝게 세상을 비추느니라"라고 하였으니 모두 관찰의 뜻이다. '세(世)는 관할 대상이니 온갖 세상과 통한다'고 말한 것에서 세(世)는 대략 셋이 있으니 이른바 삼종세간이니 산이나 물, 낭떠러지와 깊은 계곡, 두렵고 험난한 곳은 기(器)세간이요, 한량없는 중생은 곧 중생(衆生)세간이요, 또한 부처님 법회에 모인 중생이 항상 온갖 모든 여래의 처소에 있음을 관찰함은 바로 지정각(智正覺)세간을 관찰함이다. 若云自在부터 아래는 소문을 참고하여 뜻에 나아감이니 자새는 넓은 의미이고, 바로 나아감은 이름과 말에 자재함이니, 도리어 국한됨이니 관할 대상을 빠뜨린 까닭이다. 그러나 관하는 주체가 있으면 반드시 관할 대상이 있을 테니 그렇지 않다면 어디에서 자재함을 얻겠는가? 주체와 대상은 둘이 없지만 주체와 대상을 무너뜨리지 않나니, 한번 관찰하면 모두를 관찰함이요, 관찰함이 없지만 관찰하지 못할 것도 없음이 곧 진실한 관찰이 되는 것이다.

(나) 경문을 따라 바로 해석하다[隨文正釋] 5.

ㄱ. 선지식의 가르침에 의지하여 나아가 구하다[依敎趣求] (文中 14下3)
ㄴ. 만나서 공경을 표하고 법문을 묻다[見敬諮問] 2.

ㄱ) 선지식을 뵙다[見] 3.
(ㄱ) 뛰어난 의보와 정보를 뵙다[見勝依正] (第二)
(ㄴ) 선지식을 뵙고 얻은 이익[彰見之益] (二善)

見其西面하니 巖谷之中에 泉流縈暎하고 樹木蓊鬱하며 香草柔軟하여 右旋布地어든 觀自在菩薩이 於金剛寶石 上에 結跏趺坐하고 無量菩薩이 皆坐寶石하여 恭敬圍遶 어늘 而爲宣說大慈悲法하사 令其攝受一切衆生이러라
善財가 見已하고 歡喜踊躍하여 合掌諦觀하여 目不暫瞬 하고 作如是念하되 善知識者는 則是如來며 善知識者는 一切法雲이며 善知識者는 諸功德藏이며 善知識者는 難 可値遇며 善知識者는 十力寶因이며 善知識者는 無盡智 炬며 善知識者는 福德根芽며 善知識者는 一切智門이며 善知識者는 智海導師며 善知識者는 至一切智助道之具 라하고 便卽往詣大菩薩所한대

문득 바라보니, 서쪽 골짜기에 시냇물이 굽이쳐서 흐르고 수목은 우거져 있으며 부드러운 향 풀이 오른쪽으로 쓸려서 땅에 깔렸는데, 관자재보살이 금강보석 위에서 가부하고 앉았고, 한량없는 보살들도 보석 위에 앉아서 공경하여 둘러 모셨으며, 관자재보살이 대자대비한 법을 말하여 그들로 하여금 모든 중생을 거두어 주게 하고 계시었다.

선재동자가 보고는 기뻐 뛰놀면서 합장하고 눈도 깜빡이지 않고 쳐다보면서 생각하기를 "선지식은 곧 여래며, 선지식은 모든 법 구름이며, '선지식은 모든 공덕의 광이라, 선지식은 만나기 어렵고, 선지식은 열 가지 힘의 보배로운 원인이며, 선지식은 다함이 없는 지혜의 횃불이며, 선지식은 복덕의 싹이며, 선지식은 온갖 지혜의 문이며, 선지식은 지혜 바다의 길잡이며, 선지식은 온갖 지혜에 이르는 길을 도와주는 기구로다' 하고 곧 대보살이 계신 데로 나아갔다.

[疏] 文中에 但有五段하고 闕第六禮辭라 第一, 依敎趣求라 第二, 見其西面下는 見敬咨問이라 先, 見에 有三하니 初, 見勝依라 正在西面者는 西方은 主殺하니 顯悲救故며 又令歸向本所事故라 二, 善財見已下는 彰見之益이니 以得勝念熏心故라 善知識者는 則是如來者는 引至究竟하여 同於佛故라

■ 경문 중에 단지 다섯 문단뿐이니 ㅂ. 예배하고 하직함은 빠졌고, ㄱ. 선지식 가르침에 의지하여 나아가 구함이다. ㄴ. 見其西面 아래는 만나서 공경을 표하고 법문을 물음이다. ㄱ) 선지식을 뵈옴에 셋이 있으니 (ㄱ) 뛰어난 의보와 정보를 뵈옴은 서쪽에 있는 것이니 서방은 죽음을 주재하며 자비로 구제함을 밝힌 까닭이며, 또한 본래 섬기던 분께 돌아가 향하게 한 연고요, (ㄴ) 善財見已 아래는 선지식을 뵙고 얻은 이익이니, 뛰어난 생각으로 마음을 훈습함을 얻은 까닭이다. 선지식이 곧 여래라 한다면 이끌어 끝까지 도착하면 부처와 같기 때문이다.

(ㄷ) 선지식이 자비를 드리워 칭찬하고 섭수하다[友垂讚攝] (三爾 15下4)

爾時에 觀自在菩薩이 遙見善財하시고 告言하시되 善來라 汝發大乘意하여 普攝衆生하며 起正直心하여 專求佛法하며 大悲深重하여 救護一切하며 普賢妙行이 相續現前하며 大願深心이 圓滿淸淨하며 勤求佛法하여 悉能領受하며 積集善根하여 恒無厭足하며 順善知識하여 不違其敎하며 從文殊師利功德智慧大海所生이라 其心成熟하여 得佛勢力하며 已獲廣大三昧光明하여 專意希求甚深妙法하며 常見諸佛하여 生大歡喜하며 智慧淸淨이 猶如虛空하며 旣自明了하고 復爲他說하여 安住如來智慧光明이로다

그때 관자재보살은 멀리서 선재동자를 보고 말하였다. "잘 왔도다. 그대는 (1) 대승의 마음을 내어 중생들을 널리 거두어 주고, (2) 정직한 마음으로 불법을 구하고, (3) 자비심이 깊어서 모든 중생을 구호하며, (4) 보현의 묘한 행이 계속하여 앞에 나타나고, (5) 큰 서원과 깊은 마음이 원만하고 청정하며, (6) 부처의 법을 부지런히 구하여 모두 받아 지니고, (7) 착한 뿌리를 쌓아 싫어할 줄 모르며, (8) 선지식을 순종하여 가르침을 어기지 않고, (9) 문수사리의 공덕과 지혜의 바다로부터 났으므로 마음이 성숙하여 부처의 세력을 얻고, (10) 광대한 삼매의 광명을 얻었으며, (11) 오로지 깊고 묘한 법을 구하고, (12) 항상 부처님을 뵈옵고 크게 환희하며, (13) 지혜가 청정하기 허공과 같아서 스스로도 분명

히 알고 다른 이에게 말하기도 하며, (14) 여래의 지혜 광명에 편안히 머물러 있도다."

[疏] 三, 爾時觀自在下는 友垂讚攝이니 大悲深厚하사 隨順攝受故라
■ (ㄷ) 爾時觀自在 아래는 선지식이 자비를 드리워 칭찬하고 섭수함이다. 큰 자비가 깊고 두터워서 수순하여 섭수하는 까닭이다.

[鈔] 又令歸向本所事者에서 本事는 卽阿彌陀일새 故로 念[89]誦者는 令先稱本師之名이니 頂上化佛이 卽是彌陀故니라
● '또한 본래 섬기던 분께 돌아가 향하게 함'에서 본래 섬기던 분은 곧 아미타(阿彌陀) 부처님인 연고로 기억하고 외우는 이는 하여금 먼저 본래 부처님의 명호를 부르는 것이니, (관세음보살의) 이마 위의 부처님이 곧 아미타인 까닭이다.

ㄴ) 공경히 법문을 묻다[敬問] (二爾 16上2)

爾時에 善財童子가 頂禮觀自在菩薩足하며 遶無數帀하며 合掌而住하여 白言하되 聖者여 我已先發阿耨多羅三藐三菩提心하니 而未知菩薩이 云何學菩薩行이며 云何修菩薩道리잇고 我聞聖者는 善能敎誨라하니 願爲我說하소서
이때 선재동자는 관자재보살의 발에 엎드려 절하고 수없이 돌고 합장하고 서서 여쭈었다. "거룩하신 이여, 저는 이미

---

89) 故念은 南續金本作令이라 하다.

아눗다라삼먁삼보리심을 내었사오나, 보살이 어떻게 보살의 행을 배우며 어떻게 보살의 도를 닦는지를 알지 못하나이다. 듣자온즉 거룩한 이께서 잘 가르치신다 하오니 바라옵건대 말씀하여 주소서."

[疏] 二, 爾時善財下는 敬問을 可知니라
- ㄴ) 爾時善財 아래는 공경히 법문을 물음이니 알 수 있으리라.

(다) 선재동자를 칭찬하고 법문을 설해 주다[稱讚授法] 2.

ㄱ. 선재동자를 칭찬하다[讚] (第三 16上7)
ㄴ. 법문을 설해 주다[授] 3.
ㄱ) 그 명칭을 표방하다[標其名] (授中)
ㄴ) 체성과 양상을 밝히다[顯體相] (二我)

菩薩이 告言하시되 善哉善哉라 善男子여 汝已能發阿耨多羅三藐三菩提心이로다 善男子여 我已成就菩薩大悲行解脫門하니 善男子여 我以此菩薩大悲行門으로 平等敎化一切衆生하여 相續不斷하라

보살이 말하였다. "좋고 좋다. 착한 남자여, 그대는 이미 아눗다라삼먁삼보리심을 내었도다. 착한 남자여, 나는 <보살의 크게 가엾이 여기는 행의 해탈문>을 성취하였노라. 착한 남자여, 나는 이 보살의 크게 가엾이 여기는 행의 문으로 모든 중생을 평등하게 교화하여 끊이지 아니하노라.

[疏] 第三, 菩薩告言下는 稱讚授法이니 先, 讚이요 後, 授라 授中에 三이니 初, 標名이요 二, 我以此下는 總顯體相이요 亦是釋名이라 平等敎化는 卽是大悲니 以同體悲일새 故云平等이라 相續不斷은 卽是行門이요 又門은 卽普門이니 普門示現하사 曲濟無遺故니라

- (다) 菩薩告言 아래는 선재동자를 칭찬하고 법문을 설해 줌이니 ㄱ. 선재동자를 칭찬함이요, ㄴ. 법문을 설해 줌이다. ㄴ. 법문을 설해 줌 중에 셋이니 ㄱ) 그 명칭을 표방함이요, ㄴ) 我以此 아래는 체성과 양상을 밝힘이요, 또한 명칭 해석이니 평등하게 교화함은 곧 큰 자비이니 같은 몸으로 여겨 슬퍼하므로 '평등하다'고 말한다. 상속함이 끊이지 않음은 곧 행법의 문이요, 또한 문은 곧 넓은 문이니, 넓은 문으로 보이고 나타내어 자세하게 구제하여 빠뜨림이 없는 까닭이다.

[鈔] 又門은 卽普門이니 普門示現하사 曲濟無遺故者는 以普門字로 釋經의 行門이라 普門之名은 卽法華經觀音品目이라 曲濟無遺는 是生公釋이니 具云하면 曲濟無遺를 謂之普요 從悟通神을 謂之門이라하니라 天台智者가 說有十普하니 一, 慈悲普요 二, 弘誓普요 三, 修行普요 四, 離惑普요 五, 入法門普요 六, 神通普요 七, 方便普요 八, 說法普요 九, 成就衆生普요 十, 供養諸佛普라 此十은 一一稱實普周라 今經下文의 業用之中에 略列十一門하시니 卽十一普也니라

- '또한 문은 곧 넓은 문이니 넓은 문으로 보이고 나타내고 빠뜨림이 없이 자세하게 구제한다'는 것은 보문(普門)이란 글자로 법화경의 행법의 문을 해석하였으며, 보문이란 이름은 곧 『법화경』 관세음보살보문품의 제목이며, '빠뜨림 없이 자세하게 구제함'은 도생법사의 해석

이다. 갖추어 말하면 자세히 구제하여 빠뜨림이 없음을 '넓다'고 말하고, 깨달음으로부터 통달함이 신통한 것을 '문(門)'이라 말하는데 천태지자(天台智者) 대사가 열 가지 넓음을 말하였으니 (1) 자비가 넓고, (2) 큰 서원이 넓고, (3) 수행이 넓고, (4) 번뇌를 여읨이 넓고, (5) 법문에 들어감이 넓고, (6) 신령하게 통함이 넓고, (7) 방편이 넓고, (8) 설법이 넓고, (9) 중생을 성취함이 넓고, (10) 모든 부처님께 공양함이 넓음 등이다. 이런 열 가지가 하나하나 실제가 넓고 두루함과 칭합하다. 본경의 아래 경문에서 업과 작용하는 중간에 간략히 11가지 문을 나열하였으니 곧 11가지 넓은 문이다.

ㄷ) 업과 작용을 밝히다[顯業用] 2.
(ㄱ) 보문을 잡아 해석하다[約普門] 2.
a. 총합 설명하다[總明] (三善 17上4)

善男子여 我住此大悲行門하여 常在一切諸如來所하며 普現一切衆生之前하여 或以布施로 攝取衆生하며 或以愛語하며 或以利行하며 或以同事로 攝取衆生하며 或現色身하여 攝取衆生하며 或現種種不思議色淨光明網하여 攝取衆生하며 或以音聲하며 或以威儀하며 或爲說法하며 或現神變하여 令其心悟하여 而得成熟하며 或爲化現同類之形하여 與其共居하여 而成熟之하노라

착한 남자여, 나는 이 크게 가엾이 여기는 행의 문에 머물렀으므로 모든 여래의 처소에 항상 있으며 모든 중생의 앞에 항상 나타나서, (1) 보시로써 중생을 거두어 주기도 하고,

(2) 사랑하는 말로써 하기도 하고, (3) 이롭게 하는 행으로써 하기도 하고, (4) 같이 일함으로써 중생을 거두어 주기도 하며, (5) 육신을 나투어 중생을 거두어 주기도 하고, (6) 가지가지 부사의한 빛과 깨끗한 광명을 나타내어 중생을 거두어 주기도 하며, (7) 음성으로써 하기도 하고, (8) 위의로써 하기도 하며, (9) 법을 말하기도 하고, (10) 신통변화를 나타내기도 하며, (11) 그의 마음을 깨닫게 하여 성숙하게 하기도 하고, (12) 같은 형상으로 변화하여 함께 있으면서 성숙하게 하기도 하노라.

[疏] 三, 善男子我住此下는 廣顯業用이라 於中에 二니, 先, 約普門하여 以顯業用이요 後, 約大悲라 前中에 先, 總明이라 以上同如來妙覺眞心일새 故로 常在一切諸如來所요 下與衆生으로 同大悲體일새 故普現一切衆生之前이라 普現이 卽普門示現이니라 然大聖이 久成正覺하사 號正法明이라하니 示爲菩薩하시니 義言等佛耳라

■ ㄷ) 善男子我住此 아래는 업과 작용을 자세히 밝힘이다. 그중에 둘이니 (ㄱ) 보문을 잡아 업과 작용을 밝힘이요, (ㄴ) 대비를 잡아 해석함이다. (ㄱ) 중에 a. 총합 설명이니 위는 여래의 묘하게 깨달은 진심과 같은 연고로 항상 온갖 모든 여래의 처소에 있으며, 아래는 중생과 대비의 체성이 같은 연고로 모든 중생의 앞에 널리 나타난 것이며, 널리 나타남은 곧 넓은 문으로 보이고 나타냄이다. 그러나 큰 성인이 오래전에 정각을 이루고 정법을 밝게 보임을 불러서 보살이라 하였으니 뜻은 '부처님과 같다'고 말했을 뿐이다.

[鈔] 然大聖久成正覺者는 卽千手千眼陀羅尼經이어니와 依無量壽經하면 繼無量壽하야 次當作佛하니 號普⁹⁰⁾光功德山王佛이니 亦迹門爾니라

● '그러나 큰 성인이 오래전에 정각을 이루었다'는 것은 『천수천안다라니경』이니 『무량수경』을 의지하고 한량없는 수명을 이어서 다음에 장차 부처가 되고 명호를 보광공덕산왕불(普光功德山王佛)이라 함도 또한 적문(迹門)일 뿐이다.

b. 개별로 설명하다[別明] (後或 17下2)

[疏] 後, 或以布施下는 別明普現之義가 有十一句하니 方法華經의 三十五應컨대 乍觀似少나 義取乃多니 彼의 三十五應이 但是此中의 或現色身과 及說法耳니라

■ b. 或以布施 아래는 널리 나타남의 뜻을 개별로 설명함에 11구절이 있어야만 비로소 『법화경』의 35가지 응신이니 단지 이 가운데 혹은 색신을 나타내기도 하고 법을 설하기도 한다.

[鈔] 方法華經三十五應者는 卽無盡意가 問云호대 觀世音菩薩이 云何遊此娑婆世界며 云何而爲衆生說法이며 方便之力은 其事云何닛고 佛告無盡意하시되 若有國土衆生을 應以佛身得度者는 卽現佛身하야 而爲說法하며 二, 辟支佛이요 三, 聲聞身이요 四, 梵王이요 五, 帝釋이요 六, 自在天王이요 七, 大自在天王이요 八, 天大將軍이요 九, 毘沙門이요 十, 小王이요 十一, 長者요 十二, 居士요 十三, 宰官이요 十四, 婆羅門이요 十五, 比丘요 十六, 比丘尼요 十七, 優婆塞요 十

---

90) 普는 甲南續金本作寶라 하다.

八, 優婆夷요 十九, 長者婦女요 二十, 居士婦女요 二十一, 宰官婦女요 二十二, 婆羅門婦女요 二十三, 童男이요 二十四, 童女요 二十五, 天이요 二十六, 龍이요 二十七, 夜叉요 二十八, 乾闥婆요 二十九, 阿修羅요 三十, 迦樓羅요 三十一, 緊那羅요 三十二, 摩睺羅伽요 三十三, 人이요 三十四, 非人이요 三十五, 執金剛神이니 皆如初句하여 次第義加라 以長者와 居士와 宰官과 婆羅門이 共一即現婦女身하여 而爲說法일새 故로 人謂之三十二應이나 理實四類가 各各不同이라 故로 妙音中에 云, 或現長者와 居士의 婦女身하며 或現宰官婦女身하며 或現婆羅門婦女身이라하니 明知四類에 有四婦女이온 況妙音中에 有轉輪王과 及菩薩身가 又加地獄과 餓鬼와 畜生과 及諸難處하여 皆能救濟어니 豈無彼身이리요 則三十五도 亦未爲盡이라 若開四婦女하면 各成二人이니 以妻와 女가 別故로 則此에 已有三十九矣라 明知觀音諸大菩薩이 各能萬類之化로대 皆略擧耳니라 但是此中에 或現色身과 及說法耳者는 以三十五應에 皆云即現其身하여 而爲說法이 具如初一이니 明知通是 此二義耳니라

● '비로소『법화경』의 35가지 응신'이란 곧 (보문품에) 무진의보살이 묻기를, "(세존이시여,) 관세음보살은 어떻게 이 사바세계에서 노니시며, 어떻게 중생을 위하여 설법하시며, 방편의 힘은 그 일이 어떠하나이까?" 부처님께서 무진의보살에게 말씀하셨다. "선남자여, 어떤 나라의 중생을 ① 부처의 몸으로써 제도할 이에게는 관세음보살이 곧 부처의 몸을 나타내어 설법하며, ② 벽지불의 몸 ③ 성문의 몸 ④ 범천왕의 몸 ⑤ 제석천의 몸 ⑥ 자재천의 몸 ⑦ 대자재천의 몸 ⑧ 천대장군의 몸 ⑨ 비사문의 몸 ⑩ 소왕의 몸 ⑪ 장자의 몸 ⑫ 거사의 몸 ⑬ 재관의 몸 ⑭ 바라문의 몸 ⑮ 비구의 몸 ⑯ 비구니의 몸 ⑰ 우바새의 몸

⑱ 우바이의 몸 ⑲ 장자 부녀의 몸 ⑳ 거사 부녀의 몸 ㉑ 재관 부녀의 몸 ㉒ 바라문 부녀의 몸 ㉓ 동남의 몸 ㉔ 동녀의 몸 ㉕ 천인의 몸 ㉖ 용의 몸 ㉗ 야차의 몸 ㉘ 건달바의 몸 ㉙ 아수라의 몸 ㉚ 가루라의 몸 ㉛ 긴나라의 몸 ㉜ 마후라가의 몸 ㉝ 사람의 몸 ㉞ 사람 아닌 이의 몸 ㉟ 집금강신의 몸이다"라 하였으니, 모두 첫 구절에 순서대로 뜻을 더함과 같다. 장자와 거사와 재관바라문은 똑같이 부녀의 몸을 나타내어 법을 설하는 연고로 사람들이 32가지 응신이라 하지만 이치는 실로 네 가지 부류로 각기 같지 않다. (법화경) 제24. 묘음품에 이르되, "또는 장자·거사의 부인 몸으로도 나타내며, 혹은 관리의 부인 몸, 바라문의 부인 몸을 나타내어"라 하여, 네 부류임을 분명하게 알았으니 네 가지 부녀가 있는 것이다. 하물며 묘음품 중에 전륜왕과 보살의 몸이 있고, 또한 지옥 아귀 축생과 모든 험난한 곳을 더하여 모두 능히 구제하였으니 어찌 저런 몸이 없다면 35가지도 또한 끝이 아닐 것이다. 만일 네 부녀를 열어서 각기 두 사람을 이루었으니 부인과 딸이 다른 까닭이다. 그렇다면 여기에 이미 39가지가 있나니 관세음은 모든 큰 보살이 각기 능히 만 가지 부류로 변화하지만 모두 간략히 거론했을 뿐이다. 단지 이런 가운데 혹은 색신을 나타냄과 법을 설할 뿐인 것이니, 35가지 응신(應身)에 모두 이르되, "곧 그 몸을 나타내어 위하여 법을 설한다"라 하였으니, 갖추면 처음 하나에 통틀어 이런 두 가지 뜻을 분명히 알 수 있다.

(ㄴ) 대비를 잡아 해석하다[約大悲] 3.
a. 세간의 공포를 여의다[離世怖] (二善 19上6)
b. 여의는 주체의 원인[能離因] (二復)

c. 대승으로 정진하는 마음[進大心] (三我)

善男子여 我修行此大悲行門하여 願常救護一切衆生하노니 願一切衆生이 離險道怖하며 離熱惱怖하며 離迷惑怖하며 離繫縛怖하며 離殺害怖하며 離貧窮怖하며 離不活怖하며 離惡名怖하며 離於死怖하며 離大衆怖하며 離惡趣怖하며 離黑闇怖하며 離遷移怖하며 離愛別怖하며 離寃會怖하며 離逼迫身怖하며 離逼迫心怖하며 離憂悲怖하며 復作是願하되 願諸衆生이 若念於我어나 若稱我名이어나 若見我身하면 皆得免離一切怖畏라하라 善男子여 我以此方便으로 令諸衆生이 離怖畏已하여는 復敎令發阿耨多羅三藐菩提心하여 永不退轉케하라

착한 남자여, 나는 이 크게 가엾이 여기는 행의 문을 수행하여 모든 중생을 구호하려 하노니, (1) 모든 중생이 험난한 길에서 공포를 여의며, (2) 번뇌의 공포를 여의며, (3) 미혹한 공포를 여의며, (4) 속박될 공포를 여의며, (5) 살해될 공포를 여의며, (6) 빈궁할 공포를 여의며, (7) 생활하지 못할 공포를 여의며, (8) 나쁜 이름을 얻을 공포를 여의며, (9) 죽을 공포를 여의며, (10) 여러 사람 앞에서 공포를 여의며 (11) 나쁜 길에 태어날 공포를 여의며, (12) 캄캄한 속에서 공포를 여의며, (13) 옮아 다닐 공포를 여의며, (14) 사랑하는 이와 이별할 공포를 여의며, (15) 원수를 만나는 공포를 여의며, (16) 몸을 핍박하는 공포를 여의며, (17) 마음을 핍박하는 공포를 여의며, (18) 근심 걱정의 공포를 여의어지

이다 하노라. 또 원하기를 여러 중생이 나를 생각하거나 나의 이름을 일컫거나 나의 몸을 보거나 하면, 다 모든 공포를 면해지이다 하노라. 착한 남자여, 나는 이런 방편으로써 중생들의 공포를 여의게 하고, 다시 가르쳐서 아뇩다라삼먁삼보디심을 내고 영원히 물러나지 않게 하노라.

[疏] 二, 善男子我修行下는 約大悲行하여 以顯業用하시고 救諸怖畏故라 於中에 三이니 初, 離世怖가 有十八種하니 初三은 約煩惱니 卽是因怖요 餘는 皆約果라 縛과 殺과 貪三은 不活에 開出이요 黑暗已下는 皆五怖中事니 上約所離니라 二, 復作下는 卽能離因이라 念은 卽是意니 三業이 皆益故라 三, 我以此下는 令進大心하야사 方能究竟離二死怖니라

- (ㄴ) 善男子我修行 아래는 대비행을 잡아 업과 작용을 밝히고 모든 두려운 공포를 구제하는 까닭이다. 그중에 셋이니 a. 세간의 공포를 여읨은 18종류가 있나니 a) 셋은 번뇌를 잡으니 곧 공포를 인하였고, 나머지는 모두 결과를 잡았다. 살생과 탐심 셋에 얽혀서 살지 못하는 공포를 열어서 내보인 것이다. 黑暗 아래는 모두 다섯 가지 공포 중의 일이요, 위는 여읠 대상을 잡은 해석이다. b. 復作 아래는 여의는 주체의 원인이요, 생각은 곧 의업이니 삼업이 모두 이익되는 연고요, c. 我以此 아래는 대승으로 정진하는 마음이라야 비로소 능히 끝까지 두 가지 죽음의 공포로부터 여의는 것이다.

[鈔] 皆五怖畏中事者는 準十地論에 五畏가 攝諸畏故라 若是新經인대 下文에 有頌하야 一一具頌此十八怖라 法華觀音偈中에도 亦不離此怖

나 恐繁不引하고 今에 略明五攝이라 然이나 五多約果라 略由二因하
니 一, 邪智로 妄取하여 我見愛着故가 即不活과 惡名과 死畏之因이
요 二, 善根微少는 即大衆威德과 及惡道畏之因이라 今此十八이 有
通因者라 然이나 險道有二하니 若世⁹¹⁾險道인대 即不活과 及死畏攝
이요 若惡道因이 爲險인대 即是邪智니라

熱惱有三하니 一, 失財熱惱는 不活畏攝이요 二, 處衆熱惱는 即大衆
과 惡名畏攝이요 三毒熱惱는 即是畏因이라 迷惑有二하니 若迷惑方
隅等은 即衆熱惱니 不活畏攝이요 若心迷惑은 大衆畏因이라 繫縛도
亦是不活畏攝이요 殺害는 死攝이니라 黑暗과 遷移는 乃有二意하니
現暗遷移는 皆不活攝이요 惡趣黑暗과 三途遷移는 即惡道畏攝이니
라 愛別離怖는 正唯死畏요 兼及不活이라 怨憎會怖는 正唯惡道요
亦兼不活이요 逼迫身怖는 死와 及不活이요 逼迫心怖는 大衆威德과
及惡名攝이니라 其憂悲怖는 死와 及不活二畏之相이요 亦通餘三이니
라 即能離因者는 謂三業歸依니 我之三業이 能令解脫하여 令住正
念이니 即無我我所와 及邪智故니라

- 모두 '다섯 가지 공포 중의 일'이란『십지경론』에 준하면 다섯 가지 두
려움⁹²⁾이 모든 두려움을 포섭하기 때문이다. 만일 신역 경전에는 아
래 경문에 게송이 있으니 낱낱 게송이 이런 18가지 두려움을 갖추어
노래하였다.『법화경』관세음보살보문품 게송에도 또한 이런 두려움
에서 벗어나지 않는다. 번거로울까 두려워 인용하지 않고 지금은 간
략히 다섯 가지에 포섭됨을 밝히겠다. 그러나 다섯 가지는 대부분 결
과를 잡아서 대략 두 가지 원인으로 인하였으니 (1) 삿된 지혜는 망
령되게 아견(我見)에 애착을 취하는 연고이니, 곧 ① 살지 못할 공포

---

91) 世는 南續金本作世間이라 하다.
92) 不活畏, 惡名畏, 死畏, 惡道畏, 大衆威德畏의 다섯 가지를 말한다.

와 ② 나쁜 이름과 ③ 죽을 공포의 원인이요, (2) 선근이 작은 것은 곧 ④ 대중 속에서 위덕과 ⑤ 나쁜 갈래의 공포의 원인 때문이다. 지금 여기 18가지에 전체 원인이 있는 것은 그러나 험난한 길에 둘이 있으니, 저 세상의 험난한 길에는 곧 살지 못함과 죽을 공포를 포섭하고 만일 악도의 원인으로 험난을 삼은 것은 곧 삿된 지혜 때문이다. (3) 뜨거움[熱惱]에 셋이 있으니 ① 재물을 잃을 뜨거움은 살지 못할 공포에 포섭되고, ② 대중 속에 처한 뜨거움은 곧 대중과 나쁜 이름 들을 공포에 포섭되고, ③ 삼독으로 인한 뜨거움은 곧 두려움의 원인이다. (4) 미혹함에 둘이 있으니 저 방위에 미혹한 등은 곧 대중 속의 뜨거움이니 살지 못할 공포에 포섭된다. 저 마음에 미혹함은 대중 속 공포의 원인이니, 계박함도 또한 살지 못할 공포에 포섭되고, 살해함은 죽을 공포에 포섭된다. 흑암지옥으로 옮겨야만 비로소 두 가지 의미가 있으니 현재의 어둠으로 옮겨감이 모두 살지 못할 공포에 포섭되나니, 나쁜 갈래와 흑암지옥과 삼악도로 옮김은 곧 나쁜 갈래의 공포에 포섭됨이요, 사랑하는 이와 이별하는 공포는 바로 죽을 공포뿐이고, 겸하여 살지 못함에 이른 것은 원수나 미운 사람을 만나는 공포이다. 바로 오직 나쁜 갈래는 또한 살지 못할 공포를 겸하나니, 몸을 핍박하는 공포는 죽음과 살지 못함은 원수나 미운 사람을 만나는 공포이다. 바로 나쁜 갈래뿐임도 또한 살지 못할 공포를 겸하나니, 죽음과 살지 못할 공포는 마음을 핍박하는 공포이니 대중의 위덕과 나쁜 이름 들을 공포에 포섭된다. 그 근심과 슬퍼하는 공포는 죽음과 살지 못하는 두 가지 두려움의 양상도 또한 나머지 셋과 통한다. '여의는 주체의 원인'은 이른바 삼업으로 귀의함이다. 나의 세 가지 업으로 하여금 능히 해탈케 하고, 하여금 바른 생각에 머무르게 함이 곧 나와 내 것이 없음과 삿된 지혜 때문이다.

(라) 자신은 겸양하고 뛰어난 분을 추천하다[謙己推勝] (第四 20下5)

善男子여 我唯得此菩薩大悲行門이어니와 如諸菩薩摩訶薩은 已淨普賢一切願하며 已住普賢一切行하며 常行一切諸善法하며 常入一切諸三昧하며 常住一切無邊劫하며 常知一切三世法하며 常詣一切無邊刹하며 常息一切衆生惡하며 常長一切衆生善하며 常絕衆生生死流하나니 而我云何能知能說彼功德行이리오

착한 남자여, 나는 다만 이 <보살의 크게 가엾이 여기는 행의 문>을 얻었거니와, 저 보살마하살들이 보현의 모든 원을 깨끗이 하였고, 보현의 모든 행에 머물러 있으면서, 모든 착한 법을 항상 행하고, 모든 삼매에 항상 들어가고, 모든 그지없는 겁에 항상 머물고, 모든 세 세상 법을 항상 알고, 모든 그지없는 세계에 항상 가고, 모든 중생의 나쁜 짓을 항상 쉬게 하고, 모든 중생의 착한 일을 항상 늘게 하고, 모든 중생의 생사의 흐름을 항상 끊는 일이야 내가 어떻게 알며, 그 공덕의 행을 말하겠는가?"

[疏] 第四, 我唯下는 謙己推勝이라 久成正覺하사대 尙不失謙이라

■ (라) 我唯 아래는 자신은 겸양하고 뛰어난 분을 추천함이다. 오래전에 정각을 이루었지만 오히려 겸양을 잃지 않는다는 뜻이다.

(마) 다음 선지식을 지시하다[指示後友] 2.

ㄱ. 다음 선지식이 회중에 들어오다[後友入會] (第五 21上8)

爾時에 東方에 有一菩薩하니 名曰正趣니 從空中來하여 至娑婆世界輪圍山頂하여 以足按地한대 其娑婆世界가 六種震動하여 一切皆以衆寶莊嚴이어늘 正趣菩薩이 放身光明하사 暎蔽一切日月星電하시니 天龍八部와 釋梵護世의 所有光明이 皆如聚墨이라 其光이 普照一切地獄畜生餓鬼閻羅王處하여 令諸惡趣로 衆苦皆滅하고 煩惱不起하고 憂悲悉離하며 又於一切諸佛國土에 普雨一切華香瓔珞衣服幢蓋하사 如是所有諸莊嚴具로 供養於佛하며 復隨衆生心之所樂하사 普於一切諸宮殿中에 而現其身하여 令其見者로 皆悉歡喜한 然後에 來詣觀自在所하신대

그때 동방에 한 보살이 있었으니, 이름은 정취라, 공중으로부터 사바세계에 와서 윤위산 꼭대기에서 발로 땅을 누르니, 사바세계는 여섯 가지로 진동하고 모든 것이 여러 가지 보배로 장엄하였다. 정취보살이 몸에서 광명을 놓아 해와 달과 모든 별과 번개의 빛을 가리니, 하늘·용들의 팔부와 제석·범천·사천왕의 광명들은 먹 덩이와 같아지고, 그 광명이 모든 지옥·축생·아귀·염라왕의 세계를 두루 비추어 모든 나쁜 갈래의 고통을 소멸하여 번뇌가 일어나지 않고 근심 걱정을 여의게 하였다. 또 모든 부처님 국토에서 모든 꽃·향·영락·의복·당기·번기를 내리며, 이러한

여러 가지 장엄거리로 부처님께 공양하고, 또 중생의 좋아
함을 따라 모든 궁전에서 몸을 나타내어 보는 이들을 모두
기쁘게 하였다. 그런 뒤에 관자재보살이 있는 데로 오니,

[疏] 第五, 爾時東方下는 指示後友라 於中에 二니 初, 後友가 入會라 從
東來者는 後位如相을 智明으로 方證故라 名正趣者는 正法徧趣하여
化衆生故며 以智로 正趣眞如相故라 從空來者는 智體無依하야사 方
契如故라 至輪圍上者는 如依妄惑顯故요 足動界者는 以定慧足으로
除雜惡故라 同前會者는 不離隨順衆生하고 得如相故라 又以智로
會悲하여 成無住故라

■ (마) 爾時東方 아래는 다음 선지식을 지시함이다. 그중에 둘이니 ㄱ.
다음 선지식이 회중에 들어옴이요, 동쪽에서 온 것은 다음 지위가 진
여의 모양이니 지혜 광명으로 비로소 증득한 연고로 '바로 나아간다'
고 이름하였다. 바른 법으로 두루 나아가서 중생을 교화한 연고로
지혜로 진여의 양상으로 바로 나아간 까닭이며, 하늘에서 온 것은 지
혜의 체성은 의지처가 없어야 비로소 진여와 계합하는 연고며, '윤위
산 위에 이른 것'은 허망한 미혹에 의지하여 밝힘과 같은 연고며, '발
로 세상을 움직임'은 선정과 지혜의 발로 섞인 나쁜 것을 제외한 까닭
이며, '앞의 법회와 같음'은 중생에 수순함을 여의지 않아서 진여의 양
상을 얻은 까닭이다. 또한 지혜로 자비를 알아서 머무르지 않음을
이룬 까닭이다.

ㄴ. 관자재보살이 지시하다[前友指示] (後時 21下3)

時에 觀自在菩薩이 告善財言하시되 善男子여 汝見正趣
菩薩이 來此會不아 白言하되 已見이니이다 告言하시되
善男子여 汝可往問하되 菩薩이 云何學菩薩行이며 修菩
薩道리잇고하라

관자재보살이 선재동자에게 말하였다. "착한 남자여, 그대
는 이 정취보살이 여기 오는 것을 보느냐?" 선재는 말하기
를 "보나이다" 하였다. 관자재보살이 말하였다. "착한 남자
여, 그대는 그에게 가서 '보살이 어떻게 보살의 행을 배우며
보살의 도를 닦느냐?'고 물으라."

[疏] 後, 時觀自在下는 前友指示니 以在此會일새 故闕禮辭니라
■　ㄴ. 時觀自在 아래는 앞의 관자재보살이 지시함이다. 이 회중에 있
　　으므로 (바) 예배하고 물러감은 빠졌다.

아) 제29. 정취보살 선지식[正趣菩薩] 6.
- 제8. 진여상회향(眞如相廻向)에 의탁한 선지식

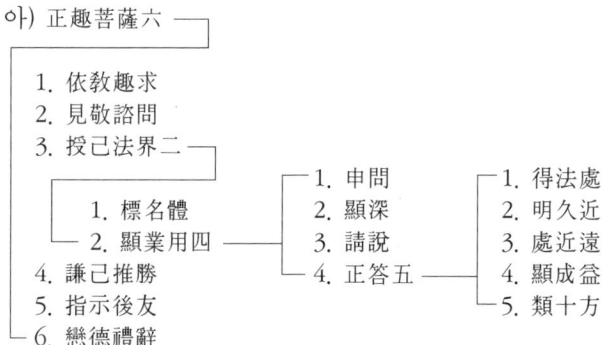

(가) 선지식의 가르침에 의지하여 나아가 구하다[依敎趣求] (第八 21下9)
(나) 만나서 공경을 표하고 법문을 묻다[見敬諮問] (文中)

爾時에 善財童子가 敬承其敎하고 遽卽往詣彼菩薩所하여 頂禮其足하며 合掌而立하여 白言하되 聖者여 我已先發阿耨多羅三藐三菩提心하니 而未知菩薩이 云何學菩薩行이며 云何修菩薩道리잇고 我聞聖者는 善能敎誨라하니 願爲我說하소서

이때 선재동자는 가르침을 받들고 곧 그 보살이 계신 데 나아가 그의 발에 엎드려 절하고 합장하고 서서 여쭈었다. "거룩하신 이여, 저는 이미 아늇다라삼약삼보디심을 내었사오나 보살이 어떻게 보살의 행을 배우며 어떻게 보살의 도를 닦는지를 알지 못하나이다. 듣자온즉 거룩한 이께서 잘 가르치신다 하오니 바라옵건대 말씀하여 주소서."

[疏] 第八, 正趣菩薩은 寄眞如相廻向이라 善友文中에 具六하니 初二는 可知니라

- 아) 정취보살은 제8. 진여상회향에 의탁한 선지식이다. 경문 중에 여섯 과목을 갖추었으니 (가) 가르침에 의지하여 나아가 구함과 (나) 만나서 공경을 표하고 법문을 물음은 알 수 있으리라.

[鈔] 第八正趣菩薩寄眞如相善友者는 謂善根合[93]如하여 成廻向故니라
- 아) 정취보살은 '제8. 진여상회향에 의탁한 선지식'이란 이른바 착한

---
93) 合은 甲續金本作卽, 原南本及行願品疏作合이라 하다.

뿌리가 진여와 합하여 회향을 이룬 까닭이다.

(다) 자신의 법계를 설해 주다[授己法界] 2.

ㄱ. 명칭과 체성을 표방하다[標名體] (第三 22上3)
ㄴ. 업과 작용을 밝히다[顯業用] 4.
ㄱ) 질문을 펼치다[申問] (二善)
ㄴ) 깊음을 밝히다[顯深] (二告)
ㄷ) 설법하기를 청하다[請說] (三善)

正趣菩薩이 言하시되 善男子여 我得菩薩解脫하니 名普門速疾行이니라 善財言하되 聖者여 於何佛所에 得此法門이며 所從來刹은 去此幾何며 發來가 久如니잇고 告言하시되 善男子여 此事難知니 一切世間天人阿修羅沙門婆羅門等의 所不能了요 唯勇猛精進하여 無退無怯한 諸菩薩衆이 已爲一切善友所攝과 諸佛所念하여 善根具足하며 志樂淸淨하며 得菩薩根하며 有智慧眼하여야 能聞能持하며 能解能說이니라 善財가 言하되 聖者여 我承佛神力善知識力하여 能信能受하리니 願爲我說하소서
정취보살이 말하였다. "착한 남자여, 나는 보살의 해탈을 얻었으니 이름이 넓은 문 빠른 행이니라." 선재동자가 말하였다. "거룩하신 이여, 어느 부처님에게서 이 법문을 얻었으며, 떠나오신 세계는 여기서 얼마나 멀며, 떠나오신 지는 얼마나 오래였나이까?" 정취보살이 말하였다. "착한 남자

여, 이 일은 알기 어려우니라. 모든 세간의 하늘·사람·아수라·사문·바라문들이 알지 못하느니라. 오직 용맹하게 정진하여 물러나지 않고 겁이 없는 보살들로서, 모든 선지식이 거두어 주고 부처님이 생각하시고 착한 뿌리가 구족하고 뜻이 청정하여, 보살의 근기를 얻고 지혜의 눈이 있는 이라야 능히 듣고 능히 지니고 능히 알고 능히 말하느니라." 선재동자가 말하였다. "거룩하신 이여, 제가 부처님의 신통하신 힘과 선지식의 힘을 받자와 능히 믿고 능히 받겠사오니, 바라옵건대 말씀하여 주소서."

[疏] 第三, 正趣菩薩言下는 授己法界라 分二니 先, 標名體라 十方無際일새 故名普門이요 一念超多일새 故云速疾이니라 二, 善財言下는 顯其業用이라 於中에 四니 一, 申問이라 雖有三問이나 意在速疾이라 二, 告言下는 顯深이요 三, 善財下는 承力請說이요

■ (다) 正趣菩薩言 아래는 자신의 법계를 설해 줌이다. 둘로 나누리니 ㄱ. 명칭과 체성을 표방함이다. 시방이 끝이 없으므로 '넓은 문'이라 이름하였고, 한 생각 사이에 여럿을 초월한 연고로 '빠르다'고 말하였다. ㄴ. 善財言 아래는 그 업과 작용을 밝힘이니 그중에 넷이다. ㄱ) 질문을 펼침이니, 비록 세 번 질문함이 있었지만 의미는 빠른 것에 있고, ㄴ) 告言 아래는 깊음을 밝힘이요, ㄷ) 善財 아래는 힘을 받들어 설법하기를 청함이다.

ㄹ) 바로 대답하다[正答] 5.
(ㄱ) 법을 얻은 도량[得法處] (四正 23上4)

(ㄴ) 발심의 역사를 밝히다[明久近] (二從)
(ㄷ) 장소의 가깝고 먼 차이[處近遠] (三一)

正趣菩薩이 言하시되 善男子여 我從東方妙藏世界普勝生佛所하여 而來此土하니 於彼佛所에 得此法門하라 從彼發來가 已經不可說不可說佛刹微塵數劫이니 一一念中에 擧不可說不可說佛刹微塵數步하며 一一步에 過不可說不可說世界微塵數佛刹하며

정취보살이 말하였다. "착한 남자여, 나는 동방 묘장세계의 보승생 부처님 계신 데로부터 이 세계에 왔으며, 그 부처님 처소에서 이 법문을 얻었고, 거기서 떠난 지는 말할 수 없이 말할 수 없는 부처 세계의 티끌 수 겁을 지냈느니라. 낱낱 찰나마다 말할 수 없이 말할 수 없는 세계의 티끌 수 걸음을 걸었고, 낱낱 걸음마다 말할 수 없이 말할 수 없는 세계의 티끌 수 부처의 세계를 지나 왔는데,

[疏] 四, 正趣菩薩言下는 正答前問이라 於中에 五니 初, 答得法處니 謂從自本智如來藏界하여 普生萬善하는 本覺而來일새 故行能速徧이요 知一切法이 不離心性일새 萬行頓成이니라 二, 從彼發下는 答時久近이요 三, 一一念中下는 答處近遠이니 以多時發多步하니 則知遠矣요 即是速疾이니라

■ ㄹ) 正趣菩薩言 아래는 앞의 질문에 대해 바로 대답함이다. 그중에 다섯이니 (ㄱ) 법을 얻은 도량에 대해 대답함이니 이른바 자신의 본래 지혜인 여래장 경계로부터 널리 만 가지 선근을 생기게 하여

본래 깨달음에서 온 연고로 행함이 능히 빠르고 두루하나니 온갖 법이 마음 성품을 여의지 않고 만 가지 행을 단박에 이룬 것이다.
(ㄴ) 從彼發 아래는 발심의 역사가 오래고 가까움을 대답함이요,
(ㄷ) 一一念中 아래는 장소의 가깝고 먼 차이에 대해 대답함이니 여러 시기에 많은 걸음을 발하면 먼 줄 아는 것이니, 곧 빠르다는 뜻이다.

(ㄹ) 성취한 이익을 밝히다[顯成益] (四一 23上8)
(ㅁ) 시방세계와 유례하다[類十方] (五如)

一一佛刹에 我皆徧入하여 至其佛所하여 以妙供具로 而爲供養하니 此諸供具가 皆是無上心所成이며 無作法所印이며 諸如來所忍이며 諸菩薩所歎이니라 善男子여 我又普見彼世界中一切衆生하여 悉知其心하고 悉知其根하여 隨其欲解하여 現身說法하며 或放光明하고 或施財寶하여 種種方便으로 敎化調伏하여 無有休息하니 如從東方하여 南西北方과 四維上下도 亦復如是하라

낱낱 부처님 세계마다 (1) 내가 모두 들어가서 그 부처님께 아름다운 공양거리로 공양하였으니, (2) 그 공양거리는 모두 위없는 마음으로 이룬 것이며, (3) 지음이 없는 법으로 인정한 것이며, (4) 여러 여래께서 인가한 것이며, (5) 모든 보살이 찬탄하는 것이니라. 착한 남자여, (6) 나는 또 저 세계의 모든 중생을 보고 그 마음을 다 알며 그 근성을 다 알고, (7) 그들의 욕망과 이해를 따라서 몸을 나

타내어 법을 말하는데, (8) 광명을 놓기도 하고 재물을 보시하기도 하여 (9) 가지가지 방편으로 교화하고 조복하여 조금도 쉬지 아니하였노라. (10) 동방에서와 같이 남방·서방·북방과 네 간방과 상방·하방에서도 그와 같이 하였느니라.

[疏] 四, 一一佛刹下는 顯其成益이요 五, 如從東下는 類顯十方이니라
■ (ㄹ) 一一佛刹 아래는 성취한 이익을 밝힘이요, (ㅁ) 如從東 아래는 시방세계와 유례하여 밝힘이다.

(라) 자신은 겸양하고 뛰어난 분을 추천하다[謙己推勝]
(經/善男 23上10)

善男子여 我唯得此菩薩普門速疾行解脫하여 能疾周徧到一切處어니와 如諸菩薩摩訶薩은 普於十方에 無所不至하며 智慧境界가 等無差別하며 善布其身하여 悉徧法界하며 至一切道하고 入一切刹하며 知一切法하고 到一切世하며 平等演說一切法門하며 同時照耀一切衆生하며 於諸佛所에 不生分別하며 於一切處에 無有障礙하나니 而我云何能知能說彼功德行이리오
착한 남자여, 나는 다만 이 <보살의 넓은 문 빠른 행의 해탈>을 얻었으므로 빨리 걸어 모든 곳에 이르거니와, 저 보살마하살들이 시방에 두루하여 가지 못하는 데가 없으며, 지혜의 경계도 같아서 차별이 없고, 몸을 잘 나투어 법계에 두

루하되, 모든 길에 이르고 모든 세계에 들어가며, 모든 법을 알고 모든 세상에 이르러 평등하게 모든 법문을 연설하며, 한꺼번에 모든 중생에게 비추고, 부처님들에게 분별을 내지 아니하며, 모든 곳에 장애함이 없는 일이야 내가 어떻게 알며, 그 공덕의 행을 말하겠는가?

(마) 다음 선지식을 지시하다[指示後友] (經/善男 23下6)
(바) 덕을 연모하여 예배하고 물러가다[戀德禮辭] (經/時善)

善男子여 於此南方에 有城하니 名墮羅鉢底요 其中에 有神하니 名曰大天이니 汝詣彼問하되 菩薩이 云何學菩薩行이며 修菩薩道리잇고하라 時에 善財童子가 頂禮其足하며 遶無數帀하며 殷勤瞻仰하고 辭退而去하니라
착한 남자여, 여기서 남쪽에 타라발저라는 성이 있고, 거기 신이 있으니 이름은 대천이니라. 그대는 그이에게 가서 '보살이 어떻게 보살의 행을 배우며 보살의 도를 닦느냐?'고 물으라."
이때 선재동자는 그의 발에 엎드려 절하고 수없이 돌고 은근하게 앙모하면서 하직하고 물러갔다.

[疏] 後三은 可知니라
- 뒤의 세 과목[(라) 자신은 겸양하고 뛰어난 분을 추천함과 (마) 다음 선지식을 지시함과 (바) 덕을 연모하여 예배하고 물러감]은 알 수 있으리라.

자) 제30. 대천신 선지식[大天神] 2.
- 제9. 무박무착해탈회향(無縛無著解脫廻向)에 의탁한 선지식

(가) 표방하다[標] (第九 24下1)
(나) 해석하다[釋] 6.
ㄱ. 선지식의 가르침에 의지하여 나아가 구하다[依敎趣求] (善友)
ㄴ. 만나서 공경을 표하고 법문을 묻다[見敬諮問] (經/爾時)

爾時에 善財童子가 入菩薩廣大行하며 求菩薩智慧境하며 見菩薩神通事하며 念菩薩勝功德하며 生菩薩大歡喜하며 起菩薩堅精進하며 入菩薩不思議自在解脫하며 行菩薩功德地하며 觀菩薩三昧地하며 住菩薩總持地하며 入菩薩大願地하며 得菩薩辯才地하며 成菩薩諸力地하고 漸次遊行하여 至於彼城하여 推問大天이 今在何所오한대 人咸告言하되 在此城內하여 現廣大身하사 爲衆說法이니라
爾時에 善財가 至大天所하여 頂禮其足하고 於前合掌하여 而作是言하되 聖者여 我已先發阿耨多羅三藐三菩提心하니 而未知菩薩이 云何學菩薩行이며 云何修菩薩道리잇고 我聞聖者는 善能敎誨라하니 願爲我說하소서

그때 선재동자는 (1) 보살의 광대한 행에 들어가서 (2) 보살의 지혜의 경계를 구하며, (3) 보살의 신통한 일을 보고, (4) 보살의 훌륭한 공덕을 생각하고, (5) 보살의 크게 환희함을 내고, (6) 보살의 견고한 정진을 일으키고, (7) 보살의 부사의하고 자유자재한 해탈에 들어가고, (8) 보살의 공덕

의 지위를 행하고, (9) 보살의 삼매의 경지를 관찰하고, (10) 보살의 다 지니는 지위에 머물고, (11) 보살의 크게 원하는 지위에 들어가고, (12) 보살의 변재의 지위를 얻고, (13) 보살의 모든 힘의 지위를 이루고서, 점점 다니다가 그 성에 이르러 대천신이 어디 있느냐고 물으니, 사람들이 대답하기를 '이 성안에 있어서 광대한 몸을 나타내고 대중들에게 법을 말한다'고 하였다.

그때 선재동자는 대천신에게 가서 그의 발에 절하고 앞에서 합장하고 말하였다. "거룩하신 이여, 저는 이미 아눗다라삼먁삼보디심을 내었사오나, 보살이 어떻게 보살의 행을 배우며 어떻게 보살의 도를 닦는지를 알지 못하나이다. 듣자온즉 거룩하신 이께서 잘 가르치신다 하오니 바라옵건대 말씀하여 주소서."

[疏] 第九, 無縛無着解脫廻向이라 善友名大天者는 現大身故라 無縛無着하여 智淨自在일새 故名爲天이요 稱理普應일새 故名爲大요 妙用難測일새 故名爲神이라 在墮羅鉢底城者는 此云有門이니 謂有此無縛等微妙法門하여 爲法師故라 初二는 可知니라

■ 자) 제30. 대천신은 제9. 무박무착해탈회향에 의탁한 선지식이다. 선지식 이름이 대천(大天)인 것은 큰 몸을 나타낸 연고며, '속박도 없고 집착도 없음'은 지혜가 청정하고 자재한 연고로 '하늘'이라 이름하였고, 이치와 칭합하여 널리 응하는 연고로 '크다'고 이름하였다. 묘하게 작용하여 측량하기 어려운 연고로 '신(神)'이라 이름하고, 타라발저(墮羅鉢底) 성에 있음은 '문이 있음'이라 번역한다. 말하자면 이런

속박 없는 등의 미묘한 법문이 있어서 법사가 된 연고며, 처음 두 과목[ㄱ. 선지식의 가르침에 의지하여 나아가 구함과 ㄴ. 만나서 공경을 표하고 법문을 물음]은 알 수 있으리라.

[鈔] 第九無縛無着者는 謂不爲相縛하며 不爲見着하여 作用自在일새 故名解脫이니라
● 무박무착해탈회향에 의탁함이란 이른바 모양에 속박되지 않고 소견에 집착되지 않아서 작용이 자재한 연고로 해탈한다고 이름한다.

ㄷ. 자신의 법계를 설해 주다[授己法界] 2.

ㄱ) 법을 설해 주는 방편[授法方便] (第三 25上5)

爾時에 大天이 長舒四手하사 取四大海水하여 自洗其面하며 持諸金華하여 以散善財하고 而告之言하시되 善男子여 一切菩薩은 難可得見이며 難可得聞이며 希出世間이며 於衆生中에 最爲第一이며 是諸人中에 芬陀利華며 爲衆生歸며 爲衆生救며 爲諸世間하여 作安隱處며 爲諸世間하여 作大光明이며 示迷惑者에 安隱正道며 爲大導師하여 引諸衆生하여 入佛法門이며 爲大法將하여 善能守護一切智城이라 菩薩은 如是難可値遇니 唯身語意無過失者한 然後에 乃得見其形像하며 聞其辯才하며 於一切時에 常現在前이니라
이때 대천이 네 손을 길게 펴서 네 바다의 물을 움키어 얼굴

을 씻으며 황금 꽃을 선재에게 흩고 말하였다. "착한 남자여, 모든 보살은 보기 어렵고 듣기 어렵고 세간에 나오는 일이 드물어서, (1) 중생 가운데 가장 제일이며 사람들 중에 분타리 꽃이니라. (2) 중생들의 돌아갈 곳이며 (3) 중생을 구원하는 이며, (4) 세간을 위하여 평안할 곳이 되고 (5) 세간을 위하여 큰 광명이 되며, (6) 미혹한 이에게 편안한 길을 가리키고, (7) 길잡이가 되어 중생을 인도하여 불법의 문에 들게 하며, (8) 법의 대장이 되어 온갖 지혜의 성을 수호하느니라. 보살은 이와 같이 만나기 어려우니, (9) 오직 몸과 말과 뜻에 허물이 없는 이라야 그 형상을 보고, (10) 그 변재를 들으며 온갖 시간에 항상 앞에 나타나느니라."

[疏] 第三, 爾時大天下는 授己法界라 中에 二니 先, 授法方便[94]이요 後, 正授所得이라 今初에 現相讚友難遇하여 令欣入故라 長舒等者는 約事則發心難遇니 淨目而觀하며 散華而供故요 約表인대 謂展四無礙解手하여 取所證勝流相應法門이니 先, 當自淨하여 以洗身心하고 後因利他일새 故云華散이라 亦表四攝遠展하여 攝取四衆故니라

■ ㄷ. 爾時大天 아래는 자신의 법계를 설해 줌이다. 그중에 둘이니 ㄱ) 법을 설해 주는 방편이요, ㄴ) 얻은 법계를 바로 설해 줌이다. 지금은 ㄱ)이니 모양을 나타내어 선지식 만나기 어려움을 칭찬함이니 하여금 기쁘게 들어간 까닭이며, '길게 편다'는 등에서 (1) 일을 잡으면 발심은 만나기 어려우므로 깨끗한 눈으로 관찰하고 꽃을 흩어서 공양하는 연고며, (2) 표함을 잡으면 이른바 네 가지 걸림 없이 아는 손

---

94) 授는 甲續金本作受, 原南本及行願品疏作授라 하다.

을 펴서 증득할 대상인 뛰어난 부류와 서로 응하는 법문을 취하나니 (ㄱ) 마땅히 스스로 깨끗이 하여 몸과 마음을 씻는 것이요, (ㄴ) 이 타행을 인한 까닭이다. '황금 꽃을 흩는다'고 말함도 또한 사섭법으로 멀리서 펼침도 사부대중을 포섭하여 취하려는 까닭이다.

ㄴ) 얻은 법계를 바로 설해 주다[正授所得] 2.
(ㄱ) 명칭과 체성[名體] (二善 26下2)

善男子여 我已成就菩薩解脫하니 名爲雲網이니라
"착한 남자여, 나는 이미 보살의 해탈을 성취하였으니 이름이 <구름 그물 해탈>이니라."

[疏] 二, 善男子我已成 下는 正授法界라 中에 二니 先, 名體니 謂以六度大悲로 如雲覆潤하며 如網羅攝故라
- ㄴ) 善男子我已成 아래는 얻은 법계를 바로 설해 줌이니, 그중에 둘이다. (ㄱ) 명칭과 체성이니 이른바 육바라밀과 큰 자비가 구름처럼 덮어 윤택하고, 그물처럼 망라하여 섭수하는 까닭이다.

(ㄴ) 업과 작용을 밝히다[業用] 2.

a. 질문하다[問] (後善 26下3)
b. 대답하다[答] 2.
a) 보배를 나타내어 보시하게 하다[見寶令施] (答中)
b) 나머지 가르침과 유례하여 해명하다[類通餘敎] (後如)

善財가 言하되 聖者여 雲網解脫이 境界云何니잇고 爾時
大天이 於善財前에 示現金聚와 銀聚와 瑠璃聚와 玻瓈
聚와 硨磲聚와 瑪瑙聚와 大焰寶聚와 離垢藏寶聚와 大
光明寶聚와 普現十方寶聚와 寶冠聚와 寶印聚와 寶瓔
珞聚와 寶璫聚와 寶釧聚와 寶鎖聚와 珠網聚와 種種摩
尼寶聚와 一切莊嚴具聚와 如意摩尼聚가 皆如大山하시
며 又復示現一切華와 一切鬘과 一切香과 一切燒香과
一切塗香과 一切衣服과 一切幢旛과 一切音樂과 一切五
欲娛樂之具가 皆如山積하시며 及現無數百千萬億諸童
女衆하고 而彼大天이 告善財言하시되

善男子여 可取此物하여 供養如來하여 修諸福德하며 幷施
一切하여 攝取衆生하여 令其修學檀波羅蜜하여 能捨難捨
어다 善男子여 如我爲汝示現此物하여 敎汝行施인달하여
爲一切衆生도 悉亦如是하여 皆令以此善根熏習하여 於
三寶所와 善知識所에 恭敬供養하여 增長善法하여 發於
無上菩提之意케하라 善男子여 若有衆生이 貪着五欲하여
自放逸者면 爲其示現不淨境界하며 若有衆生이 瞋恚憍
慢으로 多諍競者면 爲其示現極可怖形하되 如羅刹等의
飮血噉肉하여 令其見已하고 驚恐惶懼하여 心意調柔하여
捨離寃結하며 若有衆生이 惛沈懶惰하면 爲其示現王賊
水火와 及諸重疾하여 令其見已하고 心生惶怖하여 知有憂
苦하여 而自勉策케하노니 以如是等種種方便으로 令捨一
切諸不善行하여 修行善法하며 令除一切波羅蜜障하여 具
波羅蜜하며 令超一切障礙險道하여 到無障處케하라

선재가 말하였다. "거룩하신 이여, 구름 그물 해탈의 경계가 어떠하옵니까?" 이때 대천은 선재의 앞에서 금 더미·은 더미·유리 더미·파리 더미·자거 더미·마노 더미·큰 불꽃 보배 더미·때 여읜 광 보배 더미·큰 광명 보배 더미·시방에 두루 나타나는 보배 더미·보배 관 더미·보배 인장 더미·보배 영락 더미·보배 귀걸이 더미·보배 팔찌 더미·보배 자물쇠 더미·진주 그물 더미·가지각색 마니보배 더미·모든 장엄거리 더미·여의주 더미들을 산같이 나타내었다. 또 모든 꽃·모든 화만·모든 향·모든 사르는 향·모든 바르는 향·모든 의복·모든 당기·번기·모든 음악·모든 다섯 가지 오락기구를 산더미같이 나타내며, 또 수없는 백천만억 동녀들을 나타내고, 대천이 선재동자에게 말하였다.

"착한 남자여, 이 물건들을 가져다가 여래에게 공양하여 복덕을 닦고, 또 모든 중생에게 보시하여 그들로 보시바라밀다를 배우고 버리기 어려운 것들을 버리게 하라. 착한 남자여, 내가 그대에게 이런 물건을 보여 주고 그대로 하여금 보시를 행하게 하듯이, 모든 중생을 위하여서도 그렇게 하며, 이 착한 뿌리를 훈습한 것으로써 삼보와 선지식에게 공양하고 공경하여 착한 법을 증장케 하고 위없는 보리심을 내게 하느니라. 착한 남자여, (1) 어떤 중생이 다섯 가지 욕락을 탐하여 방일한 이에게는 부정한 경계를 보여 주고, (2) 어떤 중생이 성 잘 내고 교만하여 언쟁을 좋아하는 이에게는 매우 무서운 형상을 보여 주되, 나찰 따위가 피를 빨고 살을 씹는 것을 보여서 놀라고 두려워 마음이 부드럽고 원수를 여의게 하며, (3) 어떤 중생이 혼미하고 게으르면 그에게는 국왕의 법과 (4) 도적과 (5) 수재 (6) 화재와 (7) 중대한 질병을 보여서 두려운 마음을 내고 근심과 고통을 알아서 스스로 힘쓰게 하노라. 이러한 가지가지 방편으로써 모든 착하지 못한 행동을 버리고 착한 법을 닦게 하며, 모든 바라밀다의 장애를 버리고 바라밀다를 구족하게 하며, 모든 험하고 어려운 길을 벗어나서 장애가 없는 곳에 이르게 하느니라."

[疏] 後, 善財下는 問答業用이니 四攝攝生故라 先, 問이요 後, 答이라 答中에 二니 先, 現寶令施하여 敎以檀攝이요 後, 如我爲汝下는 類餘通敎[95]와 及利行攝이라 如是等言은 亦兼愛語와 同事니라

■ (ㄴ) 善財 아래는 업과 작용을 문답으로 밝힘이니 사섭법(四攝法)으로 중생을 포섭하는 까닭이다. a. 질문함이요, b. 대답함이다. b. 대답함 중에 둘이니 a) 보배를 나타내어 보시하게 하고 가르쳐서 단(檀)바라밀로 포섭함[布施攝]이요, b) 如我爲汝 아래는 나머지와 유례하여 동들어 가르침과 이로운 행으로 포십함[利行攝]이다. 이런 등의 말도 또한 애어섭(愛語攝)과 동사섭(同事攝)을 겸하였다.

ㄹ. 자신은 겸양하고 뛰어난 분을 추천하다[謙己推勝] (經/善男 26下7)

善男子여 我唯知此雲網解脫이어니와 如諸菩薩摩訶薩은 猶如帝釋하여 已能摧伏一切煩惱의 阿修羅軍하며 猶如大水하여 普能消滅一切衆生의 諸煩惱火하며 猶如猛

---

95) 上三字는 甲南續金本作通餘教, 源本作通教餘라 하다.

火하여 普能乾竭一切衆生의 諸愛欲水하며 猶如大風하여 普能吹倒一切衆生의 諸見取幢하며 猶如金剛하여 悉能摧破一切衆生의 諸我見山하나니 而我云何能知能說彼功德行이리오

"착한 남자여, 나는 다만 이 <구름 그물 해탈>을 알거니와, 저 보살마하살들이 제석천왕과 같이 모든 번뇌의 아수라를 항복받으며, 큰 물과 같이 모든 중생의 번뇌의 불을 소멸하며, 맹렬한 불과 같이 모든 중생의 애욕의 물을 말리며, 큰 바람과 같이 모든 중생의 여러 소견의 당기를 꺾어 버리며, 금강과 같이 모든 중생의 <나>라는 산을 깨뜨리는 일이야 내가 어떻게 알며 그 공덕의 행을 말하겠는가?"

ㅁ. 다음 선지식을 지시하다[指示後友] (經/善男 27上3)
ㅂ. 덕을 연모하여 예배하고 물러가다[戀德禮辭] (經/時善)

善男子여 此閻浮提摩竭提國菩提場中에 有主地神하니 其名이 安住니 汝詣彼問하되 菩薩이 云何學菩薩行이며 修菩薩道리잇고하라
時에 善財童子가 禮大天足하며 遶無數帀하고 辭退而去하니라

"착한 남자여, 이 염부제 마갈제국의 보리도량에 땅 맡은 신이 있으니 이름은 안주이니라. 그대는 그에게 가서 '보살이 어떻게 보살의 행을 배우며 보살의 도를 닦느냐'고 물으라. 이때 선재동자는 대천의 발에 절하고 수없이 돌고 하직하고 떠났다.

[疏] 後, 三段은 易知니라

■ 뒤의 세 문단인 ㄹ. 자신은 겸양하고 뛰어난 분을 추천함과 ㅁ. 다음 선지식을 지시함과 ㅂ. 덕을 연모하여 예배하고 물러감은 쉽게 알 수 있으리라.


차) 제31. 안주지신 선지식[安住地神] 2.
- 제10. 입법계회향(入法界廻向)에 의탁한 선지식

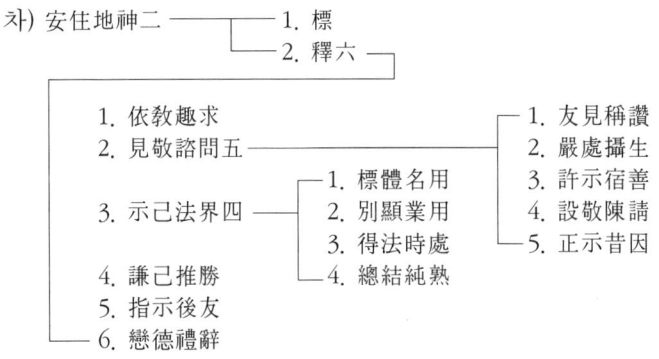

(가) 표방하다[標] (第十 27上9)
(나) 해석하다[釋] 6.
ㄱ. 가르침에 의지하여 나아가 구하다[依敎趣求] (善友)

爾時에 善財童子가 漸次遊行하여 趣摩竭提國菩提場內 安住神所하니라
그때 선재동자는 점점 걸어서 마갈제국의 보리도량에 있는 안주신의 처소에 찾아갔다.

[疏] 第十, 入法界無量廻向이라 善友名安住地神者는 地爲萬法所依니 卽所入法界라 安住는 卽入義라 在菩提場者는 所入法界가 卽得菩提之處故라 菩提는 是本이니 前南에 有所表는 從本之南이요 今은 攝末歸本之法界일새 故不云南矣라 又地上證如가 亦同本故라 今에는 廻向終일새 故攝歸此라 文亦有六하니 第一, 依敎趣求라

- 차) 제31. 안주지신은 제10. 입법계회향(入法界廻向)에 의탁한 선지식이다. 선지식 이름이 안주(安住)지신(地神)인 것은 땅은 만 가지 법의 의지처이니 곧 들어갈 법계이다. 안주는 곧 들어간다는 뜻이다. '보리도량에 있다'는 것은 들어갈 법계가 곧 보리를 얻는 곳이기 때문이다. 보리는 근본이니 앞은 남쪽에 표할 대상이 있으므로 근본에서 남쪽이란 뜻이다. 지금은 지말을 섭수하여 근본에 돌아가는 법계인 연고로 남쪽이라 말하지 않았다. 또한 십지(十地) 이상에서 진여를 증득함도 또한 근본과 같은 까닭이며, 지금은 십회향의 끝인 연고로 섭수하여 여기로 돌아온 것이다. 경문도 또한 여섯 과목이 있으니 ㄱ. 가르침에 의지하여 나아가 구함이요,

[鈔] 第十入法界無量者는 等以法界善根으로 廻向法界故니라

- 제10. 입법계 무량한 회향이란 법계와 평등한 선근으로 법계에 회향하는 까닭이다.

ㄴ. 만나서 공경을 표하고 법문을 묻다[見敬諮問] 5.

ㄱ) 선지식이 보고 칭찬하다[友見稱讚] (第二 28下3)
ㄴ) 도량을 장엄하고 중생을 포섭하다[嚴處攝生] (二時)

百萬地神이 同在其中하여 更相謂言하시되 此來童子가
卽是佛藏이니 必當普爲一切衆生하여 作所依處며 必當
普壞一切衆生의 無明殼藏이라 此人이 已生法王種中하
니 當以離垢無礙法繒으로 而冠其首하며 當開智慧大珍
寶藏하여 摧伏一切邪論異道로다

時에 安住等百萬地神이 放大光明하사 徧照三千大千世
界하여 普令大地로 同時震吼게하시니 種種寶物이 處處
莊嚴하며 影潔光流하여 遞相鑒徹하며 一切葉樹가 俱時
生長하며 一切華樹가 咸共開敷하며 一切果樹가 靡不成
熟하며 一切河流가 遞相灌注하며 一切池沼가 悉皆盈滿
하며 雨細香雨하여 徧灑其地하며 風來吹華하여 普散其
上하며 無數音樂이 一時俱奏하며 天莊嚴具가 咸出美音
하며 牛王象王과 師子王等이 皆生歡喜하여 踊躍哮吼에
猶如大山이 相擊出聲하며 百千伏藏이 自然涌現이러라

백만의 땅 맡은 신들이 함께 있어서 서로 말하였다. "여기
오는 동자는 곧 부처의 광이니, 반드시 모든 중생의 의지할
곳이 될 것이며 반드시 모든 중생의 무명 껍데기를 깨뜨릴
것이다. 이 사람이 이미 법왕의 문중에 났으니 마땅히 때 여
의고 걸림 없는 법 비단을 머리에 쓸 것이며, 지혜 보배의
큰 광을 열고 모든 삿된 이론하는 외도들을 꺾으리라."

이때 안주신 등 백만의 지신이 (1) 큰 광명을 놓아 삼천대천
세계를 두루 비추니, (2) 온 땅이 한꺼번에 진동하며 (3) 갖
가지 보물이 곳곳마다 장엄하며, (4) 깨끗한 그림자와 흐르
는 빛이 번갈아 사무치었다. (5) 모든 잎나무는 한꺼번에 자

라나고, (6) 모든 꽃나무는 한꺼번에 꽃이 피고, (7) 모든 과실나무는 과실이 모두 익었으며, (8) 모든 강물은 서로 들어가 흐르고, (9) 모든 못에는 물이 넘치며, (10) 가늘고 향기로운 비를 내려 땅을 적시고, (11) 바람은 꽃을 불어다가 위에 흩으며, (12) 무수한 음악을 일시에 연주하고, (13) 하늘의 장엄거리에서는 아름다운 음성을 내니, (14) 소와 코끼리와 사자들이 모두 기뻐서 뛰놀고 부르짖으니 마치 큰 산이 서로 부딪쳐 소리를 내는 듯하고, (15) 백천의 물빛 갈무리가 저절로 솟아 나왔다.

[疏] 第二, 百萬地下는 見敬請法이라 於中에 五니 初, 友見稱讚이라 既云 友見하니 則已含見友니라 二, 時安住下는 嚴處攝生하여 以顯勝德이요

■ ㄴ. 百萬地 아래는 만나서 공경을 표하고 법문을 청함이다. 그중에 다섯이니 ㄱ) 선지식이 보고 칭찬함이니 이미 '선지식이 본다'고 말하면 이미 선지식을 만남에 포함된다. ㄴ) 時安住 아래는 도량을 장엄하고 중생을 포섭하여 뛰어난 공덕을 밝힘이요,

❖ 경문에서 "땅이 한꺼번에 진동하며 모든 잎나무는 한꺼번에 자라나고, 모든 꽃나무는 한꺼번에 꽃이 피고, 모든 과실나무는 과실이 모두 익었으며"라고 말한 것은 무슨 까닭일까? 십회향의 지위가 만족하므로 화엄의 종지로 보면 '성불의 지위'라 할 만하고 더구나 선지식이 땅의 신이므로 선재동자가 머지않아 성불하리라는 것을 예시하는 현상이라 보는 것도 무난하리라.

ㄷ) 숙세 선근 보이기를 허락하다[許示宿善] (三時 28下5)
ㄹ) 공경을 베풀고 청법하다[設敬陳請] (四爾)
ㅁ) 과거 인행을 바로 보이다[正示昔因] (五以)

時에 安住地神이 告善財言하시되 善來童子여 汝於此地에 曾種善根이라 我爲汝現하리니 汝欲見不아 爾時善財가 禮地神足하며 遶無數帀하며 合掌而立하여 白言하되 聖者여 唯然欲見하노이다
時에 安住地神이 以足按地하신대 百千億阿僧祇寶藏이 自然涌出이어늘 告言하시되 善男子여 今此寶藏이 隨逐於汝니 是汝往昔善根果報며 是汝福力之所攝受니 汝應隨意하여 自在受用이어다

이때 안주신이 선재에게 말하였다. "잘 오도다. 동자여, 그대가 이 땅에서 착한 뿌리를 심었을새 내가 나타나노니, 그대는 보려는가?" 그때 선재동자는 땅 맡은 신의 발에 절하고 수없이 돌고 합장하고 서서 여쭈었다. "거룩하신 이여, 보려 하나이다."
이때 안주신이 발로 땅을 눌러서 백천의 아승지 보배 광이 저절로 솟아오르게 하고 말하였다. "착한 남자여, 이 보배 광은 그대를 따라다니는 것이니라. 이것은 그대가 옛적에 심은 착한 뿌리의 과보며, 그대의 복덕으로 유지하는 것이니, 그대는 마음대로 사용하라."

[疏] 三, 時安住告下는 許示昔善하여 引其問端이요 四, 爾時下는 設敬陳

請이요 五, 以足按下는 正示昔因이니라

- ㄷ) 時安住告 아래는 숙세 선근 보이기를 허락하여 그 질문의 단서를 인용함이요, ㄹ) 爾時 아래는 공경을 베풀어 청법을 말함이요, ㅁ) 以足按 아래는 과거 인행을 바로 보임이다.

ㄷ. 자신의 법계를 보이다[示己法界] 4.

ㄱ) 법의 체성과 명칭, 작용을 표방하다[標體名用] (第三 29下1)
ㄴ) 업과 작용을 개별로 밝히다[別顯業用] (二善)

善男子여 我得菩薩解脫하니 名不可壞智慧藏이니 常以此法으로 成就衆生하라 善男子여 我憶自從然燈佛來로 常隨菩薩하여 恭敬守護하며 觀察菩薩의 所有心行과 智慧境界와 一切誓願과 諸淸淨行과 一切三昧와 廣大神通과 大自在力과 無能壞法과 徧往一切諸佛國土와 普受一切諸如來記[96]와 轉於一切諸佛法輪과 廣說一切修多羅門과 大法光明으로 普皆照耀와 敎化調伏一切衆生과 示現一切諸佛神變하여 我皆能領受하며 皆能憶持하라 善男子여 "착한 남자여, 나는 보살의 해탈을 얻었으니 이름은 <깨뜨릴 수 없는 지혜 광 해탈>이라. 항상 이 법으로 중생들을 성취하느니라. 착한 남자여, 내가 생각하니 (1) 연등부처님 때로부터 항상 보살을 따라서 공경하고 호위하였으며, (2) 보살들의 마음과 행과 지혜의 경계와 (3) 모든 서원과 청정한

---

96) 受는 麗本作授, 明宮淸合綱杭鼓纂續金本及貞元譯作受, 宋元本準弘昭本作授, 準大正作受라 하다.

행과 (4) 모든 삼매와 광대한 신통과 자유자재한 힘과 (5) 깨뜨릴 수 없는 법을 살펴보았으며, (6) 모든 부처님의 국토에 두루 가서 부처님들의 수기를 받았으며, (7) 모든 부처님의 법륜을 굴리며, (8) 모든 수다라의 문을 널리 말하며, (9) 큰 법의 광명으로 널리 비추어 모든 중생을 교화하고 조복하며, (10) 모든 부처님의 나타내는 신통변화를 내가 모두 받아 지니고 모두 기억하노라. 착한 남자여,

- [疏] 第三, 善男子我得下는 示己法界라 於中에 四니 一, 標名體用이니 謂一念之智가 冥乎法界에 則不可壞라 此中에는 則無所不生일새 故名爲藏이라 由賢位旣滿에 總會三賢하여 爲入地之因일새 故顯善財之福이 常隨며 地神之智가 不壞니 是則昔因不失하여 能入證矣니라 常以此下는 略明其用이요 二, 善男子我憶下는 別顯業用이니 由智不壞일새 故常憶等이요

- ㄷ. 善男子我得 아래는 자신의 법계를 보임이다. 그중에 넷이니 ㄱ) 법의 체성과 명칭, 작용을 표방함이니 이른바 한 생각의 지혜가 법계와 그윽이 합하면 무너뜨릴 수 없다. 이 가운데에는 생겨나지 않음이 없으므로 광[藏]이라 이름하였으니 삼현(三賢)의 지위가 이미 만족함으로 인해 총합하여 삼현을 회통함으로 십지(十地)의 지위에 들어간 원인이 되는 연고로 선재동자의 복이 항상 따르고, 지신(地神)의 지혜가 무너뜨리지 않음을 밝혔으니, 이것은 옛날 인연을 잃지 않고 능히 들어가 증득할 수 있다. ㄴ) 善男子我憶 아래는 업과 작용을 개별로 밝힘이니 지혜로 인해 무너뜨리지 않으므로 항상 기억하는 등이다.

ㄷ) 법을 깨달은 시기와 처소[得法時處] (三乃 29下6)
ㄹ) 순숙해짐을 총합 결론하다[總結純熟] (四我)

乃往古世에 過須彌山微塵數劫하여 有劫하니 名莊嚴이요 世界는 名月幢이며 佛號는 妙眼이니 於彼佛所에 得此法門이라 善男子여 我於此法門에 若入若出에 修習增長하며 常見諸佛하여 未曾捨離하며 始從初得으로 乃至賢劫히 於其中間에 値遇不可說不可說佛刹微塵數如來應正等覺하여 悉皆承事하여 恭敬供養하며 亦見彼佛의 詣菩提座하사 現大神力하며 亦見彼佛의 所有一切功德善根호라
지나간 옛적 수미산 티끌 수의 겁을 지나서 장엄 겁이 있었는데, 세계 이름은 달당이요, 부처님 명호는 묘안이니, 그 부처님에게서 이 법문을 얻었노라. 착한 남자여, 나는 이 법문에서 들락날락하면서 닦고 익히고 증장케 하였으며, 여러 부처님을 항상 뵈옵고 떠나지 않았으며, 이 법문을 처음 얻고부터 현겁에 이르기까지 그동안에 말할 수 없이 말할 수 없는 세계의 티끌 수 여래·응공·정등각을 만나서 받들어 섬기고 공경하고 공양하였으며, 또 저 부처님들이 보리좌에 나아가 큰 신통을 나타내심을 보았으며, 또 그 부처님들이 가지신 모든 공덕과 착한 뿌리를 보았느니라."

[疏] 三, 乃往古世下는 顯得法時處요 四, 我於此下는 總結純熟이니라
■ ㄷ) 乃往古世 아래는 법을 깨달은 시기와 처소를 밝힘이요, ㄹ) 我於此 아래는 순숙해짐을 총합 결론함이다.

ㄹ. 자신은 겸양하고 뛰어난 분을 추천하다[謙己推勝] (經/善男 29下8)

善男子여 我唯知此不可壞智慧藏法門이어니와 如諸菩薩摩訶薩은 常隨諸佛하여 能持一切諸佛所說하며 入一切佛甚深智慧하며 念念充徧一切法界하여 等如來身하며 生諸佛心하며 具諸佛法하며 作諸佛事하나니 而我云何能知能說彼功德行이리오

"착한 남자여, 나는 다만 이 〈깨뜨릴 수 없는 지혜 광 법문〉을 알거니와, 저 보살마하살들이 부처님을 항상 따라다니면서 모든 부처님의 말씀을 능히 지니며, 모든 부처님의 깊은 지혜에 들어가서 잠깐잠깐마다 모든 법계에 가득하며, 여래의 몸과 같고 부처님의 마음을 내며 부처의 법을 구족하고 부처의 일을 짓는 것이야 내가 어떻게 알며 그 공덕의 행을 말하겠는가?"

ㅁ. 다음 선지식을 지시하다[指示後友] (經/善男 30上1)
ㅂ. 덕을 연모하여 예배하고 물러가다[戀德禮辭] (經/時善)

善男子여 此閻浮提摩竭提國迦毘羅城에 有主夜神하니 名婆珊婆演底니 汝詣彼問하되 菩薩이 云何學菩薩行이며 修菩薩道리잇고하라
時에 善財童子가 禮地神足하며 遶無數帀하며 慇勤瞻仰하고 辭退而去하니라

"착한 남자여, 이 염부제 마갈제국의 가비라성에 밤 맡은

신이 있으니, 이름이 바산바연저니라. 그대는 그에게 가서 '보살이 어떻게 보살의 행을 배우며 보살의 도를 닦느냐?'고 물으라."
이때 선재동자는 그의 발에 엎드려 절하고 수없이 돌고 은근하게 앙모하면서 하직하고 떠났다.

[疏] 後, 三段은 可知니라 十廻向은 竟하다
- 뒤의 세 문단[ㄹ. 자신은 겸양하고 뛰어난 분을 추천함과 ㅁ. 다음 선지식을 지시함과 ㅂ. 덕을 연모하여 예배하고 물러감]은 알 수 있으리라. (4) 십회향 지위 선지식은 마친다.

❖ 십지 지위의 선지식 법회 모습 변상도(제68권)

(5) 십지 지위의 열 분 선지식[寄十地位] 2.

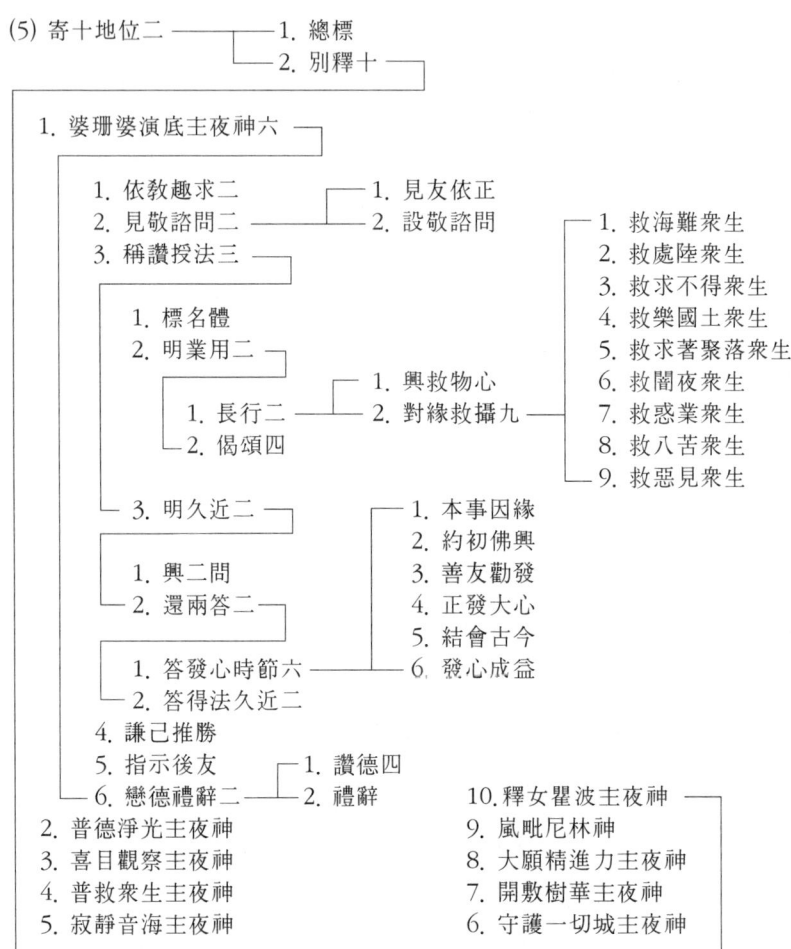

가. 총합하여 표방하다[總標] (自下 30下5)

나. 개별로 해석하다[別釋] 10.

가) 제32. 바산바연저주야신 선지식[婆珊婆演底主夜神] 6.
- 제1. 환희지(歡喜地)에 의탁한 선지식

(가) 선지식의 가르침에 의지하여 나아가 구하다[依敎趣求]  2.
ㄱ. 앞 선지식의 가르침에 의지하여 수행하고 증득하다[依前修證]

(地上 31上4)

爾時에 善財童子가 一心思惟安住神敎하여 憶持菩薩不可沮壞智藏解脫하여 修其三昧하며 學其軌則하며 觀其遊戲하며 入其微妙하며 得其智慧하며 達其平等하며 知其無邊하며 測其甚深하고

이때 선재동자는 일심으로 안주신의 가르침을 생각하고 <보살의 깨뜨릴 수 없는 지혜 광 해탈>을 기억하여, 그 삼매를 닦고 그 궤칙을 배우고 그 유희를 살피고 그 미묘한 데 들어가고 그 지혜를 얻고 그 평등함을 통달하고 그 그지없음을 알고 그 깊이를 헤아리면서

[疏] 自下로 大文第五, 有十善友는 寄十地位라 卽分十段이니 第一, 婆珊婆演底夜神은 寄歡喜地라 城名迦毘羅者는 此云黃色이니 往昔에 黃頭仙人이 依此處故라 黃은 是中色이니 表契中道故니라 又此는 是 佛生之城이니 表初地가 生佛家故라 婆珊者는 此云春也오 婆演底 者는 此云主當이니 以於春時에 主當苗稼故니 謂顯初入地에 能生長 萬行하여 護衆生故라 地上에 多見夜神者는 證智玄妙하여 離相破闇 故라 下九天神을 準梵本하면 皆是女神이라 瞿波가 亦女者는 地上에

證於同體慈悲가 女之狀故라 第一, 依敎趣求中에 先, 依前修證이요
- 이 아래부터 큰 문단으로 (5) 열 분 선지식은 십지의 지위에 의탁하였다. 곧 열 문단이니 가) 바산바연저주야신은 환희지에 의탁한 선지식이다. 성(城)의 이름이 가비라(迦毘羅)인 것은 노란색이라 번역한다. 예전에 노란 머리 가진 신선이 이 성에 의지한 연고며, 노랑은 중간색이니 중도와 계합함을 표하기 때문이다. 또한 이것은 부처님이 탄생한 성이기도 하니, 초지(初地)는 부처님 가문에 태어남을 표하는 까닭이다. 바산(婆珊)은 봄이라 하고, 바연저(婆演底)는 '주로 담당한다'고 번역하나니, 봄철에 싹을 심는 것을 주로 담당하는 까닭이니 이른바 처음으로 십지(十地)에 들어가서 능히 만 가지 행을 생기게 하여 중생을 보호함을 밝히는 까닭이다. 십지 이상에서 대부분 야신(夜神)을 보는 것은 지혜가 현묘함을 증득하여 모양을 여의고 어둠을 타파한 까닭이다. 아래 아홉 분은 천신(天神)이요, 범본에 준하면 모두 여신(女神)이다. 구파(瞿波)도 또한 여성이니 십지 이상에 같은 몸으로 자비를 증득하나니 어인의 형상인 까닭이다. (가) 선지식의 가르침에 의지하여 나아가 구함 중에 ㄱ. 앞 선지식의 가르침에 의지하여 수행하고 증득함이요,

[鈔] 寄初歡喜地者는 初獲聖性하여 具證二空하고 能益自他하여 生大歡喜故라 以於春時에 主當等者는 盛德如春하여 和暢發生故라
- 제1. 환희지에 의탁함은 처음으로 성인의 성품을 얻어서 두 가지 공(空)을 갖추어 증득하였으니 능히 자신과 남을 이익하여 큰 기쁨이 생겨난 연고며, '봄 시절에 주로 담당한다'는 등은 왕성한 덕이 봄날과 같아서 화창하게 발생한 까닭이다.

ㄴ. 다음 선지식에 나아가 구하다[趣求後友] (後漸 31上7)

漸次遊行하여 至於彼城하여 從東門入하여 佇立未久에 便見日沒하고 心念隨順諸菩薩敎하여 渴仰欲見彼主夜神하여 於善知識에 生如來想하며 復作是念하되 由善知識하여 得周徧眼하여 普能明見十方境界며 由善知識하여 得廣大解하여 普能了達一切所緣이며 由善知識하여 得三昧眼하여 普能觀察一切法門이며 由善知識하여 得智慧眼하여 普能明照十方刹海로다

점점 걸어서 그 성에 이르렀다. 동문으로 들어가서 잠깐 섰는 동안에 해는 문득 넘어가고, 마음에 보살의 가르침을 순종하면서 저 밤 맡은 신을 보려 하며, 선지식은 여래와 같다는 생각을 하였고, 또 생각하기를 '선지식으로부터 두루한 눈을 얻어 시방의 경계를 볼 것이며, 선지식으로부터 광대한 지혜를 얻어 모든 반연을 통달할 것이며, 선지식으로부터 삼매의 눈을 얻어 모든 법문을 관찰할 것이며, 선지식으로부터 지혜의 눈을 얻어 시방의 세계 바다를 밝게 보리라' 하였다.

[疏] 後, 漸次下는 趣求後友라 於中에 先, 至時處라 從東門入者는 開明之初니 顯入證之始故오 見日沒者는 是夜神故니 表分別見日이 皆已亡故라 後, 心念下는 生渴仰心이니라

■ ㄴ. 漸次 아래는 다음 선지식에 나아가 구함이다. 그중에 ㄱ) 때와 장소에 도착함이니, '동문에서부터 들어감'은 밝음을 열어서 처음으

로 들어가 증득한 시초를 밝힌 까닭이며, '해가 지는 것을 보는 것'은 주야신(主夜神)인 연고며, 분별로 해를 보는 것을 표함은 모두 이미 없기 때문이며, ㄴ) 心念 아래는 갈앙하는 마음을 냄이다.

[鈔] 表分別見日이 皆已亡者는 初地에 斷見惑하니 卽分別煩惱故니라
- '분별로 해를 보는 것을 표함은 모두 이미 없다'는 것은 초지(初地)에 견혹(見惑)을 단절하나니 곧 번뇌를 분별하는 까닭이다.

(나) 만나서 공경을 표하고 법문을 묻다[見敬諮問] 2.

ㄱ. 선지식의 의보와 정보를 보다[見友依正] (第二 32上6)

作是念時에 見彼夜神이 於虛空中에 處寶樓閣香蓮華藏師子之座하니 身眞金色이요 目髮紺靑이며 形貌端嚴하여 見者歡喜하며 衆寶瓔珞으로 以爲嚴飾하며 身服朱衣하고 首戴梵冠하며 一切星宿가 炳然在體하며 於其身上一一毛孔에 皆現化度無量無數惡道衆生하여 令其免離險難之像하니 是諸衆生이 或生人中하며 或生天上하며 或有趣向二乘菩提하며 或有修行一切智道하며 又彼一一諸毛孔中에 示現種種敎化方便하되 或爲現身하며 或爲說法하며 或爲示現聲聞乘道하며 或爲示現獨覺乘道하며 或爲示現諸菩薩行과 菩薩勇猛과 菩薩三昧와 菩薩自在와 菩薩住處와 菩薩觀察과 菩薩師子頻申과 菩薩解脫遊戱하여 如是種種으로 成熟衆生이러라

이렇게 생각하다가 그 밤 맡은 신이 허공에 있는 보배 누각의 향연화장사자좌에 앉은 것을 보았다. (1) 몸은 금빛이요, 눈과 머리카락은 검푸르고, (2) 용모가 단정하여 보는 이마다 즐거워하며, (3) 보배 영락으로 몸을 장엄하고, (4) 몸에는 붉은 옷을 입고 (5) 머리에는 범천관을 썼으며 (6) 여러 별들이 몸에서 반짝거리고, (7) 그 몸의 털구멍마다 한량없고 수없는 나쁜 길 중생들을 제도하여 험난한 길을 면하게 하는 형상을 나타내는데, (8) 이 중생들이 인간에 나기도 하고 천상에 나기도 하며, (9) 이승의 보리로 향해 가기도 하고, (10) 온갖 지혜의 길을 닦기도 하였다.

또 저 털구멍마다 가지가지 교화하는 방편을 보이는데, 몸을 나타내기도 하고 법을 말하기도 하며, 성문승의 도를 나타내기도 하고 독각승의 도를 나타내기도 하며, 보살의 행·보살의 용맹·보살의 삼매·보살의 자재·보살의 있는 곳·보살의 관찰·보살의 사자의 기운 뻗음·보살의 해탈과 유희를 나타내기도 하여, 이렇게 가지가지로 중생을 성숙하게 하였다.

[疏] 第二, 作是念時下는 明見敬咨問이라 於中에 二니 初, 見友依正이라 於空에 見者는 城表敎道요 空表證道니 宗說兼通이 如日處空故라 服朱衣者는 證智明顯故라 法門星象이 不離一身이 如體요 化生作用이 不離一毛之性이라

■ (나) 作是念時 아래는 만나서 공경을 표하고 법문을 물음을 밝힘이다. 그중에 둘이니 ㄱ. 선지식의 의보와 정보를 봄이니 '허공에서 보

는 것'은 성(城)은 교도(教道)를 표하고 허공은 중도(證道)를 표하나니 종통(宗通)과 설통(說通)을 겸한 것은 마치 태양이 하늘에 떠 있는 것과 같은 연고며, '붉은 옷을 입은 것'은 증도의 지혜가 밝게 나타난 연고며, 법문의 별빛 형상이 한 몸을 여의지 않음이 체성과 같고, 중생을 교화하는 작용이 한 터럭의 성품을 여의지 않는다.

ㄴ. 공경을 베풀고 법문을 묻다[設敬諮問] (二善 32上9)

善財童子가 見聞此已하고 心大歡喜하여 以身投地하여 禮夜神足하고 遶無數帀하고 於前合掌하여 而作是言하되 聖者여 我已先發阿耨多羅三藐三菩提心하니 我心冀望依善知識하여 護諸如來功德法藏하노니 唯願示我一切智道하소서 我行於中하여 至十力地하리이다

선재동자는 이런 일을 보기도 하고 듣기도 하고는 매우 기뻐서 땅에 엎드려 밤 맡은 신의 발에 절하고 수없이 돌고 합장하고 말하였다. "거룩하신 이여, 저는 이미 아눗다라삼약삼보디심을 내었나이다. 저는 선지식을 의지하여 여래의 공덕과 법장을 보호하려 하오니, 바라옵건대 저에게 온갖 지혜에 이르는 길을 보여 주소서. 그 길로 행하여 열 가지 힘의 지위에 이르고자 하나이다."

[疏] 二, 善財童子見聞下는 設敬諮問이니라
- ㄴ. 善財童子見聞 아래는 공경을 베풀고 법문을 물음이다.

[鈔] 宗說兼通者는 前已引竟하니 卽楞伽意라 故로 彼第三經에 云, 佛告大慧하사대 三世如來가 有二種法通하니 謂說通과 及自宗通이라 說通者는 謂隨衆生心之所應하여 爲說種種契經을 是名說通이요 自宗通者는 謂修行者가 離自心現種種妄想이니 謂不墮一異俱不俱品하여 超度一切心意意識하여 自覺聖境이 離因成見相[97]故라 一切外道와 聲聞緣覺이 墮二邊者의 所不能知니 我說是名自宗通法이라하니라 釋曰, 謂初了唯心이요 謂不墮下는 境界則滅이요 超度一切下는 能取亦無요 自覺聖下는 正悟自心이 不由他悟하여 離三量成일새 故離因成이니라 一切外道下는 對他顯勝이라 經에 結勸云하사대 是名自宗通과 及說通相이니 汝及餘菩薩摩訶薩이 應當修學이라하시고 偈에 云, 謂我二種通은 宗通과 及言說이니 說者는 授童蒙이요 宗은 爲修行者라하니라 釋曰, 而前에 引竟커늘 今復重說者는 前은 約證者能說일새 故先明宗通이요 今은 約從敎修證일새 故先明說通이니라 亦前은 從根本하여 起後得이요 今은 從加行에 入根本耳니 文小異故니라 第一은 疏中에 已[98]引前文하고 今復引後니 古人이 云, 說通宗不通은 如日被雲蒙이요 宗通說亦通은 如日處虛空이라하니라

法門星象下는 此中에 法喩雙辨이니 一身으로 以表如體요 星象으로 以表法門이니 星象이 不離一身은 猶[99]法門이 不離如體라 下對도 亦然이라 敎化는 表於大用이요 毛孔은 以況眞性이니라

● '종통(宗通)과 설통(說通)을 겸한다'는 것은 앞에 이미 인용하여 마쳤으니, 곧 능가경의 주장이다. 그러므로 저 『4권 능가경』 제3권에 이르되, "삼세의 여래에게 두 가지의 법에 통달함이 있으니, 설통(說通)

---

97) 見相은 甲南續金本無, 經原本有라 하다.
98) 已는 南續金本無라 하다.
99) 猶는 南續金本作顯이라 하다.

과 종통(宗通)이다. 설통이란 중생들의 마음에 따라 알맞게 갖가지 계경을 말해 주는 것이니, 이를 설통이라 이름한다. 종통이란 수행자가 자기 마음에서 나타난 온갖 망상을 여읜 것이다. 말하자면 같다거나 다르다거나 함께한다거나 함께하지 않는 등에 치우치지 않고 모든 마음과 뜻[意]과 의식(意識)을 초월하여 건너는 것을 말한다. 자각성지(自覺聖智)의 경계는 인(因)으로 이루어진 견분(見分)과 상분(相分)을 여의니, 모든 외도나 성문, 연각 같은 두 가지 견해에 치우친 사람이 알 수 있는 경계가 아니다. 나는 이를 종통의 법이라고 이름한다"라고 하였다. 해석하자면 이른바 첫 구절은 오직 마음인 것을 깨달음이요, 謂不墮 아래는 경계가 멸함이요, 超度一切 아래는 취하는 주체도 없으며, 自覺聖 아래는 자기 마음을 바로 깨달음의 뜻이다. 다른 이가 깨달음을 말미암지 않아서 세 가지 헤아림을 여의고, 성취하는 연고로 원인을 여의고 성취함이요, 一切外道 아래는 다른 것을 상대하여 뛰어남을 밝힘이다. 경문에서 결론적으로 권하여 말하되, "대혜여, 이를 종통과 설통의 모습이라고 이름하나니, 너를 비롯한 나머지 보살들은 반드시 배우고 익혀야 한다"라고 하였다. 게송으로 이르되, "내가 설하는 두 가지 통달이란, 종통과 언설이다. 설통은 동몽(童蒙)을 가르치기 위한 것이고, 종통은 수행자를 위한 것이다"라 하였다. 해석하자면 앞에서 인용해 마치고 지금 다시 거듭 설하는 것이니, 앞은 증득한 이가 잘 설함을 잡은 연고로 먼저 종통을 밝혔고, 지금은 가르침으로부터 수행하여 증득함을 잡은 연고로 먼저 설통을 밝힌 것이다. 또한 앞은 근본지로부터 후득지가 시작됨이요, 지금은 가행지(加行智)로부터 근본지에 들어간 것일 뿐이다. 경문이 조금 다른 연고로 제1권의 소문에는 앞의 경문을 인용하였고, 지금은 다시 뒷부분을 인용할 적에 옛 사람이 이르되, "설법에는 통하지만 종지에 불통하면 구름에 해 가리듯 흐릿함이요, 종지에도 통하고 설법에도 두루 통하면 마치 파아란 하늘에 떠 있는 햇살과 같구나"라고 하였다.

法門星象 아래는 이 가운데 법과 비유를 함께 밝힘이니, 한 몸으로 진여의 체성을 표하고 별빛 형상으로 법문을 표하였다. 별빛 형상이 한 몸을 여의지 않은 것이 마치 법문이 진여의 체성을 여의지 않은 것과 같다. 아래 대구도 마찬가지이니 교화함은 큰 작용을 표함이요, 털구멍은 참된 성품에 비교한 내용이다.

(다) 선재동자를 칭찬하고 법문을 설해 주다[稱讚授法] 2.

ㄱ. 선재동자를 칭찬하다[稱讚]
ㄴ. 자신의 법계를 설해 주다[授己法界] 3.
ㄱ) 명칭과 체성을 표방하다[標名體] (第三 33下4)

時에 彼夜神이 告善財言하시되 善哉善哉라 善男子여 汝能深心으로 敬善知識하여 樂聞其語하고 修行其敎하니 以修行故로 決定當得阿耨多羅三藐三菩提하리라 善男子여 我得菩薩破一切衆生癡暗法光明解脫이라

그때 그 밤 맡은 신이 선재에게 말하였다. "좋고 좋다. 착한 남자여, 그대는 깊은 마음으로 선지식을 공경하여 그 말을 듣고 가르치는 대로 수행하나니, 수행하는 연고로 결정코 아뇩다라삼먁삼보디를 얻으리라. 착한 남자여, 나는 <보살

의 모든 중생의 어둠을 깨뜨리는 법 광명의 해탈〉을 얻었 노라.

[疏] 第三, 時彼夜神下는 稱讚授法이라 中에 二니 初, 稱讚이라 後, 善男子我得下는 授己法界라 於中에 三이니 一, 標名體요 二, 顯業用이요 三, 得法久近이라 今初에 一切衆生癡闇者는 卽所破二愚요 法光明者는 卽是能破二無我智니라 又破衆生暗은 爲悲요 法光明은 是智니 悲智具故니라

■ (다) 時彼夜神 아래는 선재동자를 칭찬하고 법문을 설해 줌이다. 그 중에 둘이니 ㄱ. 선재동자를 칭찬함이요, ㄴ. 善男子我得 아래는 자신의 법계를 설해 줌이다. 그중에 셋이니 ㄱ) 명칭과 체성을 표방함이요, ㄴ) 업과 작용을 밝힘이요, ㄷ) 법을 깨달은 역사이다. 지금은 ㄱ)이니 '모든 중생의 어둠'이란 곧 깨뜨려야 할 두 가지 어리석음이요, '법의 광명'이란 곧 타파하는 주체의 두 가지 내가 없는 지혜이다. 또한 중생의 어둠을 타파함으로 자비를 삼고 법의 광명은 지혜이니 자비와 지혜를 갖춘 까닭이다.

[鈔] 其二愚와 二無我等은 並如地品이니라

● '그 두 가지 어리석음과 두 가지 내가 없는' 등은 함께 제26.십지품의 내용과 같다.

ㄴ) 업과 작용을 밝히다[明業用] 2.
(ㄱ) 장항으로 밝히다[長行] 2.
a. 중생 구제할 마음을 일으키다[興救物心] (二我 37上6)

善男子여 我於惡慧衆生에 起大慈心하며 於不善業衆生에 起大悲心하며 於作善業衆生에 起於喜心하며 於善惡二行衆生에 起不二心하며 於雜染衆生에 起令生淸淨心하며 於邪道衆生에 起令生正行心하며 於劣解衆生에 起令興大解心하며 於樂生死衆生에 起令捨輪轉心하며 於住二乘道衆生에 起令住一切智心이니 善男子여 我以得此解脫故로 常與如是心으로 共相應하노라

착한 남자여, 나는 (1) 나쁜 꾀를 가진 중생에게는 크게 인자한 마음을 일으키고, (2) 착하지 못한 업을 짓는 중생에게는 크게 가엾이 여기는 마음을 일으키고, (3) 착한 업을 짓는 중생에게는 기뻐하는 마음을 일으키고, (4) 착하고 나쁜 두 가지 행을 하는 중생에게는 둘이 아닌 마음을 일으키고, (5) 잡되고 물든 중생에게는 깨끗함을 내게 하는 마음을 일으키고, (6) 삿된 길로 가는 중생에게는 바른 행을 내게 하는 마음을 일으키고, (7) 용렬한 이해를 가진 중생에게는 큰 이해를 내게 하는 마음을 일으키고, (8) 생사를 좋아하는 중생에게는 바퀴 돌기를 버리게 하는 마음을 일으키고, (9) 이승의 길에 머문 중생에게는 온갖 지혜에 머물게 하는 마음을 일으키노라. 착한 남자여, 나는 이 해탈을 얻었으므로 항상 이런 마음과 서로 응하느니라."

[疏] 二, 我於惡慧下는 明業用이라 中에 二니 先, 長行이요 後, 偈頌이라 前中에 二니 先, 興救物之心이요
■ ㄴ) 我於惡慧 아래는 업과 작용을 밝힘이다. 그중에 둘이니 (ㄱ) 장

항으로 밝힘이요, (ㄴ) 게송으로 노래함이다. (ㄱ) 중에 둘이니 a. 중생 구제할 마음을 일으킴이요,

b. 인연을 상대하여 구제하고 포섭하다[對緣救攝] 2.
a) 총합 설명하다[總明] (二我 37上7)
b) 개별로 밝히다[別顯] 9.
(a) 바다에 빠진 중생을 구제하다[救海難衆生] (經/爲海)

善男子여 我於夜暗人靜하여 鬼神盜賊과 諸惡衆生의 所遊行時와 密雲重霧하며 惡風暴雨로 日月星宿가 並皆昏蔽하여 不見色時에 見諸衆生이 若入於海어나 若行於陸하여 山林曠野諸險難處에 或遭盜賊하며 或乏資糧하며 或迷惑方隅하며 或忘失道路하여 惶惶憂怖하여 不能自出하면 我時에 卽以種種方便으로 而救濟之하나니라
爲海難者하여 示作船師와 魚工馬王과 龜王象王과 阿修羅王과 及以海神하여 爲彼衆生하여 止惡風雨하고 息大波浪하여 引其道路하며 示其洲岸하여 令免怖畏하여 悉得安隱하고 復作是念하되 以此善根으로 廻施衆生하여 願令捨離一切諸苦하나니라

"착한 남자여, 나는 밤이 깊고 사람이 고요하여 귀신과 도둑과 나쁜 중생들이 쏘다닐 때에나, 구름이 끼고 안개가 자욱하고 태풍이 불고 악수가 퍼붓고 해와 달과 별빛이 어두워 지척을 분별 못할 때에, 중생들이 바다에 들어가거나, 육지에 다니거나, 산림 속에나, 거친 벌판에나, 험난한 곳에서

도둑을 만나거나, 양식이 떨어졌거나, 방향을 모르거나, 길을 잃었거나 해서, 놀라고 황급하여 벗어나지 못하는 이를 보고는 내가 그때에 가지가지 방편으로 구제하여 주노라. (a) 바다에서 헤매는 이에게는 뱃사공이 되고 큰 고기·큰 말·큰 거북·큰 코끼리·아수라나 바다 맡은 신장이 되어, 그 중생을 위하여 폭풍우가 멎고 파도가 가라앉게 하고, 길을 인도하여 섬에나 언덕을 보여 주어 공포에서 벗어나 편안하게 하고, 또 생각하기를 '이 착한 뿌리를 중생에게 회향하여 모든 괴로움을 여의게 하여지이다' 하느니라."

[疏] 二, 我於夜暗下는 正明對緣救攝이라 於中에 十門이니 初一, 總明이요 爲海難下는 別顯이라 今初에 有四種하니 一, 夜等은 爲救時요 二, 海等은 爲救處요 三, 遭盜等은 爲所救요 四, 種種方便은 爲能救니라 後, 九門別顯中에 文皆有二하니 先, 救世苦하여 令得世樂이요 後, 以廻向大願하여 令其로 究竟離苦得樂이라 九中에 一, 救海難衆生이요

■ b. 我於夜暗 아래는 인연을 상대하여 구제하고 포섭함이다. 그중에 열 문이니 a) 한 구절은 총합 설명함이요, b) 爲海難 아래는 개별로 밝힘이다. 지금은 a)에 네 가지가 있으니 (1) 야신 등은 구제를 위한 때요, (2) 바다 등은 구제를 위한 장소요, (3) 도둑을 만나거나 등은 구제할 대상이 됨이요, (4) 갖가지 방편은 구제하는 주체가 됨이다. b) 아홉 문을 개별로 밝힘 중에 경문은 모두 둘이 있으니 (1) 세간의 고통을 구제하여 세간의 즐거움을 얻게 함이요, (2) 큰 원을 회향함은 그로 하여금 끝까지 성취하게 하여 고통을 여의고 즐거움을 얻음

이다. 아홉 가지 중에, (a) 바다에 빠진 중생을 구제함이요,

(b) 육지에 사는 중생을 구제하다[救處陸衆生] (二爲 37下2)
(c) 구해도 얻지 못하는 중생을 구제하다[救求不得衆生] (三一)

爲在陸地一切衆生이 於夜暗中에 遭恐怖者하여 現作日月과 及諸星宿과 晨霞夕電의 種種光明하며 或作屋宅하며 或爲人衆하여 令其得免恐怖之厄하고 復作是念하되 以此善根으로 廻施衆生하여 悉令除滅諸煩惱暗하니라 一切衆生이 有惜壽命이어나 有愛名聞이어나 有貪財寶어나 有重官位어나 有着男女어나 有戀妻妾하되 未稱所求하여 多生憂怖하면 我皆救濟하야 令其離苦하며 爲山行險而留難者하여 爲作善神하여 現形親近하고 爲作好鳥하여 發音慰悅하고 爲作靈藥하여 舒光照耀하며 示其果樹하고 示其泉井하고 示正直道하고 示平坦地히여 令其免離一切憂厄하며 爲行曠野稠林險道에 藤蘿所冐과 雲霧所暗으로 而恐怖者하여 示其正道하여 令得出離하고 作是念言하되 願一切衆生이 伐見稠林하고 截愛羅網하며 出生死野하고 滅煩惱暗하며 入一切智平坦正道하고 到無畏處畢竟安樂이라하라

(b) 육지에 다니는 중생들이 참참한 밤에 무서운 일을 당했을 적에는 해나 달, 별이나 새벽 노을, 저녁 번개나 갖가지 광명이 되기도 하며, 집이 되고 여러 사람이 되기도 하여 위태한 액난을 면하게 하고, 또 생각하기를 '이 착한 뿌리를

중생에게 회향하여 모든 번뇌의 어두움을 멸하여지이다' 하느니라.

(c) 모든 중생으로서 목숨을 아끼거나 명예를 사랑하거나 재물을 탐하거나 벼슬을 소중히 여기거나 이성에게 애착하거나 처첩을 그리워하거나, 구하는 일을 이루지 못하고 근심하는 이들을 내가 모두 구제하여 괴로움을 여의게 하느니라. 험한 산악 지대에서 조난당한 이에게는 착한 신장이 되어 나타나서 친근하기도 하고, 좋은 새가 되어 아름다운 소리로 위로하기도 하며, 신기한 약초가 되어 빛을 내어 비춰 주기도 하고, 과실나무를 보여 주고 맑은 샘을 보여 주고 지름길을 보여 주고 평탄한 곳을 보여 주어 모든 액난을 면하게 하느니라. 거친 벌판에나 빽빽한 숲속에나 험난한 길을 다니다가, 덩굴에 얽히었거나 안개에 싸여 두려워하는 이에게는 바른 길을 지도하여 벗어나게 하고, 또 생각하기를 '모든 중생이 삿된 소견의 숲을 베며 애욕의 그물을 찢고, 생사의 벌판에서 뛰어나오며 번뇌의 어둠을 멸하고, 온갖 지혜의 평탄한 길에 들어서서 공포가 없는 곳에 이르러 끝까지 안락하게 하여지이다' 하느니라.

[疏] 二, 爲在陸地下는 救處陸衆生이요 三, 一切衆生下는 救求不得과 及行山險衆生이요
- (b) 爲在陸地 아래는 육지에 사는 중생을 구제함이요, (c) 一切衆生 아래는 구해도 얻지 못하는 중생과 험한 산길 가는 중생을 구제함이요,

(d) 국토에 애착하는 중생을 구제하다[救樂國土衆生] (四救 37下4)
(e) 고향 마을을 탐착하는 중생을 구제하다[救求著聚落衆生] (五救)

善男子여 若有衆生이 樂着國土하여 而憂苦者면 我以方便으로 令生厭離하고 作是念言하되 願一切衆生이 不着諸蘊하고 住一切佛薩婆若境이라하라
善男子여 若有衆生이 樂着聚落하고 貪愛宅舍하여 常處黑暗하여 受諸苦者하면 我爲說法하여 令生厭離하며 令法滿足하며 令依法住하고 作是念言하되 願一切衆生이 悉不貪樂六處聚落하고 速得出離生死境界하여 究竟安住一切智城이라하라

(d) 착한 남자여, 어떤 중생이 국토에 애착하여 근심하는 이에게는, 나는 방편을 베풀어 염증을 내게 하고, 또 원하기를 '모든 중생들이 오온에 애착하지 말고 모두 부처님의 살바야 경지에 머무르게 하여지이다' 하느니라.

(e) 착한 남자여, 어떤 중생이 고향 마을을 사랑하고 집에 탐착하느라고 어둠 속에서 항상 괴로움을 받는 이에게는, 나는 법을 말하여 싫증을 내고 법에 만족하며 법에 의지하여 있게 하고, 또 생각하기를 '모든 중생이 여섯 군데 마을에 탐착하지 말고 생사하는 경지에서 빨리 벗어나 끝까지 온갖 지혜의 성에 머물러지이다' 하느니라.

[疏] 四, 救樂國土衆生이요 五, 救着聚落衆生이요
■ (d) 국토에 애착하는 중생을 구제함이요, (e) 고향 마을을 탐착하는

중생을 구제함이요,

(f) 캄캄한 밤길 가는 중생을 구제하다[救闇夜衆生] (六救 37下4)
(g) 번뇌에 물든 중생을 구제하다[救惑業衆生] (七是)

善男子여 若有衆生이 行暗夜中에 迷惑十方하여 於平坦路에 生險難想하고 於險難道에 起平坦想하며 以高爲下하고 以下爲高하여 其心迷惑하여 生大苦惱하면 我以方便으로 舒光照及하여 若欲出者어든 示其門戶하며 若欲行者어든 示其道路하며 欲度溝洫이어든 示其橋梁하며 欲涉河海어든 與其船筏하며 樂觀方者어든 示其險易安危之處하며 欲休息者어든 示其城邑水樹之所하고 作是念言하되 如我於此에 照除夜暗하여 令諸世事로 悉得宣敍인달하여 願我普於一切衆生生死長夜無明暗處에 以智慧光으로 普皆照了라하라

是諸衆生이 無有智眼하여 想心見倒之所覆翳로 無常에 常想하며 無樂에 樂想하며 無我에 我想하며 不淨에 淨想하여 堅固執着我人衆生과 蘊界處法하여 迷惑因果하고 不識善惡하여 殺害衆生하며 乃至邪見으로 不孝父母하고 不敬沙門과 及婆羅門하며 不知惡人하고 不識善人하며 貪着惡事하고 安住邪法하며 毁謗如來하고 壞正法輪하며 於諸菩薩에 呰辱傷害하고 輕大乘道하여 斷菩提心하며 於有恩人에 反加殺害하고 於無恩處에 常懷怨結하며 毁謗賢聖하고 親近惡伴하며 盜塔寺物하고 作五逆罪

하여 不久當墮三惡道處어든 願我速以大智光明으로 破彼衆生의 無明黑暗하여 令其疾發阿耨多羅三藐三菩提心하고 旣發心已에 示普賢乘하여 開十力道하며 亦示如來法王境界하며 亦示諸佛一切智城과 諸佛所行과 諸佛自在와 諸佛成就와 諸佛總持와 一切諸佛共同一身과 一切諸佛平等之處하여 令其安住케하라

(f) 착한 남자여, 어떤 중생이 캄캄한 밤길을 가다가 방위를 잘못 알아, (1) 평탄한 길에는 험난한 생각을 내고, 위험한 길에는 평탄한 생각을 내며, (2) 높은 데를 낮다 하고 낮은 데를 높다 하여, (3) 마음이 흘리어 크게 고생하는 이에게는, 나는 좋은 방편으로 광명을 비추어서, (4) 나가려는 이는 문을 보여 주고 다니려는 이는 길을 가리키고, (5) 내를 건너려는 이는 다리를 보여 주고, (6) 강을 건너려는 이는 배를 주며, (7) 방향을 살피는 이에게는 험하고 평탄함과 위태하고 편안한 곳을 일러 주고, (8) 쉬어 가려는 이에게는 도시와 마을과 물과 숲을 가리켜 주고, 또 생각하기를 '내가 여기서 (9) 캄캄한 밤을 밝혀 주어 세상의 모든 일을 편하게 하듯이, (10) 모든 중생에게 생사의 캄캄한 밤과 무명의 어두운 데를 지혜의 광명으로 두루 비추게 하여지이다' 하느니라.

(g) 모든 중생들이 (1) 지혜의 눈이 없고 허망한 생각과 뒤바뀐 소견에 덮이어서, (2) 무상한 것을 항상하다 생각하고, (3) 낙이 없는 것을 즐겁다 생각하고, (4) <나>가 아닌 것을 <나>라 생각하고, (5) 부정한 것을 깨끗하다 생각하며

(6) 내다 사람이다 중생이다라는 고집과 오온·12처·18계의 법에 굳이 집착하여, 원인과 과보를 모르고 착하고 나쁜 것을 알지 못하며, (7) 중생을 살해하고 내지 잘못된 소견을 가지며, (8) 부모에게 불효하고 사문과 바라문을 공경하지 않으며, (9) 악한 사람·선한 사람을 알지 못하고 나쁜 짓을 탐하고 삿된 법에 머물며, (10) 여래를 훼방하고 바른 법륜을 파괴하는 이들과, (11) 보살들을 훼방하고 해롭게 하며 대승을 업신여기고 보리심을 끊으며, (12) 신세진 이에게는 도리어 상해하고 은혜 없는 곳에는 원수로 생각하며, (13) 성현을 비방하고 나쁜 사람을 친근하며, (14) 절이나 탑의 물건을 훔치고 오역죄를 지으며, (15) 오래지 않아서 세 가지 나쁜 길에 떨어질 이들을 '원컨대 내가 지혜의 광명으로 중생의 캄캄한 무명을 깨뜨리고, 빨리 아눗다라삼먁삼보리심을 내게 하여지이다' 하느니라.

발심한 뒤에는 보현의 법을 보여 주고 열 가지 힘을 일러 주며, 여래 법왕의 경계를 보이고 부처님의 온갖 지혜의 성을 보이며, 부처님의 수행과 부처님의 자재와 부처님의 성취와 부처님의 다라니와 모든 부처의 한결같은 몸과 모든 부처의 평등한 곳을 보여서 그들을 편안히 머물게 하느니라.

[疏] 六, 救暗夜衆生이요 七, 是諸衆生無有智下는 救惑業衆生이요
- (f) 캄캄한 밤길 가는 중생을 구제함이요, (g) 是諸衆生無有智 아래는 번뇌에 물든 중생을 구제함이요,

(h) 여덟 가지 고통에 빠진 중생을 구제하다[救八苦衆生] (八或 37下5)
(i) 나쁜 소견 가진 중생을 구제하다[救惡見衆生] (九入)

善男子여 一切衆生이 或病所纏이어나 或老所侵이어나 或苦貧窮이어나 或遭禍難이어나 或犯王法하여 臨當被刑에 無所依怙하여 生大怖畏어든 我皆救濟하여 使得安隱하고 復作是念하되 願我以法으로 普攝衆生하여 令其解脫一切煩惱와 生老病死와 憂悲苦患하며 近善知識하여 常行法施하고 勤行善業하여 速得如來淸淨法身하여 住於究竟無變易處라하라
善男子여 一切衆生이 入見稠林하여 住於邪道하며 於諸境界에 起邪分別하며 常行不善身語意業하며 妄作種種諸邪苦行하며 於非正覺에 生正覺想하며 於正覺所에 非正覺想하여 爲惡知識之所攝受하여 以起惡見하여 將墮惡道어든 我以種種諸方便門으로 而爲救護하야 令住正見하여 生人天中하고 復作是念하되 如我救此將墜惡道諸衆生等하여 願我普救一切衆生하여 悉令解脫一切諸苦하며 住波羅蜜出世聖道하여 於一切智에 得不退轉하며 具普賢願하여 近一切智하되 而不捨離諸菩薩行하고 常勤敎化一切衆生이라하라

(h) 착한 남자여, 모든 중생이 병에 불들리기도 하고 늙음에 시달리기도 하며 빈궁에 쪼들리기도 하고 화난을 만나기도 하며 국법을 범하고 형벌을 받게 될 적에, 믿을 데 없어 매우 두려워하는 이들을 내가 구제하여 편안하게 하고,

다시 생각하기를 '내가 법으로써 중생들을 포섭하여 모든 번뇌와 나고 늙고 병들고 죽는 일과 근심 · 걱정 · 고통에서 해탈하게 하며, 선지식을 가까이 뵙고 법 보시를 항상 행하고 착한 업을 부지런히 지으며, 여래의 청정한 법의 몸을 얻어 필경까지 변천하지 않는 자리에 머물러지이다' 하노라. (i) 착한 남자여, 모든 중생이 (1) 소견인 숲에 들어가 삿된 길에 머물며, (2) 여러 경계에 잘못된 분별을 내며, (3) 착하지 않은 몸의 업 · 말의 업 · 뜻의 업을 행하고 갖가지 잘못된 고행을 부질없이 지으며, (4) 바른 깨달음이 아닌데 바른 깨달음이라 생각하고, (5) 바른 깨달음에 바른 깨달음이 아니라 생각하며, (6) 나쁜 동무에게 붙들리어 나쁜 소견을 내고 나쁜 길에 떨어지게 되는 것을 여러 가지 방편으로 구호하여 바른 소견에 들어서 인간이나 천상에 나게 하노라. (7) 그리고 다시 생각하기를 '내가 이 나쁜 길에 떨어질 중생을 구원하는 것처럼, 모든 중생을 널리 구원하여 온갖 괴로움에서 해탈하고 바라밀다인 세상에서 벗어나는 성인의 도에 머물러서, (8) 온갖 지혜에서 물러나지 않게 하며, (9) 보현의 서원을 갖추어 온갖 지혜에 가까워지며, (10) 보살의 행을 버리지 않고 부지런히 모든 중생을 교화하게 하여지이다' 하노라.

[疏] 八, 或病所纏下는 救八苦衆生이요 九, 入見稠林下는 救惡見衆生이니 文並이면 可知니라

- (h) 或病所纏 아래는 여덟 가지 고통에 빠진 중생을 구제함이요, (i)

入見稠林 아래는 나쁜 소견 가진 중생을 구제함이니, 경문과 함께하면 알 수 있으리라.

(ㄴ) 게송으로 노래하다[偈頌] 4.
a. 법문의 명칭과 체성[法門名體] (二偈 38下10)

爾時에 婆珊婆演底主夜神이 欲重宣此解脫義하사 承佛神力하여 觀察十方하고 爲善財童子하여 而說頌曰하시되[100]
이때 바산바연저주야신이 이 해탈의 뜻을 다시 펴려고, 부처님의 신통한 힘을 받잡고 시방을 관찰하며 선재동자에게 게송을 말하였다.

我此解脫門이　　　　生淨法光明하여
能破愚癡暗하나니　　待時而演說이로라
내가 얻은 이 해탈문이
깨끗한 법의 광명을 내어
캄캄한 어두움을 깨뜨리고
때를 기다려 연설하노라.

[疏] 二, 偈頌이라 中에 二十一頌을 分四니 初, 一頌은 法門名體요
■ (ㄴ) 게송으로 노래함이다. 그중에 21개 게송을 넷으로 나누리니 a. 한 게송은 법문의 명칭과 체성이요,

---

100) 日은 宮合源續金本作言, 麗明淸綱杭鼓纂本作日, 宋元準弘昭作言, 準大正作言.

b. 인행으로 수행하기 권함을 거론하다[擧因勸修] (二有 38下10)

    我昔無邊劫에　　　　　　　勤行廣大慈하여
    普覆諸世間하니　　　　　　佛子應修學이어다
    내가 옛날 그지없는 세월에
    넓고 큰 인자함을 행하여
    여러 세간 두루 덮었으니
    불자들은 닦아 배우라.

    寂靜大悲海가　　　　　　　出生三世佛하여
    能滅衆生苦니　　　　　　　汝應入此門이어다
    고요하고 가엾이 여기는 바다가
    세 세상 부처를 내어
    중생의 고통 멸하나니
    그대들 이 문에 들어가라.

    能生世間樂하며　　　　　　亦生出世樂하여
    令我心歡喜니　　　　　　　汝應入此門이어다
    세간의 낙도 내고
    출세간의 낙도 내어
    내 마음 즐겁게 하나니
    그대들 이 문에 들어가라.

    旣捨有爲患하고　　　　　　亦遠聲聞果하여

淨修諸佛力이니 　　　　　汝應入此門이어다
함이 있는 근심 버리고
성문의 과도 멀리 하며
부처의 힘 깨끗이 닦나니
그대들 이 문에 들어가라.


[疏] 二, 有四頌은 擧因勸修니 卽四無量이요

- b. 네 게송이 있나니, 인행을 거론하여 수행하기 권함이니 곧 사무량심이요,


c. 과덕으로 들어가게 함을 밝히다[顯果令入] (三有 39上1)

我目甚淸淨하여 　　　　普見十方刹하고
亦見其中佛이 　　　　　菩提樹下坐하사
나의 눈 매우 청정해서
시방세계를 모두 보고
그 세계의 부처님이
보리수 아래 앉으심도 보노니


相好莊嚴身으로 　　　　無量衆圍遶하여
一一毛孔內에 　　　　　種種光明出하며
잘생긴 몸매로 몸을 장엄하고
한량없는 대중이 둘러 있는데
털구멍에서

가지각색 광명을 내네.

見諸群生類가 　　　　　　死此而生彼하여
輪廻五趣中하여 　　　　　常受無量苦하노라
또 모든 중생들은
여기서 죽어 저기에 나고
다섯 길로 헤매면서
한량없는 고통을 받더라.

我耳甚淸淨하여 　　　　　聽之無不及이라
一切語言海를 　　　　　　悉聞能憶持하며
나의 귀 매우 청정해
듣지 못하는 것이 없어
모든 말의 바다를
듣고 기억하고

諸佛轉法輪에 　　　　　　其聲妙無比어든
所有諸文字를 　　　　　　悉皆能憶持하노라
부처님들 법륜을 굴리는
그 음성 비길 데 없어
여러 가지 말과 글자를
모두 기억하노라.

我鼻甚淸淨하여 　　　　　於法無所礙하여

一切皆自在하니 　　　　　汝應入此門이어다
나의 코 매우 청정해
모든 법에 막힘이 없고
온갖 것에 자유자재하니
그대들 이 문에 들어가라.

我舌甚廣大하여 　　　　　淨好能言說하며
隨應演妙法하니 　　　　　汝應入此門이어다
나의 혀 매우 넓고 크고
청정하고 말을 잘하여
알맞게 묘한 법 말하니
그대들 이 문에 들어가라.

我身甚淸淨하여 　　　　　三世等如如로되
隨諸衆生心하여 　　　　　一切悉皆現하노라
나의 몸 매우 청정해서
세 세상이 모두 진여와 평등하나
중생의 마음을 따라
온갖 것을 모두 나타내노라.

我心淨無礙이 　　　　　　如空含萬象하여
普念諸如來하되 　　　　　而亦不分別하며
나의 마음 걸림 없이 청정해서
허공에 삼라만상 있는 듯하니

모든 여래를 생각하여도
그러나 분별하지 않노라.

了知無量刹과　　　　　一切諸心海와
諸根及欲樂하되　　　　而亦不分別하노라
한량없는 세계의
모든 마음들을
근성과 욕락 모두 알지만
그러나 분별하지 않노라.

[疏] 三, 有十頌은 顯果令入이니 卽六處殊勝이요
- c. 열 게송이 있는데, 과덕으로 들어가게 함을 밝힘이니 곧 여섯 장소가 뛰어남이요,

d. 업과 작용이 광대하다[業用廣大] (四有 39上2)

我以大神通으로　　　　震動無量刹하고
其身悉徧往하여　　　　調彼難調衆하노라
나의 큰 신통의 힘으로
한량없는 세계 진동하며
가지 못하는 데 없어서
억센 중생들 모두 다 조복하노라.

我福甚廣大가　　　　　如空無有盡하니

供養諸如來하며　　　　　饒益一切衆하노라
나의 복 엄청나게 커서
허공이 다하지 않는 듯
모든 여래를 공양하고
일체 중생을 이익하며

我智廣清淨하여　　　　　了知諸法海하며
除滅衆生惑이니　　　　　汝應入此門이어다
나의 지혜 넓고 청정해서
모든 법의 바다 분명히 알고
중생의 의혹 없애나니
그대들 이 문에 들어가라.

我知三世佛과　　　　　　及以一切法하며
亦了彼方便하니　　　　　此門徧無等이니라
나는 세 세상 부처들과
모든 법을 모두 알고
그 방편까지 아나니
이 문이 넓고 비길 데 없네.

一一塵中見　　　　　　　三世一切刹하며
亦見彼諸佛하니　　　　　此是普門力이니라
낱낱 티끌 속마다
세 세상 모든 세계를 보며

그 세계의 부처님 보니
이것은 넓은 문의 힘이네.

十方刹塵內에  悉見盧舍那가
菩提樹下坐하사  成道演妙法하노라
시방세계의 티끌 속마다
노사나 부처님이
보리수 밑에서 성도하고
법 연설함을 보네.

[疏] 四, 有六頌은 明業用廣大니라
■ d. 여섯 게송이 있으니, 업과 작용이 광대함을 밝힘이다.

ㄷ) 법을 깨달은 역사를 밝히다[明久近] 2.
(ㄱ) 두 가지 질문을 일으키다[興二問] (三得 40上5)

爾時에 善財童子가 白夜神言하되 汝發阿耨多羅三藐三菩提心이 爲幾時耶며 得此解脫이 其已久如한대 乃能如是饒益衆生이니잇고
이때 선재동자가 밤 맡은 신에게 여쭈었다. "당신께서 아뇩다라삼먁삼보리심을 낸 지는 얼마나 오래되었고 이 해탈은 언제 얻었사온대 이렇게 중생을 이익하게 하나이까?"

[疏] 三, 得法久近이라 中에 先, 興二問이라 後, 還兩答이라 答中에 有二하

니 先, 答發心時節이요 後, 答得法久近이라
- ㄷ) 법을 깨달은 역사를 밝힘이니 그중에 (ㄱ) 두 가지 질문을 일으 킴이요, (ㄴ) 돌아와서 두 가지에 대답함이다. (ㄴ) 대답함 중에 둘이 있으니 a. 발심한 시절을 대답함이요, b. 법을 깨달은 역사를 대답함이다.

(ㄴ) 돌아와서 두 가지에 대답하다[還兩答] 2.
a. 발심한 시절을 대답하다[答發心時節] 6.
a) 본사의 인연을 말하다[本事因緣] (今初 40上6)
b) 첫 부처님 출현을 잡아 발심하다[約初佛興] (二時)

其神答言하시되 善男子여 乃往古世에 過如須彌山微塵數劫하여 有劫하니 名寂靜光이요 世界는 名出生妙寶니 有五億佛이 於中出現이어시든 彼世界中에 有四天下하니 名寶月燈光이요 有城하니 名蓮華光이요 王名은 善法度니 以法施化하여 成就七寶하여 王四天下할새 王有夫人하니 名法慧月이라 夜久眠寐러니

時彼城東에 有一大林하니 名爲寂住요 林中에 有一大菩提樹하니 名一切光摩尼王莊嚴身이니 出生一切佛神力光明이러라 爾時에 有佛하니 名一切法雷音王이라 於此樹下에 成等正覺하사 放無量色廣大光明하사 徧照出生妙寶世界어시늘

밤 맡은 신이 대답하였다. "착한 남자여, 지나간 옛적 수미산 티끌 수 겁을 지나서 적정광이란 겁이 있었고, 묘한 보배

내는 세계가 있었는데, 5억 부처님이 그 세계에서 나셨느니라. 그 세계에 한 사천하가 있으니 이름이 보배 달 등빛이며, 성의 이름은 연꽃 빛이며, 그 성에 있는 임금의 이름은 선법도니라. 법으로 교화하여 일곱 보배를 성취하였고 사천하의 왕이 되었으며, 왕의 부인의 이름이 법혜월인데 밤이 깊도록 잠을 잤다.

이때 성의 동쪽에 적주라는 큰 숲이 있고, 그 숲에 큰 보리수가 있으니 이름이 일체광마니왕장엄이라, 그 나무에서 모든 부처님의 신통한 힘의 광명이 솟아 나오는데, 그때에 일체법뇌음왕 부처님이 그 보리수 아래서 등정각을 이루시고 한량없는 빛이 있는 광대한 광명을 놓아서 묘한 보배 내는 세계에 두루 비추었다.

c) 선지식의 권유로 발심하다[善友勸發] (三蓮 40上7)
d) 대승의 마음을 발하다[正發大心] (四令)
e) 옛과 지금을 결론하여 회통하다[結會古今] (五時)
f) 발심으로 이룬 이익[發心成益] (六我)


蓮華城內에 有主夜神하니 名爲淨月이라 詣王夫人法慧月所하여 動身瓔珞하여 以覺夫人하고 而告之言하되 夫人아 當知하라 一切法雷音王如來가 於寂住林에 成無上覺하시며 及廣爲說諸佛功德自在神力과 普賢菩薩所有行願하사 令王夫人으로 發阿耨多羅三藐三菩提意케하시니 供養彼佛과 及諸菩薩聲聞僧衆이어다하니

善男子여 時에 王夫人法慧月者가 豈異人乎아 我身이 是也니 我於彼佛所에 發菩提心하여 種善根故로 於須彌山微塵數劫에 不生地獄餓鬼畜生諸惡趣中하며 亦不生於下賤之家하며 諸根具足하여 無有衆苦하며 於天人中에 福德殊勝하여 不生惡世하며 恒不離佛과 及諸菩薩大善知識하고 常於其所에 種植善根하여 經八十須彌山微塵數劫토록 常受安樂하되 而未滿足菩薩諸根하라

연꽃 빛 성에 밤 맡은 신이 있었으니 이름이 깨끗한 달이라, 왕의 부인 법혜월에게 나아가 몸에 있는 영락을 흔들어 부인을 깨우고 말하기를 '부인이여, 일체법뇌음왕 여래가 적주 숲에서 위없는 깨달음을 이루시고, 부처님들의 공덕과 자유자재한 신통의 힘과 보현보살의 행과 원을 말씀하느니라' 하여 부인으로 하여금 아뇩다라삼먁삼보리심을 내어 부처님과 보살과 성문 대중에게 공양하게 하였느니라.

착한 남자여, 그때 왕의 부인 법혜월은 다른 사람이 아니라 이 몸이었느니라. 내가 그 부처님에게서 보리심을 내고 착한 뿌리를 심었으므로 수미산의 티끌 수 겁 동안에 지옥·아귀·축생들 나쁜 길에 태어나지 아니하고, 미천한 집에도 태어나지 아니하였으며, 모든 감관이 구족하고 고통이 없어 천상과 인간에서 복덕이 훌륭하였고, 나쁜 세상에 나지도 않으며 언제나 부처님과 보살과 큰 선지식을 떠나지 않고 그들의 계신 데서 착한 뿌리를 심었으며, 80수미산의 티끌 수 겁을 지내면서 안락을 받았지마는 보살의 근성을 만족하지 못하였느니라.

[疏] 今初에 有六하니 初, 總顯本事因緣이요 二, 時彼城東下는 明初佛興世요 三, 蓮華城內下는 善友勸發이요 四, 令王夫人下는 正發大心이요 五, 時王夫人下는 結會古今이요 六, 我於彼佛下는 發心成益이라

■ 지금은 a.에 여섯 과목이 있으니 a) 본사의 인연을 말함이요, b) 時彼城東 아래는 첫 부처님이 세상에 출현하심을 잡아 설명함이요, c) 蓮華城內 아래는 선지식의 권유로 발심함이요, d) 令王夫人 아래는 대승의 마음을 발함이요, e) 時王夫人 아래는 예와 지금을 결론하고 회통함이요, f) 我於彼佛 아래는 발심으로 이룬 이익이다.

b. 법을 깨달은 역사를 대답하다[答得法久近] 2.
a) 법을 깨달은 인연을 총합하여 밝히다[總顯因緣] (二過 41下6)

過此劫已하고 復過萬劫하여 於賢劫前에 有劫하니 名無憂徧照요 世界는 名離垢妙光이니 其世界中에 淨穢相雜이요 有五百佛이 於中出現하시니 其第一佛이 名須彌幢寂靜妙眼如來應正等覺이요 我爲名稱長者女하니 名妙慧光明이라 端正殊妙러니 彼淨月夜神이 以願力故로 於離垢世界一四天下妙幢王城中生하여 作主夜神하니 名淸淨眼이라 我於一時에 在父母邊하여 夜久眠息이러니 彼淸淨眼이 來詣我所하여 震動我宅하며 放大光明하고 出現其身하여 讚佛功德言하되 妙眼如來가 坐菩提座하사 始成正覺이라하고 勸喩於我와 及以父母와 幷諸眷屬하여 令速見佛이어늘 自爲前導하여 引至佛所하여 廣興供養할새

이러한 겁을 지내고 또 1만 겁을 지낸 뒤에 이 현겁 전에
근심 없이 두루 비추는 겁이 있었고, 그 세계는 이름이 때
여읜 묘한 빛이라. 그 세계는 깨끗하고 더러움이 서로 섞
이었으며, 5백 부처님이 나셨는데 그 첫째 부처님의 이름
은 수미당적정묘안여래·응공·정등각이었다. 나는 명칭
장자의 딸이 되었으니 이름이 묘한 지혜 광명인데 단정하
게 생겼었다. 저 깨끗한 달밤 맑은 신은 서원한 힘으로 때
여읜 세계의 어떤 사천하에서 묘당왕성에 태어나서 밤 맑
은 신이 되었으니 이름이 깨끗한 눈이었느니라. 나는 어느
때 부모의 곁에서 밤에 잠을 자는데, 그 깨끗한 눈 밤 맑은
신이 나에게 와서 나의 집을 흔들며 큰 광명을 놓고, 그 몸
을 나타내어 부처님의 공덕을 찬탄하였다. '묘안 여래가
보리좌에 앉아서 바른 깨달음을 이루셨다' 하고 나와 부모
와 권속들에게 권하여 빨리 가서 부처님을 뵈어라 하면서,
길을 인도하고 부처님 계신 데 가서 공양을 성대하게 하였
느니라.

[疏] 二, 過此劫已下는 答得法久近이라 於中에 二니 初, 總顯得法因緣이요
■ b. 過此劫已 아래는 법을 깨달은 역사를 대답함이다. 그중에 둘이니
　　a) 법을 깨달은 인연을 총합하여 밝힘이요,

b) 법을 깨달은 인연을 밝히다[正明得法] 3.
(a) 부처를 보고 중생을 조복하는 삼매를 얻다[得方便三昧] (後我 41下7)
(b) 중생의 어둠을 깨뜨리는 법 광명의 해탈문을 얻다[得此解脫] (次以)

(c) 업과 작용을 자세하게 밝히다[廣顯業用] (後得)

我纔見佛하고 卽得三昧하니 名出生見佛調伏衆生三世智光明輪이라 獲此三昧故로 能憶念須彌山微塵數劫하며 亦見其中諸佛出現하여 於彼佛所에 聽聞妙法하고 以聞法故로 卽得此破一切衆生暗法光明解脫하니 得此解脫已에 卽見其身이 徧往佛刹微塵數世界하며 亦見彼世界所有諸佛하며 又見自身이 在其佛所하며 亦見彼世界一切衆生하여 解其言音하며 識其根性하며 知其往昔에 曾爲善友之所攝受하여 隨其所樂하여 而爲現身하여 令生歡喜하니

我時於彼에 所得解脫이 念念增長하여 此心無間하며 又見自身이 徧往百佛刹微塵數世界하여 此心無間하며 又見自身이 徧往千佛刹微塵數世界하여 此心無間하며 又見自身이 徧往百千佛刹微塵數世界와 如是念念乃至不可說不可說佛刹微塵數世界하며 亦見彼世界中一切如來하며 亦自見身이 在彼佛所하여 聽聞妙法하고 受持憶念하여 觀察決了하며 亦知彼佛의 諸本事海와 諸大願海하여 彼諸如來가 嚴淨佛刹에 我亦嚴淨하며 亦見彼世界一切衆生하고 隨其所應하여 而爲現身하여 敎化調伏하니 此解脫門이 念念增長하여 如是乃至充滿法界하노라

나는 부처님을 뵈옵고 곧 삼매를 얻었으니 이름이 <부처를 보고 중생을 조복하는 세 세상 지혜의 광명을 내는 바퀴삼매>라. 이 삼매를 얻고는 수미산 티끌 수의 겁을 기억하며,

그동안에 부처님들이 나심을 보았고, 그 부처님이 묘한 법을 말씀함을 들었으며, 법을 들은 연고로 곧 <모든 중생의 어둠을 깨뜨리는 법 광명의 해탈>을 얻었느니라. 이 해탈을 얻고는 나의 몸이 부처 세계의 티끌 수 세계에 두루 이름을 보았으며, 저 세계에 있는 부처님들도 보고, 또 나의 몸이 그 부처님 계신 데 있음을 보았으며, 또 그 세계의 모든 중생을 보고 그 말을 알고 그 근성을 알고, 지난 옛적에 선지식의 거두어 주었음을 알았으며, 그들이 좋아하는 대로 몸을 나타내어서 그들을 기쁘게 하였느니라.

나는 그때 거기서 얻은 해탈이 잠깐잠깐 자랐으며, 그와 동시에 내 몸이 백 세계의 티끌 수 세계에 두루 간 것을 보았고, 또 동시에 내 몸이 천 세계의 티끌 수 세계에 두루 이름을 보고, 또 동시에 내 몸이 백천 세계의 티끌 수 세계에 이름을 보았으며, 이와 같이 잠깐잠깐에 말할 수 없이 말할 수 없는 세계의 티끌 수 세계에 이르렀고, 그런 세계의 모든 여래를 보았으며, 또 내 몸이 저 부처님들의 처소에서 법을 듣고 받아 지니고 기억하고 관찰하여 결정함을 보았노라.

또 그 부처님들의 예전에 나셨던 일과 큰 서원을 알았으며, 저 여래께서 세계를 깨끗이 장엄하였고 나도 장엄하였으며, 또 그 세계의 모든 중생을 보고 그들에게 알맞은 몸을 나타내어 교화하고 조복하였느니라. 이 해탈문이 잠깐잠깐 자라서 내지 법계에 가득하였느니라.

[疏] 後, 我纔見佛下는 正明得法이라 於中에 三이니 初, 得方便三昧니 謂

上見諸佛하고 下化衆生이라 次, 以聞法故下는 得此解脫이요 後, 得此解脫이요 已下는 廣顯業用이라

- b) 我纔見佛 아래는 법을 깨달은 인연을 밝힘이다. 그중에 셋이니 (a) (부처를 보고 중생을 조복하는) 방편삼매를 얻음이니 이른바 위로는 여러 부처님을 뵙고 아래로 중생을 교화함이요, (b) 以聞法故 아래는 (중생의 어둠을 깨뜨리는) 법 광명의 해탈문을 얻음이요, (c) 得此解脫已 아래는 (해탈문의) 업과 작용을 자세하게 밝힘이다.

(라) 자신은 겸양하고 뛰어난 분을 추천하다[謙己推勝] (第四 42上10)

善男子여 我唯知此菩薩破一切衆生暗法光明解脫이어니와 如諸菩薩摩訶薩은 成就普賢無邊行願하여 普入一切諸法界海하며 得諸菩薩金剛智幢自在三昧하며 出生大願하며 住持佛種하며 於念念中에 成滿一切大功德海하며 嚴淨一切廣大世界하며 以自在智로 敎化成熟一切衆生하며 以智慧日로 滅除一切世間暗障하며 以勇猛智로 覺悟一切衆生惛睡하며 以智慧月로 決了一切衆生疑惑하며 以淸淨音으로 斷除一切諸有執着하며 於一切法界一一塵中에 示現一切自在神力하며 智眼明淨하여 等見三世하나니 而我何能知其妙行이며 說其功德이며 入其境界며 示其自在리오

착한 남자여, 나는 다만 이 <보살이 모든 중생의 어둠을 깨뜨리는 법 광명의 해탈>을 알거니와, 저 보살마하살들이 보현의 그지없는 행과 원을 성취하고, 모든 법계 바다에 두루

들어가고, 보살들의 금강 지혜 당기인 자재한 삼매를 얻고, 큰 서원을 내고 부처의 종자에 머물러 있으며, 잠깐 동안에 모든 큰 공덕 바다를 이루고, 모든 광대한 세계를 깨끗이 장엄하고, 자유자재한 지혜로 모든 중생을 교화하여 성숙하게 하고, 지혜의 해로 모든 세간의 어둠을 멸하고, 용맹한 지혜로 모든 중생의 잠을 깨우고, 지혜의 달로 모든 중생의 의혹을 결단하고, 청정한 음성으로 모든 생사의 집착을 끊으며, 모든 법계의 낱낱 티끌마다 자유자재한 신통을 나타내고, 지혜의 눈이 깨끗하여 세 세상을 평등하게 보는 일이야 내가 어떻게 그 묘한 행을 알며, 그 공덕을 말하며, 그 경계에 들어가서 그 자재함을 보이겠는가?"

[疏] 第四, 謙推를 可知니라
■ (라) 자신은 겸양하고 뛰어난 분을 추천함은 알 수 있으리라.

(마) 다음 선지식을 지시하다[指示後友] (第五 42下5)

善男子여 此閻浮提摩竭提國菩提場內에 有主夜神하니 名普德淨光이라 我本從其發阿耨多羅三藐三菩提心일새 常以妙法으로 開悟於我하시니 汝詣彼問하되 菩薩이 云何學菩薩行이며 修菩薩道리잇고하라
"착한 남자여, 이 염부제 마갈제국 보리도량에 밤 맡은 신이 있으니 이름이 보덕정광이니라. 나는 본래 그에게서 아뇩다라삼약삼보리심을 내었고, 그가 항상 묘한 법으로 나

를 깨우쳐 주었느니라. 그대는 그에게 가서 '보살이 어떻게 보살의 행을 배우며 보살의 도를 닦느냐?'고 물으라."

[疏] 第五, 指示後友라 云菩提場內者는 得無誤犯하여 由契理故라 理卽菩提場이요 友名普德者는 最勝法界에 無德不具故라 淨光者는 正智證入하여 離誤犯之垢故라 卽前淨月일새 故云本從發心이니라

■ (마) 다음 선지식을 지시함이다. '보리도량 안에'라 말한 것은 잘못 범하는 것이 없음을 얻음이니 이치에 계합함을 말미암은 연고로 이치는 보리도량과 합치함이요, 선지식 명칭이 보덕(普德)인 것은 가장 뛰어난 법계에 덕을 갖추지 않음이 없는 까닭이다. '청정한 광명'이란 바른 지혜로 증득해 들어감의 뜻이니, 잘못 범하는 때를 여읜 까닭이며, 곧 앞의 '깨끗한 달[淨月]'인 연고로 '본래 발심한 이래로부터'라고 말하였다.

(바) 덕을 연모하여 예배하고 물러가다[戀德禮辭] 2.

ㄱ. 덕을 찬탄하다[讚德] 4.
ㄱ) 네 게송은 몸과 마음이 훌륭하다[身心超勝] (第六 43上10)

爾時에 善財童子가 向婆珊婆演底神하여 而說頌曰,
그때 선재동자는 바산바연저야신을 향하여 게송을 말하였다.

見汝淸淨身하니        相好超世間하사

如文殊師利며　　　　　亦如寶山王이로다
당신의 청정한 몸을 보니
좋은 모습 세간에 우뚝 뛰어나
문수사리보살도 같고
보배의 산과도 같네.

汝法身淸淨하여　　　三世悉平等이라
世界悉入中하니　　　成壞無所礙이로다
당신의 법의 몸 깨끗하여
세 세상에 모두 평등하고
세계들도 그 속에 들어가
성립되고 파괴됨이 걸림이 없으며

我觀一切趣에　　　　悉見汝形像하니
一一毛孔中에　　　　星月各分布로다
모든 태어나는 길을 보니
당신의 형상 모두 보겠고
하나하나의 털구멍 속에
별과 달이 각각 나뉘었으며

汝心極廣大하여　　　如空徧十方하니
諸佛悉入中하여　　　淸淨無分別이로다
당신의 마음 지극히 광대하여
허공처럼 시방에 두루하니

모든 부처님이 그 가운데 들어가도
청정하여 분별이 없네.


[疏] 第六, 爾時善財下는 戀德禮辭라 於中에 二니 先, 以偈讚으로 表戀
德之深이라 於中에 十偈를 分四니 初四는 讚身心超勝이요

■ (바) 爾時善財 아래는 덕을 연모하여 예배하고 물러감이다. 그중에
둘이니 ㄱ. 게송으로 찬탄함으로 덕을 연모함이 깊음을 표하였다.
그중에 열 게송을 넷으로 나누리니 ㄱ) 네 게송은 몸과 마음이 훌륭
함이요,

ㄴ) 세 게송은 큰 작용은 끝이 없다[大用無涯] (次三 43下1)

  一一毛孔內에    悉放無數光하사
  十方諸佛所에    普雨莊嚴具로다
  낱낱 털구멍마다
  무수한 광명을 놓아
  시방의 부처님 계신 데
  장엄거리를 널리 내리고


  一一毛孔內에    各現無數身하사
  十方諸國土에    方便度衆生이로다
  낱낱 털구멍마다
  무수한 몸을 나타내어
  시방의 모든 국토에

방편으로 중생을 제도하네.

一一毛孔內에  示現無量刹하사
隨諸衆生欲하여  種種令淸淨이로다
낱낱 털구멍마다
무수한 세계를 보이며
중생의 욕망 따라서
갖가지로 청정케 하네.

[疏] 次三은 明大用無涯요
■ ㄴ) 세 게송은 큰 작용은 끝이 없음을 밝힘이요,

ㄷ) 두 게송은 중생을 이익함은 헛되지 않다[益物不虛] (次二 43下2)

若有諸衆生이  聞名及見身하면
悉獲功德利하여  成就菩提道로다
어떤 중생이
이름 듣거나 몸만 보아도
모두 공덕을 얻어
보리를 성취하나니

多劫在惡趣라가  始得見聞汝라도
亦應歡喜受니  以滅煩惱故로다
오랜 세월 나쁜 길에 있다가

비로소 당신 보며
환희하게 받자올지니
번뇌를 멸하는 까닭이로다.

[疏] 次二는 益物不虛요
■ ㄷ) 두 게송은 중생을 이익함은 헛되지 않음이요,

ㄹ) 그지없는 덕으로 결론하다[結德無盡] (後一 43下2)

千刹微塵劫에                    歎汝一毛德이로다
劫數猶可窮이어니와              功德終無盡이로다
1천 세계의 티끌 수 겁에
당신의 한 터럭 공덕을 찬탄하여도
세월은 끝날 수 있어도
공덕은 다할 수 없도다.

[疏] 後一은 結德無盡이니라
■ ㄹ) 한 게송은 그지없는 덕으로 결론함이다.

ㄴ. 예배하고 물러가다[禮辭] (二時 43下5)

時에 善財童子가 說此頌已하고 頂禮其足하며 遶無量帀
하며 殷勤瞻仰하고 辭退而去하니라
선재동자는 이 게송을 말하고는 발에 엎드려 절하고 한량

없이 돌고 은근하게 앙모하면서 하직하고 물러갔다.

[疏] 二, 時善財下는 作禮辭退니라
　ㄴ. 時善財 아래는 (선지식에게) 예배하고 물러감이다.

[師字卷中 終]

# 화엄경청량소 제31권

| 초판 1쇄 발행_ 2020년 9월 1일

| 저_ 청량징관
| 역주_ 석반산

| 펴낸이_ 오세룡
| 편집_ 손미숙 박성화 김정은 김영미
| 기획_ 최은영 곽은영
| 디자인_ 김효선 고혜정 장혜정
| 홍보 마케팅_ 이주하
| 펴낸곳_ 담앤북스
  서울특별시 종로구 새문안로3길 23 경희궁의 아침 4단지 805호
  대표전화 02)765-1251 전송 02)764-1251 전자우편 damnbooks@hanmail.net
  출판등록 제300-2011-115호
| ISBN 979-11-6201-232-1  04220

정가 30,000원